中山大学哲学名家文集

ZHUQIANZHI WENJI

# 朱谦之文集

朱谦之 ◎ 著
黎红雷 ◎ 编

中山大学出版社
·广州·

版权所有　翻印必究

## 图书在版编目（CIP）数据

朱谦之文集/朱谦之著，黎红雷编. —广州：中山大学出版社，2020.9
（中山大学哲学名家文集）
ISBN 978-7-306-06913-9

Ⅰ.①朱…　Ⅱ.①朱…②黎…　Ⅲ.①哲学—中国—文集　Ⅳ.①B2-53

中国版本图书馆 CIP 数据核字（2020）第 137356 号

| | |
|---|---|
| 出 版 人： | 王天琪 |
| 策划编辑： | 嵇春霞 |
| 责任编辑： | 李先萍 |
| 封面设计： | 曾　斌 |
| 责任校对： | 邱紫妍 |
| 责任技编： | 何雅涛 |
| 出版发行： | 中山大学出版社 |
| 电　　话： | 编辑部 020-84110779，84110283，84111997，84110771 |
| | 发行部 020-84111998，84111981，84111160 |
| 地　　址： | 广州市新港西路 135 号 |
| 邮　　编： | 510275　　传　真：020-84036565 |
| 网　　址： | http：//www.zsup.com.cn　E-mail：zdcbs@mail.sysu.edu.cn |
| 印 刷 者： | 佛山家联印刷有限公司 |
| 规　　格： | 787mm×1092mm　1/16　20.50 印张　334 千字 |
| 版次印次： | 2020 年 9 月第 1 版　2020 年 9 月第 1 次印刷 |
| 定　　价： | 78.00 元 |

如发现本书因印装质量影响阅读，请与出版社发行部联系调换

# 中山大学哲学名家文集

主　编　张　伟

编　委（按姓氏笔画排序）

　　　　马天俊　方向红　冯达文　朱　刚　吴重庆
　　　　陈少明　陈立胜　周春健　赵希顺　徐长福
　　　　黄　敏　龚　隽　鞠实儿

## 中山大学哲学名家文集

# 总　序

　　中山大学哲学系创办于1924年,是中山大学创建之初最早培植的学系之一。1952年逢全国高校院系调整而撤销建制,1960年复办至今。先后由黄希声、冯友兰、傅斯年、朱谦之、杨荣国、刘嵘、李锦全、胡景钊、林铭钧、章海山、黎红雷、鞠实儿、张伟等担任系主任。

　　早期的中山大学哲学系名家云集,奠立了极为深厚的学术根基。其中,冯友兰先生的中国哲学研究、吴康先生的西方哲学研究、朱谦之先生的比较哲学研究、李达先生与何思敬先生的马克思主义哲学研究、陈荣捷先生的朱子学研究、马采先生的美学研究等,均在学界产生了重要影响,也奠定了中山大学哲学系在全国的领先地位。

　　日月其迈,逝者如斯。迄于今岁,中山大学哲学系复办恰满一甲子。60年来,哲学系同仁勠力同心、继往开来,各项事业蓬勃发展,取得了长足进步。目前,我系是教育部确定的全国哲学研究与人才培养基地之一,具有一级学科博士学位授予权,拥有国家重点学科2个、全国高校人文社会科学重点研究基地2个。2002年教育部实行学科评估以来,稳居全国高校前列。2017年,中山大学哲学学科成功入选国家"双一流"建设名单,我系迎来了跨越式发展的重要机遇。

　　近年来,中山大学哲学学科的人才队伍不断壮大,且越来越呈现出年轻化、国际化的特色。哲学系各位同仁研精覃思、深造自得,在各自的研究领域均取得了丰硕的成果，不少著述产生了国际性影响，中山大学哲学系已逐渐发展成为全国哲学研究的重镇之一。

为庆祝中山大学哲学系复办 60 周年，我系隆重推出"中山大学哲学名家文集"。本文集共六种，入选学者皆为在中山大学哲学学科发展过程中做出重要贡献的学界耆宿，分别为朱谦之先生、马采先生、杨荣国先生、刘嵘先生、罗克汀先生、李锦全先生。文集的编撰与出版，亦为表达对学界前辈的尊重与敬仰。

"中山大学哲学名家文集"的出版，得到中山大学出版社的鼎力支持，在此谨致以诚挚谢意！

中山大学哲学系<br>2020 年 6 月 20 日

# 前　言

朱谦之先生（1899—1972）是 20 世纪中国著名的哲学家、历史学家和东方学家。他出生于福建省福州市一个世代行医的家庭，17 岁时以全省第一名考取北京高等师范学校（北京师范大学前身），后又考入北京大学法预科，本科转入北京大学哲学系。1929 年留学日本，两年后回国，任上海暨南大学教授。1932 年受聘为中山大学教授，并先后担任中山大学历史系主任、哲学系主任、文学院院长、研究院文科研究所主任和历史学部主任等职。1952 年回北京大学哲学系任教授，1964 年调往中国科学院哲学社会科学部世界宗教研究所任研究员。1972 年病逝于北京。

## 一

朱谦之先生在中山大学先后执教 20 年，这是他一生中最值得留恋的年华。他在晚年手书的《中大二十年》里，充满感情地写道："已经是七十岁的老年人了，回忆一生，以三分之一的壮年时间，消磨在广东中山大学，广东成了我的第二故乡……"这 20 年，正是中国社会战争频仍、动荡不安的时期，也是催人奋起、施展才智的年代。"艰难困苦，玉汝于成"，朱谦之先生和他的同仁们奋力开拓，不断创新，为中山大学人文学科的发展和学术传统的形成做出了重大的贡献，他本人也由此成为中山大学历史上最杰出的教授之一。

1932 年 8 月，朱先生正式受聘为中山大学教授兼史学系主任。南下广州伊始，他就发表了《南方文化运动》一文。在这篇宣言性的文章中，朱先生热情奔放地提出："中华民族复兴的唯一希望，据我观察，只有南方，只在南方！"他认为南方文化是科学的文化、产业的文化、革命的文化，代表了中华民族文化当代前进的方向，并表示"愿贡献一生来从事南方文化运动"。在中大的 20 年，正是朱先生将这一文化理想付诸实践的光辉历程。

1933 年 1 月，朱先生自费创办的《现代史学》创刊号出版。在《本刊宣言》中，朱先生提出现代史学的三个使命：现代性把握、现代史学方

法的运用,以及现代史、科学史、社会史、经济史的研究,俨然要在中国学术界立一个"现代史学派"。2月,朱先生在《现代史学》发表《文化类型学》《宋代的歌词》《凌廷堪燕乐考原跋》《史的论理主义与史的心理主义》等文。5月,《现代史学》一卷三、四期合刊,为"经济史研究专号",朱先生发表《经济史研究序说》。同年,专著《历史学派经济学》(上海商务印书馆)、《黑格尔主义与孔德主义》(上海民智书局)和《历史哲学大纲》(上海民智书局)相继出版。

1934年5月,朱先生发表《中国史学之阶段的发展》(《现代史学》二卷一、二期合刊),梳理中国史学史,并提出"现代史学派"是集考证考古派与唯物史观派的所长。

1935年1月,朱先生发表《历史科学论》(《现代史学》二卷三期),并开始撰写《中国思想对于欧洲文化之影响》。10月代理文科研究所主任,在文科研究所的会议上自称文化学派,反对"史学即是史料学"的观点,认为文献学的流弊在于玩物丧志。发表《历史伦理学》(《现代史学》二卷四期)。专著《中国音乐文学史》(商务印书馆)和《文化哲学》(商务印书馆)相继出版。

1936年5月,朱先生发表《社会科学与历史方法》(《现代史学》三卷一期)。专著《黑格尔的历史哲学》(商务印书馆)出版。

1937年4月,朱先生发表《宋儒理学对于欧洲文化之影响》(《现代史学》三卷二期)。暑假继续撰写《中国思想对于欧洲文化之影响》。

1938年,朱先生开始专注于太平天国史研究。10月广州陷落,返回梧州,再迁藤县。12月绕道越南至昆明。

1939年3月,随中大迁云南澄江,课余作历史考证的文章,如《哥伦布前一千年中国僧人发现美洲说》《中国古代乐律对于希腊之影响》《天德王之谜》《中华民族之世界分布》《印度佛教对于原始基督教之影响》等。

1940年7月,经数年"最细心结撰的一部著作"——《中国思想对于欧洲文化之影响》(商务印书馆)正式出版。同年,于《现代史学》五卷一期发表《考今》,主张治史应以考古为方法、考今为目的。同期发表《天德王之谜》《太平天国史料及其研究方法》。出版《扶桑国考证》(商务印书馆)。冬,随中大迁粤北坪石。

1941年8月,出任文学院院长,组织创办《中山学报》。同年出版专著《中国思想方法问题》（云南曲江民族文化出版社）、《孔德的历史哲学》（商务印书馆）。

1942年8月开始为期一年的休假，辞去文学院院长和历史系主任的职务，只保留研究院历史学部主任的职务。9月回梧州。10月为《中山日报》读者读书会讲"三民主义与中国文化之联系"。12月从梧州迁藤县，作《文化社会学》。

1943年2月从藤县回梧州，誊写《文化社会学》。3月6日，在中国教育学会桂林分会讲"中国文化新时代"；3月22日，在广西省立医学院讲"现代的意义"；3月10日至4月16日，在桂林师范学院讲"文化类型学十讲"。此外，还为无锡国学专门学校、国立汉民中学、桂林青年会、省立桂林中学开设讲座。"千言万语，无非阐扬我民族文化的悠久博大。"5月返回中山大学，全力提倡近代史研究。8月代理文科研究所主任。

1944年，3月代理文学院院长。5月组织举办诗歌朗诵会，演出歌剧，提倡音乐文学。文科研究所季刊第四期为科学史专号。《太平天国革命文化史》（江西赣江中华正气出版社）出版。6月豫湘桂战役延及湘北，中大师生疏散。赴梧州，9月梧州失陷，再迁至苍梧。11月返坪石。12月8日开设讲座："现代史学思潮十讲""文化类型学十讲"。

1945年1月，日军攻粤北，战事吃紧，与中大师生踏上逃亡路，历经险阻。2月19日抵达广东省临时省会龙川。3月作《奋斗二十年》。在6月13日的《正气日报》上发表《战后人生观的改变》。7月4日在梅县基督教青年会讲"战后文化展望"，在《汕报》和《中山日报》分别发表《从新音乐运动到新歌剧运动》《我们的新音乐运动》。8月在《正气日报》发表《军火商人戈登》，复任文学院院长。9月文科研究所《历史丛书》第一种《哥伦布前一千年中国僧人发现美洲说》（梅县本）出版。10月中大迁回广州，被聘为文学院院长、哲学系主任、文科研究所主任、历史学部主任，身兼四职。

1946年1月开课，15日讲"奋斗十年"，16日讲"音乐文学运动"，17日讲"文艺复兴期欧洲文学所见之中国"，18日讲"战后文化展望"，19日讲"现代史学之新倾向"。5月5日开始举办文化科学讲座，包括"文化政治学""文化法律学""文化经济学""文化教育学"四讲。6月3日讲"从屈原说到诗人的爱"。7月至8月间，《奋斗二十年》（中山大学史学研究会）出版。

1947年，为哲学系三年级学生开设"庄子哲学"和"黑格尔哲学"两门课。

1948年，《文化社会学》（中国社会学社广东分社）出版。

1949年1月29日将旧作辑成《比较文化论集》。6月15日至7月6日完成《庄子哲学》，附录《老子新探》。7月9日至10月2日完成《黑格尔哲学》。同年10月14日广州解放。

1950年担任哲学系"辩证唯物主义与历史唯物主义""社会发展学说史"两课的教学。

1951年4月作《实践论——马克思主义辩证认识的新发展》，5月作《实践论——开辟了新历史认识论的门径》与《中国哲学输入欧洲是辩证唯物底重要源泉之一》，7月作"马克思论太平天国革命"的报告。

1952年思想改造运动结束，全国高校院系调整，朱谦之调任北京大学哲学系教授，从事中国哲学史研究。

这20年，朱先生的耕耘之勤，论著之丰，精力之充沛，即使放在今天和平安定的年代，也不能不令人为之叹服！须知，这是在战火连天、动乱频仍、颠沛流离的情况下，一个学者心血的结晶！其对学术之专注，思考之深入，追求之执着，确为常人之所不能。这就是一个文化理想主义者的光辉形象，一个代表中山大学人文精神的光辉形象！

同时，还必须指出的是，朱谦之先生作为20世纪三四十年代中山大学人文学科的领导者与组织者之一，其贡献也是十分突出的。这里，仅举他在历史系主任任上所做的两件事。一件是创办《现代史学》杂志。朱先生上任伊始，就自费创办了学术刊物《现代史学》，这份刊物后来成为中大著名的学术刊物之一，在中国史学界影响甚大。另一件是厘定教学科目，延聘名师。为此，他把文化史作为本系特色，开全国各校史学系风气之先。在聘请教授方面，他广延人才，使史学系师资力量在中大文学院里首屈一指，在学术界，"无论在广东，在中国，始终是一支新军，有举足轻重之势"。

此外，朱先生在担任文学院院长期间，"以全力提倡学术"，主持创办了《中山学报》；在担任文科研究所主任期间，提高师资标准，聘请国内名家任教；在担任哲学系主任期间，身体力行地倡导中国哲学、西方哲学与马克思主义哲学的融会贯通……这些，都从不同方面为中山大学人文学科的发展奠定了良好的基础。

## 二

朱谦之先生有"百科全书式的学者"之称,其研究活动广泛,涉猎哲学、历史、宗教、文学、音乐、戏剧、政治、经济、考古和中外交通文化关系等各个领域,著作等身,其中专著四十余部,译著两部,重要论文百余篇,许多方面均有独到之处,新意不绝,建树颇丰,在国内外学界具有一定的影响,为后人留下了弥足珍贵的精神财富与文化遗产。任教中山大学的20年则是朱谦之一生学术研究的黄金时代,其间他在历史哲学、文化哲学、比较文化研究等方面的研究成果在20世纪中国学术史上具有重要的地位。

### (一) 历史哲学

朱谦之先生说:"我一共主持中大史学系十年。此十年中,史学系的历史简直就是我国现代史学运动的发展史。"他最初出资创办的《现代史学》,撰写刊评,标明本刊宗旨是:第一,从历史哲学上去认识历史的现代性;第二,从史学方法论上去认识现代史学方法的重要性;第三,注重现代史与社会史、经济史、科学史的研究。三点宗旨,都离不开"现代"二字,因此,可以将他的史学思想概括为"现代史学"。当时在中国史学界,存在着实证主义和马克思主义两大思潮,现代史学则"是实证主义史学与马克思主义史学之外第三条道路"。朱先生将此称为:"如以考证考古派的方法为'正',则史观派为'反',而'现代史学'就是'合'了。"其理论基础,来自黑格尔的辩证法与孔德的科学进化论,以及过去、现在、未来时空三段论的结合。

朱先生认为,"现代史学"的首要任务,就在于怎样了解目前世界历史和中国历史的大转变,换言之,即是"考今"。所谓"考今",就是将过去的历史用现代的思想来看待,除了解释古代社会与人物是什么外,还要看它在今天有什么意义。"现代"是历史生命的中心。所谓历史乃是时间的学问,而时间的意义就是现在。现代史学与从前史学的不同,就在于从前史学以"考古"为目的,现代史学则以"考古"为方法,而以"考今"为目的。正如意大利历史学家克罗齐所说:"一切真的历史都是现代的历史。"

朱先生在历史哲学方面兼收并蓄而自成一家之言,在早年的《革命哲学》中就形成了生命哲学与辩证法结合的"流行进化史观",认为宇宙真相一线相延,绵延不绝,人要想去认识,只有以辩证法将绵延的真相变成一段段的"分段生命"去看。到《历史哲学》中又将杜里舒的"新生机主义"与孔德的三阶段法则结合,露出知识社会史观的端倪,以神学、哲学、科学或实证的三阶段法则考察人类在知识线上的进化。但朱先生意识到,孔德的三阶段论把进化推至科学阶段而终结,太说不通,因此以第四阶段补足,认定人类将来发展到文化第四期,为生命或艺术的阶段。

朱先生在北大求学时对生命哲学情有独钟,在日本留学时又曾潜心研究过社会史观和唯物史观,他在中大前期出版的一系列历史哲学著作,主要是以生命哲学为底子,以孔德主义与黑格尔主义的结合为方法的理论体系构建起来。他认为孔德主义为实证史学的渊源,黑格尔主义为唯物史观的前身,而孔德主义可以考察历史的生理现象,黑格尔主义可以关照历史的病理现象,所以将孔德主义与黑格尔主义结合可以将历史的病理与生理现象一网打尽,尽取实证史学和唯物史观的优点,而弃其缺点,有如美梦成真。可到了40年代,唯物史观在中国学术界有点高歌猛进的架势,朱谦之先生也由《革命哲学》中将唯物史观说得一无是处,到30年代主张以唯物史观只能看到历史病理现象,再至1944年出版《太平天国革命文化史》尝试运用马克思主义唯物史观分析解决社会历史问题,所以王亚南先生说他"态度非常开明"。

(二) **文化哲学**

1933年,朱谦之先生在中山大学为哲学系四年级学生开设"文化哲学"课程,这在国内大学中是"破题儿第一遭";第二年,其讲义整理成书,由上海商务印书馆正式出版。在书中,朱先生宣布其讲文化哲学的最大旨趣,在于"说明文化的本质及其类型,对于宗教、哲学、科学、艺术等各种知识生活,均加以根本研究,又分析文化之地理上分布,以明中外文化关系及本国文化之新倾向,并谋建设未来之世界文化"。

关于文化的本质,朱先生认为,文化就是人类生活的表现,特别突出"文化"和"人"的关系,"动物是受环境支配的,人是支配环境的",这种支配环境的生活表现,就是文化。朱先生进一步指出,文化就是人类生活各方面的表现。许多学者要分别"文化"与"文明",有的以为文化是精神的,文明是物质的,有的倒转过去,以为文化是物质的,文明是精神的。德国人重视 Kultur，英美人重视 civilization，结果便将"文化"与"文明"打成两截。实际上，德国人所倡导之 Kultur，概念实为精神的文化概念（即宗教、哲学、科学、艺术等知识生活），而英美人所倡导之 civilization 则实为社会的文化概念（如政治、法律、经济、教育等社会生活），此实即代表人类生活之两方面的表现。即一方面表现为人类之知识生活的文化，另一方面表现为人类之社会生活的文化；而所谓文化云者，则包括此两大部分。这就是说，文化不是人类生活一方面的表现，而是人类生活各方面的表现。我们不但要将宗教、哲学、科学、艺术归属于文化领域以内，就是政治生活、法律生活、经济生活以及教育生活，也都是应该归属于文化领域以内去研究的。

在朱先生看来，只要是人类生活的表现，便都可以叫作文化；但同在文化之中，因为研究的对象不同，自然而然可以分文化学为两大部门：一个研究 Kultur 即知识的文化生活者，为"文化哲学"；另一个研究 civilization 即社会的文化生活者，为"文化社会学"。

关于"文化哲学"，朱先生批驳了新康德派把"文化哲学"等同于"价值哲学"的错误。他指出，文化就是生活，文化哲学应该完全依据于"生活经验"，即文化史上的经验。如新康德派将"生活经验"抛在一边，而求所谓超经验的绝对价值，结果只有形式而无内容，只有价值而无实在。即在文化价值的问题上，朱先生认为新康德派只注意于超越的价值之决定，而不注意最能直接接触此价值附着之"生活经验"，所以名为理解价值，实际却忘却了文化哲学之最大目的，乃在文化之创造，即价值之创造。文化是本，价值判断是末；文化是原因，价值判断是结果。由此，朱先生主张建立一个"有生命的文化哲学"，认为构成文化本质的东西，不仅是那已经可估定价值的人类生活所留下的总成绩，而且是根源于人类生活深处那永远创造、永远进化的"生命之流"。

关于文化的类型，朱先生认为文化在知识生活上表现为四种，即宗教、哲学、科学、艺术。这四种类型，一方面为本质的存在，另一方面又为历史的存在，其中除艺术为世界文化之协调与综合外，其余三种知识文化实即分布在世界人口最多之三个区域，这就是印度、中国和西欧。世界文化的体系，不属于宗教型就属于哲学型或科学型；或就文化的传播而言，不是为印度文化所传播，就是为中国文化或西洋文化所传播。

朱谦之先生明确指出文化在世界历史中的重要性，强调世界战争即是文化战争。他说:"须知此次世界大战最后的效果,无疑的归结为于文化。所以此次战争,亦可说是文化战争。"朱先生提出的"文化战争"的思想具有非常重要的前瞻性。几十年后,美国学者亨廷顿提出的未来世界的冲突即为各种"文明"的冲突,实与朱先生思想有异曲同工之处。

### (三) 比较文化研究

朱谦之先生学贯中西,对于世界各大文明均有深入的了解,从而使其在20世纪风靡世界与中国学界的比较文化研究热中脱颖而出、独树一帜。

这里不能不提到朱先生在中大期间精心撰写的专著《中国思想对于欧洲文化之影响》(1940年出版,1985年再版时更名为《中国哲学对于欧洲的影响》)。在这部比较文化的扛鼎之作中,朱先生以敏锐的洞察力、扎实的史料功夫、无可辩驳的逻辑推理,为我们揭开了中西文化交流史上一段几乎被人们遗忘的历史。

朱先生认为,东西文化接触曾经给世界文明以强大的推动。东西文化各有其自身的发展特点,但是这并不妨碍它们同时通过其自身的社会经济条件和社会内部的各种阶级斗争而接受了对方的影响。在17—18世纪,中国哲学文化就曾经给予欧洲思想界以一定的影响。以16—17世纪来华的耶稣会士为媒介,中国哲学文化,特别是孔子哲学的传播,成为欧洲理性时代来临的外来条件。

在法国,百科全书派的领袖人物霍尔巴赫,在1773年所著《社会的体系》一书中,认为"在中国,理性对于君主的权力,发生了不可思议的效果","欧洲政府非学中国不可"。百科全书派的主角狄德罗,对孔子"保存天赋理性"的哲学给予极高的评价。伏尔泰是极力赞扬中国文化的欧洲人之一。中国的哲学、道德、政治、科学经他一说,都变成尽美尽善了。在《风俗论》中,伏尔泰说:"欧洲的王族同商人在东方所有的发现,只晓得求财富,而哲学家则在那里发现了一个新的道德的与物质的世界。"至于重农学派的元祖魁奈,号称"欧洲的孔子",他以自然法即中国的天理天则代替了上帝的职能,使政治经济学成为一门科学。波提埃在《东方圣经》中指出,孟子的"民贵君轻"思想的传播,即成为法国大革命的哲学基础之一。

在德国,莱布尼茨是承认中国文化对西方文化发展具有重大贡献的第一个人,1697年他用拉丁文出版了一部《中国最近事情》,卷首云:"全人类最伟大的文化和文明，即大陆两极端的二国，欧洲及远东海岸的中国，现在是集合在一起了。"他说，欧洲文化的特长是数学、思辨的科学及军事学，然而一说到实践的哲学，则欧人到底不及中国。给莱布尼茨最大影响的还是《易经》，1701年当他把二元算术的研究送给巴黎科学院时，就附载以《易经》六十四卦来解释这数学。其最有名的代表作《单子论》，也是在1714年受了中国哲学影响才出版的。莱布尼茨的学生沃尔夫于1721年7月在哈勒大学讲演"中国的实践哲学"，极力赞美儒教，稍带着轻视基督教的倾向，虔诚派的正统神学派群起攻之，并鼓动政府将其放逐，结果青年人全站在沃尔夫一边，倒使孔子哲学格外得到意料不到的成功。从康德、费希特、谢林到黑格尔，这些德国古典哲学的代表人物，他们都间接地受到了中国哲学的影响。

在挖掘上述历史事实之后，朱先生指出，18世纪的欧洲，无论是在法国发生的政治革命还是在德国产生的哲学革命，本质上都是站在资产阶级哲学立场上，反对封建，反对中世纪宗教；不同之点，只是前者倾向于唯物论，后者倾向于观念论。以关于孔子哲学的认识而论，前者认为孔子哲学近于唯物论和无神论，后者认为孔子哲学近于观念论和辩证法。二者对孔子哲学的评价虽不相同，却无疑同为当时进步思想的来源之一。"所谓东西文化接触是文明世界的强大推动力，以孔子为例，我们可以得到证明。"

在比较文化研究方面，朱先生在中大期间所提出的关于中国与希腊"东西两大乐系之交流"的见解，关于"印度佛教对于原始基督教之影响"的研究，特别是关于"哥伦布前一千年中国僧人发现美洲"之考证等，同样是不可多得的学术成果，其中的真知灼见，直到今天，还经常被后来者所引用，依然是相关研究不可轻易绕过的学术高峰。

三

"为人正直，作风正派，不随波逐流，不随俗浮沉，正气凛然，令人敬佩！"这是1999年纪念朱谦之先生诞辰100周年的时候，年逾九旬的著名学者张岱年先生对朱先生的评价。

朱谦之先生曾经是"五四运动"中的风云人物，毛泽东主席当年在北京大学图书馆当管理员时，就曾向时为北大哲学系学生的朱谦之先生请教过有关无政府主义的问题。朱先生一生中同许多名人有过交往，其中既有后来成为国民党和共产党的领导人,也有社会名流,还有著名学者,以及后来倒了霉运的人。但他却淡泊于名利,宁静而致远,一心做学问,从不趋炎附势。1948年蒋介石到广州,接见中山大学教授,他不参加。有的朋友曾经受过他的恩惠,发迹以后,他不再与其来往,始终保持着一个学人的人格尊严。在他的朋友中,与他一直交往不断、友谊长达半个世纪的是至交梁漱溟先生,即使梁先生落难时,他仍然与其往来,谈学论道,相互交心。

朱谦之先生是中国20世纪为数不多的"百科全书式的学者",其博学多闻、涉猎广泛的风范,令人钦佩不已。早在上大学年代,北大就传出佳话,据说北大图书馆主任李大钊曾对人说:"北大图书馆的书,被朱谦之看过三分之二了,再过一个月,将被他看完,他若再来借书,用什么应付呢?"为读书,他甚至被误锁在图书馆里。在日本留学期间,他也是每日有暇必往图书馆,从早到晚忙于看书、抄书。东京的书市,他是常客,生活再苦,也不惜把好书用重金买下。

朱先生通晓英、日、德、法等多国文字,所以能尽快吸收消化国内外的学术成果,为己所用。其《扶桑国考证》《中国哲学对于欧洲的影响》以及日本哲学史方面的研究,既体现了朱氏搜集资料的特长,也表明他擅长借鉴国内外的最新成果。学者许冠三对朱谦之的《历史哲学大纲》附录尤其看中,说:"书后所附长近六十页的英、德、法、日、中五种文字的原刊和译本目录,尤其珍贵,别说当年罕见,即在今日亦十分难得。"

朱先生的治学态度极为严谨,善于用脑和手,每读一书,必不停地用朱笔圈点和摘录,重点段落和空白处上往往都有眉批,记有心得与评议。在着手做课题研究时,必先列出阅读和参考的书目。凡是他的著作,后面附录的参考书均为当时他所能见到的,即使不是穷尽,也是八九不离十,他的《中国哲学对于欧洲的影响》一书"中国哲学与法国革命"一章中就有190处引文和注释,可见搜集之多和用力之勤。

朱先生敬业心极强,将写作和思考视为生命。他每天都有自己的读书和工作计划,事不毕,不成眠,有时白天思考问题,半夜梦醒,立刻起床伏案执笔。一旦写完一本著作,高兴忘怀。抗日战争期间,他在乡下写书,每逢出外躲避敌人飞机时,他不带别的,只把自己的书稿带上,为此他专门做了一个背带,用来放书稿之用。有一次他回中大分校,路上碰到土匪,他扔下行李,只将书稿带在身上。贤哲尝言:"以学术为生命",观之朱先生,信矣!

朱谦之先生年轻时曾自称"唯情论者",虽然后来随着时代的发展,其世界观和人生观都发生了变化,但其对事业的热情、对人的真情,却终其一生都未曾改变。1941年朱先生任中山大学文学院院长,"就任之日,即决以全力提倡学术"。当时整个学校没有一份校刊,因此由文学院牵头,创办了《中山学报》,朱先生任主编,十日之内就出版了创刊号。为了形成文学院学生的研究风气,朱先生还专门设立了"谦之学术奖学金",每系拟定一个专题,以一年为期,研究评比,使学生"有学术一种号召的力量"。凡学院办的音乐会、体育会、美术展览和学术论文竞赛等公共活动,他都要亲自参加。他特别钟情于音乐,"尤提倡音乐文学",当时学校新礼堂落成,他以私人的名义举办了一场音乐会,文学院"从此开始了新音乐文学运动"。在朱先生的领导下,文学院生机勃勃。此外,文学院实行财政公开,"每月用于收入均有很详细的报告,贴在揭示牌上。我不许办事人员在报销主义中敷衍过去,我愿意接受任何人对于文学院财务的批评",当时"文学院充溢着天下为公的精神"。

朱先生对学生关怀备至,学生有特长才能的,就记录在册,意欲人尽其才,惜其绵力。又说有才而无德,其才不可用,必须才德并重方可用。他十分爱护学生,"甚至为着热望青年而至开罪当局亦在所不辞",师生关系非常融洽。他平易近人,和蔼可亲,常常走访学生,关心他们的生活,体察他们的苦乐。学生请教他时,有问必答,耐心教导。他因学术休假而辞去中大文学院院长和史学系主任的职务时,学生依依不舍,送锦旗一面,上书"诲人不倦"四个大字。

著名学者王亚南先生曾这样评价朱先生:"至若就其研究的态度讲,我们在几年同事当中,每次见面必争论,每次争论必达到面赤耳热的程度,结局,他总会给你满意地说'你所讲的很对',但他这样讲的时候,言外决不忘记也给他自己满意的表示'我所讲的也很对'。这就是说,绝对尊重他人的意见,同时也绝对坚持自己的意见。朱先生的这种做学问的态度,被友人称为是'为生活而学问的态度'。"

四

朱谦之先生是中山大学人文学科优秀学术传统的奠基者之一,由于他与他的同事们的努力,中山大学的人文学科在20世纪三四十年代在中国的学术界和教育界独领风骚、令人瞩目。遗憾的是，随着1952年全国高校的院系调整，中大人文学科遭受了严重的损失，中大哲学系被撤销，朱先生本人也被调往当时全国唯一设哲学系的北京大学。随着岁月的流逝，朱先生和他那代人对中大的学术贡献也渐渐被后来者所遗忘。

令人高兴的是，近年来，朱谦之先生对南方文化、中山大学、中山大学哲学系的贡献逐渐引起相关部门的重视。2010年9月2日，《南方日报》以两个版面的篇幅，隆重推出《世纪广东学人系列之朱谦之》，表彰朱谦之先生是"百科全书式学者"，"用一生铸造知识人的灵魂"。近年来，中山大学哲学系专门设立"谦之名家讲坛""谦之论坛"等讲席，如今已逾百讲；又编辑"中大谦之论丛"，出版哲学系同仁之学术著述数种，均在学界引起了强烈反响。

更令人欣慰的是，2019年12月27日，在朱谦之先生120周年诞辰之际，朱谦之先生的高足兼同事黄心川先生及其公子黄夏年先生，有感于中山大学哲学系弘扬朱谦之学术有功，慨然捐赠朱谦之先生遗著及相关材料总计180余种给中山大学哲学系（见本书附录）。中山大学哲学系以此为契机，举办"朱谦之先生遗作文献展"，举行"纪念朱谦之先生诞辰一百二十周年座谈会暨朱谦之学术思想研讨会"，以继承、弘扬朱谦之等前辈的道德文章。

"老师当日启灵篇，亲手传承岂偶然。"文化的创新与发展，离不开一代又一代人的传承，一个院系、一个学校如此，一个国家、一个民族同样如此。

《朱谦之文集》原收录于中山大学建校80周年大庆时出版的"中山大学杰出人文学者文库"，由中山大学出版社于2004年出版。今年是中山大学哲学系复办60周年，系里决定出版一套"中山大学哲学名家文集"以资纪念，经各方协调，将此书列入其中。

借此《朱谦之文集》出版，感念先贤，寄托来者，赓续斯文，再创辉煌，是所望焉！

黎红雷
2020年1月8日于中山大学上下斋

# 目 录

南方文化运动 …………………………………… 1
历史哲学的概念 ………………………………… 4
史学的意义 ……………………………………… 22
黑格尔史观之批判 ……………………………… 35
孔德历史哲学的影响 …………………………… 38
考今 ……………………………………………… 50
什么是现代 ……………………………………… 52
现代史学思潮 …………………………………… 58
《文化哲学》序 ………………………………… 79
什么是文化 ……………………………………… 87
哲学的文化概念 ………………………………… 97
文化社会学的概念 ……………………………… 114
中国思想方法体系 ……………………………… 125
中国人性论史 …………………………………… 148
中国文化之特质 ………………………………… 172
庄子的政治哲学 ………………………………… 181
中国文学与音乐之关系 ………………………… 197
中国画之三时期 ………………………………… 218
《中国哲学对于欧洲的影响》结论 …………… 222
东西两大乐系之交流 …………………………… 230
孔子与黑格尔哲学 ……………………………… 235
《比较文化论集》序 …………………………… 238
印度佛教对于原始基督教之影响 ……………… 242

哥伦布前一千年中国僧人发现美洲之证据 …………………………… 252
中大二十年 …………………………………………………………… 291
附录　朱谦之先生遗著及相关材料 …………………………………… 294

# 南方文化运动①

一

谦之此次南来讲学，实抱有坚定的决心，就是愿尽一己所有能力，和南方的朋友们，共从事南方的文化运动。自民国二十年（1931）秋以来，帝国主义者所给我们的侮辱，使谦之时常感觉一己的生存是可耻的。我自沪而平，又自平而粤，处处触目惊心，眼见得中华民族已经一步一步走向灭亡的路上。总而言之，在反抗强权的战线上，北方是已经绝望了，中部富于妥协性质，亦不足以见我民族抵抗的能力；中华民族复兴的唯一希望，据我观察，只有南方，只在南方。南方文化虽未成熟，然实为未来中国兴亡存续之一大关键，如南方无望则中国亦无望，我们生存的努力，都等于无意义了。

我并无丝毫排斥北方文化和中部文化的意思，而且刚刚②相反，如果一切文化的本质，应从斯宾格勒（Spengler）解释，都是"宗教的"，则北方正所以代表"文化"（Kultur），而南方却是个"文化的沙漠"——所谓"文明"（civilisation）。可是从另一方面来看，则宗教的文化分布区即黄河流域，实充满着服从与倚赖自然的心理，在文化这是最成熟的了，然而无所用于今日反抗强权的中国。老实说吧，北方文化实在太老了，老到好比一座"死城"，在死城中充满着安静寂然的乐趣，然而这种古化必然凝结成封建势力之无抵抗的策略，和学术上的考古倾向。反之，中部即扬子江流域，多产生教育上的人物，学说思想发达，人民富有国家观念，这种优秀的文化，自然而然趋于调和适中，政治上表现则力求进步而忌极端，当然在反抗强权的战线上，也是只求"顺应"环境，而不能积极抵抗

---

① 本篇原为《文化哲学》附录，商务印书馆（上海）1935年版，1990年（北京）重印；收录于《朱谦之文集》第六卷，福建教育出版社2002年版。

② 旧时有的词语用法或语法与现今不一，本着尊重作者的原则，保持原貌，尽量不改动。全书同。——编者注

的。并且事实告诉我们,能积极反抗强权的,过去只有十九路军一月的战绩,十九路军就是以粤籍将士为中心的。由此可见,从中国文化分析的结果,要使中华民族不亡,唯一的希望,无疑乎只有南方,只在南方,即珠江流域。北方在政治上表现保守的文化,其特质为服从而非抵抗;中部表现进步的文化,其特质为顺应非抵抗;只有南方才真正表现革命的文化,其文化特质就是反抗强权,现在中国所需要的正是反抗强权之革命的文化,所以我决心从事南方文化之建设运动。

二

德国文化社会学者马克斯·舍勒(Max Scheler)曾反对孔德之"三阶段的法则",而提倡所谓"知识社会学"。他以为神学的、形而上学的和实证的认识和思考,都非孔德所说似的为历史的阶段发展,而为人类精神中原有之三种不同的认识形式。他说人类的知识,可分三种:①解脱的知识;②教养的知识;③实用的知识。

在文化之地理上分布,如印度即代表解脱的知识,中国代表教养的知识,即本质的知识,欧洲则代表实用的知识。Max Scheler 这种非历史主义虽不免错误,但他对于知识的考察,却是对的,而且同样也可应用来讲中国文化之地理上分布。依我的意思,北方黄河流域即代表解脱的知识,中部扬子江流域可代表教养的知识,南方珠江流域可代表实用的知识,即为科学的文化分布区。固然在空间上说,这三种知识,各形成其特殊的文化模式,因而各有其特殊的文化价值,表现为各种特殊的文化团体;这就是说,无论何方都应努力发扬其固有的文化,以完成最高的统一文化。然而在时间上说,中国文化的现阶段实应注全力于实用的知识,即注全力于科学文化的建设事业。我们须知北方文化即解脱的知识,只算得文化的起点,而 Spengler 所反对的"文明",实为人类文化由精神的到物质的表现。文化不但如 Spengler 所说"都是宗教的",反之文化的最高结晶,乃在于实用的知识中、物质生活的建设中,只有科学文化才能给中华民族以一道生机,然而科学文化的分布,只有南方,只在南方,所以我决心从事南方文化之建设运动。

三

所谓南方文化,从知识的进化言之,就是科学的文化;从物质的进化言之，就是产业的文化。再从文化社会学的观点来看，在中国只有民族的无产阶级（大贫）与半无产阶级（小贫），才能创出产业的文化与运用科学的文化，所以南方文化的本质，实际就是民族的无产阶级文化，对于帝国主义，不消说又是革命的文化了。我祝南方文化的新诞生！我愿贡献一生来从事南方文化之建设运动！

民国二十一年（1932）八月二十八日广州

# 历史哲学的概念[①]

## 一、发端

历史哲学（英 Philosophy of history，法 Philosophie de l'historize，德 Geschichtsphilosophie）这个名称，是从 1754 年 Voltaire 在柏林出版了《自沙利门至路易十三其间各国之精神与道德论》一书，才开始用起来的。最初不过指世界史上人类文化之哲学的考察，像我们现在所谓在历史事实里寻出一种根本定律的历史哲学，是直到 1784 年 Herder 著《人类史的哲学考察》，想从宇宙开辟的自然史以至于人类史，联成一个自然定律，于是历史哲学才算成立。这么看来，历史哲学成为独立的学问，为期很浅；所以有许多专门学者，对于历史哲学的可能性，很是怀疑。尤其是历史家本身，固然如 Eduard Meyer 或 Lindner 等，以史家而接近历史哲学，但在一般却只认有历史家（Geschichtswissenschaft）而不认有所谓历史哲学。如法国 Fustel de Coulanges、Ch. V. Langlois 和 Ch. Seignobos 等，对历史哲学则极为严刻，好似一讲到历史与哲学的关系，便要失却历史之科学的性质似的。

实则彻底说来，要是历史哲学可疑，就所谓历史科学也不见得就没有疑问？如 Schopenhauer 和 Rumelin 就是根本怀疑到科学的史学；认为史的概括，多少总带有不正确的主观的色彩，和实验的科学相违，所以不能成为科学。Schopenhauer 简直只认史学是和旅行记或逸话录一样的有趣，可是没有学问价值。又 Froude 认为人类的行为是自由意志的，所以那以人类行为为对象的史学，也不能有适当的科学的成立。像这样否认历史科学的理论，我们是听得很多了；然而细察起来，这些怀疑论者，有的因为还没有知道历史科学和自然科学的根本不同，有的恰好成功了一种反历史主义的历史哲学（如 Schopenhauer）。Nietzsche 在《历史对于人生的利弊》一

---

[①] 本篇原为《历史哲学大纲》第一章，上海民智书局1933年版；收录于《朱谦之文集》第五卷，福建教育出版社2002年版。

文中告诉我们："非历史的东西和历史的东西，同样地于某个人、某民族、某文化的健康上，是必要的"，"对于历史的东西之解毒剂，就是那所叫作非历史的和超历史的"。所以 Schopenhauer 反历史的论潮是对的，说"历史的本性是虚伪的""历史是循环的"，甚至说"历史是主观的，不是科学的"。（《意志与观念的世界》下，第三十八章"历史论"）这些话都不过证明反历史运动的高潮。如 Eucken 对于 18 世纪的反历史运动的批评，这正是历史的连续运动中的一个重要部分（《新理想主义的哲学》，第三章）；或者不过指出历史不是科学中所谓物质科学，而是那另一种类的科学罢了。

关于历史是哪一种类的科学的话，暂且留在后说，现在最先要提出解决的是历史哲学的可能性的问题。且举日本有名的史学家做例，如坪井九马三就是忌避历史哲学而主张采用"理论史学"这个名词的（《史学研究法》）。意大利 Benedetto Croce 在《历史叙述的理论及历史》一书中，就有"历史哲学概念的成立及其解体"一章（羽仁五郎译）。他最喜欢引 Fustel de Coulanges 的一句话道："历史和哲学都的确存在，但历史哲学这个东西，却是不会有的。"他说"一切的历史哲学，很明白地都具有诗的性格的。把历史事件看作各民族、各家族的神神之间，或各个人的守护神之间的战争；或是光及真理之神对于黑暗及虚伪之力的战争；这种战争表现于古代的历史哲学，是可认为诗的性格的"。不但如此，在历史当中，有的表现着对于各种国民主义或民族主义的感激；或将历史的进行，看作到自由境域的一个步骤；又或"憧憬于原始的共产主义的乐园；这些最近代的史观，也显著着诗的性格的。因为是诗，所以不是事实，只算说话；不是现实，只不过想象罢了"。像这样挖苦历史哲学的话，和 Schopenhauer 的反历史运动，几乎没有两样；其实讲起来，即使假定历史是"诗"，仍然没有推翻历史哲学的说法。何则？Spengler 的历史哲学，就是具有诗的艺术的倾向的。他说得好，"历史家及历史哲学者的使命，在有组织的才干，与计算整理的分析能力以外，还要以艺术家的眼光为前提"，又"对于自然应该应用科学，关于历史则应和作诗一样"。这段话固然很受 Messer 的批评，但拿来和 Croce 的理论比较一下，不正是针锋相对的吗？所以 Croce 若只以这一个理由来取消历史哲学，是要有许多人提出抗议的。而且 Croce 的否认论也不见得怎样彻底，他不是已经对于以历史哲学为历史之哲学的考察，或以历史认识的研究为历史哲学的，都表示让步了吗？他不是默认德国西南学派的历史哲学，是一种历史叙述法的哲学吗？实在很不错！像 Rickert 等人所提倡的，本不算什么历史哲学，而只好是一种历史叙述法的哲学。不过 Croce 对于和他自己"历史是诗"的说法刚刚相反的社会学的历史哲学，如 Barth 等，则不免有意排斥，这一点我对于 Croce 是绝对不敢赞同的了。总而言之，讲到历史哲学是要包括历史的和反历史的两方面，是有许多派别的。所以如意大利 Croce 或法国 Bergson，他们普遍的历史见解（如 Bergson 所说绵延 durée 或生之跃动 èlan vital）虽然有时放出反历史的论潮，但在历史哲学家如 O. Braum（《历史哲学概论》第二章"历史哲学的历史"）却是尊重他们做真的历史哲学家的。

## 二、历史与自然科学

1922 年在 *Mind*（NO. 121. oct）期刊上载有关于历史与科学英国哲学者的论战，题为 "Are History and Science different kinds of knowledge?" 参加这次论战的人物，为 R. G. Collingwood、A. E. Tayler、F. C. S. Schiller 三人。Collingwood 对于历史科学之否定者，如谓"科学是普遍的，历史是特殊的""科学发于批评精神，历史是基于教权的"这些话都一一反驳，而肯定了 19 世纪实证论者以历史为科学的说法，不过历史家不是要一般法则就完了。于是对此便有 Tayler 之反对说，他是从论理的关系上，主张历史和科学不同的。但他的纯粹科学与纯粹历史不相一致的论潮，实在不过单纯的假定，反之现实的科学和现实的历史，就一定相合之点很多。所以在这里 Schiller 从实验主义的出发点上，比较倾向于 Collingwood 的意见。却是这一讨论中，三人都没有一句话提到德国 Windelband、Rickert 一派的学说，这不能不算一大遗憾。（参见桑木严翼著《哲学体系》）所以我们如果要彻底问历史是否科学，则不可不超出英国哲学者的讨论范围，而更进一层，把德国学者对于历史与自然科学问题的讨论，拿来批评研究一番。

德国 Windelband、Rickert 等属于所谓新康德派的西南学派，这派的最大贡献在于把历史与自然科学对立。但实际上在 1883 年 Dilthey 著《精神科学序论》，在他研究历史学的认识论中，以为自然科学是依于官能的智觉与悟性的研究，历史学（精神学）则依于一个统一的全体，即个性的研究；自然科学为外面的悟性的理解，历史上的事实（精神的事实）则为内面的想象的体验。像这样分别历史学与自然科学，已经给后代以重要的暗示。所以 1894 年 Windelband 便发表"历史与自然科学"的一个讲演，到了 Rickert 的《自然科学与文化科学》一书出版，历史与自然科学从此便要分道扬镳了。依据他们的说法，我们要认识经验事实是有两种方法：一种是从经验事实之一般化方法去认识，另一种是从个体的方面去认识。前者研究事实的一般法则，后者研究事实的特殊个性。因此前者叫作"法则科学"（Gesletg-Wissenschaft），后者便叫作"事实科学"（Ereigniss-Wissenschaft），而且前者为自然科学，后者就是历史科学。依照上述的趣旨，可做一比较表，如表 1 所示（参见中村久四郎著《历史学之学问性质的研究》）。

表 1　自然科学和历史科学的对比

| 自然科学<br>（物理学、化学、生物学、力学等） | 历史科学 |
| --- | --- |
| 1. 自然科学的对象——自然，是以同一事实而数次反复着的；换言之，即从一般的法则，而反复表示着同一事实 | 1. 历史科学的对象，不是同一事实的反复，而为只一度起的；换言之，不是一般的而为特殊的；没有所谓法则，而各有它的个性 |
| 2. 自然科学讲明我们经验事实间的因果关系，是求支配于如何原因生出如何结果的因果关系之一般法则的学问 | 2. 历史的事实，无论对于时间，或对空间、人物，都只限于一次起的东西。史学在何处，都是讲明时间上只一度起的事实的学问 |
| 3. 自然科学尽力除去直接经验的异样性与个性，而将一切经验统一之于一般性质之下，从此说明一切 | 3. 纵谓历史是反复的，可是时间既已不同，便其人物、年龄也不能无异。严密说来，即已不是同一个人，所谓反复，都是那已经失掉个性的 |
| 4. 自然科学尽力将经验的事实，使之一般化 | 4. 反之，历史家尽力使之个性化，如要讲一般法则的历史，那即是社会学了 |
| 5. 自然科学是立于一切同一性质的假定上，为统一经验的学问，且有归一的倾向，即将生理学还原于化学与物理学，化学还原于物理学，物理学又还原于力学 | 5. 历史中讲原因结果和自然科学的因果律不同，而只是明因果关系。即虽有同一事情原因，却不必生同一的结果，那是依于不同的国体、不同的国民性以讲明个性的 |

续表1

| 自然科学<br>（物理学、化学、生物学、力学等） | 历史科学 |
|---|---|
| 6. 所谓学问，是有构成的概念，将一般东西，由一般化的方法，收入主观，这是自然科学 | 6. 将特殊东西，由个性化的方法，收入主观，这是历史科学 |
| 7. 如在一定条件（原因）下能生同样的事件（结果），则自然科学的法则是有效的。即自然科学自始即预想着反复的事件而成立 | 7. 历史科学限于一回完成事件的价值认识，所以历史的认识，不同于自然科学要定立一般的法则，而是要决定某完成事件是有怎样的意义。是否立于全体上的某事件，有为其一部分必然的事实的价值 |
| 8. 所谓自然，是任其自然生长生产的。如就土地说，从土地的自然自由生长来的，是自然产物；人类则从事有价值的目的，而耕耘灌溉，成为田亩产物，叫作文化产物。所以即就自然概念的构成，也是离开价值方法，而以发现一般的法则为目的 | 8. 历史一语，不过表明形式的方面，若从内容来说，则特殊的东西与其谓为历史，毋宁叫作文化。所谓文化，是因从事有价值的目的，而由人类直接产生来的；或至少这在现在时候，因固有价值而有意义，所以一说文化，即含价值。故历史科学或历史学、文化科学，是以由价值关系的方法，而决定一次起的事实，为其目的 |

以上所列，简单说起来，就是历史学要把那一回起来而非反复的事实、个性，从价值方面去认识它，这就是所谓文化科学说了。但由我看来，文化科学说要把历史科学的非反复性来和自然科学的反复性分开，这种见地实在是很滑稽矛盾的。真正的历史谓为注重个性，毋宁说注重具体的事实性；谓为注重价值关系，毋宁说注重目的的关系。并且 Rickert 关于分别历史与自然科学的根据，也实在过于浅薄。Wundt 在《哲学概论》中就有下面的一段话："这个形式的表征（在自然里现象的反复性及历史领域的非反复性——引者）从两个见地看来，是不对的。第一，以单一的现象（Das Singulare）为在自然科学上完全缺乏不用的东西，是全然不对的。例如，全地质学差不多是由单一事实成立起来的，可是谁也不会主张

——冰河时代的研究，因其在一切盖然性上，只有一回存在了的缘故，就不属于自然科学，而该是历史家的空想的直观。第二，说在历史上现象是不反复的，更是全然不当的。从 Polybius 为始，历史家只要他们不是年代记者，是很少放过可以指摘着同时的事件及于异时间中有着处所或具有一样的内在结合的类似的现象系列的场合的。历史家为了某种结论，是利用了这样的历史的相似物的。"（吴念慈译《社会学的批判》引此）

这么一来，便历史在一面说，也是具反复性的了。亚克色列罗德在前书又引了近代哲学史家 Kuno Fischer 的话，来证明历史事实的反复的意味；好像历史经验的事实，都是为要反抗 Rickert 的历史科学说而有意反复着似的。但是历史是反复与不反复是一个问题，历史是不是科学又是一个问题，假使我们证明了历史之非反复性，Rickert 因此便要把历史与自然科学对立，换一面说，我们即使证明历史是反复的，许多学者们，又要据此来攻击历史之为非科学的了。如 Schopenhauer 就是一个极端的个例。他是主张历史的反复性的，所以说"历史是循环的"（《意志与观念的世界》第三十八章"历史论"），因此便说"历史的本性是虚伪的""历史是主观的，不是科学的"；像这样以历史的循环法则来否认历史科学的理论，我们是听得很多了。依我们意思，把历史看作不同题名而同内容的反复，和把历史看作一回非反复的东西，都是一样的错误；就是没有注意到历史的进化法则，所以对于历史是否科学的问题，也无从得到圆满解决了。

我们要问历史是不是科学，应该先问历史是不是与一切科学同样的有一个法则？是不是贯彻于历史进程中的"个性"，乃跟着存在其中的必然的法则来的？如果承认在历史里面可以寻出一种根本发展和进化之法则，如果承认历史的"个性"并不是飞将军似的从天而下，那么我们怎好把历史和一切科学分开，要分别什么"事实科学"和"法则科学"呢？须知宇宙间一切的学问，不讲便罢，要讲便都是以事实做基础，而寻求它的法则的；不然即不得以 Wissenschaft 看待，不过同在法则科学当中，自然科学有自然科学的法则，历史科学有历史科学的法则。固然有许多人把历史法则和其他自然现象同支配于机械的法则下，要把物理化学的法则，应用到历史方面，所以应该反对。但我们因此便可以抹煞历史法则的存在，而否认历史是科学吗？不对！历史现象是特有的动的法则，历史科学和自然科学的不同，不关于法则的有无存在，而是关于它的本性所发露的动的法则和静的法则的不同；动的法则是时间的法则，静的法则是空间的法则，历史无论从哪一点看去,都是以时间为标准的。在这里我可以介绍 Flint 和 Shotwell 所论历史和自然科学的分歧点。Flint 说得好:

> It is the entire course of events in time. It is cell that has happened precisely as it happened. Whatever happens in history. Eternal and unchaning being has no history. Things or phenomena considered as existand, connected, and comprehenden in space, compose what is called nature as distinquished from history and history as distinquished from nature is process and movement, the coming of thing and phenomena into being or into successive stages and states of being, the flow of occurrences in time. (*History of the Philosophy of History*,郭斌佳译,《历史哲学概论》)

Shotwell 有一段更透彻的话,他说:

> For history differs from the natural sciences in this fundamental fact, that which they consider phenomena from the standpoint of Space, history deals with them from the standpoint of Time. Its data are in eternal change, moving in endless succession. Time has no static relationships, not so much as for a second. One moment merges into the next, and another has begun before the last is ended. The old Greeks already pointed out that one could never put his foot twice into the same waters of a running stream, and never has philosophy insisted more eloquently upon this fluid nature of Time than in the writings of professor Bergson. But whatever Time may be in the last analysis it is clear that whereas physics states the meaning of the phenomena with which it deals in descriptions, history must phrase its interpretations in narrative—the narrative which runs with passing time. (*An Introduction to the History of History*,何炳松译,《西洋史学史》)

像这样把"时间""空间"这两件事,来分别自然科学和历史,实在比新康德派 Windelband、Rickert 等学说,理由充足多了。从一方面看,时间和空间的关系非常密切,所以历史科学和自然科学的本身,从底子来看,也是不可以绝对分开的;而从另一方面来说,他们毕竟各有各的界限，各有各的法则。一个是研究时间的进化法则，叫作历史科学；一个是研究空间的现象法则，叫作自然科学。再明白说，一个是从内部进化来的生成的科学，一个是从外面堆积来的既成的科学。在此我应该再介绍欧战后影响最大的历史哲学家 Spengler 的学说，他在《西欧的没落》一书，分别所说的"历史的世界"（Welt als Geschichte）与"自然的世界"（Welt als nature），历史的世界是"生成"（Werden）的世界，是时间的、直觉的、生机主义的世界；自然的世界是"既成"（Gewoordene）的世界，是空间的、概念的、机械主义的世界。历史的世界是"觉醒的状态"（Wachsein）。因此 Spengler 结论，也承认历史事实之不可逆性的原理，就是说：历史事实和自然科学之为必然性的形式不同，历史事实决没有重复的。这一点虽和新康德派的论潮似乎相同，实则他是更彻底地从内的时间的流动性说历史；若果只从外的堆积的观察，则一切历史的现象，都是矛盾而冲突的，还有什么不重复呢？总而言之，历史与自然科学不同，即在一个是时间的动的法则，一个是空间的静的法则。人类历史生活的现象，是时时演进，滔滔不息，但在演进过程之中，是有一个现象所以附隶的动的法则，来支配社会的现象；但这个动的法则，究竟和自然现象所以附隶的静的法则，有怎样的不同呢？于是我们可更进一步论述如下：

（1）历史法则是心理的法则，自然法则是物理的法则——自然的现象是本于物理而成的，历史的现象是本于心理而成的，所以对于历史现象的解释，在某范围内，固可以如 Shotwell 的说法，兼收物质与心理两元素；而从内的方面来看，仍归宿于心理的法则而不归宿于物理的法则。所以 Lamprecht 在《近代历史学》（英译本 *What is History? Five Lectures on the Modern Science of History*）里开头便说"历史为社会心理的科学"（History is primarily a Socio-psychological Science）；则在他看来，历史上的一切活动和事实，都不外乎心理的法则，尤其是某种文化的形状，就是某种集合心理的形状（collective psychical condition），而所谓文化的分期，也不过是社会的心理现象的一个连串罢了。因此他就心理学的见地上，将德国史发达的一般形式，分作六个阶段。像这样主张历史应以心理法则为主，这实在一点也没有错的了。

（2）历史法则注重目的的关系——目的的必然，自然法则注重因果关系——因果的必然。凡自然现象之自然定律，都是支配于因果律的原则（causality），但在人类历史，则在因果关系以外，实支配于动的内在的目的。Stammler 在他名著《依据唯物史观的经济与法律》一书中述及社会现象有基于自然必然性的因果关系，同时有手段与目的的关系，即目的论的考察。假使只认社会的发达是自然必然的和日蚀之必然的来到一般，那么社会主义者只要笼着手以待因果律的自然推进好了，还要参加社会运动做什么呢？由这矛盾的事实，可见历史科学与自然科学是很大不同的。历史要求一个动的目的，是由于人们的欲望与目的而成，因此尽管一切事物都有它因果关系论的说明，而历史法则不可不用动的目的论之解释。反之如 Bucharin 的《史的唯物论的理论》一书，因他只懂因果律不懂得辩证法，所以那样反对目的论的考察，实际辩证的法则正是一种动的目的论的变式之表现，那么为什么不老实承认历史法则是注重目的的必然呢？

由上所述，便知历史它是以动的时间为基础，而形成心理的目的论的法则，和那以静的空间为基础形成的物理的因果论之法则，从本质上根本不能相同，因此我们便否认历史为法则科学，那实在大错特错。英国 Buckle 著《英国文明史》(History of Civilization in England) 第一编，即揭出历史家这一大弱点，以为从前历史家不能发现支配现象的法则，使历史陷于混沌无政府的状态，这不能不说是历史家比之其他自然研究者较劣弱的证据了。他很沉痛地说：

> It is not, therefore, surprising that the study of the movements of man should be still in its infancy, as compared with the advanced state of the study of the movements of nature. Indeed the difference between the progress of the two pursuits is so great, that while in physics the regularity of events, and the power of predicting them, are often taken for granted even in cases still unproved, a similar regularity is in history not only not taken for granted, but is actually denied.

知道历史和自然科学一样，要从事实的混沌当中，寻出社会现象的法则，而后历史才能脱出幼稚状态，和自然科学并驾齐驱。但说到历史的法则，Buckle 的意见和我们一样，一方面注重自然界中气候、食物、土壤、自然之一般的状况，叫作"物的法则"；另一方面则注重人类的精神、知识，叫作"心的法则"。欧洲文明的特征，即在于物的法则渐渐减少，而心的法则渐渐加多。他说得好：

> From these facts it may be fairly inferred, that the advance of European civilization is characterized by a diminshing influence of physical laws, and in increasing influence of mental laws.
>
> For if the measure of civilization is the triumph of the mind over external agents, it becomes clear, that of the two classes of laws which regulate the progress of mankind, the mental class is more important than the physical … These mental laws, when ascertained, will be the ultimate basis of the history of Europe; the physical laws will be treated as of minor importance, and as merely giving rise to disturbances, the force and the frequency for which have, during several centuries, perceptibly diminished.

这是何等明白地指示我们历史进化的意义，是在"心的法则"，而不在"物的法则"。在物的法则方面，历史不能不借助于自然科学方法，来研究定期反复的现象；而在心的法则方面则不可不超出地理环境，以直接体验历史生命的活跃，这就是人类进化历程的心理阶段说了。

## 三、历史与社会科学

但历史学虽与自然科学不同，它的本身却是关于社会的一个具体的叙事学，换言之，即一种社会科学，尤其是历史哲学，实际就是"社会学"。我们固然不必如史家 Freeman 和 Heinrich von Treitschke 似的，主张什么特别科学的社会学为无用的长物，然而我们至少也须承认社会学与历史学二者实同出一源，有相资相倚的关系；而社会学的研究中，更应该有历史哲学的存在，这大概是无可疑的了。然而我们新史家何炳松先生在《历史研究法》(《百科小丛书》第 122 种) 中，仍然否认这种见解，主张史学和社会学分开。他说：

> 史学与社会学虽同以已往之人群事迹，为研究之根据，然目的方法既然各不相同，研究结果，亦复迥然有别。史家抉择事实，旨在求异；所取方法，重在溯源；其结果非人类共同演化之原理，乃人类复杂演化之浑沦。至于社会学所致意者，乃已往人群事迹之所同，参互推求，借以发现驾驭人群活动之通则；选择事实，务求其同，不求其

异；所得结果，非人类演化之浑沦，乃人群活动之定律。故社会学为研究社会之自然科学，其所取方法，与史学异，而与自然科学同。总之，史学所重者在质，社会学所重者在量。史学所求者为往迹之异，社会学所求者为往迹之同……

这一大段话和梁启超在《中国历史研究法》（第六章）所说自然科学与历史之别——"自然科学的事项为普遍的，历史事项反是，常为个性的"，一样没有脱出 Windelband、Rickert 等学说的范围，一样地不明了历史学之为一种社会科学，而社会科学自有其和自然科学不同的历史法则也。固然如李守常著《史学要论》（《百科小丛书》第 51 种，此书本于内田银藏的《史学理论》之处甚多，似非代表之著作），似乎要在此类历史的"浑沦"以外，另找真实的历史、生活的历史，所以说"横着去看人类，便是社会，纵着去看人类，便是历史"，"历史学是把人类社会的生活纵起来研究的学问，社会学是把人类社会的生活横起来研究的学问"。但他仍然始终认二者之间有些不同，终以为不可认作全为同物。这种不彻底的论潮，我以为还不如 Bucharin 所说"唯物史观的理论即同于马克思主义的社会学"来得痛快（虽然我不是唯物史观论者）。因为这么一来，历史学即在社会科学之中，而历史哲学即同于社会学了。他在《史的唯物论的理论》绪论中说：

> 在社会科学之中，有两种最重要的支派，他们都不只是研究社会生活中之一领域，而并且是研究社会生活中之全部最复杂的现象；换句话，他所研究的不限于社会现象中之一类（例如只是经济现象，只是法律现象，只是宗教现象），而是研究社会现象之总体，百凡一切的社会现象。此类科学中，一种是历史学，一种是社会学。（许楚生译，《唯物史观与社会学》，英译 Historical Materialism）
>
> 社会学就是社会诸科学中之最概括的、最抽象的。还有人常常用别种的名词来称呼他，称他为"历史的哲学""历史的发展之理论"等等。（同上）

由上所述，我们也就知道历史学与社会学的关系，而历史哲学无疑乎就是那要解释社会现象的发展、社会之历史的形态、社会形态之变迁的社会学了。不但如此，历史哲学的社会学，这也决非马克思派独特的见解，可说从 Comte 在 1838 年使用社会学一语以来，始终以历史哲学的综合社会学为最占势力，而近来各史观的抬头，更是社会学趋向于历史哲学研究的一大表示。虽然历史哲学至今尚未能完成其整齐的系统，但一说到历史哲学，便不能不以社会学为研究的对象，因此历史哲学的定义，便有以下各说：①Comte，历史哲学即社会动学说；②Sombart，历史哲学即哲学的社会学说；③Barth，历史哲学即社会学说。

　　Comte 将社会学分为两大部门：其一是社会静学，即普遍地研究社会的构成组织方面；其二是社会动学，即历史哲学，普遍地研究社会的历史变迁方面。前者关于社会秩序的研究，后者关于社会变迁进步的考察。然而"实证哲学"，社会科学之部，论社会静学的只有一章，而讲到社会动学即历史哲学的却有七章之多（第五章"社会静学"，第六至十二章为"社会动学"，见 Emile Rigolage 本）。可见社会动学即历史哲学，在社会学部门中是怎样重要的了。然此犹谓为社会学初期的见解，却是直到最近代德国的权威学者 Sombart，为柏林发行"社会哲学体系"，担任编纂《社会学》一书，在他的绪论里，仍将社会学分为两类，可简括如下：

社会学 ｛
　哲学的社会学 ｛ ①关于人类进化原则之各种研究
　　　　　　　　②关于文化现象之本质的研究
　　　　　　　　③关于决定历史诸要素的研究，如唯物史观及其他史观
　科学的社会学 ｛ 心灵科学的（或心理的社会学、自然主义的社会学）
　　　　　　　　……法英美派的社会学者，即西方派
　　　　　　　　精神科学的社会学（或知力学的社会学）……德意志派

（景山哲雄译）

　　他说"哲学的社会学即同于历史哲学，故就哲学的社会学来说，Barth 所倡社会学与历史哲学为同一的话，是全然对的"。但依我的意思，Sombart 未免倒说了，其最大的错误，和 Rickert 一样，要分别什么是文化科学与自然科学，认为自然科学以"法则"为主要概念，文化科学以"理解"为主要概念，所以他所谓科学的社会学，反而就是理解的社会学。

却不知这种精神科学的社会学，从广义来说，正是哲学的社会学，而他所谓哲学的社会学，要探讨关于人类进化的原则，关于决定历史诸要素之种种法则的学问才真是科学的社会学，不过不是自然科学的社会学而为依据历史法则的社会科学罢了。于是我们再看 Barth 的社会学说，在他所谓社会学的本质，充塞着历史哲学的色彩。在他看来，社会学的对象即历史哲学的对象，社会学和历史哲学，应该是同一而且不可不同一的。他说意志的变化过程，这是历史哲学的对象，同时就是社会学的重要对象。所以他的社会学说，即在于社会之静的原理，以社会为意志的统一；在社会之动的原理，则要寻绎社会意志过程，因而主张历史学、历史哲学和社会学，都只是一个概念而有程度的不同。实际社会学就是历史哲学，历史哲学就是社会学，所以他的名著：*Philosophie der Geschichte als Soziologie*（《历史哲学的社会学》），不是很明显地主张历史哲学的社会学吗？

固然一说到社会学，有许多学者对从 Comte、Spencer 以来抱历史哲学倾向的所谓综合社会学，竖起叛旗，而成立了一种分科科学的社会学。他们主张社会学有独特的研究对象，社会学有其他科学力量所不及的研究范围，及在这个范围里，社会学有它固有的态度和方法，可以充分成立为一个独立的科学。如 Vierkandt 社会学的立场，就是这一派。把这种倾向，用最直截的形式表示出来的，可以举法国的 C. Bougle，用他自己的话来说，即"社会学不自负能自成为历史哲学，社会学是更谦逊地（单单）只欲成一个社会科学"；像这种纯粹社会学的独立运动，要使社会学与历史哲学分开，也可算显著的社会学界的倾向。在法国这种独立运动的标语，是"基础的社会事实""真正的社会现象"等，而在德国几年前则用比较纯化的形式，由 Vierkandt 来代表。现在从 Vierkandt 的立场来观察社会学史，则如 Tarde、Durkheim、Simmel、Wiese 等这一批学者的努力，都是想把社会学成为特殊科学，尤其是 Simmel 给这派社会学以一个名称——"形式社会学"（Die formale Sozioloie），可算得当代形式社会学倾向的一大宗师，而暗示我们社会学的定义，为"研究社会形式的科学"。即从复杂的社会生活中，论理地抽出可以认为纯粹社会之对象的一种科学；因而社会学史的进化，不消说也是从所谓"历史哲学的综合社会学"到"特殊社会科学的形式社会学"了。最明显的就是德国 Wiese 所著的《社会学：历史及主要问题》就是抱这种见解。日本一般社会学家如户田贞三的《社会学讲义案》及岩崎卯一的《社会学序说》，也照此来分社会学的体系；不过两位教授的分法不同，如对 Durkheim 和 Tönnies，在岩崎卯一，便不列入形式社会学一派；最可怪的就是对于 Giddings 是综合社会学派，还是纯正社会学派，两人见解全然不同，可见这种分类，原无一定标准，真不可靠极了。实际上社会学元祖 Comte，早将社会学分为两大部门，照社会动学说，固然可算得"以社会学为研究社会形式的科学"，而照社会静学说，又何尝不是如 Simmel 说的"以社会学为研究社会形式的科学"？照社会动学说，固然是"历史哲学的综合社会学"，而照社会静学说，又何尝不可说是"特殊社会科学的社会学"？所以依我的意思，"形式社会学"原不过社会学的一大部门，Simmel 也罢，Vierkandt 也罢，Wiese 也罢，都不过把 Comte 没有发挥得穷微尽致的"社会静学"方面，特别提倡它罢了。（老实说，我主张形式社会学，应脱出 Simmel 抽象的范围，完全应用统计法来具体地研究社会的形式；而统计法即为静态的历史学，如 Schlözer 所说："统计学者即停立不动的历史，历史即是行动的统计学。"）然而因此要大张旗鼓，主张"论理地分离社会的形式与内容"，一定要否定地说"历史只是断片的事象，没有法则可求"；走到极端，反而把社会学完全抽象化，只成为抽象的社会学了。不错！Ogburn 与 Goldenweiser 曾告诉我们，以"在专门化的现在，综合研究的困难，一天胜似一天"（见《社会科学的领域》一文，载《社会学与其他诸科学之关系》一书）；学术史上本没有几个 Aristotle，几个 Spencer、Comte，甚至如 Wundt 那样和综合观念相近的人，都是很难得的，所以学术愈进步，愈走向专门化的路上，知识的储备愈多，综合的研究愈觉困难。然事实正因为学术愈向专门化，故要求综合的力量也愈迫切，不说别的，最明显的例子，就是历史学；如现代所谓"新史学"或"综合史学"，因得力于各专门的人类学、人种学、心理学，以及各种专史，如思想史、科学史、经济史、社会史、政制史、法律史等专门研究的结果，然后才产生"综合史学"。又如马克思派社会学最近大有抬头的倾向，但马克思派即属于历史哲学的社会学的。我们眼见着这种社会学派的发达，已有一日千里之势，那么我们还能勉强说社会学的发展，是从综合社会学到形式社会学吗？所以讲社会学史的千万要抛弃前述狭隘的见解，而采纳 Comte 原来的见解。现在社会学的研究，不是如 Ogburn 等所说"综合研究的衰落"，事实上是"综合的历史哲学的社会学"之复兴！

而且如松本润一郎在《社会学的领域》（参见《现代社会学说研究》

内一篇论文）里所说的，形式社会学非难综合社会学之历史哲学的百科全书的倾向，而从形式社会学的角度研究的学者，以后很多又承认综合的倾向。我们可以最先举出 Simmel，他在《社会学》里极力指摘综合社会学的缺陷，认为这是无用的东西；但虽如此，Simmel 在他最后社会学的著述上，承认社会学可分三个部门，这即是一般的社会学与纯粹即形式的社会学、哲学的社会学三者；第二的形式社会学即当现代形式社会学的研究，其他二者，即一般的社会学及哲学的社会学，是有怎样的内容呢？据 Simmel 所说，一般的社会学的领域，是充满着形成社会之一切的历史的生活，常将构成社会的东西，认为全体把握着，那么就很容易使人联想到历史哲学的研究了。至于哲学的社会学，一部分为认识论，一部分为形而上学，这是和社会学的对象无甚关系的"社会学的哲学"，Simmel 竟把它归入社会学的领域之内。不消说对于这个三部门的分类，有许多反对的意见，而所谓一般社会学之部分的研究，实在即现代许多有力学者所从事的社会进化论，或置重于特殊方法的社会学的研究。其实当 Simmel 叙述一般的社会学时，已数到 Comte 三阶段的法则，与 Durkheim 所主张社会对于个人之拘束的研究；可见 Simmel 著作，已无异自己推翻其自己逻辑所得的结论，而我们社会学史之研究者，还要循他从前说法，来以讹传讹，显然是不对的。不但如此，Simmel 在《社会学的基础问题》里，显然从他社会形式的研究，而指摘出新的历史观之可能，如日本有名的社会学者高田保马，所倡"第三史观"，即受 Simmel 的影响。因此即在 Simmel 派自身，已看出历史哲学观或集团数量之决定性的研究，那么我们还能说他是无条件地反对历史哲学的社会学吗？至于前面所举 Vierkandt 的形式社会学，误解更多，他分明以社会学为一个精神科学的，所以著书的副题，写着"哲学的社会学之主要问题"，可见他是将社会学来接近哲学，同时全然抛弃了经验科学的研究。所以 Jerusalem 批评他，认为这是形式社会与现象学的提携，认为这是"社会学形式主义倾向之危险错误的根源"。因为 Vierkandt 把社会学建立于纯然先验的科学之上，所以不但不重历史的范畴，而且很明显地抛却经验的要素，只以理论之先验的要素为社会学的中心，所以他这种形式社会学，在方法上分明和我们主张以定立法则为基础的社会学根本没有共同点，那么又要从何说起呢？只有 Wiese 的"关系学"，始终立脚于经验上面，极力主张社会学为一经验的科学，这一点恰好和 Vierkandt 之哲学的倾向互相对立。然而从大体来看，形式社会学仍不免于带反历史主义的倾向，虽则它们在社会静学方面的贡献，不可埋没；但其反历史的和玄学的态度，在社会学史上也不过只占一时的重大位置，现在已由所谓"文化社会学"出来代替它了。换句话说，文化社会学就是否定了旧形式社会学而复归于新综合社会学，即新历史哲学。属于这一派的，德国如 Max Weber 和 Ernst Troeltsch 的宗教社会学，Spengler 的形象学或世界史的形态学，Max Scheler 的知识社会学，Alfred Weber 的历史社会学等，尤其如 Troeltsch、Spengler 很有名的抱一种历史主义，即将一切世界观、宗教的及哲学的世界观，只看作变化不居的现代历史及社会的生活状态之可变的表现形式。Alfred Weber 更不客气地称文化社会学为历史哲学。不但如此，即在美国文化学派社会学的发展，表面上虽排斥历史哲学，高举着"反进化论"的旗帜，实际却极注重历史研究法，即从最广义的历史哲学出发。新派人类学家如 F. Boas、A. A. Goldenweiser 等，主张每种文化均有其独一无二的历史，因此应该利用历史法来分析文化。W. F. Ogburn 本身更明白了，他主张"用历史法以研究社会，最有效果，欲分析社会现象中之文化、心理、生理、气候诸要素，此法最有价值。不但如此，历史法并可以保证对于判别他种原素之不陷于误讹，要之历史法者，求得文化上之事实而已"（见孙本文著《社会学上之文化论》）。可见文化社会学的倾向，仍不脱于历史哲学范围，现代历史哲学的特色，即在于以文化上之事实做根据，所以与旧历史哲学不同，而这就是我们今后所要详细研究的题目了。

由上不厌繁复地说明社会学的派别，无非要讲明历史哲学之为社会学，与这社会学所以存在的充足理由。总而言之，我们要将历史学与社会科学之研究打成一片，我们要将历史进化的方法完全应用到社会科学的各方面；所以历史哲学可算社会科学中各种科学的科学。如过去所谓"历史学派"，就是应用历史的精神和方法到社会科学上的一个运动。就政治学方面说，如 Gettell 在《近代政治思想史》（*History of Political Thought*）即有"政治思想的历史学派"一章，历举德国历史学派的 Friedrich Karl von Savigny，英国历史学派的 Sir Henry Maine，美国历史学派的 John W. Burgess 实际上从 19 世纪直到现在根据于历史考察，来研究政治发展的学说，还很占势力。如 Bagchot、Hobhouse 都可算对于政治进化论很有影响的学者，Oppenheimer虽反对新历史派，而他所著的《国家论》却完全引用历史方法来讲明国家制度的发达。次就法律方面说，如Vico、Montesquieu，经Savigny、Stammler，以至现代法律学上的新历史派，即社会学派，也有代表的人物，如Erhlich、Holmes、Pound、Cardozo等，可算近代法律学几大宗派中最大的一派。次就经济学方面来说，格外明白了。经济学上的历史学派是对抗Adam Smith和Ricardo等所建抽象的超时间空间而永久不变的经济原则，主张运用归纳法及应用历史的方法去从事各民族的经济生活之研究。从Friedrlch List至Wilhelm Roscher、Karl Knies、Bruno Hildebrand，遂为该学派划出了一个新纪元。Roscher所著《根据历史方法的国家经济学要纲》与Karl Knies所著《站在历史方法立场上的经济学》主张经济学应求其立论基础于历史的生活之中，它的结论非应用历史的方法不可。经济学上所谓一般的法则，不外乎显示着历史的说明与真理进化之表现。因此他们便极力反对经济学理论的绝对主义，而只认经济法则为暂时的、条件的。于是更有将历史方法彻底地适用于具体的研究者，有自称为新历史学派的一群，即以Gustav von Schmoller为中心，由Lujo Brentano、Adolf Held、Knapp和Bücher开始，算到Nasse、Schonberg和Hans von Scheel等，他们更彻底地将经济学建立于严格之历史的统计的经验主义之上，而排斥一切抽象的方法。他们和别派抽象经济学的真正区别，即在他们能埋头于准备的工作及历史材料的搜集；然而他们也不是止于纯粹记述而不从事定立法则的，他们由归纳研究的结果，各自建立经济进化的法则，即经济发达的阶段说。旧派如List，以生产形态为标准，谓国民经济之阶段的发展，是从原始蒙昧状态进至牧畜状态，更进入于农业状态、农工业状态、农工商业状态。Roscher以生产要素为标准，分一般经济的发达，为从依赖自然时代至劳力时代、资本时代。Hildebrand以交换形态为标准，区分经济发达的阶段为：①自然经济时代；②货币经济时代；③信用经济时代。于是再考察一下所称新历史派的人物，如Schmoller关于经济组织形态所见的经济阶段说，Bücher从生产目的，又从生产至消费径路长短所见的经济阶段说，没有一个不可称为定立法则的科学。所以历史学派不但于搜集材料上有价值，即在建立经济发达阶段的理论，也决不下于马克思派的经济史观。而从广义来说，马克思派实际上也正是一个历史学派的产物，换句话说，都是以划时代的历史方法来研究科学中的经济学的。然而历史哲学的范围,却不止限于经济的研究,对于一切社会科学的形象,政治、法律、宗教乃至人生的诸领域,都能从历史的进化形态方面去观察它,一面具体地认识那些事象的过去的阶段,另一面预测现实之必然的历史的步骤,这种特出的探求历史法则,与依据法则以说明一切社会科学的综合学问,这就是我们所讲的历史观或历史哲学了。

# 史学的意义[①]

历史是什么？从来没有一个很好的界说。过去的《二十四史》，往往对一朝代的"剧盗"——帝王，便大书特书，说了一大篇，而对于全国思想界及社会情形极有影响的事，反倒置之不理；最使人看了难受的就是无论哪一朝代历史，都是充满着战争的故事，这些无关社会生命的事情，把它"堆积"起来，难道就是历史吗？不是的。大概过去历史家的错误，就在于把政治看得太重了，并且所谓政治，特别是指一朝代的权力而言。英国史学家弗里曼（Freeman）说："历史就是过去的政治。"（history is past politics）换句话说，除却过去的政治，就应该没有历史了。德国史学家兰克（Ranke）认为史学的目的是要明了我们对国家起源和性质的观念，像这种把国家——政治的组织，作为研究史学中枢，和中国的《二十四史》《资治通鉴》把帝室为史的中枢的观念，当然是一样的错误了。

旧历史把政治看得过重，固是错误，新历史家用人类活动的事迹来包括全历史，也是个顶大的毛病。我们对历史所下的定义是："史者叙述人类社会赓续活动之体相也。"就是很有史识的历史学者，仍不过把历史和人一样看法，其余的新史家，把历史过程的原动力，归于"人类"方面的，或"社会"方面的，更不知其数。他们的说法，自也有社会科学的根据，但他们实在把历史太误解作"人类"一部分的了。其实历史所记录的，应该包括宇宙全体，而宇宙历史是我们计算不来的，把它和人类所自以为那由传说书契传至今日的历史比较一下，实在算不了什么。并且人类不过是宇宙活动的一部分，政治更不过人类活动之一部分，而那专叙述人类活动的历史，只算历史之一部分，那范围更狭窄的政治史，更只算得历史一部分之一部分了。依照德国赫克尔（Haeckel）的意思，这以一部分包括全体的历史是不对的。他在《生命之不可思议》一书的第十八章中曾

---

[①] 本篇原为《现代史学概论》第一章，该书20世纪30年代在《现代史学》杂志分章刊载，20世纪40年代作为中山大学史学普通参考用书，由校出版部铅印；收录于《朱谦之文集》第六卷，福建教育出版社2002年版。

讲到"一元的历史",很批评这一层。他说:

> 历史这个名词,常常总被人误解作"文明生活发展中所起的事件之记录"——即民众和国家的历史、文明史、道德史之类,这全是一种人类中心主义的感情,以为"历史"两个字,就其严密的科学上意义说来,只能作"人类行事的纪录"用,照这样的意义,历史和自然是对立的。历史专论道德上自然的现象,自然专管自然法则的范围,这样的说法,好像是并无"自然的历史"这件东西,好像是宇宙发生学、地质学、个体发生学、系统发生学,都不是历史的科学了。这种二元的、以人类为本位的见解,虽然还在现代的大学里盛行,国家和教会虽然还保护这尊严的传说,但是早晚必有一种纯粹"一元的历史哲学"代兴,这是一定无疑的。

因此他就说及近世人类发生学表明个人进化和种族进化中间的密切关系,并且以有史前的系统发生的研究,把那所谓世界历史和脊椎动物的种类史联合到一起。这种一元历史的见解,实在再好也没有了。因为历史的意义,非包万有而并载之,不能够算作完全,如果历史只计究人类进化的现象,而不究及人类之从何而来,那么这个历史,只能算作半截的、一部分的了。所以我对于历史的界说,比较广大一些,我认为历史是有好几层意义。

其一,历史是叙述进化的现象的——从前的历史家,往往把历史看作人物传一般,以为记下来就是了。现代的历史家才知道注意到发达和进步的趋向,他唤作"历史的继续"。但是这"历史的继续",因为太看重在历史之社会的经济的解释了,所以结果把过去的历史,都看作社会的,或经济的产物,这实在错误不过,并且完全把历史的意义埋没了。杜里舒(Driesch)在南开大学讲演,实在给我许多的教训,使我知道历史之意义,应该从生物学之进化的解释。他说:

> 欲论历史之意义,不可不知意义二字之作何解释,……凡变化情形之有目的者,是为有意义。以自然界之现象明之,若山脉之成,或由火山之爆烈,或由地形之变迁,时而风吹,时而雨打,一切出于偶然,初无目的可言;反之若蛙卵之长成,自受精后为细胞开剖,而终

于成蛙,若是者为有目的;二者之为变化同也,然一则为物理的变化,故彼此之堆积为总和的。试分析言之,有特点三:山石堆砌而彼此并无关系,一也;风吹雨打原因皆由外起,二也;元素之性质,如速率、位置等既定,则变化可以推算而得,三也。以言乎蛙,则为生机体变化,亦有特点三:求达于最后之全体,一也;生机体之长成不能无待于物质条件,如水中之酸素,气候不能在百度表零度下皆是也,然环境虽重,而动力则自内发,二也;虽知其元素之性质,无以明其变化,以其中尚有全体化成之动因在,三也。吾人更以简单之名表之,山脉之变化为总和的,为偶然的元素所合成。至于生机体之变化,则为全体的,彼此互有关系,而其动因则不能求之于元素之间也——变化之为总和的,偶然的,吾人名之曰"堆积",其为全体而有互相关系者,吾人名之曰"进化",于是所谓历史之意义者,决之于历史之为堆积的抑为进化的而已。

这"堆积"和"进化"两个名词,实在是杜里舒对历史学的最大贡献,不但为"进化"之概念重新估定一番,下一次新定义,更为混杂的历史寻出一条新路来。原来堆积是从外面累积的,进化是从内部发展的,如果人类历史只是陈陈相因,而没有创造而日进不已者在,历史便犹之乎物质之为堆积的,而无所谓生物学之进化了。

从来对于历史进化有几种学说:有的认为"人类的进化,永远是今不如古,他们想象的历史进化,是永远下降的",有的认为"人类进化,永远是在那里'兜圈子',故他们理想中的进化,是一个圆圈"。但是这两种学说,实在都没有生物学的根据,所以都靠不住。如果历史的现象,只是一个圆圈,那么现在所有的,从前都已经有了,反复循环外,没有添上一些,那和物质的堆积何异?所以我们不讲历史的进化罢了,要讲进化,须从生物学的解释,而认定人类是永远向上的;理想中的历史现象,是永远进化没有间断的。不过这种进化,决不是达尔文主义所能解释,而应该用 Bergson、Driesch 的"新生机主义"(new vitalism)来讲明。达尔文在生物学上的功绩,我们自要永远纪念,但进化学说到了现在,实比达尔文当时不知进化得多了。达尔文的进化说,唯以因果关系的机械律立论,好比砌墙,一块一块增加,这种进化观念是堆积的,实在不足以说明历史的意义。反之新生机主义的进化论,则和他很不相同,他们认为生物之自体，就有一种动力，由这动力向上自由发展，自创新的形状，这就是进化的根本原因。达尔文说明进化，由现在推寻原始以律未来，生机主义者则以进化为由原始而现在而未来而永续的生机流行，姑不论那最原始的生物，是无核的亚米巴，或是一种鞭毛动物，但自这动植物共同泉源以后，分途猛进，恰似爆裂弹一般，化成无数的碎片，碎片又为爆弹，又裂为无数的碎片，重重劈裂，永没穷期，而这猛进的原因是什么？就是"生机力"（vital force）。这生机力，凡是生物，个个都有，生物即因这生机力的冲迫而分途进行，各有一定的自主律，是万不能用机械的原则说明的。并且历史进化，纯然是一种动的行为，是有生命的东西，尤觉非生机论不能讲明，所以我们讲历史意义的，也自应该从生机主义的进化，而把历史看作由原始而现在而未来的不断的生命之流。

其二，历史是叙述人类的进化现象的，生物的进化的长途中，经过无数艰难，分作两大派：一派变为动物，一派变为植物，两者都由细胞所组成，都有生物的奋发性。然在动物则能自由运动，而普通植物便不能够，可见生机力之强弱，是大有关系的了。而在动物之中，因自求保护的缘故，常生坚壳，如棘皮类动物的硬皮，软体类动物的壳，甲壳类动物的甲，都是最好的例证，它如节足类、鱼类，古代也多有甲和硬鳞的。不过生甲虽然能够保身，也大大阻碍了生机，使之不活泼，因为生机受了束缚，所以固定而没有进化，就普遍生力言有历史，就其本身言，就没有历史了。其中唯节足类、无脊骨类动物，虽也经过这个境界，却能拔身出来，所以能够进化到现在最高的境界。而就这两类进化的极致而言，则前者为蚁，而后者便是人。蚁类的生活状态，虽然也有他们自己很有趣的历史，但是没有人的这种特色，其中唯脊椎动物中的哺乳类动物为生物发达最完全的，哺乳动物发达到完全最高等的是主兽类；主兽类发达之最完全是人类；到了"人类"出来，而后才有历史之可言了。固然以人类现在的文明发达史和地球生物史比较，短不可言。但如果没有人类，便这生物的一切疑谜，也没得解决，生物史也不能够成立，所以我们也同赫克尔一样，很不赞同一种很大误谬的"人类中心主义"，认为人类构造和一切自然界的生物相反；但我们不能不承认人类中心的新观念，认为人类是大自然活动的顶点，是一切自然界之生物中最完全最进化并且最后出现的动物；也许这一只动物进化到了极点，有如尼采（Nietzsche）的"超人"的产生。但无论如何，人类在生物进化当中，占得现在这个地位，不得不说是由于"生机力"的伟大，所以有那运动自由的手——虽然手不是工具，但是现在最有用最利的工具，哪一个不是由于手造出来的！所以运用手，实在是人类的特征，但却不是唯一的特征，因为猿类和人类一样，也是用手和身体独立的动物；所以归根结底，人类和猿类的分别，仍不能归到言语发达一层了。我们可以说：有言语的动物，唯有人类。言语学始祖 Humboldt 说："人之所以为人，是因为他有言语。"这句话并没有错。因为人类言语，据赫克尔一元哲学所说，实为最新世纪猿类啼声发达之所成，所以唯人为有言语之动物，以后言语在无数年代之中，一天比一天进步，人类智慧高超于一般动物的大部分原因，即为言语发达的结果。由上可见人类自从用后足撑持身体直立着走以后，已经不能不算生物之最前进的了。不过这种进化的原因，浅言之即运用手和有言语二事，若问他为什么能够运用手和言语，为什么有这种自由的创造的动作，那就要推源到生机体之进化了。因为生机活泼，所以能够制造工具和言语，这才是人类进化的内部真因。好比人和人猿从比较解剖学研究的结果，不唯极相似，实即相等，二者同具骨节筋肉，同具神经细胞，心脏同具四房，血液照同理流动，同具牙齿三二，……但为什么人类有历史，而人猿没有呢？这就是"生机力"差异的缘故了。猿类只能用术杖行走、掷石、树枝及有刺之果实于他敌人的顶上，可见猿类的"生机力"不过如此，所以进步也就到此为止。人类则进之，能够在制造工具的方面前进，既然知道用石子敲果实，再进一步，即能用石子打击石子，成他所希望的形象，以后就造出刀斧、锯、凿、锹、锤种种工具，从此就有文化史了。又猿类只能发声，最进步也不过如苏门答腊所产人猿之一种 Hylobates Syndactylus 能唱七音阶，但它的"生机力"不过如此，所以进步不过是些叫喊而止。到了人类便用言语来发表思想感情，最初不过是沟通意思的工具，以后愈演愈高，遂成人类知识的根源，于是就有思想史了。综上所述，可见历史实在是人类的产物，只有人类是一种进化到了生机活泼、有言语时代的动物。在人类以前，自藓藻野草以至牛马猿猴，虽然都是由细胞而成完全的生机体，虽然从广义的解释，都有生命史的价值，而从狭义的解释，就只人类有历史。只有人类在这生命进化长久的年代之中，因为生机力格外奋发，已经造出极复杂的极高尚的文化了，所以人类实在是成立历史的主源。

其三，历史是叙述人类文化的进化现象的——研究历史万不能从"堆积"来解释，假使"堆积"可以解释历史现象，那么我们听葛拉普讲人类自然史时,都知道达尔文的眼眶骨凸起,这是猿类的一种标记,如果这样说起来,达尔文岂不是很像猿类,不是人吗?所以从外面的"堆积"来讲史学,是完全不对的。要讲历史,要以"进化"为主,尤其以叙述人类在知识线上的文化进化,才算内面的解释。这种文化进化是由人类全体或其大多数之共业所构成的。在这语句内,有三种意义:①知识线文化不是由一个人独力所造,实由一帮人共业所造;②知识线文化是"进化"而不是"堆积";③除了知识线文化外如人种、大人物、民族、国家都和"进化"的历史没有密切关系。杜里舒在南开大学的讲演里,说得最好,用不着我再说了。

  谓世界人种之分立,有关于进化耶?以吾人所见,人种之发达虽殊,然无特别之差异。以欧洲之哲学上贡献言之,法有笛卡尔(Descartes)、马尔布兰西(Malebranche),英有洛克(Locke)、休谟(Hume),德有莱布尼茨(Leibniz)、康德(Kant)文化学问之发达,纯视个人之天性如何,与种族之界无涉焉。欧种如此,他种可知。……谓英德法及其他各国之分立有关进化耶?则德法之世仇,其先出于同源,今德之西部与塞尔脱人(Celt)混,东部则与斯拉夫人同化;以言英人则为盎格鲁、撒逊、诺曼三种人之混合,若此者皆物质心理之积叠使然,谓为出于天之所命则误矣。各国之分合,殆如蚁蜂之散处,多一国,少一国,与世界之进化,决无影响。

  然则历史上之大人物,其种种行为,能构成一进化线耶?以吾人观之,所谓大人物者,即其生存,半出于偶然?或以疾病而死亡,或以战争而殒命,谓一负担进化之人,而生死之不可必如是;则进化步骤之相继,不亦殆乎?

  由上所言观之,大人物也,民族也,国家也,皆与进化之义无涉,何也?凡散见于大地而属空间的者,皆以非全体性掺杂其间,既非全体矣,尚何进化可言?诚如是,地球上人类历史中,果无进化之可言乎?曰:不然,变化之为进化者,犹知识线(Wissenlinie)而已。

  知识有二面:自其互相授受者言之,固难逃积叠之公例。自其推陈出新者言之,则日新又新进而不已,且流传人间,今古相继,文字一日存在,即知识一日不灭。又以知识虽出于一人,而是非真伪之标准，必以最后之全体为依归。若夫种族政治，有此疆彼界之分，而独此一端，则为人类共享之公器，故吾以为欲求所谓进化线，舍知识莫属焉。

此知识线上之贡献者，世界能有几人，以吾人观之：孔子也，老子也，耶稣也，释迦也，亚历士多德也，牛顿也，歌德也，康德也，其殆近之。则特创者固不可多得，而有功于传播或采纳者，要亦合于前所谓学说之传播之全体性，故知识之授受者，虽概以归诸进化之列可焉。

杜氏的历史哲学，归宿在"知识线"的文化进化上，知识线的进化，又由于人类社会之心理的原因（他曾屡次说到历史现象不是个人心理学可以解释），这一点实在我完全赞同没有疑义了，不过杜氏虽知提出"知识线"在历史上的重要，又说人类历史之是否进化，因只是一例，不能比较，所以很难有答案，是很难解决的。这实在是杜氏的自相矛盾处。知识线是进化的，为什么人类历史还不是进化的呢？大概杜氏只知道知识线可以解释历史进化，却不知知识线如何的进化。换句话说，就是对于知识线上的演进史，杜氏还未研究及之，所以不敢有什么正式的答案，其实在这一点上，法国的 Comte 已经有一个很大的贡献了。

过去的历史家，很少注意到知识线上，梁任公在《中国历史研究法》上说得好："隋唐间佛教发达，其结果令全国思想界及社会情状生一大变化，此共见之事实也；然而遍读《隋书》《新旧唐书》，此种印象，竟丝毫不能入吾脑也。如元明间杂剧小说，为我文学界开一新纪元，亦一共见之事实也；然而遍读《元史》《明史》，此间消息乃竟未透漏一二也。"既然不知注意知识线上的"活的历史"，所以把人类情感所产生的活动相，都把它僵迹化了！自然也不能满历史的意义了！但是过去的史家如此，现在的史家何莫不然？现在的史家，最注意在历史和人种的关系，这个民族是原住的？或移住的？这个民族由几种民族混合而成？这个民族最初的活动，以何部分之地做根据？这种要分别这一族和那一族，把历史看作"叙人种之发达，和他相结相排的故事"，这实在再笨也不过的。更荒谬的，就像从人种上，还要生出许多的意见：这是历史的人种——能扩充本种，以垄断历史的舞台的；那是非历史的人种——不能自结，至失历史上本有的地位的。历史的人种当中，又要分这是世界史的，那是非世界史的，世界史的他的文化武功,不仅传于本国子孙,并且扩充于外,使其他全世界的人类受影响,所以在历史上应该特别推崇。像这种把一种民族的、同国家的精神,贯注在历史里面的"国别史",也实在应受排斥的。无论这种国别史,断不能完满历史的本义,并且也太不明了于历史的进化之和民族的区分无绝对关系,并且在知识线上的代表思想家,实也没有狭义的国家或种族的偏见的。

过去的历史家,多偏于外面的"堆积"的观察,而这外面的现象,常是矛盾而冲突的;因此差不多一切历史的纪录,都成了夸张人类生活的斗争方面,而轻视它的和平方面。他们把各战争、各暴行和各种个人的不幸,详细地记述并传给后世;于是我们根据历史,就以为"战争"就是古代史的常态。其实这种记载,是大错特错的。在这些少数人互相酣战的时期内,那民众的大多数,还是和平地劳动过生活,我们若肯掉转头来看那时候做民众思想的指导者,对于战争一定是处反对的地位。虽然在"堆积"的现象上,那些武人们、资本家们,好像只有"嘴及爪的斗争"(beak and claw fight),在知识线上则各处民众思想家的精神上,实质上,却本于同一的精神,向同一的方向进行。我敢说世界的恶业,全在一帮非知识线上的人们做出来的,没有一回是由有思想在知识线上的引导者帮助着做出来的。不信,请看前几年引动全欧的大战当中,全欧的知识线上的代表,在那样发狂热的时候,他们也曾不失本色,不辞劳瘁,不避艰难,不畏强御的,为精神、为真理、为人类全体来反对它。到了战后,还发表一篇"精神独立宣言",载在巴黎的 *Humanite* 的报上,这实在是在历史上应该大书特书的一桩事。不信,再看10年来在亚细亚境内的军国主义资本的侵略主义下的青年运动,如中国青年的五四运动、"六三"运动,日本青年的普选运动、劳工运动,朝鲜青年的自治运动,台湾地区青年的独立运动。在"堆积"的历史,只见那强者阶级的嫌怨、隔阂,但在"进化"的历史里,因为打破种族和国家的界限,所以在"知识线"上,知道亚细亚青年运动,都是由黑暗向光明的运动,是向同一的方面进行的。总而言之,历史的原动力,绝不在于施行残忍政治和激成民族仇怨的强权阶级,或少数的英雄;而在全体社会的知识线上的活动的体相。无论哪个时候,强权阶级总是死板的板,好似注定的偶像,而在知识线上则理想中必定有一个时代所欲创造而且正在创造的"历史的继续"。虽然在那时知识线上的思想家,表面上、形式上,或有不同,而他们的精神,一定都集中在那光明里成一个线索。这在历史，实是百试不爽的。

并且我们应该宣言，所谓历史的人物，是那些肯在历史的进化中负过责任的人们；是那些在生活混乱中间为思想的传达者。无论是宗教家、哲学家、科学家、文学家、批评家、革命家，只要他在历史当中，能为大家指出了一条道路、一个方向，他便是历史界的一盏明灯。我们应该纪念作为历史的人物。那些一向占历史中枢的帝王、贵族、军阀，我们应该有胆量，把他排除在"进化史"的外面。

其四，历史是叙述人类文化的进化现象，使我们明白我们自己同人类的现在及将来——根据知识线上的事迹，我们相信人类是日向进化的途径；但是这个进化，不是空间的问题，还是"时间"的问题。没有时间，历史便失其命脉。但于此须知道历史所谓时间，应当比如一根很长的铁链，每环虽有第一环的独立存在，但是前一环和后一环却有互相衔接的关系，我们既然得着过去若干环提携的力量，我们便该当相信自家的创造能力来光大过去，诱启未来。因为这是我们在知识线上的责任，我们不要错了我们的这个责任。从前也有个反对历史的，如尼采，认为历史只是回忆过去，很妨碍于生活之流动。所以我们要超过历史，摆脱传统的历史势力。他的话完全对的。因为过去的历史界，对于自神秘的内部所萌出的生命，而欲仅仅以"堆积"讲明它，难怪其束缚生活，倒不如由真的哲学者，以创造之手，选择一个最高尚的理想而到达它。所以尼采是对的。他要重新估定历史的价值，从人生之根柢上，从浑身一切力之解放之自我的象征上，从自内涌出的力上，历史实在决无保持"现在"的势力，历史自身亦应该上了"进化"的路。从前的历史，看重于凝固的史迹，而忽略纯粹的生命绵延；换句话说，就是看重"堆积"的见解，而忽略了真的"进化"，不知历史是为进化而存在，为生机开展而存在。所以把从过去而现在而未来而不断的生命阐明出来，这就是历史家供给人们以一种改造现状的原理了。

历史家如果能够把过去的僵迹，完全无缺地记载下来，还不算尽了史家的职务；须知史家之所以为史家，在他能够将过去同现在、未来联络起来，如果历史同现在的中间，留一个空间，那可见这个历史家，是万万要不得了。因为生命的真相，是且进且成，所以由微而著，积小至大，它是时时刻刻地创新。过去的保存无已，所以未来的扩张，也永没休歇。历史的职务，就在一方面仰倚着"过去"，一方面扶悖着"未来"，一个是过去的保存永无穷期，一个是未来的前进不可预测。无如现在所有历史的著作，都好像一个很坏的脑筋，所"堆积"的事实，都不足使我们明了我们的现状，更不足以应付未来的问题，所以只成其为死的历史了。反之Robinson在《新史学》中说得极好：

> 我们应该大大的发展我们的"史心"，因为它可以在我们知识上，增加一重要的原质，而且可以提倡我们合理的进步。从前的现在，自愿作过去的牺牲，如今我们要向到过去，要利用过去，来谋划现在了。

现在"史心"的发达谓盛极了。但是Robinson虽提出"史心"，却未必是懂得"史心"的。他曾说，"我们思想习惯的变迁，比我们环境的变迁慢得多，我们始终不适合于我们的环境"。其实这句话，完全倒说了。我们在知识线上的进化，实在比我们环境的变迁快得多了。各时代的思想传达者，都曾告诉我们以历史上光明的前路，但是那些持强权论的、好弄阴谋的、想用一派势力统治人的，总想用黑暗势力来摧残光明，结果光明运动反震天撼地叫嚣起来，这就是"革命"了。然革命又革命，而黑暗势力仍能在空间时间划一个痕迹，占一个地位，这是谁的耻辱呢？我以为成时代证人的历史家，不能不负一种责任。

试看那些反对改造反对革新的人们，总是假托于今不如古，说什么旧制度怎样的好，我们应该遵守它。像这种保守的心理，自由于他们不知历史的进化的缘故了！真正的历史家，应该如Cicero所说：是真理的火把，是生命的指导师，是往古的传达人。应该告诉我们：人类的进化，是到了这个程度，应该极力提倡进化，极力从种族的偏见解放出来。总之从前的历史家，高唱"德意志超过一切"，现在的历史家，在宛转呼号中间，也梦想以民族主义为基础，以至革命成功后之世界大同主义的发展。

附录　关于历史定义之批判的研究

何谓历史？关于这个问题，我们可以举出许多代表的或是著名的历史定义，来做批判的研究。

从空间方面来说，"历史所记录的，应该包括宇宙全体"；然而因此便如萧一山先生所说："历史者宇宙现象之叙述录也。"（《清代通史》导言）

这又未免犯了很大错误。因为历史与自然科学不同，自然科学可以空间为标准，而历史则以时间为标准，如果历史只是宇宙现象之叙述录，那和自然科学有何区别？

从时间方面来说，许多学者以为过去的就是历史的，如法国书院辞典（*Dictionary of the French Acaclemy*）于历史下一定义，谓历史为"值得记忆的事物的追述"。然而据实来讲，历史不但是对于过去的记载，历史如不以时间为标准了，要是我们承认历史就是时间的学问，那么历史便应该将现在同未来同过去一样看待，而不应只是回忆过去的史迹，历史应该阐明从过去而现在而未来而不断的生命之流。

实际我们知道就是关于历史定义，也是有许多变迁的，只要时代有变迁，历史的定义也常常发生变迁，所以历史定义依照历史之发展，可分为四个阶段。

第一阶段，以神学说历史的定义。如欧洲中世的史家，他们从宗教的立脚点观察历史和宇宙，以为历史这个东西是一篇"神诗"（divine repic）。Augustinc 说"历史"纯然是神的计划，他的弟子 Orosius 把这种思想推到极点，以为历史就是上帝赏善罚恶之说明书，不消说这种定义，现在再也没有人去理会它了。

第二阶段，以政治或国家说历史的定义。这一派学者多受 Hegel 哲学的影响，他们以为历史纵不限于政治史或国家史，至少也是极重要的东西可以代表历史的。如 Ottokar Lorenz 在所著的《史学的主要方向与职能》中即认"国家为史学研究之特殊范围"。D. Schafen 在《史学的本分》也说："史家问题在于理解国家而说明国家之起源、生长、生存条件及职能等。" 又如有名的 Freeman 所说："历史就是过去的政治，政治就是现在的历史。"（history is past politics and politics are present history）这种说法简直以为历史就是政治，不但狭窄独断，而且不合逻辑。在中国自从梁任公等倡言"史之改造"以后，似乎没有人再肯采取这个陈旧的历史定义了。

第三阶段，以人类或社会说历史的定义。这一派很受 Auguste Comte 与 Buckle 等实证主义的影响。他们反对 Freeman 等以政治或国家解释历史定义的说法，他们以为人类的活动范围，不单是国家与政事而已，所以历史应该包括人类或社会的所有重要事实。如克兰登（Creighton）教授说，"历史为记载人类的动作及其思想之直接影响其动作者"（郭斌佳译著《历史哲学概论》）；杜威说，"历史系记载社会的群体之活动中所有重要事实"；坪井九马三说，"历史学为研究构成社会分子之人的行为发展的科学"（《史学研究法》）；李守常说，"历史就是人类的生活并为其产物的文化，换一句话，亦可说历史就是社会的变革"。（《史学要论》）可是就中最有趣味的，就是如阿诺德（Arnold）所说，"历史是一个社会的传记"（history is the biography of a society）；或陈衡哲先生所说，"历史是人类全体的传记"（《西注史》上册导言）。这样把历史和人类或社会一样看法，自有社会科学的根据，但他们实在把历史太误解作"人类"或"社会"一部分的了。其实当一部历史开端，只要研究及人类从何而来，便不得不涉及天文学、地史学、古生物学等研究，便不得不将世界历史和脊椎动物的种类史联合到一起，所以这个定义虽较前好得许多，然而仍未免于半截的一部分的了。

还有以科学说历史的一派，如Bordeaux说"历史是研究理性发展的科学"，又Bernheim说"历史是一种科学，研究处于人群中之人的发展"。当然我对于这个定义，亦深表赞意，不过人类历史不一定只由于理性的发展，相反地，许多事实都是由于感情之发展的。尼采说得好：历史上的大事业，十九皆不合理性的法则。吕邦（Le Bon）在《意见及信仰》一书，很叹息于历史最重要的原动力，如信仰的发生及传播，现在还很少有人知道。Eucken亦见到历史依赖精神生活的能力，那么我们还能说历史只是研究理性发展的科学吗？并且如Flint所极力告诉我们似的，历史非但有历史的科学，又有历史的艺术和历史的哲学，那么，我们还能说历史只是一种科学，就完事了吗？

第四阶段，以文化或艺术说历史的定义。许多史家依据Rickert等意见，以为史学只限于文化史，这个意思本来很对，却是要过于狭窄的解释，以为文化史是和政治史对立的话，不将政治看作文化之一因素，那么这种文化史，仍然算不得是完全的。最后还有许多人以为史学就是艺术，即史学的能事即在依于艺术的表现，以唤起读者美的满足，如法国Daunou即几乎将文学知识来讲历史，却是这种见解，很早就已经不能成立了。刘知几《史通·论赞》说："私徇笔端，苟炫文采，嘉辞美句，寄诸简册，岂知史书之大体，载削之旨归哉？"章学诚说："期明事实，非尚文辞，苟于事实有关，则胥吏文移，亦所采录。苟于事实无关，虽扬班述作，亦所不取。"（《修志十议》）可见以文学论史，并作一谈的历史定义，无论中西，都成为过去的了。

然而这里所要谈的，是新的以艺术说历史定义的一派。这派不认历史有科学的价值，所以说历史是一种艺术。这就是说，科学的职务是究明普遍的集体的东西，找出它的法则，然而历史所讨论的事实，则为个体的，没有重复的，所以历史没有法则，不能和自然科学相同，而应该从艺术的解释才对。Lamprecht 在 1899 年有题为"Below 氏之历史研究法"（Die historischtmethode des Herrn Von Below）一篇论文中说："个个的事物，由我们现今解释，恐怕都是非合理的，所以这些都不是科学的对象，而适用艺术的解释。"又意大利 Benedtte Croce 也主张历史是在具象的形状中，有取于特殊的事物，所以史学的本质是艺术的。Barth 在《历史哲学的社会学》（Die Philosophie der Geschichte als Sozioloic）中亦主张史学取于个别的事物，所以是一种艺术。何则"修史非科学而为艺术。科学要求普遍，即于事物中有其意义，于事变中有其法则，不能发现意义与法则者，即不能完成科学的任务"。却是据实来说，历史虽不同于自然科学，仍然成其为社会科学之一，历史法则虽不同于自然法则，仍然有它独特的历史法则，可惜这一点 Croce 仍然没有看到。Barth 虽则看到了，仍不免于自相矛盾。就中只有 Spengler，以艺术说历史，甚有深意，尚有可注意的价值。

# 黑格尔史观之批判[①]

末了,请对黑格尔(Hegel)的历史哲学做一个总括的批判。Hegel 历史哲学的最大贡献,在于给我们以一个动的历史观。一个基于史的论理主义——辩证法——上的动的历史观,然而他的缺点亦正在此。

对于 Hegel 历史哲学的批评,G. Lasson 所著《黑格尔的历史哲学》中曾举出以下三点:

第一,黑格尔以为历史只是极少数民族之前后连续的历史,而将其他民族、其他国家完全置之不理,未免太随便了。

第二,他所谓世界史全然只是国家的历史,但是人类历史是涉及精神之一切方面的,难道那些就不算历史吗?

第三,他所分历史的阶段,是依照自己所认为观念辩证法的发展而区分的,因此事实上就不免过于图式化了。

这三点批评,没有一点不是对的,只是第一点的批评,我们可以给 Hegel 一个解释。Hegel 的《世界史的哲学》在第二部分中,所举中国、印度、波斯、犹太、埃及、希腊、罗马、日耳曼民族,这在 Hegel 当时,已大可以将世界史的民族包括殆尽;他不是不顾其他民族,只因其他民族还没有可以算得起"世界史的民族"的称号。第二点批评,我们也可以替 Hegel 辩护。因为 Hegel 时代的历史哲学,当然只会产生国家主义的历史哲学,而在国家主义的历史哲学当中,却只有他将历史看作是和国家、民族精神、个人发生有机的关系。在从前和他以后的历史哲学家,如 Windelband,虽也看重历史的理念,但此理念和国家发生如何关系,和民族发生如何交涉是不大明了的。只有 Hegel 才开始告诉我们以历史与国家之内面的关系,没有国家便没有历史,没有文化,这种国家本位的历史哲学,可以算作 Hegel 历史主义的特色。同时他也不是不看重人类精神之其他方面,不过人类精神之其他方面,如宗教艺术等等,在他看来,均不出

---

[①] 本篇原为《黑格尔的历史哲学》第六章,商务印书馆(上海)1936 年版;收录于《朱谦之文集》第五卷,福建教育出版社 2002 年版。

于国家的范围；Hegel 认为国家即为文化国家，所以第二项的批评，也还可以原谅的。只有第三个项 Lasson 指出 Hegel 历史阶段说是偏于辩证法之图式化，这却是千真万确，事实如此，很难给 Hegel 辩护。这项批评，不但可以推翻 Hegel 的历史哲学，而且可以批评 Hegel 以后受他影响的马克思主义派的历史观。Hegel 偏唯心主义、个人主义和抽象的国家主义，这几个缺点还只算得在历史过去时代，即在历史哲学第二时期中所免不了的缺点。因他能够极端发挥其唯心主义、个人主义、抽象的国家主义，所以完成了第二时期的历史哲学，把第二时期观念论的历史哲学达到极点，这一点说不定正是他历史哲学的一种好处呢！所以前者的错误，从客观的历史观察，是应得原谅的。而且关于这种偏于观念论的历史哲学的批评，已经是很多了；经验论的历史家 Ranke，曾有过这种批评；社会学者及马克思主义者也有这种批评；甚至于号称新 Hegel 派之 Groce，在他所著《黑格尔哲学批判》(*What is living and what is dead of the Philosophg of Hegel*, london, 1915) 中，亦有这类不客气的批评，可见是毫无疑义的了。现在的问题，到只在于第三项的所谓偏于图式化的批评，是格外应该加以注意和讨论的。

Hegel 的历史哲学，自始至终是依据辩证法而成立，不但如此，他的全部哲学亦自始至终是依据辩证法而成立。然而辩证法乃是一种论理主义史的论理主义，这种史的论理主义适用于人类的历史上面，优点当然很多。第一，它可以看出历史的事实是"动"的、发展的；第二，它可以看出历史的现象，是突变的、革命的；第三，它可以看出历史的发展，是合理性的、必然的。然而缺点和它的优点也一样的多，最大的缺点，即为陷于一种图式主义，结果常常以图式为主而弃却最重要的历史事实，而且常常以主观来改变历史事实。如 Hegel 对中国之观察，即为一例。他实在对于历史的知识，未免太缺乏了。又如他对日耳曼民族，把它放在图式的顶点，这都显然是一种错误；好像历史的图画到了他的时代便要告一结束了。Hegel 如此，Hegel 以后受其影响的马克思派，当然亦不出此例。马克思派所谓唯物史观的公式，为"亚细亚的、古代的、封建的、资产社会的"这种图式，应用于中国社会史上，便有许多地方不能说通，因而发生了很大的论战，而其结果却是无法解决。这种公式主义的缺点，即为史的论理主义即辩证法之最大缺点。我以前讲"现代史学的概论"曾提出"史的论理主义"与"史的心理主义"对立，"历史论理学"与"历史心理学"对立，就中有详细的讨论和研究。我是主张史的论理主义自有它相当位置的，但应该把它和史的心理主义联合起来，才成为真正可靠的史学方法，换言之，即 Hegel 论理主义的历史哲学，和 Comte 史的心理主义的历史哲学综合起来，而后才成为真正可靠的一种科学的历史哲学。

# 孔德历史哲学的影响[①]

孔德历史哲学，包含知识史观与社会史观之两方面，由知识史观发生心理阶段说的影响，由社会史观发生经济阶段说的影响，试依次述之。

## 一、心理阶段说的影响

孔德是最早注意心理学的方法的人，他的知识史观，要从人类心理的现象，去找出历史的程序来。可是在孔德时代，达尔文（Darwin）的《物种起源》还没有面世（在1859年出版时，孔德已经死去2年了），人们对于人类以外各高等动物的心理学，所知尚少，更不消说到最近才产生的社会心理学了。我们知道林德勒（Lindner）最初发表《社会的心理学》是在1871年，这时孔德已经死去14年了。在心理的研究那样幼稚的时代，孔德要想用心理学的方法来解释历史现象，结果只能把历史现象变容易，而不能完全解释它。所以到了涂尔干就很不客气地拒绝了心理的解释，认为不过是一种玄想罢了。然个人心理虽不能用来确凿事实，但历史既是一个社会现象，把它当作社会的心理来研究，这就不容有少许疑义。我们假使不能想着一个与社会心理分离独立的人类历史，那么我们就不能不承认兰普莱希特（Lamprecht）的话，以"历史为社会心理的科学"了。本来孔德之心理学的方法，在各方面已有很大的影响，如穆勒（J. S. Mill）、斯宾塞、巴克尔（Buckle）和泰纳（Taine）等均属于这一派。兰普莱希特之社会心理学的方法论，也不算得例外。德国鲍恩韩（Bernheim）在他所著有名的《史学人们》（坂口昂等译）中告诉我们：孔德之心理的方法，不但影响及于他所直接感化之人（如穆勒等），而且间接影响到现在如社会学、民族心理学、文化史之全体的知识领域。就中尤其可贵的就是德国专门史学之一人兰普莱希特了。鲍恩韩说：

---

[①] 本篇原为《孔德的历史哲学》第五章，商务印书馆1941年版；收录于《朱谦之文集》第五卷，福建教育出版社2002年版。

## 孔德历史哲学的影响

德国史家兰普莱希特在他 1891 年后所著《德意志史》里面，很明白地采用了孔德的根本思想。虽然不是与孔德抱着完全一致的知识，但就他所描述的历史及几多理论的论文之中，却包含着孔德下列的根本思想。即如发展进化之社会心理学的解释，从比较的研究法看出文化之各时代；个人附属于全体状态；历史欲进而为现实科学必须有正确地因果的知识之要求；等等。

这不但看出孔德之根本的思想方法，而且也可以看出兰普莱希特的史学方法论的要点所在了。不过鲍恩韩虽指出兰普莱希特之方法直接来自孔德，而兰普莱希特自己却说："拙著《德意志史》，实在是最初采用社会心理学方法的一部书。"在他所著《近代历史学》（英译《什么是历史》，*What is History*）中，更极力否认，并坚持其体系之独创性，不过有些与孔德相同罢了。但英国著名的史家布雷（John B. Bury）在《达尔文主义与历史》（*Darwinism and History*）一篇文中，则又指出兰普莱希特所受孔德派之间接的影响。他说：

> 兰普莱希特之综合历史过程，以"文化历史"发现决定原因，殊关重要。德国史学表现孔德派之间接影响，以心理学为基础。依氏之意见，心理学在一切心理科学中所持之地位（即基本科学之地位），与机械学在一切自然科学中所持之地位相同。根据同样比较，史学又相当于生物学，若不将其（历史）化成普通观念，则不能成为科学……总之兰普莱希特创造一种特别历史学之观念，即以历史的人种学目之可也。此新科学在研究文化时代，其对于历史学之关系，与人种学对于人种描写学之关系相同。此种科学，显然相当于孔德之社会动进学，而孔德所重视之比较法，亦为兰普莱希特之主要工具。（《新史学与社会科学》所引）

因为兰普莱希特完全主张社会心理学的方法，所以和传统派史家之侧重个人心理学的方法者绝然不同，适成为对抗之形势，在英译《什么是历史》一书，开头便说：

> 近代历史学第一就是社会心理学的学问，现在历史学新旧倾向所

行不绝的论争之中，最大的问题，就因在历史里将社会心理的要素来对照个人心理的要素而有意义。稍为严密些说，就是历史发展的原动力，是社会的状态，抑为英雄呢？这一个问题。

在这个论争里，取新的进步的，因而是攻势的见解，不消说就是社会心理学的见解，所以叫它作"近代的"，反之个人心理学的见解，却为旧式的了。

又在1897年发表一篇论文（参见meyer《历史之理论及方法》）说：

社会心理学的发展阶段，是有类型的，因之国民史之真正科学的时代区划，只存在这个阶段之中，决不应求之于所谓政治史之各时期中。

因为兰普莱希特认定某一文化形态，都是为支配时代之一种集体心理状态，而此社会心理状态之嬗递，是有一定次序的，即由于心理紧张范围的扩张，和解除这个手段的发达为标准，可分作三个阶段：①心理的紧张，还没有存在的原始状态。②在封锁地平线内，心理的紧张时代。③在自由地平线内，心理的紧张时代。似此以欲望冲动与欲望满足间的距离，来做社会心理的发展阶段，这种方法见解，虽然有许多学者如冯比卢（Herr von Below）及迈叶等均不惜加以批评，但大体上，我们也可以学美国班兹（Barnes）在《新史学与社会科学》所说的公平话一样，也以为"氏以历史之主要任务，在研究过去以发现文化所以形成今日形态之经过，其主张极为正确。氏主张研究过去时代集体心理之变化，认系研究历史最有成效之方法，吾人对氏之此一主张，或亦将同意之。但近来研究历史者，虽采用新法，而于兰普莱希特之从社会心理观点，以解释历史进程之主张，尚疑其（主张）不完全有效。彼等认定氏之企图以历史事实，合于其新定之体系，不免有削足就履之嫌……"。为什么呢？因为历史上的一切活动和事实，本不外乎心理作用，而所谓文化分期原理，也不过是社会心理的一个发展阶段罢了。不过在兰普莱希特自己所分历史发达的一般形式，则实尚未做到这一地步，他从社会心理学的方法，做成功其所谓西方文化之社会心理发展中之伟大阶级为六个阶段，即是：①万物有生主义时代；②象征主义时代；③模型主义时代；④传统主义时代；⑤个性主义时代；⑥主观主义时代。

像他这样把模型主义和传统主义都嵌进文化的时期里，本不是什么妥善的研究法；而且这种阶段说，原不过为其巨著《德意志史》中之组织原则，而兰普莱希特却以为其"阶段为一切民族发展至现代文化水平线所共同表现之社会进化之模型"，所以更觉抵牾了。但由他意思，历史应该以人类社会心理方面为主，这实在一点也没有错的了，即因兰普莱希特只把历史看作社会心理的一个连串，而没有注意这个连串背后那种逼促人们实现他进步的"生机力"，所以还不能尽历史的意义，即对于历史进步还不能有所启发，所以方法上实有改造的必要。

实际则社会心理方法之历史心理学，不但在德国有兰普莱希特传承了孔德主义的体系，在英法等国亦均有代表作家。如英国有名的白芝浩（Walter Bagehot，1826—1877），他所著《物理与政理》一书可算是现代以心理学解释社会进程与制度之成功创作了。在他第四、五两章实为从心理学来解说政治发达的阶段说，即是：

（1）人类心理进化中第一伟大时代，即"习惯形成时代"（the custom making age）……模仿为主要的法则。

（2）人类心理进化中第二伟大时代，即"习惯冲突时代"，或称为"民族形成时代"（the nation making age），深刻来说，应称为"国家形成时代"……战争为主要的法则。

（3）人类心理进化中第三伟大时代，即"讨论时代"（age of discussion）……中庸为主要的法则。此时人类的文化，已达于更高程序了。

从历史的事实来说，如表1所示。

表1　人类心理学进化阶段

|  | 第一阶段 | 第二阶段 | 第三阶段 |
|---|---|---|---|
|  | 习惯形成时代 | 民族形成时代 | 讨论时代 |
| 主要的法则 | 模仿 | 战争 | 中庸 |
| 时代的区分 | 原始时代 | 古代之伟大帝国 | 希腊、罗马初期——日耳曼民族 |

还有主张民族心理学而成为全世界心理学的泰斗的德国冯特（1832—

1920），他主张民族中有民族精神，民族心理学便是发现民族精神生活中的特殊法则的。人类文化表现于民族精神的产物里面，即应求之于语言、神话、宗教、艺术等之四领域。因此在他自1900年至1920年间所著的《民族心理学》里面，便将人类的文化史分为四大阶段：①原始人时代；②图腾制度时代；③英雄及神的时代；④人道发达时代。

冯特从民族心理学上，看出自古至今人类文化发达的纵断面，而以向人道发达的时代，为其归宿。他认为伟大帝国之兴亡，即人道时代之开始，这种以民族心理方法来解释文化史，结果竟与孔德有不谋而合之处，可见科学之历史心理学，在同时期是有很普泛很大地影响了。

但是上面所说都是就孔德一派社会心理现象的方法来说的，我们要注意的，就是在孔德派以外，尚有以马克思派自命而提倡所谓"社会意识学的方法"的一派，可以俄国经验批评论者波格达诺夫为代表。本来马克思派是受黑格尔辩证法的影响的，在马克思主义中，赞成辩证法的一定是革命派，不赞成辩证法的一定是改良派。如伯恩斯坦（Bernstein）谓"黑格尔的辩证法是马克思主义中谋叛的元素，是一切正确考察事物之途中的陷阱"，其实只是证明他是把马克思主义引出论理主义而倾向于史的心理主义罢了。经验批评论者波格达诺夫在他所著《经济科学大纲》《社会意识学大纲》中，也是不懂辩证法，而专注于马克思所讲社会发达阶段的学说，而且偷取了孔德的精神，来装入于马克思的形式里面。所以由真正马克思派看来，简直是非驴非马；而在历史心理学看来，则连他"社会意识学"这一个题目，都是属于史的心理主义的。再看他自己说：

> 有几种和我们的分类非常近似的分类，例如实证主义所采用的思维三阶段的分类法（神学的阶段、玄学的阶段、实证的阶段）；及路易·勃兰（Louis Blanc）所批示的"权威主义""个人主义""同胞主义"的分类等都是。（《社会意识学大纲》）

可见他虽认这些分类"在科学上是不圆满不正确的，因为他们都把社会意识和社会过程的其他方面分离了"（同上），却是他所受孔德心理主义的影响，似乎也不便讳言罢？至于他所谓科学上圆满正确的社会意识学，究竟以怎样的程序为最适宜？社会意识的发展过程，应当怎样分析？他告诉我们：

说明社会意识学，以历史的程序为最适宜。我们的对象是在发展中被理解的生活现象，所以我们应当就在发展中研究它。

这真一点也没有错的了，但当他将社会意识分为许多的时代，则作为支配各时代的意识形态的特殊格式，特殊文化格式，在《社会意识学大纲》所说，和《经济科学大纲》所说，似不很相同。试为比较表，如表2所示。

从大体来说，这种在唯物史观的名义之下，取马克思主义的形式而编成的社会意识的阶段公式，仍只算得孔德派心理主义阶段之另一模型。而上方的第一、第二阶段可在下方合并成为第一阶段，下方第二阶段商业社会里，可删去了农奴制度，而把金融资本主义时代加上，这种伸缩自如的主观主义的历史阶段说，结果既不能完成其为史的论理主义，又不敢明目张胆主张史的心理主义，当然是应该受严格的批评了。

表2 《社会意识学大纲》和《经济科学大纲》对比

| 《社会意识学大纲》 | 《经济科学大纲》 |
| --- | --- |
| （1）原始文化时代＝原始社会意识时代<br>（2）权威的文化时代＝权威的社会意识时代<br>　（a）宗法时代<br>　（b）封建时代 | （1）自然自足社会<br>　（a）原始氏族共产社会<br>　（b）族长宗法社会<br>　（c）封建社会 |
| （3）个人主义的文化时代＝个人主义社会意识时代<br>　（a）观念的个人主义社会<br>　（b）过渡形态<br>　　1）古代社会的奴隶制度<br>　　2）农奴制度<br>　　3）手工业者的行会<br>　　4）商业资本主义<br>　（c）工业资本主义 | （2）商业社会<br>　（a）奴隶制度<br>　（b）都市手工业制度<br>　（c）商业资本主义<br>　（d）工业资本主义<br>　（e）金融资本主义 |
| （4）集团主义的文代时代＝集团主义的社会意识时代 | （3）社会化的有组织的社会＝社会主义社会 |

## 二、经济阶段说的影响

孔德社会史观的影响,在政治学、法律学和经济学上,均可表现出来。如就政治学来说,近代主张政治进化的一般理论,即所谓政治阶段说,亦受孔德的影响。如斯宾塞曾讨论社会进化的各方面,但他也应用于来解释政治的进化,他很注意政治进化有从简单到复杂的趋势,在不久的将来,集体主义会渐渐实现,多数人支配个人,世界和平由此实现。斯宾塞以外更有以政治发展为一种阶段的连续的影响,如白芝浩可以说是19世纪政治学上的历史学派;在他所著《物理与政理》的第四、五两章中,所说的政治进化的阶段说:即第一为习惯形成时代;第二为习惯冲突时代;第三为讨论时代。这不但可见孔德心理阶段说的影响,且可见孔德社会历史观的影响。然而最重要的,还是经济学上的历史学派所受孔德经济阶段说的影响。

经济学上的历史学派,在思想方面是对抗18世纪英国古典派的经济学,而主张归纳的相对主义的历史方法,但这历史方法,许多学者都说是受了黑格尔主义(Hegelianism)的影响,实际上,除受黑格尔哲学的影响以外,受孔德的影响更大。关于这点,我在《历史学派经济学》(第一章 绪论)已经说得很明白了。试引证之如下:

> 在这里我可以依据因格拉门(Ingram)著《经济学史》(A History of Political Economy)第六章"历史学派"的几段话,知道除了黑格尔以外,历史学派实受孔德的影响最大。"据孔德观察,社会学的主要点,当如下述:①社会学一定是一种科学。在此科学里面,凡社会状况的一切要素及其彼此的关系,和交互的动作,统统要研究的。②社会学包含动态的和静态的社会学说。③社会学排斥绝对论,以循序变化的概念,代替抽象固定的概念。④社会学虽不排除其讲学法,但是它的主要方法,是历史比较法。⑤社会学充满了道德观念和社会责任思想,与从'天则'(jus nature)论所推演的个人权利相反。⑥社会学的精神及其实行结果,都趋于实现一切构成'公义'(popular cause)的大目的。⑦社会学虽以此为目的,却是企图实现,是利用和平的方法,以进化替革命。"这上述各种特点,可说和德国历史学派的全部学说完全一致,尤其是关于社会动态的研究;孔德派

承认"社会学自有，而且必须有它的研究范围和特殊的研究法，它的范围即是最广的历史范围，包含同时代的事实，而它的主要研究法——虽不是唯一的研究法——如我们说过的，即是社会学之比较法，最适当的称之为'历史法'"。将这种历史法适用于经济学，便就是历史学派的见解。不但如此，孔德在他的《实证哲学》以及他的《实证政治学》的许多地方，对于从前经济学者的一般观念和研究法，都提出或暗示反对，特别是对于我们所说的李加图及其党徒的观念和方法，予以非难。穆勒（J. S. Mill）曾对孔德的评语发生愤怒，说"此种评语，实足以见孔德之如何浅薄"，由这愤语，可见孔德和古典派经济学者是怎样冲突。不过他的影响，如克尼斯（Knies）就是一个好例子。他所著《站在历史方法立场上的经济学》，依因格拉门的批评，"他对于历史法之解说和阐发，于孔德之所成就者毫无增益，氏书的第二版刊行于1883年，在此版里面，他作一个奇怪的声明，说当他在1852年撰著此书的时候，对于这种由1830年到1842年就已出版六集的《实证哲学》，他完全不知道，并且他又说，或许有德国经济学者，都不知道。这种说法，颇于他们心地的光明上，或是文字的缜密上，产生疑问的。设若我们记得穆勒在1841年已经与孔德通信的事，和1843年出世的《名学》（logic）里头穆勒称颂孔德的话。可是，克尼斯嗣后研究孔德的作品时，他告诉我们说，他在此书中发现这样多与他的结论相同的意见，令他惊诧不已。他或许是很惊诧，因为他的方法论中真正有价值的见解，而被孔德说来，则规模较大，魄力亦较雄厚了"。其实不但克尼斯如此，最明显的如希德布兰（Hidelbrand）关于改良经济学所立的目标，不受历史派法律学的感动，而是受言语学的感动。卡尔·门格尔（Karl Diehl）在他的《国民经济学理论》里说，"不管罗协儿（Roscher）用历史法律学的方法。希德布兰却以历史的言语学为依据"。这样两种根据的不同，即无异告诉我们，黑格尔主义与孔德主义的不同。因为19世纪言语学的进步证实了人类言语是经历史上秩序的变化，以成现今的言语，经济生活，同样地亦经过历史上秩序的变化而演成现代的经济生活。因此希德布兰遂采用言语学的道理，而应用于经济学，结果在经济研究上，也主张以相对观念，代替了绝对观念。我们再转眼看希德布兰"现在及将来的国民经济学"，有对于蒲鲁东（Proudhon）财产论的有名的叙述（在许多蒲鲁东研究者如 Salomon、Zenker、Dube、Mülberger 中，他也是应首屈一指的）。然而蒲鲁东和孔德是有思想上的关系（只要注意在 1857 年 9 月 8 日举行孔德葬礼时，蒲鲁东是在许多参列者之中，就很够证明他们是同调的了）。那么希德布兰能说没有间接受着影响罢！

由上所述，可见历史学派确曾受孔德历史方法的影响，那么历史学派所提倡的经济进化的法则，即经济阶段说，也是受孔德社会史观的影响无疑了。历史学派最早的著作，如李斯特（List）在 1841 年至 1844 年所著《政治经济学之国民的体系》，亦在孔德发表《实证哲学讲义》之后，这不是很明显的事实，证明了历史学派的经济阶段说不能没有孔德的影响？历史学派的经济阶段说和孔德经济发达三阶段法则的关系，如表 3 所示。

表 3　孔德经济发达三阶段法则与历史学派经济阶段说的关系

|  |  | 交换 | 生产要素 | 生产形态 | 生产至消费所成距离 | 社会化 | 经济体之大小 |
| --- | --- | --- | --- | --- | --- | --- | --- |
| 第一时期 | 中世纪加特力教与封建制度保护下之工业时代 | 自然经济 | 自然 | 渔猎状态 牲畜状态 农业状态 | 封锁的家内经济 | 个人的自给经济时代 | 村落或市场经济 |
| 第二时期 | 欧洲各政府奖励政策下之工业时代 | 货币经济 | 劳力 | 农工业状态 | 都市经济 | 过渡的经济时代 | 都市经济或领地经济 |

续表3

| | | 交换 | 生产要素 | 生产形态 | 生产至消费所成距离 | 社会化 | 经济体之大小 |
|---|---|---|---|---|---|---|---|
| 第三时期 | 作为欧洲政治的永久目标的工业时代 | 信用经济 | 资本 | 农工商业状态 | 国民经济 | 社会经济时代 | 国民经济到世界经济 |

总结起来，孔德历史哲学的影响，也可以说就是他历史哲学的大成功了。不过孔德的历史哲学，也非不受批评的。我们可以依照孔德的法则，来代表历史上三个时期，但我们要注意的是，这个法则绝不是一个印成呆板的静的法则、堆积的法则。历史的现象都是极其活泼的，所以过去乃连绵不断地增加，现在即永远的现在，所以历史的发展，决不是仅仅一个继承的延长形式，我们更应注意那做成三个阶段的"历史的生命性"。孔德看到知识元素为历史原因，这是再对没有的，可是孙中山先生却看到"所得知识皆从冒险猛进而来"，这就是促进知识进化的生元动力，才是人类的真因。（参见《历史哲学大纲》）这种生命的历史哲学比较孔德更为精微博大多了。复次孔德的纯历史主义，也不无缺点。应该应用马克斯·舍勒（Max Scheler）的《知识社会学》来补充舍勒。舍勒在《社会学与世界观》中，反对孔德"三阶段的法则"，以为是根本错误，为什么？因为神学的认识和思考，形而上学的认识和思考，还有实证学的认识和思考，这都决不是在理知发达中的历史阶段，而为在人类精神本性下面之某种本质的持续的精神形态，又为"认识形式"。在这"认识形式"中，无论哪个都不能"代替"或"代表"别个，因为在那里有全然各别的三种动机，在认识精神的行动里，为全然各别的三种部类、三种目标、三种人格型，乃至三种社会团体。即由此各异的基础，而成立了宗教、形而上学与实证科学。甚至于此三种精神势力之历史的运动形态，也是根本不能相同的。现为明了起见，设就其重要之点，如表4所示。

**表4 三种精神势力的运动形态**

| | 认识形式 | 动机 | 目标 | 方法 | 指导者 | 社会团体 | 地理的分布 |
|---|---|---|---|---|---|---|---|
| 宗教 | 神学的认识及思考 | 济度（解脱的知识） | 救人及其团体 | 希望、恐怖、爱意欲、认识等 | 圣者 | 教会宗派信仰团体 | 印度 |
| 形而上学 | 形而上学的认识及思考 | 惊叹（本质的知识） | 完成最高人格 | 直观本性 | 贤者 | 学派 | 中国、希腊 |
| 实证科学 | 实证学的认识及思考 | 支配（事业的知识） | 认识现象的关系 | 观察实验的归纳及演绎 | 研究者 | "科学的共和国"及其组织，如大学、专门学校学士会等 | 西欧 |

上面舍勒的《知识社会学》，依我的意思，和孔德实证主义的历史哲学，是不相冲突的。我们一方面可以如宣勒尔似的，从人类精神的本性里看出认识三个形式；另一方面可如孔德似的，去发现那外表知识的物质的阶段法则。我们一方面可以体验"历史的生命性"，另一方面又可以表现为"生命的历史性"。从前洪堡特（Humboldt）有一至理名言，就是"凡在人类历史上的一切活动，也一定活动于人类的内面"。把这话来修正孔德的历史哲学，实在再好也没有了。

最后，我们应注意的就是孔德的历史哲学是一种心理主义，和黑格尔建立历史于论理主义的很不相同。依孔德意思，历史现象的主要原因，一方面看来可说是进步，而从另一方面看来社会的进步又是源于人类的心理，这一点实在很有贡献。历史如果不要科学的根据便罢，要有根据，则必须注意到具体的事实，即心理的事实，然而我们不能因此即绝对否认论理主义。论理主义的最大功用，在能为心理主义之一个说明、一个解释。无论如何历史，必须立于实证的经验科学之上，即必须以心理学为历史建立下一个更确实更完全之科学的基础。然而无论如何历史，在它社会生理的现象之外，亦必有其社会的病理现象，这是史的心理主义所不能解释，而有待于史的论理主义的。因此所以孔德的历史哲学便有与黑格尔的历史哲学相互携手的必要，而这就是我在《黑格尔主义与孔德主义》一书所曾提出的一个新题目了。

# 考　今①

　　现代史学的第一职务，乃在怎样理解目前世界历史和中国历史的大转变，换言之，即是"考今"。现代史学新旧倾向所行不绝的论争中，最大的问题，就是历史家的职务，是单纯的考古呢？还是考今呢？1938年第8届国际史学会会议，从所提出各种论文报告之中，已经很明白地告诉我们："现代史学研究的趋势，在努力使研究工作与现代问题及兴趣发生密切之联系，即在较远古之时代研究上亦然。"② 这就是说，转型期的考古学与上古史的研究，已经方向转换，即从史料搜集一变而注重史实的解释与历史的现代性，历史已经不是单纯过去的学问，历史已经如生命派史家贝奈戴托·克罗齐（Benedetto Croce）所说"须将过去涌现于现在当中，而后才有历史的意义了"③。

　　19世纪的后半期，在西洋史学界，早已发生很大的史学争论，即一方以史学老将代表考证学派的兰克（Ranke）理论为中心，一方以代表文化学派的兰普莱希特（Lamprecht）为中心，1896年在周刊杂志《未来》中，兰伯列希对于少年兰克派的论争，在方法论上说，就是考古考证派与考今派的论争，而其结果，却是考今派的莫大胜利，使我们知道历史为一种理解人类文化的现在的一种实证科学。

　　中国"七七"抗战以前的史学界，无疑乎均受兰克和瑟诺博司（Seignobos）等考证学派的影响，所以竟有人主张"近代的历史学只是史料学"④，竟有人主张"历史本是一个破罐子，缺边，掉底，折把，残嘴"⑤，历史似乎只有辨别古籍古物的真伪就完了。但在"七七"抗战展

---

　　① 本篇原为《现代史学》杂志第五卷第一"卷首语"，由作者编入《谦之文存二集》（1949年9月）；收录于《朱谦之文集》第二卷，福建教育出版社2002年版。
　　② 本刊编辑组：《国外史学消息》，《史学季刊》1940年第1期。
　　③ Croce: *Theory and History of Historiography*. Chap. I. pp. 20～23.
　　④ 原文见《历史语言研究所工作之旨趣》一篇，集刊第一本第一部分。
　　⑤ 顾颉刚编著《古史辨》之《谈两件努力周报上的物事》，上海古籍出版社，1930，第243～294页。

开以后，这种纯粹考古考证的史风，似乎已经急剧地转变。民族意识的增强，使我们对于本国文化的价值，从极端怀疑古史中解放出来，考证考古的工作一转而从事抗战史料的搜集，社会经济史料的搜集，民族文化史料的搜集，这种努力，使研究工作与现在问题发现密切的联系，不能不说是有很重大的历史意义的。

现代史学为要明了我们的现状，故将现在同过去同未来联成一条生命，而以"现代"为历史生命的中心，所以现代史学不应只是考古，更应该注重"考今"，不然读破"二十四史"，尚不知何谓"现代"，亦有何价值？有何益处？《明儒学案》载"顾泾凡一日喟然而叹，泾阳曰何叹也，曰吾叹今之讲学者，恁是天崩地陷，他也不管，只管讲学耳"①。现代中国史学界的最大病痛，正是"恁是天崩地陷，他也不管，只管考古耳"。因认史学只是考古，所以读史只要蛮记事迹，而不能"执古之道，以御今之有"，历史学当然只好是史料学了。

最后，我们以为历史乃是时间的学问，时间的意义就是现在，《尔雅·释诂》"时，是也"；《广雅·释言》"是此也"。"时""是""此"声义相近，而都有现在的意思，过去是现在之积，现在是过去之续，所以有"古"即有"今"，考古即以考今，所谓"温故知新"便是。现代史学与从前史学的不同，即在于从前史学以"考古"为目的，现代史学则以"考古"为方法，而以"考今"为目的，所以说"一切真的历史就是现代的历史"。②（every true history is contemporary history.）

---

① 黄宗羲：《明儒学案》之卷六十《东林学案三》，世界书局，1936，第20～29页。
② Croce：*Theory and History of Historiography*. Chap. I. p12.

# 什么是现代[①]

朱谦之先生讲
黄庆华笔记

## 一、现代是经济时代

什么是现代？我简单地回答，现代即是"经济时代"。

1933年，我在《文化哲学》说及："现代是以科学团体为中心，也就是以同样性质之经济为中心。即为经济支配一切的时代，所以构成现社会文化之根柢者，不是宗教，不是哲学；也不是政治，不是法律，实是那使人类现生活成为可能之科学团体，与经济组织。"这是根据书中文化之本质的类型所得来的结论：所谓知识生活上的宗教、哲学的时代，社会生活上的政治和法律的时代，已经过去。而横在眼前的现代，却是在知识生活为"科学"，在社会生活为"经济"的时代。

在《文化哲学》出版的次年——1934年，德国大经济学家Werner Sombart 著《德意志社会主义》，其第一卷为"经济时代"，他把现代文化生活的特质，归纳成为一个总概念：经济时代。他说明这一个文化阶段的特质是："在这个时代中，经济和经济的，以及与其有联系关系所谓'物质的'重要，实已征服一切其他价值而取得霸权的地位，并且经济的特质，已经在社会和文化的一切其他疆域上，盖上它的标记。"他拿出多方面的事实和统计的方法，去求得证明。由是，我们可得"现代——是经济时代"这第一个答案。

## 二、现代是资本主义经济时代

假如继续要问："现代是什么经济时代？"我的回答是："现代是资本主义经济时代。"

---

[①] 本篇由作者编入《谦之文存二集》（1949年9月）；收录于《朱谦之文集》第二卷，福建教育出版社2002年版。

资本主义社会的好处，在它增高劳动生产力，如"机器的使用，化学的应用于手工业和农业上，蒸气航海的实施，铁路和电报的创设，全大陆的开凿……"，这些在经济领域内的一些积极的建设的事业，都是现代经济的特征。再就它生产和管理方法来论，如采用最好的计算和管理制度等等，也可见科学的造诣，是为从前各时代所没有的。固然资本主义制度显著的弊端，为社会的阶级斗争、分配的私有化、不合理的劳动和恐慌与失业等；直到资本主义发展到现代，而更加明显，从苏俄无产阶级的共产的革命开始以后，似曾告诉我们经济的演化，已经有新意义的新时代发生。然而现代的苏俄实不是共产主义国家，而且是否为真正社会主义的国家，John Gunther 在其所著《欧洲内幕》中，还表示过怀疑。实际来说，苏俄的经济是"在资本主义所成就的基础上，实现那高度的劳动生产力"（Lenin）。"无产阶级国家的特殊政策，允许资本主义存在而操最高权于无产阶级国家手中，预计资本主义原素和社会主义原素的斗争，预计社会主义原素的作用日益长大起来，制服资本主义原素，预计社会主义原素克服资本主义原素，预计消灭阶级，建立社会主义经济的基础。"（Stalin）所以严格来说，只算得国家资本主义的经济，就社会主义经济的性质来说，只是过渡的军事社会主义经济；对于资本主义经济时代，虽发生反作用，而其本身仍不脱于国家资本主义的母胎，为资本主义经济之内在的矛盾产物。所以我的答案可以说："现代就是资本主义经济的时代。"

### 三、现代是军火资本主义经济时代

由是，会更进一步地问："现代是什么资本主义经济时代呢？"我的回答是："现代即是军火资本主义的经济时代。"

最初，资本主义的发展，依我的意思，可分三大时期，即第一时期为工业资本主义，第二时期为金融资本主义，第三时期为军火资本主义。马克思（Marx）看到工业资本主义，他的《资本论》仅说明产业革命后的经济社会，可算是以商品生产概念为中心组成的生产经济学，而于信用经济则付之不论（他自己宣告把信用经济划出该书范围以外），即就《资本论》最后一卷《资本制度生产的总过程》中，关于信用经济的结论来看，也不过以银行所借与产业资本家的货币资本，是由于把别人货币在自己手中集积着这样概念，这样看法，不过是一种旧的概念而已。因此，他很能明确地解释工业资本主义的一切，而看不到后来发生的金融资本主义的特征；对信用的经济学，只能做简单的、幼稚的预测，是无可讳言的。等到列宁（Lenin）才更进一步地看到金融资本主义，他的《帝国主义论》和他所常引用喜尔科丁的《金融资本论》，都是从信用经济学理论出发，而看到由信用概念统一构成的经济社会，即金融资本主义社会。同时，这金融资本主义和前者的工业资本主义，各有其不同的特征，试列表分析，如表 1 所示。

表 1　工业资本主义与金融资本主义对比

|  | 工业资本主义 | 金融资本主义 |
| --- | --- | --- |
| 资本政策 | 工业资本政策 | 财政资本政策即银行资本融合工业资本政策 |
| 生产性质 | 自由竞争，生产力的膨胀，物价低平 | 垄断，生产力的发达停止，物价的低减停止 |
| 经济单位 | 各个制造家在国内和国外市场互相竞争 | 托拉斯、辛狄加及银行资本组成国际垄断的大组合，瓜分全世界 |
| 对内政策 | 自由的有产阶级，拥护宪法，自由贸易…… | 托拉斯、辛狄加等拥护掠夺的侵略政策 |
| 对外政策 | 军事征掠，划分势力范围，强迫商场，垄断原料 | 努力巩固半封建的贵族军阀门户，开放共同经济征掠，移植资本 |
| 银行性质 | 借贷经营期 | 工商经营期 |
| 交换性质 | 货物输出 | 资本输出 |
| 工业性质 | 纺织工业 | 生产的钢铁工业 |

由此可见，金融资本主义时代，即资本帝国主义时代，确为喜尔科丁、Lenin 在经济学上的新发现，然而资本主义的发展，决不是到了第二时期金融资本主义便完结的。Lenin 虽然看到了 1914—1918 年欧洲大战，是由于金融资本主义，却不曾看到 1939 年世界大战是由于资本主义发展到军火资本主义时代，所以他所提出"资本主义最后阶段的帝国主义论"未免时代太早，依我的意思，则在金融资本主义经济以后，更应加上军火

资本主义新经济阶段；在工业资本主义时代以货币资本为主体，尚较停滞，到了金融资本主义时代，则银行之发行信用货币，已与作用于社会生活上之货币资本无关，银行可从自己手中任意发出信用货币，而付于产业资本家；所以社会生活更加活泼，近代的新民主政治（经济民主主义）几乎即是建立于这活泼的金融资本主义之上，因为金融资本主义时代，为着保持银行资本的安全，比较倾向和平的经济机构，所以表面上尚有心于裁减军备，但时至现代，经济时代已经走上了制造浪费的毁灭与经济机构；不是金融资本统治军火资本，而是军火资本统治了金融资本，现代每一个大军火商人，都有他自己的军火银行；如法国的巴黎联合银行、美国的摩根财团、德国的德意志银行，没有一个不是军火商人所设的金融机关（参见 G. Seldes 著《战争，军火与利润》）。这可以说是银行史的第三个时代，也可以说就是军火资本主义统治了金融国际，所以依我的意思，以为资本主义发展，应分为如下三个时代：①工业资本主义时代——以纺织业为主时代；②金融资本主义时代——以银行业为主时代；③军火资本主义时代——以军火业为主时代。

在政治上的反映，即工业资本主义产生民主政治，金融资本主义产生新民主政治（经济民主主义），军火资本主义产生独裁政治（法西斯与纳粹政权）。现代乃为军火资本主义时代，军火商人在现代支配国际的金融与政治，收买了社会舆论，像金融资本主义以保持某限度的国际和平来发展银行业似的，军火资本主义必须挑拨最大限度地战争来发展军火工业，而且很有趣地，如 John Gunther 在《欧洲内幕》（第九章）中所揭发的，"军火商人在其营业上，丝毫不存着国籍的偏见，……他们在发生战争之际，向双方交战国售卖军火，售给友邦，也售给敌国"。贪得寡耻的军火商人是要求战争的，"假如他们不承认这件事，那便是作伪，战争对于他们，就像乳汁之于婴儿，他们靠着战争才会肥胖，就像猪要吃谷才能肥胖一样"。因此，全世界的军火资本主义者，虽然国籍不同，但他们相互之间，皆有相当的联系，而且各自努力造成拥护战争的政治机构。就德国来说，克鲁伯（Krupp）公司的主持者实际上是希特勒（Adolf Hitler）政府的后台老板，国社党的运动之所以成功，是因有军火资本主义为其基础，他们把他们所有的报纸，一概赠予希特勒，以供宣传；他们为希特勒与国社党征收营业捐款，而在希特勒获掌政权以后，曾公开宣言："军火的制造者，就是和平的维持者。"而他自己也就摇身一变而为克鲁伯公司的重要股东了。就意大利来说，墨索里尼（Benito Mussolini）于1919年组织法西斯蒂，其经费即出自实业联合会与冶金业联合会，包括许多军火公司。法西斯教育"小学生左手执手，右手执枪"，这正是军火资本主义统治的思想反映。就日本来说，军火资本主义者三井集团也正是扰乱东亚和平的罪魁，因为军火资本主义者要从战争中榨取利润，所以制造战争，而其结果，遂造成了1939年第二次的世界大战，而这也就是第二次世界大战的经济背景。还有可注意的，就是资本主义第三期的发展，在政治上的反映，即造成不可避免的"独裁制度"，不过其中也有"民主独裁"与"国家独裁"之分；民主独裁代表民营的军火资本主义势力，国家独裁代表国家经营的军火资本主义势力，后者以德国为好例，前者以美国为好例，苏俄则名义上为"民主独裁"（民主主义），实际上却为"国家独裁"，所以就现代西洋政治来看，在军火资本主义的统治下，简单说只有"独裁政治"存在。美国罗斯福继任总统后，很明显地指示美国政治机构上之变迁，大有非此不足以适应环境之势。但话虽如此，即在军火资本主义时期的现代当中，也不是没有矛盾的，这种矛盾现象，一方面表现为军火资本主义，如德、意；另一方面表现为军事社会主义，如苏俄。军事社会主义只算作社会主义的开端，不能算作社会主义的原形，苏俄没有军火商人来分战争的利润；然而苏俄政府本身即为军火资本主义的集团，不过这种特异的军火资本主义，实造成了特异的色彩，即是"军事社会主义"，所以在这一点来看，苏俄现阶段的经济在世界军火资本主义中，也可以发生反作用的可能，而他也是第三期资本主义经济时代之内在的矛盾产物，却是无可疑义的。所以我的答案是："现代就是第三期资本主义经济时代——军火资本主义的经济时代。"

总之，我们已经明白现代是一个什么时代：现代乃是经济时代，乃是资本主义经济时代，乃是第三期资本主义经济时代——军火资本主义时代。

这种对于现代的明确的认识，实为我们历史家尽其责任的起点，现代历史家不能不注意到"这个时代"和"这个地方"。

我们是中国人，我们是现代人，我们是现代的中国人，我们对于"现代"，应该认识它，应付它，改造它！我们既已认识了"现代"是军火资本主义性质以后，我们对于现代史——尤其是中国的现代史，便应该有超于过去的寻常的解释方法。我近来拟一历史专题："国际军火流氓与中国内战"。我们如果知道中国 30 年来的国内战争，都是国际军火资本主义从中掺纵的结果，我们更应该不分党派，团结起来；我们如果知道"日本侵略中国"，如 James A. B. Scheler 所说："如果没有美国军火的供给，是不会发生的。"（《日本内幕》）那为消除美国人良心上的不安，我们便应该大声疾呼（如日本，如 5 月 6 日报纸所载"我新任外长郭泰祺向全美演说"的消息），吁请美国停止军火输倭"。不然，则在国际军火资本主义之下，美国实为日本在亚洲大陆施行屠杀的帮凶，我们实不能饶恕这种国际军火资本主义的存在。不但如此，明了了第三期资本主义即军火资本主义的性质以后，我们也就可以明了现代的欧洲史，比如就是现在扮演的法国投降一幕，据一位英国无线电广播批评家，凭新闻所报告，他特别证实了法国三百家富族，以及他们的政治代言人，曾经牺牲掉国家，却保全他们自己私有的利益，实则只从军火资本主义的利益来看。法国军火商人的希民陀 Schneider 公司，根本即有间接援助希特勒运动的嫌疑，这正是军火国际主义之自然结果。举此一例，可概其余，总而言之，统而言之，"现代"乃军火资本主义的经济时代，所以现代的历史，也只有用军火资本主义的经济史观民生史观，才可以完全解释。

然而，这种新的解释确是很少有人注意，甚至 Lenin 因为时代太早，也没有看到这一点，他的信用经济学理论，确然比 Marx 生产经济学理论前进一步，但他仍无从知道，最现代的经济学，又从信用经济学理论，进到国防经济学理论。实际即是对军火资本主义分析的理论，我们不赞同国际的军火资本主义，然而为着打倒日本帝国主义的敌人，我们确实需要更多的军火物质之援助，我们新任外长向全美发表广播，要求美国停止将军需大炮、飞机，供给日本，同时要求美国，予中国以更多之作战的武器与作战之资源与机械。然而这种矛盾的解决，一方面固须有待于"民主国家"军火商人的觉悟，不从战争国家取得利润为目的，而以保护反侵略国家、争取和平为目的；另一方面仍须有待于我们强有力的政府的继续努力，造成作战武器与作战资源的自给自足的时代。我们有了自给自足的作战能力，然后才能组织和平的军队，联合世界上反侵略国家以改造现代，而达到世界大同。然而谈何容易，我们努力罢！

民国三十年（1941）五月六日国立中山大学

# 现代史学思潮[①]

现代史学思潮,为"史的生命论",即史的论理主义与史的心理主义之新综合。近百年来史学思潮,以黑格尔代表史的论理主义,以孔德代表史的心理主义。前者为轮化论派,主消极论;后者为进化论派,主积极论。现代史学则综合两者,包括消极与积极,病理与生理,纵的进化与圆的循环,而成一大综合的"生"之历史哲学。"生"之历史哲学,一方面以"文化的心理学"为历史建立一个确实的科学基础;另一方面又以"生之辩证法"研究历史变迁中的循环、反复、节奏。

## 一、现代史学的两大思潮

史的论理主义与史的心理主义——百年来历史方法的两大阵营。

所谓现代史学思潮,便是指近百年来历史思想界所起的变动,百年来历史学家都是进化论者,把历史的本身看作变动的发展的。这自从达尔文于1859年发表《物种起源》一书以后,便有这种倾向;他在混乱的生物界中,把"物种"和"起源"联在一起,找出了亲属的关系。在这"变"的新观念影响之下,历史思想界便起了很大的变动,但有两派不同。Kuno Fischer 在他所著《黑格尔哲学解说》一书(原著《近世哲学史》第八卷)第一章第一节中说及,进化论有英国达尔文派和德国从康德以至黑格尔一派。前者以生物学的原则,把历史发展的各阶段做系统的比较后,从而发现因果的关系,决定各种特质相生相缘的道理。后者以一元论或同一哲学为出发点,一同认识世界事象之过去的轨迹,一面即预测现实之必然的历史步骤。故前者或称为科学的进化论,后者可称为哲学的进化论;前者是宇宙生物的进化论,后者是思维法则的进化论。这两派的分别,正如:

(1) 哲学的进化论——以发展论为背景,康德以至黑格尔一派属之,

---

① 本篇原题是《三民主义史学思潮》,载《民族文化》第二卷第七期,由作者编入《谦之文存二集》(1949年9月);收录于《朱谦之文集》第二卷,福建教育出版社2002年版。

应用论理学的方法,注重理性。

(2)科学的进化论——以生物学为背景,受达尔文的影响,孔德(Comte)一派属之,应用心理学的方法,注重经验。

从这两种不同的进化论中,在历史学上也形成两种不同的派别,差不多影响到一百多年,百年前的黑格尔,即应用哲学进化论的方法,而孔德则应用科学进化论的方法,正好为两派的代表,代表近百年来史学的两大思潮。(黑格尔于1830年死,孔德于1831年发表《实证哲学》第一册,恰巧在距今百年的光景中。)

黑格尔唯物史观(马克思)——历史的发展是思维法则的发展——论理的发展。

孔德社会史观——历史的发展是生物心理的发展——心理的发展。

影响所及,便成了两个对立的体系。故现代史学的派别,便是史学方法论上的派别——史观的派别。

先谈黑格尔(论理主义):依 E. Erdman 所说,黑格尔是一个从论理主义者,他的历史学当然不例外。R. Haym 在《黑格尔及其时代》一书中,也看出黑格尔论理学的历史主义。所以说黑格尔论理学是与历史平行发展的。"为什么?因为历史就是辩证法的内容之指南针,具体的向导者。"(Weinstien 著《黑格尔辩证法批评》第四章)至于马克思更不消说了。恩格斯完全同意黑格尔论理学之历史的统一的见解,即认论理与学历史为同一个出发点。在论理学的运动中,论理学范畴之彻底的运动中,反映出因历史辩证法的法则而修正了的历史之过程。同样,列宁也接受了黑格尔提出历史与论理学相互关系的问题。依他意思,思维法则之学的论理学,同时即为对于思维对象的真理之学。论理学不是什么心理学乃至所谓现象学,而是要讲明真理问题;然而,一切真理都是历史的,离开历史之各种条件便无所谓真理。因此,论理学范畴的发展,一定相合于人类历史的发展。所谓世界史的阶级别、时代别,以及一切历史学的东西,其实都不过纯论理东西在历史哲学上的假名罢了。这么一来,黑格尔的历史学,就成为一部论理学之全体的财产目录,只是辩证法发展的全体体系,他的历史主义无疑的是彻首彻尾依据于史的论理主义而成立,是彻首彻尾依据所谓"关于一切物质的、自然的,及精神的发展诸法则之学;即关于世界一切具体的内容及世界认识的发展法则之学"的论理学(参见列宁《黑格尔论理科学大纲》)而成立,与形式逻辑不同,概括如下。

$$\text{论理学}\begin{cases}\text{形式论理——静态}\\\text{辩证法——动态}\end{cases}$$

由这种定义所成立的论理学的见解，即为自黑格尔出来的一种影响。这便是以一切历史的发展，看作论理学的发展。自然，我们反对时下学者，将黑格尔的见解变成唯物论来看，却是我们也可以承认黑格尔之历史方法学的根据，是和辩证法唯物论者所主张之史的论理主义是一致的。

次述孔德（心理主义）：他和黑格尔建立历史于论理主义很不相同，依孔德之意，认为历史现象的主要原因，一方面看来是进步，而从其他方面看来，社会的进步又是原于人类的心理。这一点他实在很有贡献。我们不敢说他这种心理的方法足以完全解答历史的发展，因为在孔德时代，达尔文的《物种起源》还没有推出（在1859年出版时，孔德已死去2年）。对于人类以外各高等动物的心理学，且一无所知，更不消说到最近才产生的社会心理学了。我们知道林德勒（Lindner）最初发表《社会的心理学》，是在1871年，这时孔德已经死去14年了，在心理的研究那样幼稚的时代，当然用心理学方法不免危险。但是平心来看，从孔德而至兰普莱希特，历史的心理主义不是已经有很明显很大的进步吗？历史如果不要有科学方法的根据便罢，要有根据则必须注意于具体的经验事实——心理的事实。我们固然不否认史的论理主义，然而史的论理主义只是心理学方法之一个说明、一个解释。无论如何，历史必须立于实证科学之上，即必须以心理学方法为历史建立一个更确实更完全的科学基础。然而却不能因此而一概排斥论理主义，这一点是应该注意的。

现在，为说明的便利起见，试将二者的特点比较言之。我们既了解二者皆从发生的进化的方法分别出来，前者以黑格尔为代表，后者以孔德为代表；同时前者注重论理学的方法，后者注重心理学的方法；前者以生活为本位，后者以思想为本位；前者注重各别的内容，后者注重普遍的形式；前者为经验主义，后者为越验主义（参见《新哲学论丛》释"论理主义"一段）。当然这两种不同的倾向，不但历史学如此，在哲学方面更是如此。然而在历史方法学上说，则其间对立的形势格外明显，格外重要。故史的论理主义和史的心理主义之争，实际即影响于最广泛学问之方法论上的论争。无论社会科学之任何方面，都要以历史的方法学为根据。这就是说，无论如何，社会科学者，要不是孔德主义的信徒，便是黑格尔主义的信徒；所以史的论理主义与史的心理主义之争，在各国即变成黑格尔主义与孔德主义之争。如在社会思想上主张实证主义的，一定要对黑格尔起了一个反动。要把"死狗"一句话来冷遇黑格尔了。有名的如杜林著《科学的变革》、克鲁泡特金著《近代科学与无政府主义》、Hobhouse 著《国家之形而上学理论》、杜威著《德国哲学与政治》，从广义来说，都是站在孔德主义的立场来反对黑格尔的。同样，以黑格尔自命的马克思派，有名的如恩格斯《反杜林论》之反对杜林、列宁（Lenin）《唯物论与经验批评论》之冷遇 Mach 都是极端的例。至于社会学的始源，一般都承认求之于孔德在《实证论学讲义》的第四卷，而在德国社会学派，如 Spaun 则主张以康德与菲希特为社会学的建设者，Wiese 则主张推黑格尔为代表，而 Oppenheimerr 甚至以 Stein 与 Marx 二人为德国社会学之先导。可见黑格尔主义者与孔德主义者是怎样冲突。在历史哲学，则从黑格尔派生出来的唯物史观派，至今尚与社会史观派的涂尔干对立，成为客观主义社会学之两大潮流。这不是就证明了一百年的社会科学史，几乎就是孔德主义与黑格尔主义，即心理主义与论理主义的论争史吗？现在，请先将两派的代表人物概括如下：

孔德
- （英）Spencer、Mill 等
- （法）Littre'、Taine、Durkherm 等
- （德）Lamprecht、Breysig 等
- （意）Loria、Groppali 等
- （俄）Mikhalovesky、Kropctkin
- （美）Ward、Giddings 等
- （日）米田庄太郎、建部遯吾、松木润一郎
- （中）孙中山

黑格尔
- （德）Marx、Engels 等①
- （意）Labriola
- （俄）Plechanow、Lenin 等
- （日）福本和夫、佐野学、河上肇、三枝博音

---

① 第二国际派多倾向于非辩证的科学理论的发展，所以和黑格尔的关系少些。

这两大派的思想家,各自站在孔德主义或黑格尔主义的大旗下,发扬他们哲学的或科学的进化论的宗派思想,兴起那思想界上不断地论争,结果,形成了现代史学上的两大思潮。

二、现代史学的新综合

这一部分主要详细论述:史的论理主义与心理主义的联系(孔德与黑格尔之互相影响——黑格尔与三阶段法则——论理主义与心理主义的共同点);从史的论理主义到心理主义的新倾向;从史的心理主义到论理主义的新倾向;新综合——史的生命论。(心理主义是进化论的,论理主义是轮化论的——心理主义是积极论的,论理主义是消极论的——生命主义的历史学)

现代史学认为任何历史,有社会生理的现象,同时亦必有社会病理的现象;史的心理主义为历史的社会生理现象之一说明,而史的论理主义则为历史的社会病理现象之一说明。而现代史学则有把论理主义与心理主义综合的倾向。在未详述以前,我们先应了解二者的共通点和相互的关系。现在,且分下面数节来说明。

**(一)史的论理主义与心理主义的联系**

由于孔德和黑格尔并非绝对没有共通之点,所以很有几位学者竟以为孔德曾受黑格尔影响。不过这种说法,据 Elne 在《欧洲历史哲学史》里有一段说明,证明了孔德没有受黑格尔的影响。因为他在1842年早已把有名的三阶段法则论证成立了,在黑格尔的历史哲学中则处处看出三阶段法则的应用。这里可简单说,对于孔德与黑格尔之互相影响的问题,我们的答案是:二者无相互的影响,但论理上却有相通的地方。

接着,我们来讨论黑格尔与三阶段法则。在他所著《法哲原理学》中,也可看出三阶段法则的模型,这书中的第三部已经把国家发展史的地位,划分为三个阶段:①家族;②市民社会;③国家。再打开《历史哲学》来看,他说在世界史发展之阶段历程,是以自己意识形成的原则为基础,而分作三阶段或四阶段的:"第一阶段为一人的自由,第二阶段为若干人的自由,第三阶段为人类的自由。"他又用儿童的精神为喻,说:

精神的第一时代可比幼时的精神，这就是东方人的世界。精神的第二时代又分作两种：第一，精神的青年少年时代，这是希腊人的世界；次之，精神的成年时代，这是罗马人的世界。第三，现代日耳曼人的时代，基督教的世界。这是精神的老年时代。

我们在这里不是很容易看出黑格尔的《历史哲学》，其归宿点仍在于三阶段法则吗？并且所谓三分辩证法，实际不也是孔德三阶段法则的一个变形吗？照这样看来，黑格尔主义实未能走出孔德主义的范围，即史的论理主义实未能走出史的心理主义的范围。所以从黑格尔而至唯物论者 Feuerbach，当 Feuerbach 感到自己精神的发达史时，竟谓"神是我最初思想，理性是我第二的思想，人类是我第三最后的思想"。这不就是将孔德的三阶段说重述一遍吗？从 Feuerbach 而至马克思，在《经济学批判序文》所分之经济发展阶段，乃至 Bogdanow 在《社会意识学大纲》所承认的"他的时代分类，和孔德非常近似"；至于布哈林的唯物史观，Deborin 竟属之于斯宾塞的均衡论之下，更不消说了。可见马克思派只要不是纯辩证法派，差不多如 Kautgky 派，乃至俄国派中的经验批评派，没有一个不自动地和史之心理主义调和。那么，我们虽还说黑格尔主义与孔德主义，即论理主义与心理主义，为绝对不能相通，恐怕也没有人相信了。

本来，人类社会的进化现象，是有一种根本发展的原理原则的，而这种原理原则，依我的意思，不但可用论理学的方法来解释，而且更应该应用心理学的方法来解释。这就是说史的方法论上，不但可用黑格尔的三分辩证法的解释，而且更应该用三阶段法则的解释，并且这种解释——论理主义与心理主义——是不相冲突的，而且是相辅相成的。不过据实来讲，则所谓理论主义只是把具体的事实还原于抽象智慧的结果；所以论理主义乃是心理主义的一个解释、一个反映。即如黑格尔的三分辩证法，何尝没有心理主义的基础，也何尝不可解释如 Le Bon 所谓"生物逻辑""感情逻辑"之最高表现？那么，我们还能够说那历史的论理主义会摆脱历史的心理主义而独立吗？所以我在所著《历史学派经济学》第四章第三节，曾主张"三分辩证法"实际也不过是"三阶段法则"之一个变形。不管 Flint 所论孔德是否受黑格尔的影响，要之两者的互相关系，虽然出发点不同，而同样可以解释历史，都是很明了的，现在试将两家学说比较一下，如表1所示。

表1 史的心理主义和史的论理主义比较

|  | 第一阶段 | 第二阶段 | 第三阶段 | 第四阶段 |
| --- | --- | --- | --- | --- |
| 史的心理主义 | 神学阶段 | 形而上学阶段 | 实证的或科学的阶段 | （艺术的阶段） |
| 史的论理主义 | （没自的） | 即自的 | 对自的 | 即自且对自的 |

在这里可注意的，就是孔德本身站在第三阶段，故以实证的或科学阶段为终点。黑格尔本身是站在第二阶段的，故以"即自的"阶段为起点。实际则由发展的历史观看来，"谁能担保说除了科学时期而外，将来不更另生出其他时期来呢？"（涂尔干）所以实证的或科学阶段之后，应加上艺术阶段，以与黑格尔三分辩证法里"即自且对自的"形态相当；同理，黑格尔照自己所处的阶段起，所以是很不完全的。因为"即自的"以前，原来应加入"没自的"一个阶段。"即自"即是"有""没自"即是"无"；而"有"从"无"出，所以"即自"以前，应加上"没自"的阶段，以与孔德三阶段法则中之"神学阶段"相当。这么一来，不但三阶段的法则变成四阶段，而三分辩证法也变成四分辩证法了。因为黑格尔和孔德都有特别见地的地方，同时因受时间限制，也各自有其忽略的地方；我们只须把方法体系合拢起来，互相补充，互相解释，便能给历史方法以一个更确实、更完全之科学的基础。

**（二）从史的论理主义到心理主义的新倾向**

依我们研究的结果，可将中世以后辩证法的发展时期依四阶段分别如表2所示。

表2 辩证法发展的四阶段

| | 流派 | 代表人物 | 时间 |
|---|---|---|---|
| 第一阶段 | 神学的辩证法 | Justinus, Loctantius, Augustine | 中世纪 |
| 第二阶段 | 观念论的辩证法 | Rousseau, Condorcet, Kant, Fichte, Hegel | 18世纪 |
| 第三阶段 | 唯物论的辩证法 | Proudhon, Marx, Engels, Plechanow, Lenin, Bucharin, Deborin | 19世纪 |
| 第四阶段 | 生命论的辩证法 | Croce, Bergson, Dilthey, Nicolai, Hartmann, Kroner | 现代 |

就中Justinus曾著《大辩证书》《小辩证书》，Loctantius著《神的法则》，Augustine著《上帝之城》等，极力证明神的政治之恒久不变，可算是第一时期的代表。但这"神学的辩证法"到了后来，便为"观念论的辩证法"所代替。如鼓动法国革命风潮的卢梭，他就是开始深刻地充分地看出文明辩证法的矛盾性，恩格斯称卢梭"关于不平等起源的论文"应用了辩证的方法。Cunow竟谓同样见解，在Condorcet或Fergnson里，也可以看出。Condorcet和Fergnson不认人类理性的发展，是直线的进步；在发展的经过中，竟发现所谓复归及再复归，这当然也可说是倾向于所谓辩证的方法了。然而能使辩证法格外成为系统的，仍不得不属于德国正统的观念论哲学。即如Deborin所说，"辩证法应当以曾经发现意识之（思想之理性之）辩证法构造之伟大的德国唯心论者康德、菲希特、黑格尔等为主要目标"。固然康德有时将辩证法看作"形而上学的假象所现之理念的论理"，有时又将批判法当作辩证法解释；但是只就"先验的辩证论"中所说二律背反，却实在是康德辩证法之伟大贡献。至于菲希特等则主张辩证法为要求相反观念之一类的方法，换言之，相反综合法就是所谓辩证法，第一是自我，第二是自我定立非我，从那里推出否定的范畴，第三自我与非我的综合。菲希特这种自我辩证法的形式，很明白地是取辩证法的三段说法，在辩证法史上可算是很进步的了。但是这一期中真正的代表还要推黑格尔。他所著的《大论理学和小论理学》，确为最成就的作品。正如恩格斯所说"德国哲学它到黑格尔达到登峰造极的地步。它的最大功绩在于回复辩证法，把它作为最高的思维形式"（《反杜林论》）。蒲列哈诺夫也

说:"在观念论哲学的发展上,其主要的最后的连续,就是黑格尔的体系。"(《史的一元论》)实际他所提出思维的辩证法的方法,就是观念的实在世界之自己展开。所以"在黑格尔看来,思想的(黑格尔它变成独立的主体,名为概念)过程是现实的,而且现实世界不过是观念之外的表现"(马克思《资本论》第一卷二版序言)。这可算是达到观念辩证法的最高峰了,于是依照物极必反的原则,便有马克思出来提倡唯物辩证法。他在《资本论》第一卷二版序言中,便有一段有名的黑格尔辩证法批评。他深刻地认识辩证法之革命的性质。从马克思至恩格斯在《辩证法与自然》中,述及"科学的辩证法之一般的性质",有三个法则:①对立物融合的法则;②质变量量变质的法则;③否定之否定的法则。

最重要的是恩格斯把辩证法完全应用到自然科学方面。Lukscs 著《历史与阶级意识》一书(1912年)告诉我们:马克思与恩格斯所用辩证法的不一致,即马克思只将辩证法应用于社会的历史事实,而恩格斯则将辩证法扩大应用来说明一切自然的认识,这是不错的,不消说这在完成辩证法史的第三阶段,而唯物辩证法的理论是有很深的历史意义了。从此而至 Plechanow,他不但反驳新康德派之非辩证法的方法,而且最踊跃于将辩证法的唯物论应用到艺术文学的解释,如所著《史的一元论》《马克思主义的根本问题》等,都是特地踊跃于哲学的斗争,而大大提倡辩证法的(参见《唯物论与经验批评论》的 Deborin 序言)。列宁在这时候也和 Plechanow 形成了哲学联盟,而极力和马赫派、波格达诺夫派宣战。他那部名著《唯物论与经验批评论》一再告诉我们以两种认识论的分界线,即经验批评论是依存于感觉的世界,唯物论是独立自存的世界,又告诉我们以辩证法与唯物论相对论中间的界限,不但如此,他在 1914 年即着手于黑格尔研究的材料的搜集,虽没有成为系统的叙述,但就他遗著中关于《黑格尔论理的科学大纲》(载 1925 年发行的《马克思主义旗帜下》一至四号),已经很难看出他是怎样努力于将黑格尔哲学当成唯物论来读了。他和马克思之在"价值论"里应用"辩证法"一样,也把黑格尔哲学扩大来讲经济学;又和恩格斯一样,使辩证法完全适用于自然科学,使成为自然科学的方法论。实际他所最注意的,还在"发展就是对立物的斗争"这一点,而且到了他,唯物辩证法才真正成功地实现理论与实践之辩证法的统一。所以列宁可算辩证法史第三阶段之登峰造极的了,从此到所谓 Deborin 学派,尤其发挥辩证法之自然科学的理论,如在 1924 年至 1930

年，俄国的自然科学者最大的思想上的论争，就是以他为中心人物的。1929 年苏维埃国立出版所发行 Deborin 所著《辩证法与自然科学》一部大书，可谓此派集大成的名作。可是在距今 10 年前的俄国《马克思主义旗帜下》关于编辑部变更组织的报告，知道 1930 年 10 月 14 日 Deborin 的理论，也被大会清算，这是唯物论辩证法乃至自然辩证法，务必在另一方面别开新的途径。在德意志本国，黑格尔尤其是辩证法的研究，似乎预告我们以哲学的新时代的转换。如 1906 年在意大利 Croce 所著《黑格尔哲学中生和死的东西》(*what is living and what is dead of the philosophy of Hegel*)中，很有趣地告诉我们，在 Bergson 直观的智识里，看出黑格尔的要求和出发点，这实给我们以重大的暗示，使我们对于黑格尔及辩证法的研究，完全倾向于联合生命哲学之一途。在 Croce 发表前书的一年，德国 Dilthey 亦发表极有价值的《黑格尔青年时代史》，他告诉我们黑格尔的青年时代不是我们称为主知的唯理的"从论理主义者"，而实在是近于追求近代生命哲学、近代的直观主义的一个人。于是我们遂在黑格尔体系背后，发现了 Kroner 所谓《幻想的直觉》，马克思从黑格尔得到的唯物论，也一变而从黑格尔里得到生命论了。Dilthey 以后，更有 Nicolai Hartrn nn 在 1923 年发表《亚历士多德与黑格尔》、1929 年发行《黑格尔》的单行本《德与恶观念论哲学第一部》。他是以"精神的现象"为中心的。虽然在这部著作中有着辩证法的神秘的艺术的说法，使许多唯物辩证家大为惊讶，然而这正可以代表辩证法史第四阶段之生命的辩证法。更如 S. Marck 在 1922 年的著作《黑格尔主义与马克思主义》中说明"黑格尔在现实的纷扰之中常欲看出哲学之蔷薇"，乃至 Kroner 1921 年发表代表作《从康德到黑格尔》，又告诉我们要使黑格尔之辩证法复活，须努力于黑格尔哲学之存在学的解释。这从广义来说，都可说是有黑格尔复兴的历史意义的。还有最可注意的，是 1930 年 4 月 22 日至 25 日间，在海牙所开的国际的黑格尔会议，差不多全欧多数的黑格尔研究所及爱好者一概出席，因而创立了"国际黑格尔联盟"，这个联盟订立 19 个规约，以促进黑格尔哲学的研究为目的。对于"生命辩证的理论"，尚有更大的发展了。总而言之，如果承认现在黑格尔的辩证法有发展，则此辩证法的发展，必然自然地要如从前观念论的辩证法到唯物辩证法似的，现代就从唯物辩证法发展到生命辩证法的倾向了。

## 三、从史的心理主义到论理主义的新倾向

历史心理学发展的历史,如表 3 所示。

表 3　历史心理学发展的历史

| | 流派 | 代表人物 | 时间 |
|---|---|---|---|
| 第一阶段 | 宗教心理学 | Origen, Gregory the Great | 中世纪 |
| 第二阶段 | 哲学心理学（个人心理） | Cousin, Carlyle | 18 世纪 |
| 第三阶段 | 科学心理学（社会心理） | Comte, Spencer, Lomprecht, Durkheim, Bagehot, Le Bon, Wundt, Bogdanow | 19 世纪 |
| 第四阶段 | 文化心理学 | Dtkhey, Spranger, Freud, Robinson, Freud Marx 主义派, Elich Stern, Kornilov | 现代 |

宗教心理学以"奇迹""信仰"来讲明历史,虽不是我们所主张的"科学的"历史心理学,而实为以心理主义解释历史的起源。如在纪后第三世纪教父 Origen,便以"象征主义"来解释历史事实。以为圣经中一言一句都自有其精深奥妙的意义,和从字面所得者绝不相同。Origen 以后,所有神父均有此种以奇迹与象征解释圣经的倾向。最显著的如教皇 Gregory the Great,其影响及于中古时代,这可算是历史心理之第一时期了。考茨基（Kautsky）在所著《基督教之基础》中,对于这种"非科学"的历史心理曾有一段描写。因为宗教之历史心理,是以奇迹、轻信为基础,所以结果一定将事实明知故犯地把他们杜撰出来,借以提高"神"的身价,同时基督教徒常利用这种"权威"的历史心理,来假托名义以造成种种宗教式的历史。这一点我们也不能不承认有其过去之历史的价值。

其次就是所谓哲学的心理学了。哲学的历史心理,发生较前者稍后。我们可取古新（Cousin）所用以解释历史的基础的理论为例;他是很郑重申明,把心理学的分析应用在历史方面的。他说:"社会生活之各方面与各种现象,都可到他们所从生的人性之倾向之中穷本而溯源,他们从人性

之中的五个基本的需要生出；这五个需要，每个有和他符合的一个观念。适用的观念产生数学物理学，工业与经济学；公正的观念产生文明社会，国家和法律；美的观念产生艺术；神的观念产生宗教与崇拜；对于真理本身的观念产生哲学。这些观念可说是简单而不容再分析，同时存在于人心之中，组成人性的基础的全部。他发生的次序，和上文先后所说的次序一样。"（参见刘延陵译，麦独孤著《社会心理学》绪论）因为在古新那时候，没有科学的心理学，所以从错误的基础上，演绎推出错误的历史之心理解释。更有如 Carlyle 著《英雄与英雄崇拜及历史中的英雄性》一书，认为世界史只是大伟人们活动的舞台，所以"英雄与英雄崇拜"也只选出足为代表的"英雄"，并将其分成六大类，来包括世界史的精髓，而归宿到"宇宙史只是大伟人的传记"的结论。历史既不过成为英雄的传记，则所记载的材料，一定要注意选择那著名的轶闻和骇人听闻的趣事，另外掺杂几件干燥无味习俗相沿的事情，也就完了。

科学之历史心理学，是从实证主义者孔德开始。他最初注意到这种心理的方法，要从人类心理的现象，去找出历史的程序来；可是在他的时代，对于人类以外各高等动物的心理学，知者尚少。在心理的研究那样幼稚的时代，他要用心理学的方法以解释历史现象，结果只能把历史现象变易，而不能完全解释他，所以到了涂尔干就很不客气地拒绝了心理的解释，以为不过是一种玄想罢了。（参见涂尔干著《社会学方法论》）然个人心理虽不能用来穿凿事实，但历史既是一个社会现象，把它当作社会的心理来研究，这就不容有少许疑义。我们假使不能想象一个与社会心理分离的人类历史，我们就不能不承认 Lamprecht 的话，以"历史为社会心理的科学"了。因为 Lamprecht 完全主张社会心理学的方法，所以和传统派家之侧重个人心理学的方法者，绝然不同，适成为对抗之形势。故他认定某一文化形态，均为支配时代之一种集体心理状态；而此社会心理状态之嬗递，是有一定次序，其原则依 Bury 所解释：就是"集体心理发展，开始于社会内诸个人之趋于同一，经过强烈心理活动后，又复趋于个人继续分化之形式。（此与斯宾塞公式相同）此一进程自心理自由进至心理强烈，表现一种心理现象，以规定相续的诸文化阶段"。这种方法虽然有许多学者如 Herr von Below 及 Meyer 等加以批评。但大体上，我们也可以和美国 Barnes 在《新史学与社会科学》中所说的一样——认为"他以历史之主要任务，在研究过去以发现文化所以形成今日形态之经过，其主要极为正确"。为什么呢？因为历史上的一切活动和事实，本不外乎心理作用，而所谓文化时期原理，也不过是社会心理的一个发展阶段罢了。不过在Lamprecht自己所分历史发达的一般形式，则尚未做到这一地步。他从社会心理学的方法，把文化史的发展分作六阶段，即是：①万物有生主义时代；②象征主义时代；③模型主义时代；④传统主义时代；⑤个性主义时代；⑥主观主义时代。这种阶段说，原不过为其巨著《德意志史》中之组织原则，他却以为其"阶段为一切民族发展至现代文化水平线所共同表现之社会进化之模型"，所以更觉错误了。

此外，社会心理学方法之历史心理学，不但在德国有Lamprecht承传了孔德主义体系，即在英法等国亦均有代表作家。如英国有名的Bagehot所著《心理与政治》一书，可算是现代以心理学解释社会进程与制度之成功创作了。在第四、第五两章，以心理学来解说政治发展的阶段说，即是：①习惯形成时代——模仿为主要法则；②习惯冲突时代，或称为民族形成时代——战争为主要法则；③讨论时代——中庸为主要法则，此时人类的文化，已达于更高程序了。但可注意的，就是法国派之社会心理方法；塔尔德（Tarde）在他有名的三部作《模仿的定律》《社会理论》及《宇宙的对立》中，告诉我们以宇宙人生之一切现象，表示于三种反复的形式：①物理现象所示之反复形式——"波动"；②生物现象所示之反复形式——"遗传"；③社会现象所示之反复形式——"模仿"。专就社会现象来说，由于个人与个人间之交互心理活动，形成了下面之三个法则，即：①反复（模仿）；②对立；③适应（发明）。此三术语成为一大循环，社会学即研究此三者之关系；而三者中社会的对立又分为战争、竞争与讨论。社会的进展，即以对立——"斗争"为手段，以适应——"发现"为目标；完成此手段与目标，则以反复——"模仿"为方法。那么，结果"模仿"应该在历史心理中占最重要的地位了。不过对于"模仿"的见解在塔德尚不过为社会学的理论；而在吕邦（Le Bon）所著《革命心理》《群众心理》《意见及信仰》各书，则变成历史解释的锁匙。他在各书极力主张历史上的大事业，十九皆不合理性的法则，而感情和信仰便是历史发展中的真正的支配元素。而当他研究心理学的原则时，则主张那非合理的无意识"信仰"为历史最重要的原动力。在《群众心理》一书，则极力主张"群众心灵说"，认为人类行为以不知不觉者为多；而理性的行为为少，此为无关重要。吕邦的历史心理，特别含着种族心理的深奥意义；

Barnes 虽不承认，只说他的学说和德国 Lamprecht 只有程度的不同，而"以历史为社会心理进程的学说，在将来定有蓬勃之发展"。这大概是无可置疑的事实吧！此外，还有主张心理学而为全世界心理学泰斗的德国冯特（Wundt），他主张在民族中有民族精神，民族心理学便是发现民族精神生活中的特殊法则。人类文化表现于民族精神的产物里面，即应求之于语言、神话、宗教、艺术之四领域。因此，在他自 1900 年至 1920 年间所著的民族心理学里面，便将人类的文化史分为四大阶段：①原始人时代；②图腾制度时代；③英雄及神的时代；④人道发展时代。他从民族心理学上，看出自古至今人类文化发达的纵断面，而趋向人道发达的时代为其归宿。他以为伟大帝国之兴亡，即人道时代之开始。这种以民族心理方法来解释文化史，结果竟与孔德有不谋而合之处，可见科学之历史心理学，在同时是有很广泛的影响了。而在孔德一派以外的，尚有马克思派自命而提倡所谓"社会意识学的方法"的一派，可以俄国经验批评论者 Bogdanow 为代表。本来马克思派是受黑格尔辩证法影响的，在马克思主义中赞成辩证法的一定是革命派，不赞成辩证法的一定是改良派。经验批评论者 Bogdanow 在他所著《经济科学大纲》《社会意识学大纲》中，也是不懂辩证法，而专注于马克思所讲的社会发达阶段的学说；而且偷取了孔德的精神，来装入马克思的形式里面。所以由真正的马克思派看来，简直是非驴非马；而在历史心理学派看来，则连他"社会意识学"这一个题目，都是属于史的心理主义的。故他受孔德派的影响，为无可讳言的事实。尤其在历史阶段的划分，他区别为：①原始文化时代＝原始社会意识时代；②权威的文化时代＝权威的社会意识时代；③个人主义的文化时代＝个人主义社会意识时代；④集团主义的文化时代＝集团主义的社会意识时代。从大体来说，在唯物史观的名义之下，这种取马克思主义的形式而编成的社会意识的阶段公式，仍只算作孔德派心理主义阶段之另一模型。而这种伸缩自如的主观主义的历史阶段说，既不能完成其为史的论理主义，又不敢明目张胆主张史的心理主义，当然是应该受严格的批评了。

至于文化之历史心理学，简言之即"文化心理学"，于前一阶段社会心理学或社会意识学的方法之外，更进一步主张文化心理学的方法。这一派源流深长，但也可分两方面来说：一方面有德国如 Dilthey、Spranger 等所提倡"记述的分析的心理学"，另一方面则有如美国 Thorndike、Robinson 等对"文化心理学"之启蒙的见解。Dilthey 主张很有名的所谓

"生命的历史性"与"历史的生命性",生命的历史性是生命自己的表现,历史的生命性则因"理解"而看出生之自己复归自己的过程,所以这种理解就是生之自己发现,自己认识。Dilthey 分生的三要素为经验、表现、理解,很和黑格尔所谓精神发展的三要素,即主观的精神、客观的精神、绝对的精神相似。在他看来,主观的生之体验,因表现而客观化,又因理解而两者复归于一;这种生之自己认识,和黑格尔就绝对的精神来说精神之自己认识很相似,而且 Dilthey 也和黑格尔一样,认生是经历史而认识自己;不过黑格尔的精神本质上是合理的。反之,Dilthey 的生,却为感情、意欲的构造关系。因而黑格尔所谓精神之论理的体系的发展阶段,Dilthey 却变为生之联系的内在的辩证法,在黑格尔精神自己认识的原理为辩证法的思维,反之 Dilthey 则不但是思维,还是全体之生。所以归根结底,黑格尔历史的图式是论理学的,Dilthey 则为心理学的。不过依他所说"记述的分析的心理学",当然是和自然科学的心理学,即说明的心理学不同。他认为心理学的分析不可不与历史的分析结合似的,历史的分析亦不可不与心理学的分析结合。何则?如经济、法律、宗教、艺术、科学等文化的各种体系,及结合为宗族,组合教会、国家等,社会之外的组织,因为都是从人类精神之生的联系产出的缘故;所以,最后非从这个联系是不能理解的。心的事实即是这些联系中最重要的构成要素,所以没有心理学的分析,便不能认识这些事物;由此意思,可见心理学正是历史生活之一切认识的基础,Dilthey 派下更有 Spranger 提倡"文化科学的心理学",以为文化教育学的基础。依他意思,历史上的文化,只是个体之价值领域的实现,在其实现之中,各有其自的联系,列举起来,则为科学、经济、艺术、宗教、政治、社会等。这些文化领域形成为一个构造。换言之,即从文化科学的心理学出发,将生活形式分为六项:①理论型;②经济型;③审美型;④宗教型;⑤政治型;⑥社会型。有了这六种类型,便可用以了解历史。所以文化科学的心理学,也就是理解心理学,或构造心理学,不过依我们的意思,不谈文化心理学则已,要谈文化心理学,则在历史学中所应采用的方法,应该是发生心理学的方法,而不是分析心理学的方法;应该是采用从自然科学出发的心理学的方法,而不应该采用绝对和自然科学不同的心理学的方法。所以在这一点,我们宁可和 Dilthey 精神科学派之心理学方法分家,而主张采用孔德一派下来。由 Lamprecht 一派合理的社会心理学的方法,进而研究非合理的"文化心理学"的方法。佛洛德在

"精神分析引论",则主张以"唯本能为人类行为之真正的动因"。他很大胆地告诉我们,人类所有最高尚的,文化的、美术的及社会的事业,均为"性的本能"之一种"升华"作用。本来人类的历史乃是"生之冲动"的历史,"生之冲动"受一番"升华作用"才能创造文化。所以佛洛德一派之"性的一元论",我始终认为有大部分理由。

他所著《群众心理及自我的分析》,要以"Libido"的观念来解释群众心理,虽然许多人都不愿附和他,然而从心理分析学的研究里,发现一切的爱都是同一个本能的表现,却是很对的。不过他所论者,还只是人类中的基本本能,而与动物公共的;这种基本本能,不独在人猿中有,就是在别的低等动物,差不多早已发达。不过在人类则能行其升华作用罢了。至于美国几个专门史家,对于人类文化与本能关系之意见,也可说就是"文化心理学"之一个导言。本能学说虽然从 1920 年起,已受严厉的攻击;然而就历史学方面说,至今尚占势力。如鲁滨孙(Robinson)之《心理的改造》说就是很好的例子。在他的《新史学》中,已承认 Lamprecht 所说社会心理较个人心理重要;不过他拒绝 Lamprecht 所采用臆造的与演绎的文化演进说,以研究与解释历史罢了。在他的名著《心理的改造》(*The Mind in the Making*) 一书中指出心理事实、历史事实,对现在和将来的关系;原想利用历史的知识,来彻底改造人心,使对于现代生活。然而很明显,他也是倾向于"本能"的说法,不过名词不同罢了。故他注意及于动物心理之原始、野蛮心理之发展、文明心理之形成。这一点可说对"文化心理学"是很有贡献的。不过真正文化心理学的方法,在原则上应注意人类行为中本能无觉的冲动或生机力,而在发展上则仍注意于社会心理的发达阶段说,合此两特点而建立一种历史心理学的方法,尚有待于我们的努力。(格式心理学给我们很多指示,是值得特别注意的)此外,新兴的心理学家如科尔尼洛夫(Kormlov),从辩证唯物论之观点,构成了所谓"辩证法唯物论的心理学"。他很大胆地将恩格斯所定辩证法之三条基本定律逐条研究,看他对于心理学的关系如何。如在实验心理学中,看出第一由量变到质变飞跃的发展之历程律;在整个人的行为与环境之相互作用中,看出第二相反者之互相渗透的定律;在不自觉的遗传的形式之行为,即如本能的反应等,看出否定之否定律。(参见郭一岑著《苏俄新兴心理学》)其实这从心理主义移向与论理主义综合的新倾向,不过完全证明了历史论理学乃是心理学方法之一个说明。从另一方面来看,历史心理学的新贡献，还可数到 Spranger 的弟子 Elich Stern。他述儿童心理的表达，也正可与辩证法的进展互相发明。他认为儿童心理和发展，是从"未开化的统一"到"开化的多相"再到"开化的统一"。这就可以说是辩证法的发展。不仅如此，依我的意思，依照重演定律，个人发展所经过之各阶段，同于人类历史所经过之各阶段，所以个人发展的辩证法，也同于人类历史发展的辩证法。这不是证明了历史心理学也是历史论理方法之一个解释吗？由此看来，史的心理主义和史的论理主义，在现阶段上说，正是相反而相成的，"生"之辩证法，使史的论理主义与史的心理主义相通；"文化"的心理学，也使史的心理主义与史的论理主义相通。而此史的心理主义与史的论理主义的新综合，却形成了史的"生命"——三民主义历史学。

四、新综合——史的生命论

现代历史学，一方面注意于历史的生命性，另一方面注意于生命之历史性。一方面依于历史的生命性，而倾向于史的心理主义；另一方面依于生命之历史性，而倾向于史的论理主义。这种大综合的生命史的方法，实兼有史的心理主义与史的论理主义两派历史方法的长处，而没有它们的短处。试分论如下。

**（一）史的心理主义方法是进化论的，论理主义方法是轮化论的**

俄人索罗金（P. Sorokin）在《当代社会学学说》，曾告诉我们纵线进化说与循环轮化说的区别，由此区别，我们可以看出前者主张社会进化，后者主张社会轮化。前者在找寻历史变化的趋势时，看重历史之心理的方法，后者在找寻历史变迁中的循环、反复、节奏时，看重历史之论理的方法，即辩证的方法。且由素罗坚的意思，孔德"三阶段的法则"是纵线进化说的模型；黑格尔的正、反、合，却是非周期的循环轮化说的模型。这大概是没有疑问的了。现在试详论，孔德在《必要的科学工夫》一书中，虽没有承认文明进程是一条直线，但他重视社会进化观念，这在实证哲学中却时时可以看出。所以说，"从动的观点看来，人类的进代，在发达的顺序中，是什么逆转也没有；至少某种势力只能变更他的速度，改变他的方向"（下册）。但黑格尔却始终把发展的历史看作圆状的运动。"精神的本质为自己活动的成果，精神的活动是直接性的超出，直接性的否定，及向着自己内部的复归",用他论理的科学的术语来说,便是"即自的""对自的""即自且对自的"证法的历程,即由二度的否定,使精神复归于最初的意识。这不就是黑格尔把历史看作不过精神或 Logos 的历史本身实现的轮化的最大证明吗?再如他在历史哲学中论变化,则以一般所知道的轮回与更生之鸟为譬(第一章),论民族则将民族的生活譬做一个成熟的果实,果实再成种子,但是这种子是来自其他民族所成熟的种子(第二章);论世界史的区别,则以太阳的行路为譬喻(第二编)。可见我们认为他属于轮化说,是很有理由的了;再明显些,如"哲学史"绪论中所说:"世界精神发展之阶段的系列,可以说是依于精神从即自态超出自己,于对自态成功自己,而为自己复归自己的一大圆形运动。这种运动是有具体的种种发展的一系列,但可不是向着抽象的无限的无目的进行之直线所可表现的。那是一个圆形,不可不为自己复归自己的表象的。而这样大圆的圆周,有多数的小圆连锁着。"这么一说,我们还可以承认黑格尔的圆形进化和孔德的纵线进化是可以相同的吗?自孔德提倡社会进化以后,更有许多他的追随者如 Lamprecht 等,经济学上的历史学派,极力探求历史进化的法则,把从古至今人类所以世代相承的社会现象,集拢来做一条直线,使大家可以见得社会在各时代中一种继续不断的发展状况。反之,在黑格尔主义方面,如德国斯宾格勒(Spengler)所著《西欧的没落》,高唱历史的周期性,把文化和植物的命运对比;其为黑格尔式历史观察的完成,不消说了(参见 Messer 著《斯宾格勒哲学》第五编)。甚至列宁在《哲学资料集》第十二卷尚说什么"人类的认识不是直线的,这是在自己圆的体系内,为一个螺旋体系,接近无限而行的一个曲线"。他反对"直线性",认为这是观念论的认识论的根源,实际不过拿来证明他是一个不折不扣的黑格尔轮化论的信徒罢了。但是关于这一点,我在昔年《革命哲学》(第二章)早已有个解决。我的意思是,认为历史的绵延不是直线也不是曲线。它是从一方面看是如不断流水一般,没有休止的时候,也不会重复,也没有逆转。所以直线性的进化是有他的位置。而从其他方面看,如黑格尔的进化是理性的自然发展,它的好处,能够把不断的本体,分作一片一片一段一段的分段生命,使实际上可以应用。这正是黑格尔的长处。因为看重分段的生命便自然把心理的经验看作反复循环。所以圆形运动的轮化论,也可以有它的位置。换句话说,孔德主义与黑格尔主义都不无用处,只要能够综合这两派历史方法的长处,而没有它们的短处就好了。

**（二）史的心理主义方法是积极论的，论理主义方法是消极论的**

孔德所谓实证阶段，有人译作积极的阶段。他的实证哲学，有人译作积极哲学（参见陈大齐著《哲学概论》第三编第二章）。这个名词如果是指那专重经验排斥想象推论的一种意味来说，真太对了。孔德自己说："神学哲学与形而上学互争着改造社会的事，实证哲学则至今除概括地批评两者以外，对于这论争是不干涉的；何则这种哲学是应该放在积极的职务和完成培根、笛卡尔、葛利里奥所开始的广大知识的实在呢！这么一来，革命的危机便要完结了。"（《实证哲学》上）原来由孔德看，形而上学就是所谓"否定的哲学"，在《实证哲学》社会科学之部第一章，很有趣地把形而上学和革命连成一起，叫作"革命的形而上学"，是代表无政府的精神，是破坏旧制度提倡新宪法的必要学说。不但如此，依照J. S. Mill 所说："一切带着革命派、革命党、激烈派、民主派、自由思想者、怀疑派、消极或批评派，无论是在宗教上、政治上或哲学上，都给孔德总称为玄学的。"（施亨利著《历史科学与哲学》第三章注三九）可见孔德所谓形而上学，实际就是革命的学问，而玄学家就是革命家、批评家了。对着这些批评的破坏的革命的形而上学，孔德便提示那建设的、积极的、改良的实证哲学的重要。他不要玄学家所想象的无秩序的进步，要应用科学方法来成功一个有秩序概念支配的进步。从这一点看，他或者也是个保守家，然而这才真正是科学的态度啊！反一面来看，黑格尔因为他所处的时代，所用辩证的方法，都是代表形而上学的；固然他也有保守的一面，但那保守主义是相对的，而黑格尔的革命性质都是绝对的。最明显的就是他所用的辩证法，如罗素在《德国社会民主主义》的解释：①辩证法一方面承认事物的现状，另一方面又承认结果归于消灭。②辩证法认为历史上进化的社会形式，变动不居；故不特计及其过渡的性质，且计及其暂时的存在。③辩证法不愿有任何事物加诸其身。就它本质说，就是批评的而且革命的，即因辩证法能变更现存事物的形式，向着进化的前途中去，所以成为破坏的智慧，成为一面极端的革命的理想的旗帜，到一个地方，就要惹起许多的恐怖党、革命军来。如马克思等不要说了，就是无政府主义者的巴枯宁、蒲鲁东等，哪个不受这方法的影响？可见 Kuno Fischer 在《黑格尔哲学解说》大书特书，"黑格尔辩证论的方法，又名为绝对的否定性的方法"，这句话真很有理由。我们再打开黑格尔在《论理科学的预备概念》中"论理学的详细概念与区分"一章，即分明告诉我们，"论理学这个东西，从形式上是有三个方面：①抽象的或悟性的方面；②辩证法的或消极理性的方面；③思辨的或积极理性的方面"。这不是证明辩证法只限定于代表消极理性的方面吗？固然他接着申明这三方面不能构成论理学的三部门，因为一切论理的实在的三方面，都是应置于第一要素即悟性的下面；但是他的真正的影响反不在于有固定的规定性的、区别性的悟性思维，反而在于有怀疑性的、超越性的、变易性的辩证法，这一点是很值得我们注意的。固然 Cunow 的《马克思的历史、社会和国家学说》告诉我们，在黑格尔看来，概念的否定是引导现有概念于更高的形态——是在包含否定反对物的范围内，是更高的——而扬弃着的一回事。这么一来，使黑格尔辩证方法，一方面的否定，正是一方面的肯定；一方面的抛弃，正是一方面的生成。换句话说，就是一方面是消极论，另一方面又倾向于积极论了。总括一句话，孔德主义与黑格尔主义虽有积极与消极的方法之不同，但在孔德欲实现其实证的或科学的阶段之先，"多少形而上学的一种过渡时代，是必要的"，即是黑格尔主义的消极精神多少是必要的。然而消极就是积极，一切推翻腐朽的大破坏，应该对新秩序的建设有益才好。就这一点说，我又不得不深感到孔德实证哲学的方法的重要性了。

（三）最后，我应该从上面所说，做一个有力的结论

第一，史的论理主义是消极的、破坏的，所以由此形成的辩证法、唯物论与唯物史观，也是偏于消极的、破坏的。孙中山先生说："马克思研究社会问题所有的心得，只见到社会进化的毛病，没有见到社会进化的原理。所以马克思只可说是一个社会病理家，不能说是一个社会生理家。"因为唯物史观就是黑格尔辩证法和唯物论合拢成的，所以能看到社会进化的时候所发生的病症；反之，依据史的心理主义所形成的社会历史观，也可以发现社会进化的定律。但话虽如此，因为社会病理是为历史事实而存在，是不能否认的，所以我们不但不要抹煞这个"病"的社会事实，我们还要应用辩证方法去研究"病"的现象、"病"的法则。在这一点，史的论理主义在学理上是很用的，不过唯物辩证法是不能说明社会生理即社会进化的原动力，所以我们应该更进一步，而采用了"生"之辩证法。

第二，史的论理主义是轮化论的，结果很容易陷于阴郁的轮回历史哲

学;然而据实来看,世界史上的根本现象,固然有如辩证法之曲线的现象,而在它发展变化之一流中,更重要的还是心理现象之直线的现象。我们真正的历史方法,一面既不埋没历史的直线性,给人类历史以一个绵延创新永不间断的最大目标;另一面也看重历史的曲线性,使生命的历史性格外明显。因而应用到现阶段便能引渡现实到进化的路程,因而完成了生命的节奏。

第三,史的论理主义是注重形式的,走到极端便是唯物的"食"的概念;史的心理主义则是注重内容的,走到极端便是唯心的"色"的概念。但两者都各有所偏,现在都有综合的新倾向。何则,唯物的辩证主义,只能看出人类历史之病理的方面;同样唯心的本能主义,也只能注意于人类历史之生理的方面。故在历史论理学者,也许以为史的心理主义方法,不是由自然与历史中得来的,乃是欺瞒自然与历史之心灵的定律,而在历史心理学者,则又对史的论理主义方法发生反感,而称之为"神秘"、为"陷阱"、为"喧嚷"、为"吵闹"的方法。实际来说,这两种方法都有其重要之点,在生命史上看来正是相反相成的。

现代史学思潮,实以现代史学之两大派别——史的论理主义与史的心理主义——为其思想背景,它包括消极与积极、病理与生理、纵的进化与圆的循环,而成为一大综合的生命史的方法。不消说,这种生命主义的历史学,是不偏于史的论理主义,也不偏于史的心理主义的。

# 《文化哲学》序①

"文化哲学"这一个科目，好像很新奇特别，一向闻所未闻的，却是按之实际，则这一科的内容，早已有世界各国学者潜心研究，尤其是现今学者对现代世界文化要重新估定价值的时候。C. A. Beard 论到现代世界的文化②，曾述及各国学者对于这文化问题很注意的有：

中国——辜鸿铭、胡适

印度——甘地、泰戈尔

日本——鹤见佑辅、有岛武郎

意大利——Ferrero、Croce

德国——Spengler、Keyserling

法国——Fabreluce、Demangeon、George Balauet

英国——Wells、Chesterton、Belloc、Dean Inge

西班牙——Unamuno

俄国——Trotzky

阿根廷——Ugarte

他还举出许多很有名的关于文化的悲观论的著作，和 Beard 所领导的文化乐观论派；固然这些文化论潮都很值得讨论和批评，然亦可见文化问题在现在确成为最迫切的问题，而文化之哲学的研究，更是急不容缓了。依我的意思，不讨论文化问题则已，要讨论文化，必须从根本上着想而求个根本的解决。从来讨论文化的著作固然不少，可是有大部分只是文学家的片段思想，或杂志作者的零星著作，要找出一部真正讨论文化的有系统的贡献，却是难得的很，如就中国来说，除 Beard 所知道的以外，尚有梁漱溟先生《东西文化及其哲学》，算一让人满意的著作了，然而他讨论的仍不过枝枝节节的东西文化问题，而非从根本上着想，来讨论比较东西文

---

① 本篇原为《文化哲学》序，商务印书馆（上海）1935 年版，1990 年（北京）重印；收录于《朱谦之文集》第六卷，福建教育出版社 2002 年版。

② 俾耳德：《人类的前程》，于熙俭译，商务印书馆，1947。

化还要紧切的文化问题。不知东西文化问题只算得文化问题之一部分，如果没有"文化哲学"做骨子，便所谓东西文化问题仍然没有法子解决。所以本书第八章虽拟有《文化之地理上分布》一章，不但讨论东西文化，而且更讨论到南北文化的问题，不过不能以为讨论东西文化或南北文化就可以算作文化哲学，文化哲学是有它更重大的意义和使命的。它是一种专门的系统的学问，不过在未详说以前，我们应该先对这一门学问和其他学问的关系讲述一下。因为本课目原为哲学系四年级而设，而依选课经验，还是社会学系、史学系、教育系占大多数，所以为引起各种不同选课者的兴趣，我应该先从各方面陈述一下文化哲学和各种不同学科的重大关系。

第一，就哲学方面观察。许多人都认为"哲学"已经是不必需要的学问，如果就现状来说，一般讲哲学的，只是一味敷衍塞责下去，诚然是不必要的了。反之从文化着眼，则哲学正是一切智识的总汇、学问的指南针；而且从另一方面来看，又是革命的指导者。当代的哲学趋势，已经不为观念论，不为唯物论，而为倾向于有较大的涵盖性的文化论，即文化哲学。从前纯正哲学所讨论的什么本体问题呀，认识论问题呀，这些和实际生活没有多大关系的哲学思想，虽然在从前极占位置、极有势力，却是现代所更迫切需要的乃为解决文化问题。文化之各部门，如宗教、科学、艺术乃至社会生活之政治、法律、经济、教育各方面，只要是从根本上着想而要求根本的解决，那便非需要有各部分之文化哲学和文化社会学不可。如宗教有宗教哲学，哲学有自然哲学，艺术有艺术哲学，乃至所谓政治哲学、法律哲学、经济哲学、教育哲学，即使为避嫌起见，不用"哲学"一词，而以"原理"代之，如什么教育原理、政治原理等，也不过名词不同罢了。可见纯正哲学即不为当代之急切需要，而在研究文化之各部门时，却非需要各部门之文化哲学或文化社会学不可。而且就哲学来说，哲学自身亦倾向于一大目标，即从事于各文化之综合的根本研究，而这就是所谓"文化哲学"了。意大利很有名的思想家 Croce 曾说："将来的哲学就是历史。"我认为将来的哲学，应该就是文化史的哲学，换言之，即为文化哲学。所以专就哲学方面说，文化哲学是很必要的。

再就现代哲学界的情形来论，如德国哲学，即已完全倾向于文化哲学之研究。德国从前最盛行一时的为康德哲学，尤其是新康德派哲学，最喜欢讨论文化问题，所以"文化哲学"一语，最初还是见于新康德派的著作，Windelband 即有关于文化哲学之专篇。可是文化哲学有新康德派，以

"价值哲学"为"文化哲学"之一方面,同时又有以"生命哲学"为"文化哲学"之又一方面。我们现在一讲到文化哲学,即联想及于 Dilthey 之精神科学派,因为这一派许多人曾称之为文化哲学派的。新康德派是站在论理主义,要求普遍妥当性文化价值;Dilthey 则站在心理主义,而主张如实地记载分析那生命流动之真相的"文化真实"。至于他的学派如 Eduard Spranger 所著《生活形式》,其为一种文化哲学更不消说了。现代哲学已由新康德派一转而为新 Hegel 派,或青年 Hegel 派,Dilthey 同时也是青年 Hegel 派的权威者,这又可见从哲学上观察,文化哲学将来很有大大发展的余地了。

第二,就历史学方面观察。现代历史即为文化史,而文化哲学即为文化史理论,尤其是我所讲的文化哲学,是为有志研究文化史理论者而设。本来就历史界现状来说,无论中外文化史,近年出版的数量都不少,但从质的方面说,除一两种尚勉强充数以外,算不得什么。再试看外国文化史,曾有许多人从事编译,在翻译方面如 Thorndike 和 Selgnobos 的两部书,都不失为一种名著。但平心而论,这些仍不是什么理论基础——文化哲学——的真正文化史,更不消说国人自著的西洋文化史了。再从中国文化史的著作来看,高桑驹吉依朝代的变革分中国文化史为若干章,章各分二篇,一述政治的历史,一述这时代的文化造成此时代的人物,以及关系此人物的评论,这种"断代式"的文化史,在民国十二年(1923)文化史缺乏、学问饥荒的时候,尚可供一时之用,却是现在已成为陈腐不堪的东西了。孟世杰的《先秦文化史》,体例也差不多,大概前一章先述一个朝代的历史,后一章即接着述这一朝代的文明,而分为制度、礼俗、宗教、社会、学艺五种,平叙直抄,什么特点也没有。还有如顾康伯的《中国文化史》、常乃悳的《中国文化小史》,不过专供师范及初高级中学参考之用,说不上什么。

不过顾康伯自己说:"前人述史,断代为章,实同家谱。本书力矫其弊,专以文化之盛衰及趋势为标准,而主眼则在来今。"似乎比"断代式"文化史好些,但当他讲一时代的文化,仍然以政治的大略为先,脱不了所谓政治史观的见解。柳诒徵的《中国文化史》可算得一大著作了,这本书似特注意我国民族文化与其他民族文化的关系;他要解决"中国文化为何?中国文化何在?中国文化异于印欧者何在?"这一点不得不算得一种贡献。不过中国文化史是否应用这文化传播说便可以完全解释?中国文化史是否应采用他所用的纲目体裁？对经济方面何以不甚注意？总之这一本书仍然是不能使我们满意的。在柳著以外，可举的就是站在唯物史观立场上的两部著作，陈国强编《物观中国文化史》，不过一本短小的 3 万字的小册，要在 3 万字中尽量将浩瀚的史迹包括在一起，而叙述其文化发展的过程，当然是不可能的事。如果所谓"文化，就是人类依其物质生活条件为基础而创造，而展开之精神生产的成果之总和"，那么文化史的编述，当然应该在中国经济史编述之后，中国经济的历史阶段还未明白，所谓文化史，事实上是不会有什么成绩的。还有杨东莼的《本国文化史大纲》，这书是供给高级中学及大学预科的学生读的，绪论以外分三编。第一编是经济生活之部，述农业、土地制度与赋税制度，商业、工业等。第二编社会政治生活之部。述中国社会之演进及其结构，政治制度之变迁，中央官制与地方官制之演变，乡治制度、参政制度、教育制度、司法制度、兵制等之演进，及宗教、礼教等。第三编智慧生活之部。述先秦诸子、经学、玄学、佛学、理学、考据学、维新运动与新文化运动及文学美术、科学等。这本书许多地方实在太浮浅了，但是在编著的方法上，却有一点点贡献。如通常史家每每离不了朝代观念，其结果遂变成一本"流水账簿"，此书则以一个一个的事实做单元，如叙述一种制度，并不按着一朝代一朝代来叙述，并且力求阐明这些事实前后相因的关键，这种看重文化的现在性，和我们主张现代史学有些相同。"而纪事本末体"的编纂法，更能使学者眉目清楚，脱去郑樵所说"断代为史，无复相因之义"的流弊。不过这本书虽分三部，我仍嫌其对于经济生活之部叙述得太少，而对于智慧生活之部又叙述得太多，几乎不能自圆其说，因之也就没有很大的价值。

因为过去文化史的著作，成就不过如此，而文化史在现代史学上的需要，又复迫切如此，所以我们现在很有尽先提出文化史理论的必要。不过关于文化史的书籍虽多，而关于文化史理论的研究，却只有梁启超著《中国历史研究法补编》中有讲到"文化专史及其做法"的一章。梁氏在民国十四年（1926）曾讲演"中国文化史社会组织篇"，虽未成书，而此十五年（1927）十月所讲的《中国历史研究法补编》则由其门人周传儒、姚名达等记录出版。本书分论五种专史：①人的专史；②事的专史；③文物的专史；④地方的专史；⑤断代的专史。④⑤均未及说。文物专史中又分为三种：①政治专史；②经济专史；③文化专史。文化专史则分：①语言史；②文学史；③神话史；④宗教史；⑤学术思想史（道术史、史学史、社会科学史和自然科学史）；⑥文学史；⑦美术史。而自然社会科学史以下又未曾讲到。此外还有一篇在南京金陵大学讲演的"研究文化史的几个重要问题"（《梁任公学术讲演集》第三辑），有下面的一段话：

  历史现象只是"一躺过"，自古及今，从没有同铸一型的史迹，这又为什么呢？因为史迹是人类自由意志的反影；而各人自由意志之内容，绝对不会从同。所以史家的工作，和自然科学家正相反，专务求"不共同"。

  换言之，就是说文化史中不应该有什么法则存在，这真是什么话！过去所有文化史的作者，都因不能在离乱的历史事实中找出线索，找出有规律的法则，故其结果变成"流水账簿"，尽管堆积下许多事实，还是和现在生活无关。所以梁氏的文化史理论，正可以代表过去文化史的理论，而不是我们现在1933年所要求的文化史理论，梁氏可将经济专史放在文化专史之外，这就可见他的思想陈旧不堪了。并且从民国十三年（1924）有文化史以至现在，所谓"文化史的理论""文学哲学"乃至"历史哲学"的研究，还没有着着实实地注意过，那么对于"文化"是什么、"文化的阶段"是什么，都很难得到确实的答案，当然不能编出一部最完全的文化史了。反之依我们计划，则真正的文化史家，只要他对文化的观察愈深广、愈深刻、愈敏锐，即愈应该需要一种文化哲学，历史家应该承认文化哲学冠于一切历史学之上，而为文化史之理论的基础，不然即不成其为代表现代的史家了。

  第三，就社会学方面观察。前年我讲"文化哲学"绪论，曾述及文化哲学与文化社会学之区别，说到社会学史的发展，从孔德以至现代，社会学本身大大进化的结果，已经有一致倾向于第四期文化社会学的趋势。这就是说，社会学的发展是依照下列次序：①生物学的社会学；②心理学的社会学；③特殊科学的社会学；④文化社会学。

  这一个主张先在讲义发表，在民国二十二年（1933年）再刊于《现代史学》第一期，可是在同年出版的《新中华》第一卷第十二期，竟发现有孙本文君所著《世界社会学之派别及其现状》，有与此不谋而合的见解，这不能不说是一桩奇事。孙先生旧著如《社会学上之文化论》等，关于社会学史的著作，均未曾有此意见，所以此篇很值得我们注意。这一篇

比我所列更详细地将社会学的发展分为四个阶段：

（1）生物的社会学派：①有机论派；②人口论派。

（2）心理的社会学派。

（3）社会学正宗派：①Durkheim 涂尔干派；②Simmel 齐穆尔派；③Roberty 劳培德派。

（4）文化的社会学派：①人类学派；②历史学派。

关于这些社会学派别的更详细的分析，不是这里的事，即如单就心理的社会学派，只要参考 F. H. Hankins 在《社会科学的历史及趋势》中，"社会学"一文内的分类，便知心理的社会学派，又可分为许多种类，如同情派、模仿派、本能派、行为派、兴趣派……可见孙先生的分类还不能算得上很详尽的。不过这里应该注意，就是孙先生自己是属于文化社会学之一派，依他从来著作则只有美国的 Ogburn 一派，算得上文化的社会学，在这里却又承认有德国的 Max Weber 一派为文化的社会学，这是他思想之一个进步，两派的代表人物如下：

（美国）Ogburn、Willey、Case Wallis、Herskvits

（德国）Max Weber、Sombart、Max Scheler、Alfred Weber

前者为人类学派，认为欲发现社会现象的原则及解决社会实际的问题，非从文化上为历史的研究不可，因为他们在方法及材料方面受人类学的影响最大，故亦称为人类学派。后者依他所说"文化社会学为德国当代最盛的社会学，亦称为历史派社会学"详细的说明，可参看原文。若依我的意思，将德国文化的社会学派称为历史学派，原无问题，只是更严格地来说，则如美国人类学派才是真正文化社会学，而在德国如 Max Weber 及 Troetlsch 的宗教社会学，Spengler 之世界史形态学，及 Max Scheler 的知识社会学，除 Somgbart 所著《技术与文化》可算例外，他如 Spengler 所著《西欧的没落》、Max Scheler 所著《哲学的人间学》，谓为文化社会学，均不如老老实实叫他作"文化哲学"，这一点让我在本书绪论中说，然亦已可见文化哲学与文化社会学之关系如何密切，几乎不可分开的了。我固然很反对美国派的文化社会学，它们就像清水泡豆腐一样，清水已够清淡了，再加泡上豆腐，则其内容的空虚，是不言而喻的；但就德国的文化社会学即文化哲学来说，则实大大有发展的余地；而这也就是我特别提出文化哲学来讲的最大原因了。

第四，就教育学方面观察。自我本年在《现代史学》第一、二两期发表《文化哲学》以后,即发生很大的影响,最重要的就是前一个月(1933 年 8 月 15 日)在上海群众图书公司出版的姜琦《教育哲学》了。这本书共 30 余万言,里头批评我的文化分期说的竟有数千言之多。姜先生是站在一个辩证法唯物论的立场来建立他的新教育哲学的,他虽有许多地方反驳我,却又认为我"对于中世纪以来的一切学问之研究,划分为宗教的、哲学的及科学的三个时期是很合理的";并且单拿教育为例,也一样可以依此划分时期。姜先生最先肯定"在古代时候,可以说并没有教育之研究这一回事,实在讲起来,教育之真正的研究,是发端于第 17 世纪",接着他即区分教育之研究为三时期:①神学的教育学;②哲学的教育学;③科学的教育学。

他的结论是:"这样说起来,就可知教育之研究,确是如朱先生所说,可以划分为宗教的、哲学的、科学的三个时期";却不知这三个时期只能说是 Comte 三阶段的法则,若依我的意思,则教育史之研究亦应划分为宗教的、哲学的、科学的、艺术的四个时期。姜先生则认为"历史之研究可以划分为宗教的、哲学的、科学的、艺术的四个时期,除掉艺术的一个时期不应该插进外,其余三个时期,我是非常赞同的";何以艺术时期不应插进?姜先生并无详细的说明,而以"关于这一点,我另有意见,现在姑且不谈"一段自注,以不了了之。其实教育上之艺术时期,才是真正重要的现代教育时期。固然从一方面来说,现代教育仍是站在第三时期,然而第三时期乃所以实现第四时期之一个历程,不是到了科学教育时期,教育思想便不会进化咧!然则所谓第四时期的教育研究,应该是什么呢?老实的答案就是所谓"文化教育学"了。我们试观察一下德国的教育思想,即具有这种倾向。原来德国教育思潮也和哲学一样,哲学一方面有发源于康德之正统理想主义的哲学思想,而至于最鲜明的新康德派之知识主义、理论主义;另一方面则有 Dilthey 哲学对抗康德哲学而主张生命主义,Dilthey 学说,后为其信徒们所本,根据它来提倡教育,这就是所谓文化教育。不过文化教育这个词,也不是由他们自己标榜出来,却由于 1923 年在 Willy Moog 所著《现代教育学之根本问题》中提出(参见越川弥荣著《文化教育概论》),而集此派教育思想之大成者,自不能不推一个文化哲学家而兼文化教育家之 Fduard Spranger 了。Spranger 继承 Dilthey 的系统,在柏林大学盛倡其文化教育学说。他所著书除《生活形式》即为文化哲学概论以外，其他关于教育上之著书，重要的如：①《学校与教职》；②《女子高等学校论》；③《禀赋与修学》；④《现代德国之人道的政治教育理想》；⑤《教员养成论》；⑥《精神科学之状态与学校》；⑦《人文主义与青年心理》；⑧《生活形式》；⑨《文化与教育》；⑩《青年期之心理》。

次之就是他的绍述者 Elich Stern 了。他很受 Spranger 的影响，著有关于文化教育的两本书：①《教育与序论》；②《青年教育学》。

还有 Theodor Litt 及 Kerschensteiner 所著关于文化教育学说的书和不少直接或间接和文化教育有关的许多文献，这不是很能看出文化教育学在现代已经很占一个重要的位置吗？固然他们的文化教育学说尚有可批评的地方，然亦可见教育之第四时期，已倾向于文化教育学之一方面，而在德国提倡文化教育学的人同时就是提倡文化的人，这又可见就在研究教育的人们，只要向前一步研究，也应该注意到文化哲学的人。

总而言之，统而言之，现代的学术界无论说到哲学、历史学、社会学、教育学，都已一致倾向于"文化主义"。在哲学方面，表现为文化哲学；在历史学方面，表现为文化史；在社会学方面，则表现为文化社会学；即在教育学方面，亦表现为文化教育。就中尤以文化哲学更为研究一切文化学中一个最"综合"的因子。因为哲学能够根本地回答何谓文化这个问题，所以文化哲学不但有它独特的在哲学中最高的地位，而且更为其他历史学、社会学、教育学所凭依，而为研究文化历史学、文化社会学、文化教育学者所必经的路径。

最后我更应该宣布我讲文化哲学的最大旨趣，如我在说明书中所写的是要：说明文化的本质及其类型，对于宗教、哲学、科学、艺术等各种知识生活，均加以根本研究，又分析文化之地理上分布，以明中外文化关系及本国文化之新倾向，并谋建设未来之世界文化。

最切要的紧迫的企图，却在于提倡南方文化运动，所以本书附录，有关于《南方文化运动》论文一束，说来话长，让读者们细细地独立观察和批评吧！

民国二十二年（1933）九月，于国立中山大学史学系主任室

## 什么是文化①

文化哲学（Kultur-Philosophie）这一个课目，在国内大学尚未设立，厦门大学虽定有此一科，却是从来无人担任，所以本次讲演，可算得破题儿第一遭了。

自李大钊在《言治》发表《东西文明根本上之异点》和陈独秀在《新青年》第一卷发表《东西民族根本思想之差异》以后，国人似渐已注意东西文化问题。《学艺》第三号有屠孝实记金子马治讲演《东西文明之比较》，《东方》第十四卷载伧父《战后东西文明之调和》，第十五卷译载日本杂志《中西文明之评判》一文，《新潮》第三卷有冯友兰《东西文明之比较观》，是和印度泰戈尔谈话记下来的。然而影响最大的，当然要算民国十年（1921）秋间梁漱溟先生《东西文化及其哲学》一书了。这本讲演录于民国十八年（1929）已经刊行八版，虽然无意于建立什么"文化哲学"，如他自序所说似的："我自始不晓得什么叫哲学而要去讲它。"可是我们应该老实承认他所讲的，正是为我们"文化哲学"开出一条先路。《东西文化及其哲学》出版以后，无论赞成的或反对的，几乎都因此而唤起讨论文化问题的热心，不过在梁先生当时，讨论东西文化的人虽多，对于文化这个东西，有根本了解的却是很少。直到民国十五年（1926）七月胡适之先生在《现代评论》（第四卷第三十八期）发表《我们对于西洋近代文明的态度》一文，在那里他始提出几个根本观念，来做讨论的标准。如：

第一，文明（civilization）是一个民族应付它的环境的总成绩；第二，文化（culture）是一种文明所形成的生活的方式。

在这里他要区别"文明"与"文化"，是很值得注意的。不过胡先生

---

① 本篇原为《文化哲学》绪论，商务印书馆（上海）1935年版，1990年（北京）重印；收录于《朱谦之文集》第六卷，福建教育出版社2002年版。

这种呆板勉强的分别,未免含糊不清;所谓"文化是一种文明所形成的生活的方式",和梁先生所说"文化是生活的样法"几乎意思一样。所以胡先生那篇论文发表以后,便有张崧年君一篇《文明与文化》,载《东方杂志》第二十三卷第二十四号驳他。以为:

> 大概照适之先生,或漱溟先生的意思,一个人处人行己接物总有一种态度,一民族处人行己接物,也有一个集合的态度,这种集合的总态度,便是文化。

并且如谓文化的生活方式,是一种文明所形成的,那么当然文明在先,文化在后,这不是很费解吗?同期《东方杂志》又有张东荪论《西方文明与中国》,也是对胡先生说法提出的一种补救和修正。许仕廉则在《真理与生命》(第二卷第十六号)发表《论东西文明问题并达胡张诸群》,后又集刊于《文明与政治》(北京书局1929年版)一书中。他的文化解释是很受美国著名人类学家克鲁伯(A. L. Kroebde)影响的。他将宇宙间万事万物,分四界现象,每界现象性质不同,因而科学也应分四类,如表1所示。

表1 科学的分类①

| | 典型现象 | 内容 |
|---|---|---|
| 最上级 | 文化现象 | 社会科学—人文科学(文化现象)—时间—宇宙 |
| 上级 | 心理现象 | 心理科学 |
| 中级 | 初级有机现象 | 生理科学 自然科学(自然现象)—空间—宇宙 |
| 下级 | 无机现象 | 物理科学 |

因为依 kroebde 的分类,文化是宇宙进化最后最高的现象,所以文化有三个特点。

(1) 文化是有机体所发出的东西。
(2) 心灵是文化的基础。

---

① 表1及"三个特点"的相关内容均引自克鲁伯《文化与政治》。

（3）文化是自然界以外所另创造的东西，是人为的，自动的。①

这种讲法可算文化社会学者的一种文化观了。和他同调的尚有孙本文君，对文化社会学的理论，发挥得最为透彻。他著作很多，有《社会学上之文化论》《文化与社会》《社会的文化基础》等书，他认为文化就是社会的基础，然则文化是什么呢？他说：

> 文化实在是一种复杂体，包括一切有形的实物，如衣服宫室等，与无形的事项的知识、信仰、艺术、法律、风俗以及其余从社会上所学得的种种做事的能力与习惯。（《社会的文化基础》）

所以有人说"文化就是一个社会所表现一切生活活动的总名"；这种文化学派的社会学，虽然对文化没有深彻的了解，却是屈指一算，从讨论东西文化而至于文化之社会学的研究，不消说已经进步多了。但可注意的，就是较近讨论文化运动和文化问题的，似又别开生面，他们因受了俄国前人民教育委员会主席 Lunacharsky 的影响，竭力为"无产阶级的文化"张目。他们有的从消极方面从事"文化派社会学批评"（《二十世纪》第二期），认为孙博士的"文化社会学是浸渍于和平思想、改良主义、调和观点的意象形态之中的"。有的便主张根本推翻资产阶级学者的文化解释，如陈高佣君（参见《世界与中国》第二卷第六号《文化革命与革命文化》）便给文化重下一个新定义：

> 文化是人类在一定的经济基础之上，从事生产劳动的各方面的表现。

不错！文化现在又成为很时髦很新鲜的名词了！一方面我们在地下发掘甲骨文来，在敦煌石室中发掘了古书可以叫作文化；另一方面如陈高佣所说似的"人类在生活场中各种努力的表现都是文化。一部解剖资本主义社会的《资本论》是文化，在群众游行时，一个工人所喊的'打倒帝国主义'口号，亦是文化"。文化！文化！究竟什么是文化？如果对此没有正确地估定它的意义，文化哲学从何讲起？依我们的解释，则：

---

① 表1及"三个特点"的相关内容均引自克鲁伯《文化与政治》。

第一，文化就是人类生活的表现。在这里很明显地指出"文化"和"人"的关系，可以说生物界中只有人类才能支配环境、创造文化的。Ward 说得好："动物是受环境支配的，人是支配环境的。"这种支配环境的生活表现，就是文化。所以文化社会学者告诉我们：

  文化指自然能力外之创造能力而言。我们人类虽没有翼，然可以制飞艇以驾空；虽没有利爪牙，我们的武器可以制九牛二虎而有余。我们的腿虽不如马跑得快，我们的汽车却比马要快几倍。凡米麦肉类我们不喜生食，有烹饪之法，以调和五味。又有衣服房屋，火炉风扇，可以寒暑制宜，风雨无惧。我们又有言语文字，书籍报纸以传达意志，记述事实。有社会国家，人情礼教，以巩固人群而保护人道，凡此种种不是天生的能力，是人造的文化。(《文化与政治》)

尤其重要的，就是言语。Ellwood 在《文化进化论》中特别提出人类言语器官的重要。我们所看见的文化，无论是创造工具、创造仪式、创造制度或创造一个宇宙观，都要靠言语来交互传达，但这在动物却没有这种文化的基础，所以说：

  所有人类的团体都拥有文化，然而没有动物团体拥有文化的。在动物世界中，任凭哪一个如果能得到特别的技巧或很好的方法，以应付它的环境；但是在任何可贵的范围内，它却没有能力将这些获得的东西，传给它的同伴，这是因为它缺少言语之故。所以这些技巧或方法之于动物，不过是个被感动的行为。然而人类的世界中，心理的交互作用，或交通，则发展到了言语这一步，因此个人便有力量去传达他的概念，给他自己团体中的人员。于是整个团体的行为都被影响了，其结果遂至人类的共同行为，主要的都依赖于言语文字。这种用语言的机关而形成各种概念，和传达概念到别些人去的能力，就是文化进化的基础；而文化的要义则是发明或成绩。(《文化进化论》)

因为文化实在是人类的特殊产物，所以只有人类才有文化；然而文化是活动的不是死的，所以不但如一般学者所说人类应付它环境的"总成绩"，而且有永远创造、永远进化的文化史。我甚至可以说，人类生活自始即是文化的生活，人类生活的表现自始即是文化史的表现；简单来说，只要叫作人类，不论文明民族抑为野蛮民族，都自然而然有它本身的文化，不过文化的程度不能相同罢了。好比 Morgan《古代社会》又名《从野蛮状态经过未开化状态，以至于文明之域的人类进步趋向的研究》，书中述及亚美利加印第安人的制度技术发明。印第安人诚然野蛮民族，却也有其初民的文化，在他们血族团体中，竟发现了解决希腊、罗马及德意志历史向来所不可解的最重要的谜。可见人类历史，实际即是叙述人类文化生活之纪录；所谓历史哲学，实际即是叙述人类文化发展的阶段。我们不但承认在经济支配一切之现代的文化，我们甚至要如 Morgan、Tayler 及其他文化人类学者一样，要研究初民生活，以发现初民的文化。

第二，文化就是人类生活各方面的表现。许多学者要分别"文化"与"文明"，有的认为文化是精神的，文明是物质的，有的倒转过去，认为文化是物质的，文明是精神的。如上面所引胡先生的说法，即无形中假定有文明（civilization）与文化（culture）对立；但是详细考察起来，英法人谈文化问题的，大多数仍常常把两字混用。张崧年君在《文明与文化》一文，曾举出好多例子，以见用此用彼本无什么分别，他的断案竟谓："文明与文化在中国文字语言中，只可看成差不多与'算学'与'数学'一样，只是一物事之两名，或一学名一俗名，不必强为之区异。或则顶多说文化是活动，文明是结果，也不过一事之两看法。"我对此说本没有异议，却是从科学的见地来明确规定起来，则文化与文明，在语言原义上实在是很有分别的。

（1）德语 Kultur（文化）是对 civilization（文明）而言，两者是很有区别的。英美及法意拉丁民族通常只用 Civilization 一语，与德语 Kultur 同源之 culture 则不大常用，既然两者区别不明，当然可以混用。

（2）德语 Kultur 与英语 culture 同由拉丁语 cultura 转化出来。据 cultura 原语考察，本兼有神明拜祭、土地耕作、动植物培养以及精神修养诸义。在中世纪已大体与今日所谓包含物质的文化与精神的文化概念相当，不过当时精神的文化概念，实指宗教的文化而言。但在德则其意义发达，而为今日之文化概念，在英法 culture 则仅取义于耕作培养以及精神修养，至如广义的文化概念，通常仍以 civilization 一语替代之。

（3）德语 Kultur 之语原及意义，均带有宗教色彩，反之 civilization 的语原、原义，则本与政治法律的生活相关。拉丁语 civis 系指市民之事，由此转化为 civilis（形容词）或 civilization（名词），均不过指市民的地位、市民的权力，以及具有市民的品格、教养诸义而言。所以 Kultur 可以有极深邃之精神的意义，而 civilization 则不可不与社会的政治的意义有密切的关系。（参见米田庄太郎著《现代文化人之心理》，汉译《现代文化概论》）

因为德国人重视 Kultur，英美重视 civilization，结果便将"文化"与"文明"打成两截，如世界大战时，一方面认为"Kultur 乃日耳曼民族利用近代科学以达其民族的利己心之一种科学的野蛮主义，与英美法意诸国所谓 civilization 即人道的精神所演成者绝对不同；所以世界大战不外就是 civilization 对于 Kultur 侵略的一种防御战而已"。（同上）反一面德国人则认为人类进步的重心，应求之于精神方面，即 Kultur 方面，所以如 Spengler 便极力掊击文明，认为"一切文化的本质，都是宗教的，因为文明的本质是伪宗教的"。文化是人类内面之灵的精神的修养及其事业，是统一一切宗教的艺术的最完善之人类生活的状态；反之，文明则关于外面的教育与秩序，统指现代的工业与机械等。换言之，即前者为灵之活泼的肉体，后者乃其木乃伊；前者为精神的广义的，后者为物质的限定的；并且文明为文化之最后时期，即文化所不可免之命运的危机，文化一发展到老年时代，便入于文明的境地而没落了。虽然 Spengler 的说法，许多不能使我们满意，却是"文化"与"文明"的确有些区别，也是事实。这就是说，德人所倡导之 Kultur 概念实为精神的文化概念（即宗教、哲学、科学、艺术等知识生活），英美所倡导之 Civilization 则实为社会的文化概念（如政治、法律、经济、教育等社会生活），含混起来固然可如一般学者把两者区别置之不论，若精细考察起来，则此实际代表人类生活之两方面的表现。即一方面表现为人类之知识生活的文化，另一方面表现为人类之社会生活的文化；而所谓文化云者，本包括此两大部分，所以有人主张在两个之上更造一个新字，叫作 Gesittung，而把"文化""文明"并属其中，这也是对的。不过照用语习惯，仍可以"文化"并包知识的与社会的两方面，而以专指社会组织发达的"文明"附入其中；这就是说，文化不是人类生活一方面的表现，乃为人类生活各方面的表现。我们不但要将宗教、哲学、科学、艺术属于文化领域以内，就是政治生活、法律生活、经济生活以及教育生活都应该属于文化领域以内去研究的。

这么一来，所谓文化这个词的意义，便容易明白了。人类生活的一切表现，下至创作一个泥馒头，上至创作一个宇宙观、一本律典，甚至我今天在中山大学讲"文化哲学"，只要是人类生活的表现，便都可以叫作文化，但同在文化之中，因为研究的对象不同，自然而然可以分文化学为两大部门，一个研究 Kultur 即知识的文化生活者，为"文化哲学"；一个研究 Civilization 即社会的文化生活者，为"文化社会学"。文化社会学尤自美国 W. F. Ogburn 1922 年著《社会变迁》以来，在中国便有很大的影响，虽然这一派许多观点应受批评，甚至于还未抓着文化社会学之根本核心，却是已经有人提倡，前途是无可限量的。"文化哲学"则这回才算第一次出来讲述，故不免要有许多疑问，因为避免误会起见，应从我自己思想的立足点上，分别出什么是文化社会学和什么是文化哲学。

我们知道从前社会学之祖 Comte，曾从两方面观察人类生活的进化。第一为人类知识的进化，即：①神学阶段；②形而上学阶段；③实证的或科学的阶段。第二为人类物质的进化，即：①军事阶段；②法律阶段；③产业阶段。这两种三级律的根本概念，实在是一而二、二而一的，如知识生活上之神学阶段，即物质生活上之军事阶段；又知识生活上之科学阶段，即物质生活上之产业阶段或经济阶段。由前言之，所谓神学（宗教）、形而上学（哲学）、实证学（科学），是属于文化哲学的范围；由后言之，所谓军事（政治）、法律、产业（经济）则应属于文化社会学的范围。不过在 Comte 当时，实未注意及此，他是将所有这些文化的范畴，统统包括于社会动学即历史哲学之下，当然建立不出文化社会学，更不要说什么文化哲学了。却是从 Comte 以至现代，社会学本身大大进步的结果，已经有一致倾向于第四期文化社会学的趋势。这就是说，社会学史的发展，是从三个方面来证明。

第一，生物学的社会学（Comte 的社会学上的达尔文说、Spencer 的社会有机体说、Lilienfeld、Schaeffle、Fouillée、Worms）。

第二，心理学的社会学（Tonnies、Ward、Tarde、Small、Giddings、Ross、Baldwin、Cooley、Le Bon、Wundt、Ellwood、Mac Dougall、Hobhouse、Wallas、W. I. Thomas）。

第三，特殊科学的社会学，或经济学的统计学的社会学（Simmel、Vierkandt、Weise、Durkheim、Bougle、数理及统计学派如 Jevons、Cournot、Walras、Parato、Quetelet、Le Play、Mayo-Smith、Park、Burgess、马克思主

义社会学如 Marx、Engels、Plechanow、Bucharin，及其他）。

以至于最近发生的所谓文化社会学。文化社会学在美国以 Ogburn、Case、Herskovits 与 Wielley 等为代表；在德国则以 Max Weber 及 Troetlsch 的宗教社会学、Spengler 之世界史的形态学，及 Max Scheler 的知识社会学为代表。不过据实来讲，如 Spengler 所著《西欧的没落》，Max Scheler 所著《哲学的人间学》，谓为文化社会学，均不如老老实实叫它作"文化哲学"。而如美国 Ogburn 及我国社会学界中孙本文等，才真正是文化社会学的代表，何则？Spengler 等所研究的文化，仍为 Kultur 即知识生活的文化，而 Ogburn 等所研究的文化，才真是 civilization，即社会生活的文化之研究也。所以同属于所谓文化学之中，亦可见德国的研究与英美不同（法国对文化哲学却是很有贡献），我们如果要从根本上将文化为哲学的研究，则不能不舍却国家市民的文化概念，即所谓文化社会学，而专探讨文化概念之精神的意义，这就是我们现在需要从事文化哲学了。

依 Windelband 1910 年发表《文化哲学与先验的观念论》所说，则文化哲学实应从康德（Kant）起始。米田庄太郎在《现代文化概论》也说："在今日所谓文化哲学之创立者，如 Kant 实以极深邃的意义而有伦理的文化概念之倡导；Fichte 乃更扩而大之；至 Schelling 始提倡艺术的文化概念，后复论及宗教的文化概念；Hegel 更有精微之论理的文化概念之建设焉。"这么一来，似乎文化哲学应该属于德国观念论的哲学了，固然如新康德派 Iask 所说，Kant 实将文化与历史一样看待，文化是与自然对立，即历史与自然对立，所谓自然是必然的，不应加以当为的人为的意思，如 Herder 即以这样自然作用来支配人类历史，Kant 反对他，主张当为的人为过程，才成为真正历史；这点对文化过程的认识，就是 Kant 所以和启蒙时代相对立的特征，也就是他所认为哲学之祖的原因。却是因此便主张文化哲学即如新康德派所谓"价值哲学"，我无论如何，实有些不敢赞同。依我的意思，文化就是生活，所谓文化哲学的元祖，谓为德国的 Kant，不如说是法国的 Rousseau；与其根据于 Windelband、Rickert 等所谓"价值哲学"，则不如根据于 Simmel、Dilthey 等所谓"生活哲学"；与其倾向于新康德派西南学派，不如倾向于 Bergson、Croce、Spengler 等生命主义派。可是从过去重要的"文化哲学"的论文来看，即如前面所举 Windelband 的《文化哲学与先验的观念论》，很明白地都是倾向于以价值哲学为文化哲学的。（参见米田庄太郎著，松原宽译《哲学之根本问题》下卷，文德尔班著《历史哲学》）他说文化哲学是有如下说法。

其一，以文化哲学为文化之创造，盖欲确立一个普遍妥当的规范，以建立将来之文化理想。他们以为哲学任务不在于探求或理解价值，乃在于创造价值，哲学如此，文化哲学当然不出此例。

其二，以文化哲学为文化之根本的理解，对文化之科学的研究如心理学的分析、社会学的比较，及历史的展开之发生的研究等；然而这些科学只以经验的实在为限，是不能发现文化之根本的构造的。所以文化哲学要更进一步，不限于经验学的认识，而要充分理解文化之超经验的意义。

因为在这两种说法中，Windelband 是倾向以文化哲学为文化之根本的理解，所以主张文化哲学是应建立于"先验的观念论"之上，而究明文化之超经验的意义。但所谓文化之超经验的意义，实际即是所谓超越的妥当者主义之哲学，即价值哲学。米田庄太郎是和 Windelband 抱同一论调的，他告诉我们：

> 由认识上之严密批判以观，吾人所得以认识之超越的云云，非绝对的实在而绝对的妥当也，而此非实在而妥当云者，实即价值之谓。由此可知以识论所谓超越的云云，又实为绝对的价值也。故哲学云者，实为价值之学，至文化哲学必以此超越的妥当者主义之哲学为基础，而后学的可能，乃能确立；其任务乃能完全贯彻。此在今日哲学之发达上，所谓价值哲学实最能发挥文化之超经验的意义，而遂行其任务也。（《现代文化概论》）

> 文化哲学实即价值哲学；申言之，以申明文化之超经验的意义，及其普遍妥当的价值之哲学也。而此所谓价值，又即实现于一切文化范域之价值；如真的价值、美的价值、善的价值、灵的价值，均由其相当之文化范域所实现者。而此诸种价值之论究，又自各有价值哲学的学科，如论理学、伦理哲学、美学、宗教哲学，同时存在。（同上）

因此所谓文化哲学的内容，依米田庄太郎所说，所研究的根本问题有三：其一，为各种价值之个别的研究，所谓价值各论；其二，为价值体系之创立，所谓价值体系论；其三，为人类之历史的意义之究明，所谓历史哲学。

固然新康德派在"文化哲学"这一门学问上有很大的贡献，但当他们以文化哲学为价值哲学，却是根本错误。依我们的意思，文化就是生活，文化哲学应该完全依据于"生活经验"之上，即文化史上的经验之上。如新康德派将"生活经验"抛在一边，而求所谓超经验的绝对价值，结果只有形式而无内容，只有价值而无实在；哲学即成为价值之学，或"当为"（Sollen）之学，而非实在之学、事实（Wasist）之学；那么文化哲学便变成预想许多珍奇事物的评价，如杜显舒所说："最多只有道德的价值而已。"哪里有文化全体之生活经验可言？因为从前所谓文化哲学，不是立脚于生活经验之上，所以文化哲学的基础，尚未能十分稳固。反之我们以为文化之根本理解，就是"生活经验"的理解；生活经验在本质上就是历史的，所以离开文化史，文化哲学便什么也没有了。不但如此，即在文化价值的问题上说，新康德派只注意于超越的价值之决定，而不注意最能直接接触此价值附着之"生活经验"，所以名为理解价值，实际却忘却了文化哲学之最大目的，乃在文化之创造，即价值之创造。先有文化之创造，而后人类才能和一般生物分离，造成如今特殊之地位。文化之泉源不是价值，是生活的经验之流，生活经验受了环境抑压而生的突进跳跃，乃是一切文化的根柢，所以一说文化，即联想及创造和发明，创造成功了，发明成功了，然才有一般似是而非的哲学家，来估定价值的问题。所以文化是本，价值判断是末；文化是原因，价值判断其结果。我们如果希望建立一个有生命的文化哲学，我们便需不顾一切价值的判断，用我们劳动来建立一种新的文化哲学。我们知道，在资本主义社会是用金钱估定商品的价值的，同样他们也以为一切学术思想文学艺术都可以价值估定，于是文化成了抽象的灵物，以至于和生活经验分离。反之我们新的文化哲学，则认为构成文化本质的东西，不仅是那已经可估定价值的人类生活所留下的总成绩，而是根源于人类生活深处那永远创造永远进化的"生命之流"。

# 哲学的文化概念①

一

在未详论哲学的文化概念以前，应该对哲学先有一个明确的看法，我很不愿意那一帮哲学教授们，劈头便讲什么本体论呀、认识论呀，把那些艰深的问题，当作哲学的法宝来玩，弄得人们竟把哲学看得"玄之又玄"，以为和人类的行为全无干涉，这实在大错。其实从古以来的哲学，都是社会公共行为思想的表现，从古以来的哲学家，都是社会公共行为思想的代言者，不过公共行为思想是有变动有进化的，所以在哲学方面，虽则在某一时代很适合的公共行为思想，到时代过去了，也就没有什么。哲学史上所昭示我们的，如西洋哲学的认识论，要讨究人类知识的来源、性质，有多大效用？这实在都是暗示人之理性的权威，对当时革新运动有很大影响。但在今日认识论便渐渐不成问题了。真如洛慈（Lotze）所讥为"磨刀不割"的了。又如印度哲学里有因中为有果，为无果？因果为一呢？为异？这些讨论，现在没有人过问的了，而在当时这问题没有解决，便不能生活下去。总而言之，人类的行为是应付困难解决问题的，而这应付困难解决问题的综合学问，就是哲学。所以每一时代的哲学思想，都足以代表那时代社会的普遍的生机活动，这可以说，没有一个例外。就是实验主义家所认为绝对不必要的形而上学，要研究什么宇宙本体问题，察其始也是社会的产物。我们知道，希腊最古的形而上思想，是民众对于自然之惊疑而起，Socrates 和那些哲学人讲学各地，无论什么人都听他们；至于近世的启明时期，朝野上下都把哲学看作家常便饭一样，更不消说了。还有 Hegel 的辩证法，不是出了名的很奥妙的吗？在俄国从前竟能影响到虚无党的运动，如巴枯宁（Bakunine）、赫尔岑（Herzen）几乎没有一个不受其影响，可见无论哪种哲学，从本质上看起来，都不能不说他是社会公共

---

① 本篇原为《文化哲学》第五章，商务印书馆（上海）1935年版，1990年（北京）重印；收录于《朱谦之文集》第六卷，福建教育出版社2002年版。

思想的表现了。德国的观念论哲学是代表德国民众的，中国的儒家是代表中国民众的，甚至于明末清初学者所指摘为空疏无用的王学学派，在当时都是民众哲学。据胡卢山所述，阳明弟子有酒徒、哑子（《明儒学案》卷二十二），再看心斋父子门下有樵夫、陶匠、田夫等，就更可见了。

因为哲学是即自的观念形态，所以从表面上看，似乎哲学与民众无干，甚至所谓哲学家，好像都是性情乖僻、思想疯狂的分子，实际上何尝如此。哲学家因为处处有"我"，初看似乎离叛社会之集体信仰，其实所离叛者只是集体之旧信仰，而其所提倡者却正是导源于集体之新信仰；所以哲学正是民众新信仰的宣传者。所以能影响民众于不知不觉之间，弥漫于社会思想之任何方面；只有他才能把民众潜伏于心时的思想组成"系统化"了。这么一说，可见许多误解哲学，所抱的"单纯抽象的哲学观"，根本上是一个错误。哲学无论在哪个时代，总是必要的，总是根深蒂固地为人类心理所要求。即如中国，数年前发生所谓"科学与人生观"的论战，似乎要取消哲学；然而取消哲学，亦只不过为一种要求"科学的哲学"之表示，即实证哲学的表示。在实证主义时代，哲学有自己否定之倾向，然而细心研究一下，则孔德虽否定形而上学，何尝不是自己建立实证的哲学体系？在科学与人生观之论战中，人生观论派不消说了，就是站在拥护科学那方面的胡适之，谁也知道他是个北大的哲学教授，是一个不折不扣的方法论哲学者。现在情形又不同了。马克思派只有陈独秀和经验批判派，因为不懂辩证法，才反对哲学；其他以 Plechanow、Lenin Deborin 学派自命的，对于哲学兴趣的浓厚，真可谓"得未曾有"。Lenin 曾责备 Lautsky 对哲学问题不关心，Deborin 在 Hegel 著作集第一卷里（参见川内唯彦译著《辩证法——黑格尔〈论理学批判〉》）竟大喊着最伟大的自然研究者，在现在不可不成立自然科学与哲学最密切的同盟，于是哲学又大出风头了。什么唯物辩证法呀！Hegel 研究会呀！马克思的哲学呀！唯物论史呀！Lenin 哲学著作集呀！已风靡一时之新兴哲学，可见哲学又到了一个新阶段；而那些从来喊着打倒哲学口号的人们，竟也公然不惜宣言"科学也是自然哲学"了。说也奇怪，在时代正看重哲学的时候，我刚刚来讲哲学的文化概念，不过应该申明几句，就是我是站在"文化哲学"的体系上来讲哲学，当然和时髦的哲学观不同，我是彻首彻尾抱定应用文化分期的历史法，来讲明哲学之所以成为哲学的，所以在此应先将哲学观念的变迁线索，拿来研究一番。

## 二

　　本来我主张研究哲学，应该注意"哲学之历史研究法"，固然概论哲学与哲学史性质不同，哲学史告诉我们了解时代精神与思想方法之渐次发展的路径，是完全看重历史方法。概论哲学似乎应偏重哲学之组织的研究，即对无数之哲学问题，加以全盘的统一的说明，那么研究哲学似乎不要应用历史方法了。然而从前竟有一个时期，即当 Hegel 及 Hartmann 时，竟谓"哲学史即是哲学"；这话似难索解，实际则研究哲学也只是应用历史的进化方法来研究哲学问题，而给它以全体的综合的解释所以研究哲学，舍却历史的研究法之外，别无他法。假使我们不研究哲学之历史的过程，便欲正当了解哲学上的问题，也是很不容易的。所以我现在在说哲学的文化概念之前，不得不将哲学这个观念，应用历史进化的方法，将它的变迁线索研究一下。依我的意思，则哲学观念的变迁，可依照文化分期的原理，把它分作几个时期。

　　第一，宗教的哲学观念时期——欧语 Philosophy，我们译为哲学，这在古代希腊是用作"爱智"的意思，这句话到 Socrates 才真正采用。可是实际研究哲学思想的起源，则 Philosophy 这门学问，实在比它的名称更早发达；而哲学中所包含的思想，则比哲学更早就已经存在了。原来所谓哲学，最初就是究明存于世界（存在的全体）根柢的根本原理，Schopenhauer 很妙地告诉我们，依他所说，就"人类以外东西，没有一个对于自己存在感着什么不可思议的，他们都以自己存在为当然的事，但是人类因为意识理性发达，遂不能不顾虑到这个存在的大问题，尤其在存在之旁有所谓'死灭'者在。无论如何辛苦的事业，到头三寸息绝，便一切归于水泡，我们为什么生在这样不安的多苦多难的世间来呢？这是真正动人注意的大问题，即由此心情，由此疑念，才唤起人类特有哲学的需要（或形而上学的需要 need of metaphysics）。因此古代 Aristotle 在其著作《形而上学书》开卷即说：'不问古今人都因惊骇而开始了哲学学问的'；Plato 也说惊骇为哲学的特有性质，而最使人类发生惊骇的一点，不能不归到生死问题了。所以古今的哲学家或宗教家，没有一个不提倡灵魂不灭，即说死后犹可继续生活的教义；……所以哲学在这里成为任何人也感着必要的东西，任何人也应该加以思考的东西。……真正的哲学是从古以来，已经和人们的心性相结合着的"。由上一大段的哲学起源说，依他说法，则哲学实起于惊骇，由惊骇唤起疑念，由疑念促动解释，所以 Plato、

Aristotle 都认哲学是从惊骇而起,而世界最明白地又最不易了解的事,就是我们存在的,和死灭的一桩事,实即为哲学需要的根本原因。所以哲学思想在还没有"哲学"名称和"哲学"学问以前,已经成为"宗教的哲学观念"显现出来,这是毫不足怪的。

但是只有惊骇还不足以说明哲学思想的由来,哲学思想是因真正惊骇而进一步究明事物的真相,从个别的事实中,探出一般的性质。人们纵不是哲学家,总尝试着从个别事实进为一般的说法,这种概括作用,在智力低的人甚至仅就一二事实来下断语,吃了饱饭,便概括说"世界是快乐的";有一点不舒服,又呻吟着"世界太苦痛"了。这种从个别事实来下一般的结论,可以说是人类天性如此,这种天性和惊骇结合,就是最初引导人们走向哲学思索的路上去的。所以有人称"人"为形而上学的动物,这话很符合事实,实在说,最初哲学便是种种"宗教的哲学",即为惊骇之念所迫而求一般道理的哲学。即在知识稍进的民族之中,"尚有神话和俚谚"以安慰人心,其神话将宇宙现象,拟作神神活动的大舞台;俚语则将人类社会之是非善恶神圣化了。这些"民众的哲学"才是第一期真正的哲学。所以叔本华说,"宗教"就是民众形而上学,"俚谚"就是民众智慧。要知道这民众的哲学,就其最深奥最沉痛又最有趣处来看,就都是和生死问题有关系的。我们试抛开那些哲学家的哲学书,来看一下古代的民众哲学吧!如所罗门传道书说:"虚空的虚空,虚空的虚空,人一切的劳碌,就是日光之下的劳碌,我都以为烦恼,都是虚空,都是扑风。"假使没有烦闷,哲学之幕便也不会掀开了。再就印度哲学,试举最浅的《维摩诘经》说:

> 诸仁者,是身无常,无强无力无坚,速朽之法,不可信也。为苦为恼,众病所集。诸仁者,如此身,明智者所不怙,是身如聚沫,不可撮摩;是身如泡,不得久立;是身如焰,从渴爱生;是身如芭蕉,中无有坚;是身如幻,从颠倒起;是身如梦,为虚妄见,是身如影,从业缘现;是身如响,属诸因缘;是身如浮云,须臾变灭,是身如电,念念不住;是身无主为如地;是身无我为如火,是身无寿为如风,是身无人为如水;是身不实,四大为家;是身为空,离我我所;是身无知,如草木瓦砾;是身无作,风力所转;是身不净,秽恶充满;是身为虚伪,虽假以澡浴衣食必归摩灭;是身为灾,百一病恼;

是身如丘井，为老所逼；是身无定，为要当死；是身如毒蛇，如怨贼，如空聚阴界诸入所共合成。诸仁者，此可患厌，当乐佛身。(《维摩诘经》卷一)

因有这种大疑惑，才会发生许多以解脱为目的的印度哲学。许多形而上学问题，表面上什么有元论、无元论、一元论、二元论，似乎都和人生实际不相干的问题，实际很多都是以生死之谜为起点，有的则以存在的惊疑为起点。因有疑惑才发生对于实在的认识；因不承认日常见闻经验的世界，才进而探求事物之根本原因，而求根本解决；乃至因现实的无常，而结撰一恒常的本体以为归宿；因现实的复杂多端，而求出一个统一的本体，以为说明，这从最广义来说，都是宗教的哲学观念。从古代以至欧洲的中世纪，更纯粹的是宗教时代或神学时代，哲学在这时候只成为宗教的附属物和宗教信仰的解说。所以在第一时期，哲学和宗教的关系是很密切的，差不多哲学之形而上学观念和宗教之神学观念，简直有些分不开了。

第二，自我的哲学观念时期——从来讲"哲学概论"的，总是偏重堆积的看法。从纪元前3世纪初期——Aristotle死后不久，便风行所谓"哲学的三分法"——那三部分即是逻辑、物理学包括玄学、论理学，其为堆积的分法则不消说了。就是最近顶流行的"哲学的新三分法"，将哲学分为形而上学、认识论、论理学（近来加上价值论，即美学），实在也只是代表堆积的哲学观，而非进化的哲学观。若从进化的哲学观上看，则形而上学是代表哲学第一期的观念形态，认识论是代表哲学第二期的观念形态，而广义的论理学（在哲学概论是将政治、法律、经济和社会问题都放在伦理学题目下面去研究的）则代表哲学第三期的观念形态，若再加上美学（艺术哲学），也正好代表哲学第四期的观念形态。然而在所有哲学概论里面，竟看不出有一部应用了这种历史的分析的研究法。所以我说对于过去哲学概论有重新改造的必要。现在先就第二期哲学的观念来说。第二期是从宗教哲学（广义的形而上学）时期转到承认个人实体之根本原理"理性自我"的研究时期。这个时期是全部集中的"认识论"哲学的研究，人生哲学（人格或心性哲学，与广义论理哲学兼读政治者不同）的研究，而承认哲学即是"认识论的哲学"，或如Fichte所说："个人的哲学，就是他人格的表现。"完全把哲学安置在观念论的人生观的基础上，这就是第二期哲学的最大特色；同时也就是哲学之所以成为哲学的最大特色。

从前第一期哲学以为研究神的问题、宇宙问题，才是哲学，到此大家才回头想到自己，转而以研究其自身为起点，知道人是"理性"的一个人，便须努力提高人的"理性之光"，使其超越一切；所以这时期的哲学，是理性主义，才算哲学。哲学史是什么？哲学史也只是绝对理性的实现。因为看重理性，同时即看重自由思想的批评精神，所以这时期哲学，也可以说批评主义才是哲学。总之第一期的哲学，是"宗教的哲学"的哲学观；第二期的哲学，才是真正"哲学的哲学"之哲学观。第一时期的哲学形态，在论理上为"没自即自的"，所以是经典的、独断的、服从的；第二时期的哲学形态，在论理上为"即自的"，所以其哲学也是主观的、批评的、浪漫的、反抗的。用一句话来说尽，就是如 Hegel 所撰《作为哲学概论的精神论》（这是 Hegel 一封 9 张纸的信，现收入《哲学序说》）第二节所说：

  哲学概论为使精神成为科学，则不可不视察其所经过的种种性情及活动。从自己认识这些精神之各种性情及各种活动所成一种必然关系，这就大概构成了一种科学。

由这段话，可见如果今日要请 Hegel 来讲"哲学概论"，一定会把"哲学"讲成"精神哲学""自己认识精神之认识论哲学"；如果要请 Hegel 来讲哲学史，一定会把哲学史讲成"自我绝对精神的发展史"；这就可见哲学的第二期，是完全代表认识论哲学的观念，和从前民众形而上学即宗教的哲学之哲学观，是根本不同的。可是认识论哲学到了 Hegel 已经登峰造极，所以 Engels 宣言哲学到了 Hegel，便算到了顶点。

  第三，实证的或科学的唯物史观的哲学观念时期——我前面说过，哲学是跟时代的变动而变动的，只要时代有变迁，哲学的观念便也变迁；甚至对于哲学史上大思想家思想的解释，也会变迁。最显明的例子，如现在时流学者，他们常常对我们说："哲学是要不得的东西，科学可以拿出证据，而哲学根本就没有证据，那么只要科学好了，哲学还要它干么？"这在数年前"科玄大战"时候，似乎听得很多很多了。但要注意的是，这派既抱着一种思想，则它的思想，便是一种哲学。它不要那没有证据胡思乱想谈心说性的观念哲学，那么它一定是另有自己哲学的。这种哲学，就是所谓"实证哲学"，或所谓"综合哲学"（这是说不要那没有科学根据的哲学，而要那从各种科学综合起来的哲学），或是"实验主义哲学"（这是说要有实际效果的哲学，或如李季所批评为"唯利是视"的哲学），甚至于像马赫（Mach）等所提倡的"科学批判的哲学""经验批判的哲学"；这是一派，可以拿来代表英美一流之哲学观的。但在这里，仍没有得到近代哲学观念的全体意义——"科学"，而是将"哲学"看作"艺术"，即"艺术的哲学"之哲学观念。哲学只有变成艺术，才有生命，如辩证法唯物论的哲学，哪里有什么生命可言？不但如此，第三期的哲学，因为太偏于实证的科学的世界，即太偏重空间的世界，而空间天然是静多动少，堆积的时候多，进化的时候少。这就是说空间是只有物质的扩张性，而缺乏历史的绵延性，所以第三期的哲学，虽也看重历史，却只是"物质之扩张性的生产史"，换言之即是"量的历史"而不是完全以时间为基础的"质的历史"。须知只有时间才有历史性，只有时间才有生命性，只有时间才有艺术性，所以对于第三期空间本位的物质本位的科学本位的哲学观念，我们不能不认为是已经过去了；现在不讲"哲学"一词便罢，要讲哲学，即须将哲学讲成时间本位，生命本位的、艺术本位的哲学。而这生命的时间的艺术的哲学观念，因为是有时间便有历史，所以历史性也是第四期哲学的特色。生命主义的历史哲学、文化哲学，在这期的重要性，是不消说的了。

三

以上所论为哲学观念的变迁，大约把它分为四个时期，即"宗教的哲学时期""哲学的哲学时期""科学的哲学时期"与"艺术的哲学时期"，还没有说到哲学之所以成为"哲学的哲学"，是用了一些什么方法，乃至"哲学的哲学"之变而为"宗教的哲学""科学的哲学""艺术的哲学"，是为着用什么方法。简单说来，我认为哲学的方法，即"辩证法"，哲学时代到了完成"辩证法"之 Hegel，便算登峰造极，不过辩证法也有一段长的很复杂的历史，而辩证法之史的发展，实际即与哲学之史的发展并行，如前已指出的：

演绎的辩证法——宗教的哲学时期
辩证的辩证法——哲学的哲学时期
归纳的辩证法——科学的哲学时期
直觉的辩证法——艺术的哲学时期

现在试就"辩证法"——即哲学方法研究一下，依我的意思，则辩证法和演绎法之依于信仰而成立似的，辩证法则依于"反省"而成立。其特色在注意一切思想之变动，与对立物的统一。严格说来，只有观念论的辩证法，即辩证法的辩证法，才是辩证法之本来面目；而唯物论的辩证法，则为辩证法之第三时期，即归纳法的辩证法之一种形态。不过关于这层，且让后面来说，现在且先说一下辩证法之性质。当然辩证法应以黑格尔（Hegel）所说为正宗，依他所说，则"精神的本质为自己活动的成果；精神的活动，是直接性的超出，直接性的否定，及向着自己内部的复归"（《历史哲学概论》）。用论理的术语表之，即"即自的""对自的""即自且对自的"之辩证法的历程，即由二度之否定，而使精神复归于最初的意识。这种精神复归于最初意识之活动形式，就是辩证法之一般的性质，所以辩证法由 Hegel 看来，也是"除却精神自身以外，不能有什么别的东西"；辩证法只是精神自身所具的"活动的法则"而已。固然马克思派可以说这种辩证法只是观念论的辩证法，我们试再研究一下辩证法的历史，即知辩证方法之发展，同时就是哲学思想的发展。最初辩证法的起源，一方面由 Zeno 之"静学的辩证法"，发展为 Socrates 的"产婆术"，经 Plato、Aristotle 形成了 Thalheimer 之所谓"横的辩证法"。一方面则由 Heraclitus 之"动学的辩证法"，以辩证法证明了运动的实在，如谁也知道的，即说"万法流转""有与非有为同一的""一切存在又不存在"的大原理；这样依于矛盾及其发展所成的实在观，实为真正哲学方法的鼻祖。或如 Thalheimer 叫它作"纵的辩证法"。横的辩证法与纵的辩证法在文化史之第一时代即宗教时代，均不免支配于宗教方法之下，而为宗教之一护符。不过横的辩证法总不免带很浓厚的"演绎性"，所以无论后来进步到如何程度，总带着神秘的色彩；纵的辩证法则在其"神秘的外壳之中，却发现了合理的核心"。因为纵的辩证法即真正的哲学方法；哲学方法有时可以为宗教之一护符，有时也可以拿来做科学的方法来解释，虽则摆动于两者之中，而它的本身却是不折不扣之哲学方法的。原来就在辩证法历程中，我们很容易看出辩证法是有两方面，一面即"对立的辩证法"，一面即"综合的辩证法"。如立"我"为辩证法的起点，则"我"同时有"非我"与"我"对立，这就是"我"的否定了；又如以"有"为辩证法的起点，则"有"同时有"非有"与"有"对立，这又是"有"的否定了。所以辩证法自始即应承认宇宙间有对立的法则。复次这对立的法则，结果应要归于统一，无论哪个思想一定有两相反对的部分，这两个相反的部分，义虽反对，究其所极，是相反相成，同时俱在的；这么一来，一切矛盾便都是可以互相转换的了。

为什么辩证法是带有革命的性质而有所谓革命的辩证法呢？依据 Russell 在德国社会民主主义的解释：①辩证法一方面承认事物的现状，另一方面又承认结果归于消灭；②辩证法以为历史上进化的社会形式变动不居，故不特计及其过渡的性质，且计及其暂时的存在；③辩证法不愿有任何事物加诸其身，就它的本质说，就是批评的而且革命的。这不是看出辩证法正是"破坏工具吗"？所以黑格尔论理学将论理分三方面：①抽象的，或悟性的方面；②辩证法的或消极理性的方面；③思维的或积极理性的方面。这不是更证明了在论理学的全体系之中，辩证法只限于代表消极理性的方面吗？我在民国十年（1921）所著《革命哲学》中曾看出辩证法对革命方法论的贡献有三点：①辩证法是能够引起反动的思想；②辩证法被我根本推翻；③辩证法是能够造成革命的信条。这些虽为早年思想，直到现在，仍可证明了下面之一个事实：辩证法就是"革命的方法"。总而言之，辩证法它的本身和哲学一样，有时站在宗教的方法一边，有时又站在科学的方法一边，即如所称"登峰造极"的哲学家 Hegel，"他最大的功绩，在提出辩证法为思想的最高形式"；而他的辩证法即同时具有保守的与革命的之两种性质。就保守方面说，如最有名的命题：

凡是实在的都是合理的；凡是合理的，都是实在的。（《法律哲学》）

将一切现实存在的东西，视为神圣，可说是再保守也没有了，却是依他辩证法自身，也可以转化为反对的命题，即如 Engels 在《费尔巴哈论》中指出的：

一切存在的，都是值得死灭的。

所以《费尔巴哈论》很明显地告诉我们：

谁将重心放在 Hegel 的体系上，谁就会在这两个领域上——宗教与政治——成为保守主义者,谁以他的辩证的方法为主要点,谁就会在宗教上及政治上成为极端的反对者。

哲学是一种"即自的",即主观的学问,所以依照哲学家之主观倾向,可以接近宗教;同时也可以接近科学。而就哲学的方法即辩证法来说,也是有时接近宗教之保守的方面,有时接近科学之革命的方面,故马克思派要"从这神秘的外壳,去发现合理的核心";那么观念的辩证法,即辩证法的辩证法,亦可转化为唯物辩证法即科学的辩证法了。所以辩证法的历史,依我研究的结果,则中世纪以后辩证法的发展,是可以分为四大阶段的,如表1所示。

表1 中世纪以后辩证法的四大阶段

|  | 流派 | 代表人物及著作 |
| --- | --- | --- |
| 第一阶段 | 宗教的辩证法 | Justinus 著《大辩证书》《小辩证书》<br>Lactantius 著《神的法制》<br>Augustinus 著《上帝之城》极力辩证神的政治恒久不变 |
| 第二阶段 | 哲学的辩证法 | Rousseau<br>Kant, Fichte<br>Schelling, Hegel |
| 第三阶段 | 科学的辩证法 | Feuerbach, Marx, Engels<br>Plechanow, Lasslle, Dietzgen<br>Lenin Deborin |
| 第四阶段 | 艺术的辩证法 | Bergson<br>Croce<br>Nicolai Hartmann<br>Dilthey<br>Kroner |

其详情参见我在《黑格尔主义与孔德主义》一书中论《辩证法史》一节,现在可不详述了。但即使在这里,也可看出"宗教的辩证法"所形成之"宗教的哲学",严格来说,不是"哲学",只是"宗教";其所用的辩证法,亦只是宗教方法之附属品,而不是真正的辩证的辩证法,即真正

的哲学方法。真正的哲学方法，只是观念论的辩证法，即辩证法的辩证法；而真正的哲学，也只有德国传统派的哲学，即从 Kante、Fichte、Schelling 以至 Hegel 的哲学。至于第三阶段所谓"科学的辩证法"，即所谓"唯物论辩证法"，实际只是哲学方法与科学方法之综合。科学时代，原有特殊之科学方法即"归纳法"，唯物辩证法一方面采取归纳的方法做底子，另一方面又采取辩证法之革命的性质，而脱掉玄学的体系，所以唯物辩证法严格来说，也只是科学方法之一种，而非哲学方法的本身。到了第四阶段，Kroner 在辩证法中看出"幻想的直觉"；Nicolai Hartmann 看出辩证法之神秘性，艺术性；Croce 要将 Hegel 和 Bergson 的真觉法结合为一。其实说来，这第四阶段的辩证法，也不是哲学的辩证法，而为艺术的辩证法；其所形成之新哲学，也不是哲学的哲学，而为艺术的哲学。所以归根结底，只有观念的辩证法，才是真正的哲学方法，也只有观念论的哲学，才是真正的哲学，而真正的哲学方法，一句话说尽，也只是"辩证法"而已。

四

由上所述，宗教的辩证法即演绎的辩证法，形成了"宗教的哲学"；哲学的辩证法即辩证的辩证法，形成了"哲学的哲学"；科学的辩证法即归纳的辩证法，形成了"科学的哲学"；艺术的辩证法即直觉的辩证法，形成了"艺术的哲学"。同样的道理，在哲学之史的发展上，便依照以上顺序，也发展为四个时期，即是：

宗教的哲学时期——形而上学与宇宙哲学时期
哲学的哲学时期——认识论与自我哲学时期
科学的哲学时期——社会论与经验哲学时期
艺术的哲学时期——生命论与新理想哲学时期

试以西洋哲学的历史证之，尤以中世纪时代，即史家所称为"回复原始模型（社会的与文化的）之时期"起点，则西洋哲学实可分为四大阶段，如表 2 所示。

表2 西洋哲学四大阶段

| | 时期 | 代表性思想家 | |
|---|---|---|---|
| 第一阶段 | 宇宙哲学时期 | 新柏拉图主义（Neo-Platonism）<br>St. Augustine，Luther 的宗教改革<br>Bruno 的泛神论，剑桥大学的柏拉图派<br>Descartes，Spinoza，Leibnitz | |
| 第二阶段 | 自我哲学时期 | Locke，Berkeley，Hume（英）<br>Voltaire，Rousseau，Diderot（法）<br>Kant，Fichte，Schelling，Hegel（德） | |
| 第三阶段 | 社会的科学的哲学时期 | Schopenhauer 悲观论的哲学<br>Hartmann 无意识的哲学<br>Max Stirner 极端个人主义<br>Huxley 生物的厌世观<br>St. Simom，Comte<br>Fourier，Louis Blane，Proudhon<br>John Stuart Mill<br>Ostwald | Darwin<br>Spencer<br>Strauss<br>Feuerbach<br>Marx，Engels<br>Lassalle<br>Haeckel |
| 第四阶段 | 生命哲学时期 | Nietzsche<br>William James，F. C. S. Schiller，J. Dewey<br>Eucken<br>Bergson<br>Windelband，Rickert<br>Croce，Santayana | |

注：说明见拙著《历史哲学》第六章。

由上西洋哲学的发展史，中世纪至文艺复兴为"宇宙哲学时期"，即"宗教的哲学时期"；启明时期为"自我哲学时期"，即"哲学的哲学时期"；19世纪为"社会的科学的哲学时期"，即"科学的哲学时期"；现代为"生命哲学的时期"，即"艺术的哲学时期"。固然从全体的进化看，是以第四阶段之"艺术的哲学"为最大目标，而就哲学之所以成为哲学者来说，却只有第二阶段之自我哲学时期，才是真正之哲学时代。

次再就中国哲学之史的发展证之。中国文化，原来就是哲学的文化，和印度之代表宗教的文化，西洋之代表科学的文化，绝不相同。梁漱溟先生《东西文化及其哲学》一书，曾指出中国文化之特质，在无处不适用其玄学——形而上学，而中国之形而上学又是一套完全讲变化的——绝非静体的；这就是说，中国文化是代表哲学的文化，所用的方法也是完全为辩证的方法，和印度哲学方法之接近宗教方法，西洋哲学方法之接近科学方法尚稍微不同。话虽如此，中国虽自始即为哲学的文化，而在其哲学之发展史上看，则其第一阶段仍然和印度宗教的文化相通，其第三阶段则和西洋之科学的文化相通，归根也只有第二阶段，才可算得上是真正的"哲学的哲学"。现在试以表 3 表示之。

**表 3　中国哲学的发展阶段**

| | | 发展时代 | 重要思想家 | 重要著作 | 根本观念 | 集大成的人物 | 年代的标记 |
|---|---|---|---|---|---|---|---|
| 第一阶段 | 宇宙哲学时期 | 宋代 | 周濂溪<br>邵康节<br>张横渠<br>程明道<br>程伊川<br>朱晦庵 | 《太极图说》<br>《观物内外篇》<br>《正蒙》<br>《易传》<br>《易本义》<br>《太极图说解》<br>《通书解》<br>《西铭解》等 | 泛神的宇宙观 | 朱晦阉 | 1017 年<br>周濂溪生至<br>1353 年<br>郑师山殁 |
| 第二阶段 | 自我哲学时期 | 明代 | 陈白沙<br>王阳明<br>王龙溪<br>王心斋<br>王东崖<br>罗近溪<br>聂双江<br>罗念庵 | 《白沙子集》<br>《阳明集要》<br>《王龙溪集》<br>《王心斋集》<br>《盱坛真诠》<br>《聂双江集》<br>《罗念庵集》等 | 快乐的人生观 | 王阳明 | 1428 年<br>陈白沙生<br>至 1643 年<br>刘蕺山殁 |

续表3

| | 发展时代 | 重要思想家 | 重要著作 | 根本观念 | 集大成的人物 | 年代的标记 |
|---|---|---|---|---|---|---|
| 第三阶段 社会的政治的哲学时期 | 清代至今 | 黄梨洲 顾亭林 王船山 颜习斋 李刚主 今文学派 谭嗣同 孙中山 | 《明夷待访录》《日知录》《黄书》《噩梦》《存治》《瘳忘编》《平书订》《拟太平策》《刘礼部集》《龚定庵集》《默觚》《礼运注》《仁学》《中山丛书》等 | 民族民权民生的政治观 | 孙中山 | 1613年顾亭林生至1925年孙中山殁 |

最初中国之民族文化，即"哲学的文化"，也是按着时代的需要，和所用哲学方法之不同，而表现为历史进化的各阶段。如第一阶段为宇宙哲学时期，那时提倡古学复兴，和欧洲文艺复兴的情形是很相似的。他们的代表如周濂溪（敦颐）、邵康节（雍）、张横渠（载）、程明道（颢）、程伊川（颐）、朱晦庵（熹）等，到处聚徒讲学，要把生机剥尽、死气沉沉的学术界，从新宇宙里复活过来。他们的学说有一个共通点，就是"新宇宙的发现"，就是一种"泛神主义"。他们都认为天地万物皆自然而然，"天地之大德曰生，天地氤氲，万物化生"；这个"宇宙之生"，就是他们最重要的观念。不但如此，他们实在因着宇宙之生，而高唱"这世界"的赞美歌的。看呀！天空海阔，山峙川流，鸢飞鱼跃，充塞这个宇宙内，无非生意春气，只是"四时行焉，百物生焉"；这种生命的哲学，实在就是哲学史上第一阶段的特色了。自宋到元，是由宇宙哲学到自我哲学的过渡时间，过此便是明代，应该以陈白沙、王阳明为代表。阳明提出良知，做

人生行为的标准，以后遂因认识论的不同，引起种种不同的学派，即唤起种种不同的对于人生问题的解决方法。如左派主动，右派主静；左派如王龙溪、王心斋，主张本体即是工夫，近于顿悟，右派如聂双江、罗念庵，主张由工夫达到本体，近于渐修。现在只就左派来说，依他们的意思，人生只是不停歇不呆坐着的全身全灵的"动"，生命的动；越努力越有生趣，越能体验自己本心的快活。所以他们这一派的根本哲学，就是人生——快乐的人生，这就是哲学史第二阶段的特色了。但是我们要注意的是，第二期的哲学，看重个人，所以注重主观的冥想，而忽略客观的考察，对于当时社会政治的情形太隔绝了，他们的政治思想也未免太薄弱了。白沙一派大概都不以富贵为意，完全抱哲学家的态度；王阳明教人吃紧在恢复心体，即致良知，他也不愿意变政治，认为为政只在乎一心之转。像这样只是修身，不讲治国平天下，可以成就一种很好的"自我哲学"，而苦于不能致用。所以阳明以后，到了明末，自然而然地起了反动，而有"东林学派"发生。这派的重要人物，如顾泾阳（宪成）、高景逸（攀龙），他们一方面反对阳明学派的空谈误国，另一方面用学术团体的名义来实行政党式的活动，这实在就是哲学史第三阶段的开端。再到黄梨洲（宗羲）、顾亭林（炎武）、王船山（夫之）、颜习斋（元）等明末清初的"经世学派"出来，近代哲学遂由自我论时期完全一转而入社会论时期了。这一期的社会政治思想，很多是很透辟的，尤以王船山的"民族主义"，黄梨洲的"民权主义"和颜习斋、李刚主的"民生主义"，为后来孙中山三民主义所本。但是不幸得很，在当时满清政府的专制之下，要谈经世，开口便触忌讳，所以到乾嘉时代，经世学派便不得不改头换面，把那激烈的政治论隐藏起来，用他们的聪明才智，去研究变相的科学，结果在文献上却得到意外的贡献。自此以后，便有今文学派；这时清代政治太腐败不堪了，于是又把"经世致用"的观念重新唤出。如刘逢禄的《春秋公羊传》何氏释例、龚自珍的《五经大义终始论》、魏默深的《默觚》、戴望的《论语注》，他们都是应用《公羊传》的"张三世""通三统""绌周王鲁""受命改制"等说，来批评当时的专制政体。论治的宗旨，则大都倾向大同主义，他们叫作"太平世"。谭嗣同《仁学》下卷，与康有为《大同书·礼运注》，以春秋三世之义来讲社会政治，但是康有为底子里只是个保皇党和反革命反共和的复辟党。他要分别什么大同小康，一面把大同认为是孔子的理想政治，一面又甘心作伪，拿小康一段来做反动思想的根源；所以就这一点，只有提出三民主义的孙中山，才是真正的第三阶段的代表思想家。他不但接受了经世学派有的根本观念，如王船山的民族主义、黄梨洲的民权主义、颜李学派的民生主义，他还能从根本上推翻了两千年来的腐儒所根据的小康思想，而大胆提倡由国民革命到世界大同。所以我在《历史哲学》（原书第353页）中说："孙中山先生宣传三民主义影响全国，这伟大的政治系统，使他成功为社会政治哲学的集大成的代表思想家了。"然而中国哲学的发展，并不是到了第三阶段就完事的，"我以为现在正是中国哲学的综合时代，就是把宋代的宇宙观，明代的人生观，清代至今的政治哲学融合为一，而成全生命的哲学的时代了"。（原书第354页）而这一时期，似乎应以梁漱溟的《东西文化及其哲学》开始，而我的思想则完全直接孔孟，一面接受了宋明清哲学之三阶段体系，而从事集大成的工作。

由上研究的结果，可见哲学之史的发展，在西洋和中国两方面都发展为四个时期，中国为哲学文化的代表，当然前途格外有重要的发展希望，至于详细讨论，当让之《文化之地理上分布》中述及中国文化之一章。

五

最后，请述哲学与宗教、科学、艺术之各文化的关系，因而讲明了哲学文化之特殊的性质。关于哲学与宗教的关系，在本书第四章《宗教的文化概念》中已讲得很详细了；关于哲学与科学的关系，我在民国十年（1921）所著《革命的哲学》第五章，已指出哲学与科学之不同：①科学是现实的，哲学是理想的；②科学以研究为本位，哲学以批评为本位；③科学是叙述的，哲学是解释的；④科学是有通则的，哲学是意志自由的（原书第74页）。现在简单来说，即是哲学以"即自的"为观念形态，科学以"对自的"为观念形态。民国十四年（1921），张君劢先生在清华大学演讲，举出人生观与科学之五个异点，实际其所谓"人生观"，即"哲学"之异各；所举五个异点，也正是哲学与科学之五个异点。因为张君劢将人生观和哲学混为一谈，所以说"人生观不能成为科学"，即是说"哲学不能成为科学"，这当然是对的。任叔永在《人生观的科学或科学的人生观》中，则欲证明"科学自己还可以造出一种人生观"来，换言之，即科学自己还可以造出一种"科学的哲学"，这当然也是对的。不过纯粹的哲学概念为"即自的"，而"科学的哲学"却为"对自即自的"罢了。因为哲学是即自的，所以为"主观的""起于良心之自动的""综合的"

"自由意志的""起于人格之单一性的";又因科学是"对自的",所以为客观的、论理的,为方法所支配的、分析的、因果律的,与"起于对象之相同现象的"。一句话说尽,即哲学之中心点为"我",而科学之中心点则为"非我"。因其为"我",所以哲学家间,彼此观察点不同而意见亦不同;哲学从来没有一致的真理,和一定的成说。这正可以表明哲学之为"即自的"文化概念。反之科学则从"非我"出发,事事根据客观的观察,好似屠格涅夫(Turgenev)诗中的"大自然"一般,他对跳蚤的一条腿,同对天才创造性的苦痛,一律看待。所以科学所得结果、为抽象的概括,而为公例可求,一种公例可推诸四海而准,一种发明同时可适用于全世界,这不是可以表明科学家之为"对自的"文化概念吗?再就哲学与艺术之关系言之,哲学以"即自的"为观念形态,艺术则以"即自且对自的"为观念形态,两者均认为"即自的"为内容,似乎相同;但在哲学,则"即自的"观念形态为自我之认识,而艺术之"即自且对自的",则为自我基于声音、形色等而为自我之表现;前者为内省之辩证法,而后者则为抒情之直觉法。固然在哲学发展之第四时期,哲学是所谓"艺术的哲学",与在艺术发展之第二时期,艺术也是所谓哲学的艺术,可见哲学和艺术,有很密切的历史上关系了;但话虽如此,哲学仍不能和艺术相同。现代哲学家为要知道事物之绝对的最普遍的原理,有时不得不依赖直觉的方法,以神游于物的内面,而亲与其绝对无比不可言状的本体融合为一;然而这种哲学的直觉,仍然和艺术的直觉不同,这不得不说就是哲学之所以为哲学的文化类型之一大特征了。

# 文化社会学的概念[①]

一

1918年，我们近代文化的哲学者Simmel在所著《生命观》第49页中给文化下一个崭新的定义："文化一般乃依于'生'，为'生'，而产成各种范畴，当'生'构成客观固有价值之独立形象之时，便产生文化。"这就是说，文化乃是生命之流必然的产物，为生命必然的发展阶段，由于它的客观而与"生"对立，但同时为"生"而有辨证法的统一——绝对的"生"，这就是文化之本质的样貌。由Simmel看来，"生"就是历史的与社会的中心，无论社会组织与艺术作品，宗教与科学认识，经济与道德，技术与民法，要之所有文化和文明均不过为"生"之过程之产物，"生"之无限多样性的表征而已。这种"生"的文化观，无疑乎为Simmel之一大贡献，因此而使他从形式社会学者一变而为文化社会学者。我们现在不说文化则已，一说文化，则应该如Simmel似的，承认构成文化本质的东西，乃是根源于人类生活深处那永远创造、永远进化的"生命之流"。

但是关于文化之本质的研究，是属于"文化哲学"讨论的范围，这里不能详加叙述，这里所能说的乃只限于从文化与人类发生的关系上着想，如另几位文化学者所下的文化定义，如Wissler说"文化就是人类发明的伟大社会业体"，或如Storck说"文化就是一个社会所表现一切生活活动的总名"，这种种通俗的文化定义，也可以适用。依我的解释则：

第一，文化就是人类生活的表现——在这里很明显地指出只有人类才能支配环境创造文化，人类有言语来传达文化而动物没有，所以文化实在是人类的特殊产物，只有人类才有文化。

第二，文化就是人类生活各方面的表现——许多学者要分别"文化"（culture）与"文明（civilization），有的认为文化是精神的，文明是物质

---

[①] 本篇原为《文化社会学》第二章，中国社会学社广东分社1948年版；收录于《朱谦之文集》第六卷，福建教育出版社2002年版。

的；有的倒转过来认为文化是物质的，文明是精神的，英、法人谈文化问题的，大多数常把两字混用，但在德国则重视"文化"，认为文化是人类内面之灵的精神的修养及其事业，是统一切宗教的艺术的最完善之人类生活的状态，反之，文明则关于外面的教育与秩序、现代的工业及机械等，换言之，即前者为灵魂之活泼泼的肉体，后者犹如木乃伊。所以欧战后德国历史哲学家Spengler即极力攻击文明，认为文明为文化之最后时期，即文化所不可避免之命运的危机，文化一发展到老年时代，便入文明的境地而没落了。虽然Spengler的说法，许多不能使我们满意，但"文化"与"文明"的确有些区别，也是事实。这就是德人所倡导之"文化"概念，实为精神的文化概念（即宗教、哲学、科学、艺术等知识生活），英、美所倡导之"文明"则实为社会的文化概念（如政治、法律、经济、教育等社会生活）。含混起来，固然可如一般学者把两者的区别置而不论；若精细考察起来，则实际上代表人类生活之两方面的表现。即一方面表示为人类之知识生活的文化，另一方面表现为人类之社会生活的文化，而所谓文化的内容，本包括此两大部分，照用语习惯，是可以将那种专指社会组织发达的"文明"附入其中的。这就是说，文化不是人类生活一方面的表现，乃是人类生活各方面的表现，我们不但要将宗教、哲学、科学、艺术属于文化学与文化史的领域以内，就是政治生活、法律生活、经济生活以及教育生活都该属于文化领域以内去研究的。

但文化的内容虽甚复杂，而此人类生活各方面的表现，其发现于文化史上，却是很有条理的，很有法则的。法国孔德（Comte）曾提倡人类知识的三阶段法则，他很明白地将人类进化分为三个时代。

知识的进化：神学时代　形而上学时代　实证的或科学的时代
物质的进化：军事时代　法律时代　产业时代

这就是说，文化不但有知识生活之三种表现、三种类型，还有社会生活之三种表现、三种类型。在知识生活上说，文化本质应分为宗教（神学）、哲学（形而上学）、科学；在社会生活上说，文化本质亦应分为政治（军事）、法律、经济（产业）。换言之，即从文化之历史性上说，文化史之第一时代为宗教时代，同时即政治时代；文化史之第二时代为哲学时代，同时即法律时代；又文化史之第三时代为科学时代，同时即经济时代。从文化之社会性上说，在宗教时代是以教会宗派团体为中心，同时即以军事政治团体为中心；在哲学时代是以学派为中心，同时即以法律团体为中心；单就现代来说，现代是以科学团体为中心，即为经济支配一切的时代。所以构成现代社会文化之基础的，不是宗教，不是哲学，也不是政治，不是法律，实是那使人类现代生活成为可能之科学团体与经济组织，因而现代史的解释，当然只有由科学与经济之文化类型与社会形态才能解释，不过由文化史之全体观察，人类不是到了第三时期便完结了。

孔德（Comte）站在史的心理主义的立场，提出"三阶段法则"解释文化，而在德国方面，则有黑格尔（Hegel）站在史的论理主义的立场，提出"三分辩证法"，也是可以解释文化的。我们只要将此两家学说，互相补充，互相发明，即可建立一种最真确可靠的文化类型学，试比较两家学说，如表1所示。

表1　孔德和黑格尔文化类型比较

|  | 孔德 | 黑格尔 |
|---|---|---|
| 第一阶段 | 神学阶段 | 没自的 |
| 第二阶段 | 形而上学阶段 | 即自的（Ansich） |
| 第三阶段 | 实证的或科学的阶段 | 对自的（Fursich） |
| 第四阶段 | （艺术的阶段） | 即自且对自的（Anundfursich） |

黑格尔之三个论理名词，应用在文化学上实可代表三种不同之文化类型。假如在"即自的"之前添上"没自的"一个阶段，便很容易明白了，这就是：

没自的——宗教的观念形态；
即自的——哲学的观念形态；
对自的——科学的观念形态；
即自且对自的——艺术的观念形态。

再明白解说，就是哲学以"即自的"为其观念形态，而归结于直接认识自身之认识论问题，乃至于伦理学的问题。科学以"对自的"为观念形态，归结于研究各种自然乃至社会的各种事实之真相。艺术以"即自且对自的"为观念形态，故归结于欣赏主客观融合状态之艺术的理想境界。只有宗教即以"没自的"为观念形态一节，黑格尔没有说到，因为黑格尔本身是站在第一阶段即哲学阶段，故以"即自的"阶段为起点。同一样的道理，因为孔德本身是站在第三阶段，故以实证的或科学的阶段为终点，实际由文化的历史观看来，实证的或科学的阶段之后，应加上艺术的阶段，以与黑格尔三分辩证法里"即自且对自的"状态相当，此艺术阶段在社会生活上即为教育阶段。同理黑格尔辩证法则以"即自的"为起点，"即自"即是"有"，而"有"出于"无"，故在"即自的"阶段以前，原应加入"没自的"一个阶段，以与孔德三阶段法则中"神学阶段"相当。这么一来，不但三分辩证法变成了四分辩证法，而三阶段的法则也变成四阶段的法则了。依此研究的结果，则人类文化的类型，实包含八种。

  知识生活上为：①宗教；②哲学；③科学；④艺术。
  社会生活上为：⑤政治；⑥法律；⑦经济；⑧教育。

所谓文化即此人类生活各方面的表现，所谓"文化学"即对于此八类生活各方面所表现的总成绩而加以适当的研究，不过"文化学"的范围非常广大，区分起来，则前者属于知识生活者，是所谓有"文化"，后者属于社会生活者，是所谓"文明"，前者为"文化哲学"研究的范围，后者为"文化社会学"研究的范围。

二

文化社会学（Kultursoziologie），或称为文化类型学（Kultur typologie），如关荣吉氏在《文化社会学序论》第3页中所说：

> 文化社会学是依照社会的规定来理解文化的学问。文化社会的规定，可举社会性的主要者，如国民性、阶级性、时代性等。文化形态不是简单的是复杂的。事实上从民族阶级时代等各产生不同类型的文化。文化社会学即按此等类型以理解文化，故可称文化类型学。

这可见文化社会学和文化类型学的关系，不过所谓文化类型却不限于所谓社会型的主要者，如国民性、阶级性、时代性等。Max Scheler 在《社会学与世界观》中所分认识之三种形式，即文化本质之三类型；E. Spranger 在《人生之型式》中所分生活之六种形式，即文化本质之六类型，但它们很明显地都不是依据于国民性、阶级性或时代性而依据于认识型式和心理型式来区分。实在说吧，文化社会学和文化哲学一样，均和文化类型学有密切的关系，所不同者在文化哲学为知识的文化类型学，说明知识文化的本质及其类型，对于宗教、哲学、科学、艺术等各种知识生活均加以根本研究。社会的文化类型学即文化社会学，则说明社会文化的本质及其类型，对于政治、法律、经济、教育等各种社会生活均加以根本研究。我们甚至可以说"文化学"之所以成为文化学，即在其应用了类型学的方法，因此从方法论的观点来看，也可以说文化社会学即是文化类型学了。

但是什么是类型学的方法呢？我认为就此一点，历史学派的德国文化社会学和人类学派的美国文化社会学，对于此种方法均极重视，不过对方法的解释有些不同罢了。试以德国文化社会学者 E. Spranger 在《人生之型式》中所采用类型的方法为例，他为英译本作序说：

> 本书谋采用一区别人类型式（human types）尤其心灵形式（types of the soul）之新方法。此新方法分为四部，每部皆出于人为之假定，一如对于一有机物为完全之精神分析，必须出以人为之假定者然。第一吾人自心灵全体中，将"心灵之价值倾向"析而离之。第二吾人思索此价值倾向之纯粹形式（pure form），换言之即吾人化此倾向为理想（idealist），于此吾人即建立诸种理想型式（ideal types），此等型式虽为人为之轮廓，吾人固用之为纲维此抽象工作，与吾人之第三步相抵触。第三观察片面之型式对于全体型式之关系（全体化方法）。第四亦各别描写之手段，完成吾人手创之方法。此种各别描写注重历史的、地理的与全属本身的等等环境，如此吾人即表现一与盖利略（Galileo）相同之科学方法，首置思想于抽象之纯粹境界，继始多参以诸种具体情形。

> 于此方法中一切"超个人之文化形式"愈能经由其对于个人精神生活之反应而了解。"较高心灵现象之心理学"愈能成为一合适于一切科学之基础之科学。即使此全体方法似过于抽象，而抽象固为科学之第一要着。纵解析几何，亦不即自二次曲线（second order）开始，

而以有规则之线条,如直线、球形线或圆形线等为人手处,后始进于诸种极复杂之形式。(假使此等形式解释为彼等所引伸之原则)……倘以为吾人所假定之任何型式确系存在,一如吾人全属片面之方法所叙述者,实为大误。此类型式之存在,实与吾人欲睹一正六面体(a perfect cube)或硬质物下落于真空之中,同其难绝。是等"人类性质之理想的基本型式"其所以构立,纯在就一切繁复之现实形式之融混状态,理其绪,驭其繁,而使之纲举目张,欲使其纲举目张不可不深知此等现实,欲深知此等现实,不可不有其方。

这种类型学的方法即是文化哲学的方法,同时也就是文化社会学的方法。尤其是 Max Weber,可算是把这种方法试验成功的罕有的文化社会学者。舒马赫尔(H. Schuhmacher)在《五十年来的德国学术》一文特别介绍 Max Weber 曾经用到全部社会科学上的类型学的方法,他说:

> Max Weber 提出的下一个问题,就是在如何场合之下经济学之历史方法为有益,为何许多的考证是有价值的,而有许多则无所裨益呢?他的结论,是历史的考证对于经济学是否有用是以概念是否严正为断,他以为应常用简单的、范畴严明的一般概念,去辨识历史资料,唯独这样才能完全把握到各个事实之特状及其重要性。这些一般概念不是仅只从经验的现实中摹画下来的,而应当是思维着去帮助把经验的史实分出条理——故只应作为"边际概念"看待,用去和现实互相印证,这样的一般概念,Max Weber 师法法学家耶力奈克(Jeilneck)称之为"理想模型"。这种模式化(或类型化)的方法,算不得新颖的。人既不欲使观察到的各个事实散漫无绪,那么只有用这个方法去加以整理了。这一层前人已经有见到的……不过韦伯有意地把这个方法推广应用到全部社会学上边去。(《五十年来的德国学术》第一册)

Max Weber 以社会学为一种法则的科学,因而便采用抽象的方法,研究类型而不注重个体或单一,他说"社会学为建立类型概念和行为规律",然而此种行为规律和类型之形成,本身不是一种目的,他们都是用作说明具体事变的工具,它虽只是代表一种方法,我们可以拿来和现实的状况比较，可以拿来测量具体事实的真性，这就是它实际的方法论的意义所在了。Max Weber 的"宗教社会学"证明经济组织的类型和宗教伦理的类型间之确实的相互关系，可以说就是应用此种"类型学方法"获得的结果。

但话虽如此，德国文化社会学所取类型的方法，似偏于抽象的哲学的方法，于是更有从具体的科学的方面提倡"文化类型"之说，美国文化人类学者如 Wissler 就是一个好例子。Wissler 更影响于文化社会学派，遂产生 M. J. Herskovits 与 M. M. Willey"文化模型"（culture pattern）的新概念。这里应用人类学上之模式概念，以研究文化社会，当然和德国学派所用的抽象方法不同，此派以为"模型"概念之应用于社会学以表现事实，仿佛生理学家之解剖身体以表现其筋肉。而现代社会的主要模型，即是"机械模型"及"物质模型"，这当然是非常具体的看法了。文化社会学者对于文化的分析，从简单而至复杂，文化的最简单的单位为"文化特质"（culture trait），它是组成文化的基本要素，也可称为文化元素。但是文化特质是不能独立自存，它必定是与其他特质相互联结，这就叫作"文化丛体"（culture complex），而"文化丛体"互相结合而成比较有系统的全体，即所谓"文化模型"，文化丛体是指文化的内容言，文化模型是指文化丛体互相结合的形式言。再明白来说，"一个社会的思想、习惯、技术，在各方面互相适合，形成一致的体系，谓之文化模型。例如初民部落有以战争为生活者，其文化模型建立在战争的理想之上，做首领的自然都是英雄与战士，乃至青年的训练，魔术的形式，皆离不开战争的动机"（参见黄文山著《文化学方法论》，第69页），而这种文化模型的形成，不外于地理、历史及民族特性的关系。由上可见，文化模型的概念和文化类型学的方法完全相同，所不同者，只在德国文化学派用此种方法是从普通的到特殊的，从抽象的到具体的；美国文化学派应用此种方法则从特殊的到普通的，从具体的到抽象的；前者偏于超验主义方法，后者偏于经验主义方法。但是平心而论，文化社会学如果不要有完整的方法学的根据便罢，如要以类型的方法为根据，则不但必须注意抽象的形式，更须注意于具体的事实；不但必须从特殊的到普遍的，更须从普遍的到特殊的，因此所以两大派的文化社会学的方法，都应该互相说明，互相解释，乃至相互补充，这一点是我们应该特别注意的。

## 三

文化社会学有横的方面之研究，同时又有纵的方面之研究，前者为文化社会静力学，后者为文化社会动力学。前者就文化社会而普遍地研究其构成组织方面，发现文化社会的类型；后者就文化社会而普遍地研究其历史的变迁方面，发现文化社会的法则。前者应用类型学的方法，这在前节里已经有一个圆满地解决了，后者则依作者的见解，必须兼用历史学的方法与人类学的方法。如以类型学的方法为文化社会静力学的方法，则此历史学与人类学的方法即可称为文化社会动力学的方法，而此文化社会动力学的方法不消说是兼有德国历史学派文化社会学与美国人类学派文化社会学两派的所长。换言之，即以历史学方法研究文化进化的法则，以人类学方法研究文化关系的法则，合此两种动的法则学才成为我们新的文化社会学的方法论。

试先就历史的方法而论，依照 W. Wundt《精神科学论理学》（1908）中所述社会的法则和历史的法则实在没有根本区别，社会的法则其法则密接于历史法则，和历史法则似的实包含着二类法则，即进化的法则和关系的法则；就中社会进化的法则，事实上只好算作历史的进化法则之一分科，这是一点没有错的，尤其是文化社会学，它原来就是历史社会学，不消说更应该采用历史进化的方法以研究文化进化的法则。但什么是历史的方法呢？说到这里，就不能不涉及历史哲学研究的范围了。历史哲学是和自然科学一样，要在历史事实的混沌当中寻出一种社会现象的根本法则，即文化进化的阶段法则。近百年来此种方法建设不得不归功于两派学者：黑格尔与孔德。黑格尔代表史的论理主义方法，孔德代表史的心理主义方法；黑格尔的三分辩证法为轮化论，近于消极论；孔德的三阶段法则为进化论，近于积极论。前者适用于研究社会进化的病理方面，后者适用于研究社会进化的生理方面，但真正现代的历史方法则应该综合两者，包括消极与积极、病理与生理、纵的进化与圆的循环而成一大综合的"生"之历史哲学，生之历史方法一方面以"文化心理学"为历史建立一个确实的科学基础，另一方面又以"生"之辩证法研究历史过程中的循环、反复、节奏。（详见拙著《文化历史学》与《黑格尔主义与孔德主义》）固然这种综合的历史进化方法和德国文化社会学者所用方法显然不同，然而就我们注意历史哲学和文化现象的每部门之阶段法则一点，却是很接近的。

但从另一方面来看，历史有进化的方法，同时又有构成的方法，即前者为社会科学所共同采用的历史方法，后者为历史科学所特别采用以建设历史的方法；前者的方法要在历史事实的混沌当中，寻出社会现象的根本法则，即文化进化的阶段法则，后者的方法要用求实的态度，去搜寻历史上的事实，去解释历史上的因果法则，这种要解释因果以寻出社会变迁的历史方法，实为美国文化社会学者所采用。美国文化社会学亦极注重历史方法，他们认为研究文化发展如非从该社会之历史背景探究，便无从得正确的解释，然而这种历史的研究注重因果律的原则，不知人类历史在因果关系以外，实支配于动的内在的目的，如 Stammler 在著作《从唯物史观论经济与法律》中所说似的，社会现象一面基于自然必然性的因果关系，同时他有手段与目的的关系，即目的论的考察。德国文化社会学者应用的历史方法，注重目的的关系——目的的必然，而美国文化学者所用的历史方法只注重于因果关系——因果的必然，前者可以说是真正历史进化的方法，而后者却不过凡百自然科学所用的研究法，在性质上是非历史的。然而这种从人类学接殖而来的历史方法，无疑乎也是历史方法中所不可少的补助方法，是应该重视的。因此合此两种历史方法——阶段法则与因果法则——才是真正成功的社会学的历史方法。

次述人类学的方法，在人类学中如进化论派是一个人类学者同时即一历史进化论者，如 Spencer 发现社会进化的阶段是从军事型社会进至产业型社会，Morgan 发现文化进化的阶段是从蒙昧到半开化，由半开化到文明。又社会组织的阶段，是第一杂交，第二血族结婚，第三亚血族结婚（群婚），第四数家同居，第五父权家庭，然后才有现代社会偶婚制。又财产进化的阶段，是从共产制进至私有制。经济进化的阶段，是从渔猎到牧畜，进至农业。Letourneau 发现政治进化的阶段，是从无政府到共产的氏族部落（从共和到贵族），再从君主政治（从选举制至世袭制）进至共和制度。如上，文化发展的阶段虽不必在同一时代，但必须依照同一的途径，这种早期进化论派所用以比较进化阶段的方法，实际即是历史进化的方法，虽然这一派学者所收集的材料尚不能看作进化的凭证，因而它所说历史的方法，也贡献不大，然而采用历史的方法以分析文化的发展，却和我们的主张相同。所以依我们的意思，文化社会学者所用人类学的方法，应该眼光远大，超出文化人类学者所争论范围以外，广包并容。我们不但有取于进化论派的"文化并行论"，更应该接受播化派的"文化传播论"和批评派的"文化辐合论"，为什么呢？原来文化人类学者对于发展的研究，显然是有三派：一派如前所述Spencer、Morgan、Frazer、Westermarck、Letourneau等研究文化历程，而注意其独立发明的事实，这就是古典进化论派。一派则如 F. Gaebner、W. Foy、W. Schmidt、W. H. R. Rivers、G. F. Smith、W. J. Perry 等研究文化历程而注意其"传播"与各民族历史上之接触，这就是播化派。一派则如美国之 Boas、Coldenweiser、Kroeber、Wissler 等集中注意初民社会，而应用文化区域之概念，这就是批评派。在这三派的争论中，究竟是哪一说更接近真理呢？依进化派则各种文化的历程应该都是内在生长的现象，是各自独立发展的，在发展中虽有采借或传播，但都只是适然的特性，是无足轻重的；反之依播化派则各种文化的历程，其散布与汇合，于产生文化之类同至关重要，所以文化变迁并不依据什么内在的法则，而应该用"采借""传播"或"民族接触"的概念，来研究这些文化之联合、互结与类化。但是由我们看来，这两派说法都对，却都只看到一面的真理。何则，就事实来说，文化关系法则一面有独立发展的现象，同时也有采借与传播的现象。就文化之独立发明言，如印度代表宗教文化，中国代表哲学文化，西洋代表科学文化，这种事实证明了文化的产生是独立发明而不互相了解的。但如历史上的印度佛教之输入中国，18 世纪欧洲思想所受中国之影响，现代中国之全盘科学化，这也是一种事实，证明文化的历程是由于采借或传播。因为文化原有独立发明与传播之两种矛盾现象，所以东西文化才能互相接触，互相影响，而仍不失其独立自存文化类型。在这一点似乎批评派的观点更接近我们，因为进化论派与传播论派均各走极端，进化论派误以为达尔文生物进化的法则应用于文化的观察，而不知文化进化和生物进化实不相同，哪有一种放诸四海而皆准的文化法则？传播论派以传播因子解释文化，以"历史接触""共同源始"解释各地文化的类型，他们认为"文化发明是极其罕有的，但文化传播则无可限量"是完全对的，然而走到极端，便变为 Graebner 一流不问地理距离的远近，而只问双方文化的类同，甚至于如 Smith、Perry 之武断的泛埃及学说也出来了。批评家 Coldernweisr 认为 Smith 和 Perry 极端的文化传播论，简直是一种神话，也就可以见这一派方法上的弱点。但话虽如此，我们并不因此否定播化派的真价值。历史告诉我们确有许多文化特点是以民族接触与交通发展后传播而来，所以批评派亦受其影响，而注重于文化之地理分布。如美国文化人类学者Wissler即为一个好例子。他提倡"文化区域"的新概念，实亦不外文化传播说之生理的说明，文化社会学者更扩大之而创立"文化地带""文化分段""文化中心"与"文化边界"等概念，这种从地理分布的观点来讨论文化关系，很可以纠正传播派不问地理距离远近而只注意比较文化类同的谬处。固然如Graebner也曾经实际研究各地文化，而提出"文化区学"，似乎并不忽视地理因子，然而事实乃正相反，故有人批评Graebner自称为"文化历史派"而不知历史与地理密切相关，竟将地理因子抹煞，忽视了历史上的可能性。反之批评派以人类学家分析文明，从文化特质的地理上分布来观察各社会文化的历史的关系，这种文化辐合论的新倾向，一方面划出文化区域为研究的起点，另一方面又注意及于文化不同原始而终于类似的状态，这么一来既不偏于进化论派的文化并行论，也不偏于传播派的文化传播论，换言之实兼有前两派方法论的长处而没有他的短处，这可以说就是文化人类学方法之最折中的学说，应用之于文化社会学上面，也就对于发现文化关系的法则将更有贡献，无疑乎可以算作文化社会动力学之一种最重要的方法了。

总结起来，文化社会学即是社会文化的类型学。这新的社会文化类型学实应包括三种方法：类型学的方法、历史学的方法与人类学的方法。合此三种方法组合成一种特别的学问体系，借以说明社会文化的本质及其类型，对于政治、法律、经济、教育等均加以根本研究；又分析社会文化之地理上分布。求得其变迁进化的原则，以比较中外社会生活历史，并据以改造现在预测未来，以建设未来之文化社会，这就是我们文化社会学这一门学问建立的真正目的。

# 中国思想方法体系[①]

## 一、老家的思想方法

中国思想之三大派别，老家为宗教型，故与印度文化接近，而其思想方法，亦接近于宗教的思想方法；墨家为科学型，故与西洋文化接近，而其思想方法，亦接近于科学的思想方法。只有孔家的哲学型，形成了中国的哲学文化，而其思想方法，亦为特殊的哲学思想方法。现为研究的便利起见，先从老家说起。

### （一）无知论

老家的根本方法，一个是"无知"，一个是"无名"。宗教家的思想方法，无不从"无知"立根，所谓"当体即是，却念即乖"，所谓"扫一切相，断言语道"，所谓"至人以无心之妙慧，而契彼无相之虚宗，内外俱冥，缘智俱寂"（《昙影中论序》），以印度佛教来说，不但般若、禅宗如此，即使高谈名相的唯识宗亦无不如此。"禅那才下一语，便恐一语成尘，连忙又下语扫之，扫之又恐扫尘一语复成尘，连忙又下一语扫扫尘"；说话的便是错误，更不消说到什么"知识"。宗教的方法，只是一种无知的知，即使基督教也不是例外。因为任何宗教，无不主张有神，即无不注重信仰，只信着就是了，难道能用知识去推证其所以然吗？虚无之神是不靠观念和符号去认识的，所以必须人们自己极力抛弃我的那知识，而后才能知神，所以宗教的思想方法，无论高之如佛教之空宗，次之如基督教的信仰，无不从"无知"立根，而超越于寻常的认识。寻常的认识为科学的"实用的知识"，而这超越寻常的认识，乃为 Max Scheler 所谓"解脱的知识"。

老家虽非宗教文化，却为"哲学型"之宗教文化，虽非完全宗教的思想方法，却为"哲学的"宗教思想方法。"哲学的"宗教思想方法，虽不

---

[①] 本篇原为《中国思想方法问题》第一章，民族文化出版社（云南曲江）1941年版；收录于《朱谦之文集》第三卷，福建教育出版社2002年版。

如纯宗教的思想方法来得彻底，因为他还执着一个本体——"无"，但这认识"无"的方法，却是和宗教的方法一样，超越了一切形式和符号，而由"无知"的"知"来认识"无"的本体。因他之所知，正是寻常知识之所不知，所以叫作"无知"。《老子》七十一章说"知不知，上不知，知病"，那自以为知，实在是不知，而无上的"知"，反在于"不知"知之。所以屡屡说到"无知"，三章说"常使民无知"，十章说"爱国治民，能无知乎"，这种"无知"就成了庄子哲学的出发点了。《庄子·人间世》篇有"闻以有知知者矣，未闻以无知知者也"，这个意思和伪《列子仲尼》篇"无知是真知，故无所不知；……无知为知亦知……亦无所不知，亦无所知"相同。大概道家一派，所有方法学上的见解，其最后的归宿，总在乎言语道断，辩证路绝的本体，到此地步，自然要将知识根本消除。例如《齐物论》云"齧缺问乎王倪曰，子知物之所同是乎？曰吾恶乎知之。子知之子所不知耶？曰吾恶乎知之。然则物无知乎？曰吾恶知之"，部注"都不知乃旷然无不任矣"那才是真知识了。所以说"不知深矣，知之浅矣，弗如内矣，知之外矣，……弗如乃知乎？知乃不知乎？孰知不知之知"（《知北游》）。因为他要"恃其知之所不知而后知"，所以很讥笑那些只晓得"尊其知之所知"的科学家，认为他们一向只是胡叫乱喊，以为只要测测星，看看地壳，研究研究微生物，那就是真知识，其实这种有知的"知"，以有限的生命，逐无穷的知识，知识尚未得到，生命已是"无可奈何"了。所以说"吾生也有涯，而知也无涯，以有涯随无涯，殆已"（《养生主》）。并且很大胆地给知识下一个定义："知出乎争，……知也者争之器也。"（《人间世》）因为有生之初，人们本是好的，吃了智果以后，就变坏了，并且弄出战争和许多灾难来了，所以知识这个东西，原是大乱的根源，知识发达愈高，便其结果使世界更纷乱了。所以自然而然地得到和老子一样的结论，就是"绝圣弃知，天下大治"（《在宥》）。在他所理想的至德之世，并没有知识这个东西，是"端正而不知以为义，相爱而不知以为仁，实而不知以为忠，当而不知以为信"（《天地》），这是何等自然的世界！

## （二）无名论

老家的根本方法，一个是"无知"，一个是"无名"。本来"名"就是概念的代表，作为知识的符号，所以主张"无知"的，一定连带主张

"无名",而尤以"名"的作用,一方面是包括这个那个而成全称的共和;另一方面是分别这个那个,使彼此截然有分,换句话说,因为有了抽象的"名",一面使具体的事物,去做他们的牺牲,另一面又建设出许多差别,以唤起不平等。所以道家以"名"为万恶根源,而主张废"名"。因包括这个那个而成全称的"名",不如至大无外的"无",而分别这个那个而成特别的"名",也不如至小无内外的"无",道家因要扫除那虚伪的差别的名相,所以自标新义,以真实的普遍的"无名"的"无"为基础,而主张"无义主义"。在他看来:第一"名"是虚伪的,不是真实的。原来真实的都是"自然"的,虚伪的都是人为的,宇宙的最大原理,"无"便只是独生独立,自然如此;所以无名可名,所以说"道常无名";凡天下的名,其可以名的,都不是永远不变的名,而永远不变的名,本不可名,必不得已而有名,这"名"也只是妄作者强为之名,所以老子说"吾不知其名,字之曰道,强为之名曰大"(二十五章),这里"道"字、"大"字两个抽象名词,都是凑成的、人造的和道体绝不相干,只是强为之名而已。因为"名"只是虚文,没有实在性,所以老家的思想方法,只取个体的事物(实),不认公共的名称,老子说"名与身孰亲"(四十四章),"大丈夫处其实不居其华,故去彼取此",他不取代表名的原理的"彼",而取那个体的特别的"此",这里"此"字,就是"这个物事",就是"实",推到极端,便如伪《列子杨朱》篇所云"实无名,名无实,名者伪而已矣",只要"实"之所在,便可以随意自名,"不见而名"(四十七章),以至于"功成不名"(三十四章),这就是从"自相无名"论所发生的个人主义。第二"名"是差别的,不是普遍的,老子常尊重"无名之朴",这个"朴"就是不露色相的"无"当此时一切对待的名词,还未发生,如有了美所以有丑,有了善所以有恶,这时并无美善的名,自然丑恶的名也不能存在;固"无名之朴"只是一名不立,所以根本没有比较,又哪里有万物的差别呢?原来差别的起源,是当"朴"散了的时候,所以说:"道常无名,朴虽小,天下不敢臣,侯王若能守之,万物将自宾,天地相合以降甘露,民莫之令而自均,始制有各。"(三十二章)"朴散则为器,圣人用之则为官长,故大制不割。"(二十八章)王弼注"朴真也,真散则百行出。殊类生,若器也",因有了分别,才散朴而为"名"(器),以应万物,于是圣人抱朴以制天下,而立官长,这时逐子忘母,纷纷然任"名"以号物,一生二,二生三,种种名相都从此发生了。王弼又说"始制谓朴散始为官长之时也,始制官长,不可不立名分,以定尊卑,故始制有名也"。所谓"制"本有截断的意思,推名的起源,只是由于截断彼此,自无名而有名,无名的就轻贱,有名的就尊宠,无名的便卑辱,有名的便章明;有余者有名,不足者无名,有功者有名,无功者无名,所以"名"就是限制;老家以无限的绝对的"无"为基础,自不满意于有限的相对的"名",所以老子说,"致数与无与"(三十九章)。老子通解道:"今夫车一也,极分为致数,数则为辐辏,为舆,为衡,为毂,其名且百,合百成一,而后成车之名,散百而一一名之,则轮耳、辐耳,不可复称车矣。犹之合天下之道,后称道,散天下之道,无道矣。"从共相上看出物体的差别,都非实有,所以老家力求那涵盖力最大的共相"无",使个体的千差万别都没有了,然后因无可比较的缘故,可以免去许多竞争。《吕氏·春秋贵公篇》有一段逸话道:"荆人有遗弓者,而不肯索,曰荆人遗之,荆人得之,又何索焉。孔子曰去其荆而要矣。老聃闻之曰,去其人而可矣,故老聃至公焉。"这就是从"共相无名"论所发生的普遍主义。然而自相就是共相,共相就是自相,无内的"无"就是无外的"无"。无外的"无"就是无内的"无",同的就是异的,异的就是同的,这不消说是矛盾的,因是矛盾的,所以是圆融的,因是圆融的,所以是绝对的。所以我们接着应该注意一下老家"无"之辩证法。

(三)"无"之辩证法

老家的思想方法,一个是无知,一个是无名,又一个就是"无"之辩证法了。因为中国思想以哲学为代表,哲学方法是如"文化哲学"中所说,是以辩证法为其特色,固之中国思想的各派别,都有辩证法的基础,都以辩证法为其哲学的思想方法,不过依照思想派别的不同,而所用的辩证法亦有不同。如老家为"哲学的宗教化",故其辩证法为"无"之辩证法;墨家为"哲学的科学化",故其辩证法为"有"之辩证法;孔家为"哲学的哲学化",故其辩证法为"生"之辩证法。

"无"之辩证法,本为宗教家所采用,如印度佛教中之一宗派——三论宗,即从"无"之辩证法上立说,所谓"色即是空,空即是色""一即一切,一切即一""非内非外,非一非异,非明非暗,非生非灭,非粗非细,非动非静,非刚非柔,非有相非无相,非非有相非非无相,非有无俱相";似此一切俱非,一切归无所得,《中论》的八不颂,正是"无"之辩证法的实例。老家的辩证法，虽不如佛法真宗教方法的彻底，但其遮拨名相，两是两非的态度，却也是"无"之辩证法的最好例证。如老子对于辩证法的应用，即有三点：第一，"有正必有反"，如说"天下皆知美之为美斯恶己，皆知善之为善斯不善己，故有无相生，难易相成，长短相较，高下相倾，音声相和，前后相随"（二章）。才知美是美的，便有不美的对立；知善是善的，便有不善与善对立；推之一切有无、难易、长短、高下等，都是对待名词；有"有"所以有"无"，有难所以有易，有长所以有短，有高所以有下，有高音所以有低音，有前面所以有后面。第二，"无正必无反"，因有善便有恶，有美便有丑，有贤便有不肖，所以善的美的贤的，便是恶的丑的不肖的根源，如果把这些对应的名词根本取消，不但将恶的丑的不肖的废掉，而且连带地将善的美的贤的，也归于一尽，那么正面的名取消，负面的名也不单独存在了。所以老子说"绝圣弃智，民利百倍；绝仁弃义，民复孝慈；绝巧弃利，盗贼无有"（十九章），只因有圣智，所以生不圣不智的名，有仁义，所以生不仁不义的名，有巧利，所以生不巧不利的名。"无"的辩证法便是从根本上着想，知道反面只是正面的化成，所以要除负面的果，不可不推翻那正面的因。第三，"正即为反，反即为正"，在种种的对待当中，并不是截然相反，因他有互藏交错的性质，彼此可以互相联结，所以老子说"福兮祸之所倚，祸兮福之所伏，孰知其极，其无正；正复为奇，善复为妖"（五十六章）。世间一切对待，仗着达观力看去，都只见得相反相成，如祸由于福，福由于祸，祸福尚且倚伏，可见一切坠于两边的事物，穷其所极，无论善恶、吉凶、大小、长短、强弱、盛衰、动静、内外、邪正、是非，都无何等正确的区别，所以"正复为奇，善复为妖"，所以"唯之与阿，相去几何，善之与恶，相去何若"；这种"万物一体"和"无物不然，无物不可"的理论，走到极端，便成为庄子的不辩主义。《齐物论》说"既使我与若辩矣，若胜我，我不若胜，若果是也，我果非也耶？我胜若，若不吾胜，我果是也，而果非也耶？其或是也，或非也耶？其俱是也，其俱非也耶？我与若不能相知也。……"

因为天上事理，都没有绝对的是非，所以辩论也是徒然。所谓"辩也者，有不见也"（《齐物论》）。"是"和"非是"表面上虽然极端反对，实际上却全然相同，所以"是亦彼也，彼亦是也"（《焦竑笔乘》云此即彼，彼即此），"彼亦一是非，此亦一是非，果且有彼是乎哉？果且无彼是乎哉"(《齐物论》),最好的解决方法,就是"以明"。"教是其所非,而非其所是,莫若以明"(《齐物论》);就是以彼明此,以此明彼的反复相明,于是相对的是和非是(彼),都消失在这个玄中了。庄子有一个专门名词,叫作"两行"。"圣人和之以是非,而体乎天钧,是之谓两行。"(《齐物论》)从两行法看来,就一是一非,两行无穷,"是亦一无穷也,非亦一无穷也";这么一来,争辩也没有了,《逍遥游》篇以"无"之辩证法显其逍遥自得的旨趣,大如鲲鹏,小如蜩鸠,都一样的逍遥自得。《齐物论》篇以"无"之辩证法通贯全篇,如焦竑《庄子翼》卷一所证明"始之以无彼我,同是非,合成毁,一多少,次之以参古今,一生死,同梦觉"这种方法所得到的结论,是"天地与我并生,万物与我为一",这就是哲学家心中最高的"解脱的知识"的境界了。

总之,老家"哲学"的宗教思想方法,虽非纯粹宗教的思想方法,却极接近于纯粹的宗教思想方法。因此当纯粹的宗教思想方法……以般若宗为例……传入中国的时候,起而融会贯通者,亦均为老庄中人,汉代佛教道家,可以相通,故《牟子理惑》篇称释教为"佛道",四十二章经自称佛教为"释道",两晋清谈家以老庄玄学谈佛法,而佛教方面,如安世高、支廉亦以老庄的"无为"译"涅槃"。释道安所谓"以斯邦人老庄教行,与方等经兼忘相似,故因风易行也"。鸠摩罗什以后,僧肇为三论之祖,其所著有《般若无知论》与《涅槃无名论》,而他所用的方法,也正是"无"之辩证法,很可以看出老家思想方法和大乘佛教的思想方法之如何接近了。然而这种接近印度文化的思想方法,虽然很有力地吸引许多中国正统派哲学家的早年思想,然而因其偏于"解脱的知识",也就算不得中国哲学正统的思想方法了。

二、墨家"哲学的"科学方法

次述墨家,墨家的思想方法,接近于西洋的科学方法,故偏向"有知",偏向"实用的知识",虽在墨子书中不少浅薄迷信的话,但在《墨经》里就完全近于科学和逻辑学家的议论。即以墨子为例,他的方法论,也可以看出处处注重知识,接近经验论,怪不得塔尔海姆(Thalbeimer)在《现代世界观》(第十五章)中,直接用他来附会原始的唯物论了。现在试分讲如下:

## （一）有知论

因为墨子具有科学精神，故对于一切事物，要问出"所以然"之道理。《公孟》篇："子墨子问于儒者曰，何故为乐，曰乐以为乐也。子墨子曰子未我应也，今我问何故为室也？曰冬避寒焉，夏避暑焉，室以为男女之别也，则子告我为室之故矣。今我问曰何故为乐，曰乐以为乐也，是犹曰何故为室，曰室以为室也。"这里以造房子为例，要问为什么要造房子，这个疑问的解决，可以说就是科学知识的起源。科学知识是要拿来实际应用的，所以不能应用的，便不是真知识。《贵义》篇说：今瞽曰钜者白也，黔者黑也，虽明目者无以易之。兼白黑，使瞽者取焉，不能知也。故我曰瞽不知白黑者，非以其名也，以其取也。今天下之君子之名仁也，虽禹、汤无以易之，兼仁与不仁，而使天下之君子取焉，不能知也。故我曰天下之君子不知仁者，非以其名也，亦以其取也。

知识不是几句好听的名词，而在实际的应用，这就是实用的知识论，即科学的知识论了。墨子以后，别墨对知识论更有许多发挥，他们看重感官印象的知识，在《墨经》发端，就有四条，告诉我们求知的精确方法。

（1）知材也。（《经上》）

知：知也者，所以知也，而（不）必知。若（眼）。（《经说上》）

（2）虑求也。（《经上》）

虑：虑也者，以其知有求也，而不必得之，若睨。（《经说上》）

（3）知接也。（《经上》）

知：知也者，以其知遇物，而能貌之，若见。（《经说上》）

（4）智明也。（《经上》）

智：智也者，以其知论物，而其知之也著，若明。（《经说上》）

把这四条合看，确含有科学知识论的精神，即因看重感官的印象，所以认那梦境中的知识，不算真知识，所以说"卧知无知也"（《经上》），而真正求知识的心理状态，乃是超出欲恶的淡然状态，所以说"平：知无欲恶也；（《经上》）平：淡然（《经说上》）"，《墨经》又有一段论科学知识很精要的话如下：

> 知：闻说亲，名实合为。（《经上》）
>
> 知：传受之闻也；方不㢓，知也，身观焉亲也。所以谓名也，所谓实也，名实耦合也，志行为也。（《经说上》）

这一段分开来看，上节论知识的来源，共分三种：闻知、说知、亲知。下节论知识的应用，主张真知识须要名实相符，而且有实际的效用，可以表现于行为上的。闻知又分两种：①闻：传亲；（《经上》）②闻：或告之传也，身观焉亲也。（《经说上》）一种是"传闻"，一种是"亲闻"。说知与亲知，一个是推论的知识，一个是感觉的知识，前者譬如隔墙见角而知有牛，隔岸见烟而知有火，这都是由"推论"得知的。所以说"说不㢓说也"。后者全靠五官的亲自经验，所以说："身观焉亲也。"合此三种知识，便是别墨的知识论，也可以说就是接近科学的知识论了。

### （二）有名论

墨家主张知识，当然也看重"有名"，墨子可算是中国第一个给理则学开辟境界的人，他主张"言有三表"《非命上》云：

> 言必立仪，言而无仪；譬犹运钧之上，而立朝夕者也。是非利害之辨，不可得而知也，故必有三表。何谓三表，子墨子言曰有本之者，有原之者，有用之者。
>
> 于何本之？上本之于古者圣王之事。于何原之？下原察百姓耳目之实。于何用之？以发为刑政，观其中国家百姓人民之利，此所谓言有三表也。

这里所谓"仪"就是"理则学"的意思，虽然这理则学的应用，以《明思篇》（下）为证，有如王充《论衡》所说"信闻见于外，不诠订于内，是用耳目论，不以意议也"（《薄葬》），只好说是"不致知的格物"，然而中国理则学的开创，实始于此。墨子以后，名墨派别不同，而俱主张"有名"，惠施、公孙龙"论坚白同异，以为可以治天下"，实即诡辩学派，所谓"名家"。别墨则对诡辩学派主张科学的方法，故对理则学贡献很大。晋鲁胜《墨辩注序》"墨子著书，作辩经以立名本"，我们今读《墨经》四篇及《大取》《小取》二篇，便知别墨的"有名论"和老家的

"无名论",是如何不同了。《墨经》给"名"所下定义:

> 名:达类私(《经上》) 名:物达也,有实必待文名也,命之马,类也。若实也者,必以是名也。命之臧,私也,是名也,止于是实也。(《经说上》)

又《小取》篇:

> 名以举实。

《墨经》上说:

> 举:拟实也。(《经上》)
> 举:告,以文名举彼实也。(《经说上》)

因为老家主张"无名论",所以推到极端,便是"实无名,名无实,名者伪而已矣";墨家主张"有名论",所以要"以名举实,以辞抒意,以说出故"(《小取》),做到"是名也,止于是实也"(《经说上》)。又老家主"实",说"名与身孰亲""大丈夫处其实不居其华";墨家主"名",故"墨子服役者百八十人皆可使赴火蹈刀,死不旋踵"(《淮南子·泰族训》)与"不爱其躯,赴士之阨困"的侠者相同。又因老家主张"无名",当然反对"辩论",说什么"辩无胜""辩也者有不见也";墨家主张"有名",当然主张"辩论",《墨经》上说"辩争彼也,辩胜当也",这是认天下有真是非的,《经下》说"以言为尽誖,誖,说在其言";章太炎先生解道"谓言皆妄,诘之曰:是言妄不?则解矣"。有了"以言为尽誖"的学说,可见别墨的逻辑,也已经到了不可不成立的时候了。《小取》篇说得好:

> 夫辩者,将心明是非之分,审治乱之纪,明同异之处,察名实之理,处利害,决嫌疑焉。摹略万物之然,论求群言之比;以名举实,以辞抒意,以说出故,以类取,以类予;有诸己,不非诸人,无诸己,不求诸人。

至于墨辩的法则，如《小取》篇里面所说的"或""假""效""辟""侔""援""推"等七种，现代学者所说，已经很详细，所以这里也就可从略。

### （三）"有"之辩证法

墨家的思想方法，一个是有知，一个是有名，又一个就是"有"之辩证法了。"有"之辩证法和"无"之辩证法的根本不同，在于"无"之辩证法，为哲学方法之宗教化，"有"之辩证法，为哲学方法之科学化。别墨实验的学问，不但和主张不辩主义的道家不同，且和名家惠施、公孙龙的诡辩主义不同。如公孙龙言"白马非马"，而别墨说"乘白马乘马也"；公孙龙言"狗非犬"，而别墨说"狗犬也"。公孙龙言"坚白石二"，而别墨说"坚白不相外也"。凡此种种可见别墨确实用了科学的方法，所以主张"离同异""合坚白"，名家却实实在在是诡辩学派，所以主张"合同异""离坚白"，而这种"离同异""合坚白"的方法就是所谓"有"之辩证法了。不信，我们可举《小取》篇一段来做证明。那篇说"物或乃是而然，或是而不然"，一个是对的，一个是错的，对的是：

> 白马马也，乘白马，乘马也。骊马马也，乘骊马乘马也。获，人也，爱获，爱人也。臧，人也，爱臧，爱人也。此乃是而然者也。

把三段论法表之：

> （大前提）白马皆马也；
> （小前提）所乘白马也；
> （断案）故所乘马也。

这自然是很合理则的。反之"或是而不然"的，如：

> 获之亲人也，获事其亲非事人也。其弟美人也，爱弟非爱美人也。车木也，乘车非乘木也。船木也，入船非入木也。盗人也，多盗非盗人也，无盗非无人也。……墨者有此而非之，无他故焉，所谓内胶外闭与！……此乃是而不然者也。

这种话自然很中听，所以许多学者都断章取义，把他看作墨学的论证法来讲，其实这些话，都只是"吊诡其辞"，是别墨所极端反对的，所以说"或是而不然者也"。我们再看《荀子·正名》篇也说"杀盗非杀人也，此乃惑于用名以乱名者也"。可见这些诡辩学派不但为别墨所反对，也正是儒家正名学派所不许了。（马骕著《绎史》卷一百四十引《新论》云"龙尝争论白马非马，人不能屈，后乘白马无符欲出关，关尹不听，虽力争其非马而无效"，可见白马非马，只算一种诡辩罢了。）

因为诡辩学派，即当时所谓名家，确欲以他的诡辩来取胜，他的特点，正在于"钩鈲钣析乱"，把诡辩的方法来破坏那无谓的"上下之分"。他不是一般人所认为"辨覈名实，流别等威，使上下之分，不相踰越"（《崇文总目》语）；如果那样，则惠施所说"氾爱万物，天地一体"和那"天与地卑（孙诒让著《札迻》曰卑与比同）山与泽平"都不成话了。我们再平心来看颜师古注引刘向《别录》，说家名毛公九篇是"论坚白异同，以为可以治天下"，再看《公孙龙子·迹府》篇说公孙龙主张"白马非马，欲推是辩以正名实而化天下焉"。他曾劝燕昭王偃兵（《吕氏春秋·审应览》），又和赵惠王论偃兵（同上），可见这一派学者确有以诡辩来实现他理想的意思，我们对他也决不可轻视。我们要细心去研究他们诡辩的方法和这种方法里面所表现的理想，他不是那"叙尊卑，别贵贱"的名家，也和别墨的"有"之辩证法不同，试看我的比较表（见表1），就很容易明白了。

表1　别墨派与诡辩学派观点对比

| 别墨派 | 诡辩学派 |
| --- | --- |
| 1. 厚有所大也。（《经上》）<br>"说厚：唯无无所大。"（《经说上》） | 1. 无厚不可积也，其大千里。（《庄子·天下》） |
| 2. 无穷不害兼，否。（《经下》）<br>"说"无：南者有穷则可尽，无穷则不可尽。有穷无穷未可知，则可尽不可尽未可知。（《经说下》） | 2. 南方无穷而有穷。（《庄子·天下》） |

续表1

| 别墨派 | 诡辩学派 |
|---|---|
| 3. 白马马也，乘白马乘马也。（《小取》） | 3. 白马非马。（《列子·仲尼》）马者所以命形也，白者所以命色也，命色者非名形也，故曰白马非马。（《公孙龙子·白马》） |
| 4. 坚白不相外也。（《经上》）<br>"说"坚：异处不相盈相非。<br>（排）是相外也。（《经说上》）<br>（又）无久与宇，坚白说在盈。（《经下》）<br>"说"无：抚坚得白必相盈也。（《经说下》） | 4. 坚白石三可乎？曰不可。曰二，可乎？曰可。无坚得白，其举也二，举白得坚，其举也二。<br>（《公孙龙子·坚白》谢希深注云：人目视石，但见石之白，而不见其坚。是举所见石与白二物，故曰无坚得白，其举也二矣。人手触石，但知石之坚，而不知其白，是举石与坚二物，故曰无白得坚，其举也二。） |
| 5. 火热说在顿。（《经下》）<br>"说"火：谓火热也，非以火之热我，若有视白。（《经说下》） | 5. 火不热。（《庄子·天下》） |
| 6. 儇秖祇。（《经上》）<br>"说"儇：昫民也。（《经说上》孙校经文当作环俱氐） | 6. 输不辗地。（《庄子·天下》） |
| 7. 知接也。（《经上》）<br>"说"知也者以其知遇物而能貌之若见。（《经说上》） | 7. 目不见。（《庄子·天下》） |
| 8. 所知而不能指，说在春也（释名春之为言蠢也）逃臣，狗犬遗者。（《经下》）<br>"说"若知之则当指之，知告我则我知之。（《经说下》另一条） | 8. 物莫非指，而指非指。（《公孙龙子·指物》）<br>指不至。（《庄子·天下》）<br>有指不至。（《列子·仲尼》） |
| 9. 法所若而然也。（《经上》）<br>"说"法：意、规、圆三者俱可以为法。（《经说上》） | 9. 矩不方，规不可以为圆。（《庄子·天下》） |

续表1

| 别墨派 | 诡辩学派 |
|---|---|
| 10. 动或徙也。(《经上》)<br>"说"动：偏际徙，若户枢它蚤。(《经说下》) | 10. 飞鸟之影，未尝动也。(《庄子·天下》) |
| 11. 知狗而自谓不知犬过也，说在重。(《经下》)(《墨经》有涉于诡辩者，如《经下》"狗犬也，而杀狗非杀犬可也，说在重"，此段按之《经下》则曰："狗犬也，谓之杀犬可。"可见经文有误无疑，此另一条可证。) | 11. 狗非犬(《庄子·天下》) |
| 12. 牛马之非牛，其名不同，说在兼。(《经下》)<br>"说"牛：牛不二，马不二，而牛马二。则牛不非牛，马不非马，而牛马非牛非马无难。(《经说下》) | 12. 黄马骊牛三。(《庄子·天下》，司马彪注云：曰牛曰马，曰牛马，形之三也。) |
| 13. 无不必待有，说在所谓。(《经下》)<br>"说"无：若无焉，则有之而后无。无天陷，则无之而无。(《经说下》) | 13. 孤犊未尝有母。(《庄子·天下》) |
| 14. 非半不斱(取)则不动，说在端。(《经下》) | 14. 一尺之棰日取其半，万世不竭。(《庄子·天下》)<br>有物不尽。(《列子·仲尼》) |
| 15. 影不移，说在改为。(《经下》)<br>按《列子·魏牟》云："说在改也"，可见"为"自成一句，为即伪字。<br>"说"景光至，景亡，若在，尽古息。(《经说下》) | 15. 有影不移。(《列子·仲尼》) |

由表1可以看出，惠施、公孙龙所用的是诡辩方法，别墨所用的是"有"之辩证法。诡辩法的特色，在以有为无，以无为有；"有"之辩证法则完全立于矛盾律（毋相反律）之上，以有为有，以无为无。《墨经》"无问而不相樱，启闭之次，可以无问，而决不能相樱"。这就是说"甲不能为甲，又为非甲"，当然和辩者之徒，"能胜人之口，不能服人之心"的诡辩方法根本不同了。

总之，墨家"哲学"的科学思想方法，虽非纯粹科学的思想方法，却极接近于纯粹的科学思想方法。因此当纯粹的科学思想方法传入中国的时候，墨学也跟着盛极一时，然而这种仅有的科学方法，本质上是和中国文化不相合的，所以在西洋科学文化未输入以前，墨学很早便已中绝。墨学虽然对"实用的知识"，确有相当成绩，如力学中关于重力作用、杠杆原理，光学中关于光之直行、光之辐射、凸球面镜之虚像、凹球面镜影之倒立等等，均已说及，然而正因其偏于"实用的知识"，乃成为西洋文化适例，也就算不得中国哲学正统的思想方法了。

### 三、孔家的思想方法

中国哲学正统的思想方法，即是孔家思想的方法，因为老墨的思想方法，一个偏于"解脱的知识"，一个偏于"实用的知识"，换言之，即前者和印度的宗教文化接近，后者和西洋的科学文化接近。而真正代表中国哲学文化的，却只有孔家思想，真正代表中国思想方法的，当然也只有孔家一派的"本质的知识"了。

#### （一）格物致知论

知识的方法体系，一为老家的"无知论"，接近于"解脱的知识"，其流蔽为"不格物的致知"，一为墨家的"有知论"，接近于"实用的知识"，其流蔽为"不致知的格物"。只有孔家的"无知有知合论"即"格物致知论"这种知识是从体物来的，兼知行，合内外，既不同于虚空寂照的"解脱的知识"，也不同于蔽于唯物的"实用的知识"，乃为一种对于宇宙、人生、社会之"本质的知识"，为明了起见，试列表比较（见表2）。

表2　各家知识论的方法体系

| | 内容 | | | | 代表人物 |
|---|---|---|---|---|---|
| 无知论 | 解脱的知识 | 本体的知识 | 绝对的知识（一） | 不格物的致知 | 老家 |
| 有知论 | 实用的知识 | 现象的知识 | 相对的知识（多） | 不致知的格物 | 墨家 |
| 格物致知论 | 本质的知识 | 现象即本体的知识 | 绝对相对的知识（一多） | 格物致知 | 孔家 |

"无知论"这种知识，不从体物而来，专走顿悟虚玄一路，索索于昭昭灵灵，结果知内而不知外，换言之，即"不格物的致知"。"有知论"这种知识，不能超出感觉经验，仅以知道外物为己足，逐之于纷纷藉藉，结果知外而不知内。王充《论衡·薄葬》篇批评墨家方法云："墨家之议有鬼，以为人死辄为神鬼，而有知能，形而害人，故引杜伯之类，以为效验，儒家不从，以为死人无知，不能为鬼。……事莫明于有效，论莫定于有证，空言虚语，虽得道心，人犹不信……夫论不留精澄意，苟以外效立事是非，信闻见于外，不诠订于内，是用耳目论，不以意义也。夫心耳目论，则以虚像为言，虚像效则以实事为非是，故是非者不徒耳目，必开心意，墨议不以心而原物，苟信闻见，则虽效验章明，犹为失实。……虽得愚民之欲，不合知者之心，盖墨术所以不传也。"这一段话，最可看出墨家方法"不致知的格物"的毛病。反之中国哲学正统的孔家，则"不徒耳目，必开心意"和墨家不同；又"不徒心意，必开耳目"和老家不同，他是主张"格物致知"，兼内兼外的。《大学》告诉我们"致知在格物"是说探求万物本质的实下手处，在格知"物"是什么，是从体物来的，如果抛了格物一段工夫，要在意识的想象上建立一个宇宙本体，那么这个本体，只算一种臆误，只算作弄精神罢了。须知本体不是别的，就是宇宙万物的内在生命，故此格物两字，应该还其为物字，把它改为何字，都是不好；而我们见丰体，也只是就实物当中而穷到极处，识得他破，这就是"致知"，就知道宇宙本质的认识了。因此，格物致知，便成为中国哲学思想方法的康庄大道，更无别径可寻，所谓"孔门心法"便是指此。即在现代中国的文化正统，也断不是离开格物方法而别有授受，别为宗旨。

但话虽如此，孔家的格物致知论，乃是层次的本质知识论，"知者过之，愚者不及"，其高深处，穷究到"宇宙本质的知识"，几和老家，不容易分别。其浅近处，注意到"社会本质的知识"，又和墨家接近。不过最大着力教人的，还在于"人生本质的知识"罢了。即如《大学》"格物致知"一段，孔门学者亦所见不同，宋儒以为理学方法，应用之以求宇宙本质的知识，明儒以为心学方法论，应用之以求人生本质的知识，清儒迄至以为政治哲学的方法论，应用之以求社会本质的知识。然而无论如何，"格物致知"虽然层次不同，而其为"本质的知识"，则始终如一。《大学》以外，孔门经典中以《易经》近于《宇宙本质的知识》，为宋儒思想方法所依据，《中庸》近于《人生本质的知识》，为明儒思想方法所依据，《礼》《春秋》近于《社会本质的知识》，为清儒迄今思想方法所依据，这一点也是值得我们特别去注意的。现在先说关于宇宙本质知识的格物说。

1. 宇宙本质的知识

孔家认识宇宙，非一般"不格物的致知"者，不以感觉为依据，反之，却正是从活的感觉涌现出来的。朱子《大学补传》说得好：

> 凡天下之物，莫不因其已知之理而益穷之，以求至于其极，至于用力之久，而一旦豁然贯通焉，则众物之表里精粗无不到，而吾心之全体大用无不明矣，此谓物格，此谓知之至也。

由此可见，感觉功深力到，便豁然贯通，这时物即我，我即物，滚作一片都没有分别，没有究竟；真如陈白沙所谓"往古来今四方上下，都一齐穿纽，一齐收拾"，这不就是对宇宙本质的认识吗？所以要认识宇宙，就不可不作一段格物工夫，你看《系辞》说的：

> 古者庖犧氏之王天下也，仰则观象于天，俯则察法于地，观鸟兽之文与地之宜，近取诸身，远取诸物，于是始作八卦，以通神明之德，以类万物之情。

这仰观俯察，近取诸身，远取诸物，就是伏羲的格物了。大概中国古代哲人在大自然现象之前，从容潜玩，以直探到处皆有的本体，结果知道本体不是别的，就是这到处皆有的生命之流；一切山川草木都是"生"的化身，从前程明道教人观天地生物气象，陈白沙教人随处体认天理，都是这个意思。《易经》里告诉我们："观其所感，而天地万物之情可见矣""观其所恒，而天地万物之情可见矣""观其所聚，而天地万物之情可见矣"，所说认识，都是就宇宙万物之际观之。罗钦顺《困知记》说得最好："格物之格，是通彻无间之意，盖工夫至到，则通彻无间，则物即我，我即物，浑然一致""心之穷物有尽，由穷之而未至尔，物格则无尽矣，无尽则无不尽矣，夫是之谓尽心，心尽则与天为一矣"。可见这种格物方法，是凡认识的对象都是。如《易经系辞》里所说：

  通乎昼夜之道而知。
  知几其神乎。
  君子知微知彰，知柔知刚，万夫之望。
  易与天地准，故能弥纶天地之道，仰以观于天文，俯以察于地理，是故知幽明之故；原始反终，故知死生之说，精气为物，游魂为变，是故知鬼神之情状。

这种宇宙本质的知识，做到所谓"穷神知化，德之盛也"，却与老家不同，即老家以宇宙之根本为"无知"，孔家则以宇宙之根本为"知"，上看下看内看外看，充塞天地间，莫不是活泼的"知"的本体——"大始之知"，这知是不靠观念和符号直接认识的，所以说到极点，似亦归宿于"不识不知，无声无臭"的境界，然而这种境界是从体物来的，是兼知行合内外的，他所知的对象，不是超出我们意识中的现象世界，而即我们意识中的现象世界便是。

## 2. 人生本质的知识

高深的宇宙本质的知识论，不是任何人都能够领会的，所以说，性与天道，不可得而闻""未知生，焉知死"。孔家着力教人的还在于人生本质的知识。最明显的，就是《大学》一段：

  物格而后知至，知至而后意诚，意诚而后心正，心正而后身修，身修而后家齐，家齐而后国治，国治而后天下平。

这里就是从人生本质的知识说起，依此次序，由格致而诚正，而修齐治平，这便是学者为学次序，也就是中国思想方法的根本路向。因为中国文化的特质，就在"人生"，所以人生本质的知识论，几成为中国思想方法的根本律（或黄金律），而人生之所以为人生，根本又只是一个"诚"字，格致诚正，虽有许多次序，而归本只是要到达一个至诚之境，所以在《大学》的思想方法，也就和《中庸》的思想方法，一脉相通了。王阳明《传习录》卷一道：

澄问《学》《庸》同异，先生曰子思括《大学》一书之义，为《中庸》首章。

《中庸》开头说些什么？

天命之谓性，率性之谓道，修道之谓教。

又说：

自诚明谓之性，自明诚谓之教，诚则明矣，明则诚矣。诚者天之道也，诚之者人之道也。

"诚之"就是修道的方法，所以又说"诚之"道：

诚之者择善而固执之也，博学之，审问之，慎思之，明辨之，笃行之。

因为人们程度不同，所以又分作三个"修道"的阶级：

或生而知之，或学而知之，或困而知之，及其知一也。或安而行之，或利而行之，或勉强而行之，及其成功一也。

在这里博学、审问、慎思、明辨、笃行，正是《大学》里面格物致知的一段工夫，虽因人们程度深浅不同，有生知安行，学知利行，和困知勉行之不同，而"及其成功一也"。

3. 社会本质的知识

《大学》这部书，方法明白，条理清楚，不但告诉我们人生本质的知识，更注重于社会本质的知识。《大学》开宗明义便说"大学之道，在明明德，在亲民，在止于至善"，这里以欲明明德于天下，为《大学》宗旨，便是从人生本质的知识，说到社会本质的知识了。最明白的，是下面一段：

古之欲明明德于天下者，先治其国；欲治其国者，先齐其家，欲齐其家者，先修其身，欲修其身者，先正其心；欲正其心者，先诚其意，欲诚其意者，先致其知，致知在格物。

这就是从社会本质的知识说起。国父孙先生称之为"我们政治哲学的知识中独有的宝贝"。《民族主义》第六讲说：

孔家最有系统的政治哲学，在外国的大政治家还没有见到，还没有说到那样清楚的，就是《大学》中所说的格物、致知、诚意、正心、修身、齐家、治国、平天下那一段话，"把一个人从内发扬到外，由一个人的内部做起，推到平天下止"。

到了"天下平"始达于至善之境——大同世界，这种社会本质的知识论，实为中国思想方法的特色，怪不得，孙中山先生要大加赞叹不止了。

由上所述，可见孔家的格物致知论，实即本质的知识论，可分三种：①宇宙本质的知识；②人生本质的知识；③社会本质的知识。而以社会本质的知识论，为中国现代思想方法的代表，应用于现代的中国。

## （二）正名论

孔家主张"格物致知"便须靠"正名"的帮助。宇宙间天地万物，虽然头绪纷繁，原来却有系统条理可寻，如天高地下，山峙川流，大的小的，动的静的，宇宙万物莫不有"象"，即莫不有"名"的作用，在使宇宙万物，各归其"类"。《易经同人象》曰："君子以类族辨物"，《系辞》说"方以类聚"，讲到"类"都是代表全称的，A物之相肖似的，即把一个"类"包括他。有"类"便有表白他的界说，就是"名"。所以"名"

和万象是互相顺应而发展,《系辞》说"名"的起源是:

> 乾坤其易之门邪？乾阳物也，坤阴物也。……其称名也杂而不越，于稽其类，其衰世之意邪。
>
> 夫易彰往而察来，而微显阐幽，开而当名辨物，正言断辞则备矣。其称名也小，其取类也大。

自有宇宙以来，便有万物错杂，因错杂中要有分别，所以有名，然考名的由来，又实发源于"不可名"，所以称名还是"衰世之意"。《论语》曰"子曰大哉尧之为君也，巍巍乎唯天为大，唯尧则之，荡荡乎民莫能名焉"。又曰"泰伯其可谓至德也已矣，三以天下让，民无得而称焉"。这统是赞叹不置，以无可名为合于至德，但又和老家主张的"无名论"不同。墨家主张"以名举实"，孔家主张"当名辨物"似属相同，然孔家实为"无名论"与"有名论"之综合，此其特点。

"正名论"和"无名论"与"有名论"均不相同，他所注重的，不是"实"，也不是"名"，却是"名"与"实"之中间的关系。"无名论"主实不主名，看重个体，轻视社会（《老子》四十四章"名与身孰亲"即其明证）。"有名论"主名以举实，看重社会，轻视个体（墨子"兼爱"，注重"国家百姓，民之利"，别墨主张"为身之所恶，以成人之所急"均其明证）。"正名论"则"名""实"并重，看重社会，亦看重个体（孔家主张差别之"爱"，又"邦有道则仕，邦无道则隐"均其明证）。又同在主名主义中，墨家"以名举实"，旨在事实的真实，是接近科学的方法论；孔家"当名辨物"，旨在意义的真实，乃是哲学的方法论。例如赵盾杀君，明是赵穿弑君，天子狩于河阳，明是晋文公召周天子，此亦可见《春秋》"正名"的方法，毕竟和墨家科学的逻辑不同，墨家的"有名论"，并无"意义"存在，孔家的正名，则包含深意大义，所谓"其事齐桓晋文，其文则史，其义则丘窃取之矣"。《论语子路》篇，对"正名主义"发挥得很透彻:

> 子曰必也正名乎……名不正则言不顺，言不顺则事不成，事不成则礼乐不兴，礼乐不兴则刑罚不中，刑罚不中，则民无所措其手足。故君子名之心可言也，言之必可行也，君子于其言，无所苟而已矣。

又：

> 齐景公问政于孔子，孔子对曰君君，臣臣，父父，子子，公曰信如君不君臣不臣父不父子不子，虽有粟，吾得而食诸？

又如"政者正也""仁者人也"，诸如此类，均以标准的名词，提高实际生活的意义，在"相人偶"的生活中，如父慈、子孝、兄良、弟悌，只"慈"字便代表父对子的大调和了，"孝"字便代表子对父的大调和了。凡厚薄亲疏，都各有节文，便各有名教。人之所以为人，不是如墨家者流，所认为"两手两脚的动物，就算一个人"，他必须以"仁"为其根本内容，所以"杀身成仁"，就是"杀身成人"，懂得那个"仁"字，才懂得这个"人"字。

同理"政者正也，子率以正，孰敢不正"（《论语·颜渊》），懂得那个"正"字，才懂得这个"政"字，孟子"无父无君，是禽兽也"，则认为无父无君者为非"人"，可见孔家言"名""实"相符，必须"名"与"名"之意义相符，这当然和墨家只注重"名"与"实"之相"合"，如"狗，犬也"那样的形式逻辑不相同了。

### （三）"生"之辩证法

孔家的思想方法，一个是格物致知论，一个是正名论，又一个就是"生"之辩证法了。辩证法原为哲学的思想方法，换言之，即中国哲学的思想方法，然而老家以哲学而接近宗教，故所成就，为"无"之辩证法，墨家以哲学而接近科学，故所成就，为"有"之辩证法。只有孔家，形成中国之哲学文化，故所成就为"生"辩证法。"生"之辩证法就是"无"之辩证法与"有"之辩证法的综合，其逻辑形式，即"有，无也"的公式，和墨家所用的形式逻辑"有，有也"的公式不同，也和老家所用的虚无逻辑，推到超越有无的"无之又无"的公式不同，他是主张"有无合论"的生命辩证法的。生命辩证法现见得天地万物的本体——生命——是永远在那里变化，没有间断的，好像滔滔不绝的流水一般。《论语》上说：

> 逝者如斯夫！不舍昼夜。——程子注曰：此道体也。天运而不已，日往而月来，寒往则暑来，水流而不息，物生而不穷，皆与道为

体，运乎昼夜，未尝已也。

生命只是浩浩无穷，在发用流行中，一动一静，才静便动，永远没有休息时期，所以复卦，言反又言复，终便有始，循环无穷，而根本只是"生"之一动。《系辞》说："一阴一阳之谓道。"一阴一阳，即是生生不息，所以《系辞》说：生生之谓易。

生命之流无独必有对，天地间更有何事，原不过一关一辟，一往一来，一屈一信，一寒一暑而已，而总括起来，只是个自然感应之理，只是一感一应而已。屈以感伸，伸为应，伸又感屈，屈为应，屈又感伸，伸又感屈，屈信相感，以互相关系于无穷，这便是"生"之辩证法。《系辞》传说"原始要终"，说"一阖一辟谓之变，往来不穷谓之通"，说"日往月来，月往日来，寒往暑来，暑往寒来"；《说卦传》说"分阴分阳，迭用柔刚"；《序卦传》说泰否，说剥复，说损益，说既济未济，这都告诉我们变化的样式，永远是一阴一阳永远的流行，即由"正"而"反"复为"合"，若以术语表之，即"一阴一阳之谓道"。原来宇宙间万事万物的运行，莫不随同一必定的继续不断的进化，所以自然有个法则，也少不得这法则，《周易》说一阴一阳正是从法则里去显示其调和之内的自由罢了。因为变化是不间断的，也没有部分的，然而表示出来却自有这一阴一阳为绝对的本体的两意味而存在。只这两意味，上下左右推之，固然相反而即是相成，贯彻古今，绵亘天地，无限事情都从此出。这就是所谓"生"之辩证法了。把"生"之辩证法来和"无"之辩证法比较，则"无"之辩证法，未免着空；把它来和"有"之辩证法比较，则"有"之辩证法，未免着有。只有"生"之辩证法不着空有，充满着生命、绵延、情感、谐和的节奏，只有这种思想方法，才可以充分代表中国哲学思想伟大综合的精神。

总结起来，中国以哲学方法代表思想方法，而中国哲学思想方法之三大派别，老家接近宗教之"解脱的知识"，和印度思想方法可相调和，但非中国思想方法的代表。墨家接近科学之"实用的知识"，和西洋思想方法可相调和，但亦非中国思想方法的代表。而真正充分表现出中国思想方法的，原来只有孔家的"本质的知识"。孔家的思想方法，一为格物致知论，为老家"无知论"和墨家"有知论"之综合；二为正名论，为老家"无名论"和墨家"有名论"之综合；三为"生"之辩证法，为老家

"无"之辩证法和墨家"有"之辩证法之综合。所以从知识论、名象论、辩证论上观察，都可以发现，真正代表中国思想方法的，只有孔家的哲学方法；只有孔家的哲学方法，乃为中国思想方法的基本原型。

# 中国人性论史[①]

导言　问题的提出

一　人性论的体系——无性论——性恶论——性善论——马基雅维利的影响——"人"的文化——中国人性论史表

二　人性论的胚胎期——"生"之性善说——人性善说——性善即情善说——形色善说——"恶"的问题

三　人性论的过渡期——汉代阴阳家的性说——魏晋玄学家的性说——南北朝隋唐佛家的性说——过渡期的儒家

四　人性论的发展期——发展期的过渡阶段——宇宙观的性善说——人生观的性善说——社会观的性善说

五　人性论的新发展——孙文学说论进化——生元论——人性的长成——互助与竞争——大同的政治理想

人类之进化原则与物种之进化原则不同，物种以竞争为原则，人类则以互助为原则。(《孙文学说》)

一

世界文化有三大体系：一是宗教文化，二是哲学文化，三是科学文化。宗教文化以印度为代表，哲学文化以中国为代表，科学文化以西洋为代表。同样，人性论的派别亦有三大家：一是性无说，为宗教家所主张；二是性善说，为哲学家所主张；三是性恶说，为科学家所主张。依文化地理上之分布，人性论之体系如下所示。

---

[①] 本篇原题为《三民主义人生观的基本问题》，作于1942年，原载《民族文化》第二卷第五、六期，由作者编入《比较文化论集》(1949年)；收录于《朱谦之文集》第七卷，福建教育出版社2002年版。

$$
\text{人性}\begin{cases} \text{有性论}\begin{cases} \text{性善论}\text{——中国}\text{——王道} \\ \text{性恶论}\text{——欧洲}\text{——霸道} \end{cases} \\ \text{无性论}\text{——印度} \end{cases}
$$

性无说，以印度的宗教文化为代表。佛家言性，非色非空，非自非他，非内非外，非能非所，非体非用；似此一切俱非，空无所有。故鸠摩罗什谓"法无定相，相由感生；即谓法无自性，缘感而起"。又谓"大乘法中的幻花水月，但诳心眼，无有定法"。无有定法，即是性空，所以慧远作法性论，谓"本无与法性，同实而异名"。这既以无性为真实自性，即不能说是人性论了。性恶说以西洋的科学文化为代表，达尔文的物竞天择学说即是。法人哥宾谓"万物之中，人为最酷"，叔本华更从生物学上加以例证，"蜻蜓蝴蝶，与人无争也；扑之以供娱乐，诘之则曰将为标本"。如此则人性之恶，可谓信而有征了。然而最可注意的，却是马基雅维利（Machiavelli）所著《霸术》（The Prince）一书。此书主张王权高于一切，王者只要有权在手，便可为所欲为。影响所及，在十六七世纪为马基雅维利派之君主专制（如查理五世、路易十四、腓特烈大帝，见 Wells《世界史纲》第三十五章第三节）；在 19 世纪以后，则为马基雅维利式帝国的外交政策，形成近代的帝国主义（同上，第二十九章第四节）；在现代则以法西斯主义的形态而出现。马基雅维利主义的特点，在主张性恶。《霸术》第五章告诉执政者："必须心中存着人性本恶的念头；一过适当的倾向，就发挥他们恶的本质。"第十七章更把人性本恶的思想，发挥得很透彻。

马基雅维利影响于墨索里尼，墨氏所著《马基雅维利论》，即是肯定马基雅维利的性恶论，这在今日，更较四百年以前，来得有生气的（参见《日本内幕》第十五章）。墨氏为《霸术》作序，公开地说："人完全是败德的动物，……任何统治的方法都是合理的，……因为假如没有一个暴君，一个国家就要陷入无政府，无政府比暴君还要坏得多。"（参见《法国的悲剧》，汉译本第 142 页）。因为人性皆恶，所以残酷的战争是必要的。法西斯教育"小学生左手执书，右手执枪"，正是马基雅维利的信徒；而墨索里尼的衣钵，传至希特勒，再传于日本军阀，使日本发明侵略中国的"不宣而战"。这便是中国古话,所谓行霸道;所以,孙中山先生说:"欧洲的文化,是霸道的文化。"

但是人性论终竟是人性论,而非兽性论。人性中虽如鲁滨孙所说,有其历史层,即兽性、童性与蛮性的遗传。然而人性终竟出于此历史层以外,另有其高尚的善性。这高尚的善性,却只有"人的科学"才能充分了解。"物的科学"所用的方法,只可以理解"物质",决不能理解"人性"深处;当科学以人性为研究对象之时,即是将"人性"当作"物质"看,将"人"当作"动物"看。而不知人性问题是属于"人的科学"问题,只有人生哲学家才能对人性有真切的理解,才能分别人类的进化原则与物种的进化原则的不同。在这一点,数千年来代表哲学文化的中国先哲已有很重大的贡献。因为中国文化乃所谓"人"的文化,"人"的文化的特点在主张性善;所以中国正统哲学,无不说性善,因性善故主张和平,反对侵略,这即是中国古话所谓行王道。尤其是孙中山先生以进化论的眼光论性,可以说是中国现代哲学文化的代表,同时即是王道文化的代表;对于数千年来人性的传统问题,可以说是完全解决,而且已达到理论与实践之统一的地步了。为明了这个人性问题,三民主义人生观的基本问题,在中国正统哲学自古迄今发展的全貌,以便讨论时有一个轮廓起见,我试做一表(见表1)。

表1 中国正统哲学发展全貌

| | 胚胎期 | 过渡期 | 发展期 | | |
| --- | --- | --- | --- | --- | --- |
| | | | 宇宙观的人性说 | 人生观的人性说 | 社会观的人性说 |
| 代表人物 | 孔子《论语》《系辞》子思《中庸》《孟子》"滕文公""告子"(《荀子·性恶》) | 吕氏春秋 董仲舒《春秋繁露》杨雄 王充 班固 韩愈 皇甫持正 杜牧之 | 周濂溪 程明道 张横渠 朱晦庵 陆象山 | 王阳明 王龙溪 周海门 许敬庵 顾泾阳 高景逸 刘蕺山 | 黄梨洲 王船山 颜习斋 李光地 戴 震 焦 循 阮 元 陈 澧 孙中山 |

续表1

| | 胚胎期 | 过渡期 | 发展期 | | |
| --- | --- | --- | --- | --- | --- |
| | | | 宇宙观的人性说 | 人生观的人性说 | 社会观的人性说 |
| 根本思想 | "天地之性，人为贵。""人皆有不忍人之心"，"人无有不善"。 | "性无善无不善。""人性善恶混。""性可以为善，可以为不善。" | 理——性<br>理善气恶说<br>理即善说 | 心——性<br>道心善人心恶说<br>心即善说 | 情——性<br>人性善物性恶说<br>情即善说 |
| 时代 | 先秦时代 | 秦汉—唐 | 宋代 | 明代 | 清—现代 |

## 二

人性问题，乃是中国文化问题；而性善说，却即代表中国文化的传统精神，在中国哲学体系尚未完成以前早已经发生了。我们细看性善说在中国思想史上的胚胎时期，可分为三小段。

（1）诗人时代——《蒸民》。

（2）孔子——《易·系辞》《论语》。

（3）孟子——《孟子·告子篇》《滕文公篇》。

《孟子·告子篇》上称："孔子读诗至'天生蒸民，有物有则，民之秉彝，好是懿德。'而叹曰：'为此诗者，其知道乎？'"可见这首《蒸民》的诗，实是中国性善说的起源。从此以后，性善性恶虽成为中国哲学争论的问题，但正统派里没有一个不抱"性善"的见解。试以中国哲学文化的元祖孔子为例，他即很明显地提出人性善的主张。孔子在《论语》上说："性相近也，习相远也。"王阳明《传习录》谓："夫子说性相近，即孟子说性善，不可专在气质上说；若说气质，如刚与柔对，如何相近得？唯性善则同耳。人初生时，善原是同的。但刚者习于善则为刚善，习恶则为刚恶；柔者习于善则为柔善，习于恶则为柔恶。便日相远了。"戴东原《字义疏证》谓："论语言相近，正见人无有不善；若善不与善相反，其违已悬绝，何近之有？分别性与习，然后有不善，而不可以不善归性。凡得善失养及陷溺梏亡，咸属于习：至下愚之不移，则生而蔽锢，其明善也难，而流为恶也易。"

《雍也篇》云:"人之生也直。"顾亭林《日知录》卷七曰:"论语曰:人之生也直,与孟子之说同。"刘宝楠《论语正义》曰:"直,诚也。"

在《周易》里,孔子对性善的讲法更多。《系辞》云:"一阴一阳之谓道。继之者善也,成之者性也。"张横渠《易说》曰:"言继继不已者善也,其成就者性也。"游荐山《话解》曰:"孔子之言性,有以其本言之者;若继之者善,成之者性是也;……孟子亦然,其道性善深讨其本也。盖道之在天地,则播五行于四时,百物生焉,无非善者也,无恶也。故曰:继之者善也。"杨龟山曰:"继之者善,无间也;成之者性,无亏也。"朱晦庵曰:"流行造化处是善,凝成于我者即是性;继是接续绵绵不息之意,成是凝成有主之意。"

《系辞》又云:"成性存存,道义之门。"朱晦庵《语录》曰:"只是此性,万善完具,无有欠阙,故曰成性。""成性犹言见成的性,这性元自好了,但知崇礼卑,则成性便存存。"《易》说:"成性是不曾作坏的。存谓常在这里,存之又存。"文言云:"元者善之长也。"程明道曰:"大地之大德曰生。天地纲缊,万物化醇。生之谓性。万物之生意最可观。此元者善之长也,斯所谓仁也。"

在这里最可注意的,即"生"之性善说,换言之,即"生"即"性"。"生"即"善"说:充塞宇宙都是这活泼的"生命之流"。无思无为,随感而应,无不恰好;万物赖以化生,天地赖以流行。千变万化,无往非善,故《易·系辞》曰:"天地之大德曰生。"德即是善,就是"天地之大善曰生"。所以说"一阴一阳之谓道,继之者善也,成之者性也"。杨龟注:"继之者善,无间也;成之者性,无亏也。"善是不间断的意思,不断的生命之流,即是不断的善性之实现。至云"元者善之长",程明道注最可玩味:"生之谓性,万物之生意最可观;此元者善之长也,斯所谓仁也。"生是天地的大德,生就是性,就是善,故孔子说人性善。

孟子哲学是继承孔子性善说的。《滕文公·上》说:"孟子道性善,言必称尧舜。"《荀子·性恶篇》也说:"孟子曰人之学者其性善。"可见"性善说"确是孟子哲学的根本观念。孟子学问很受子思《中庸》的影响,而《中庸》开章明义说:"天命之谓性,率性之谓道,修道之谓教。"这完全是性善派的口吻。"性"是自然而然的,本来增减不得,所以圣人率性而行,便是道了,圣人以下修道而学便是教了。然性道教根本只是一个"诚"字。性之所以为性，只是其心纯乎自然而没有一点造作杜撰，这便是真诚恻怛的一点"情"，便即是诚。所以说："自诚明谓之性，自明诚谓之教；诚则明矣，明则诚矣。"孟子本之，更把性善发挥得极为彻底。在孟子当时有几家论性的学说，孟子都一一驳倒他。

《告子·篇上》说："公都子曰：告子曰：'性无善无不善也。'或曰：'性可以为善，可以为不善；是故文武兴则民好善，幽厉兴则民好暴。'或曰：'有性善，有性不善：是故以尧为君则有象，以瞽瞍为父而有舜，以纣为兄之子且以为君，而有微子启、王子比干。'今日性善，然则彼皆非与？"

在这里，有告子性无善无不善说，公孙尼子世硕性可以为善，可以为不善；有性善有性不善说（《论衡·本性篇》）。但孟子总答这三派，而提出性善说的三点根本主张。

（1）人性善说。孟子要分别出哪是人性，哪是犬牛动物性。"告子曰生之谓性。孟子曰生之谓性也，犹白之谓白与？曰：然……白雪之白，犹白玉之白与？曰：然。然则犬之性犹牛之性，牛之性犹人之性与？"孟子是抱着人性中心论的，所谓"天地之性人为贵""人受天地之中以生"，动物有动物的性，人有人的性，不能够等量齐观。人性是善的，动物的性未必是善的。

（2）性善即情善说。孟子所谓性善，是指着人人本有的"情"；故不但性善，即情也善。《孟子·告子篇》①云："乃若真情，则可以为善矣，乃所谓善也。若夫为不善，非才之罪也。"

这里所谓"才"，是指与人生俱来的本体。因本体是真诚恻怛的，便叫作"情"，本体是不会错的，所以"不为善非才之罪"。"情""性""才"指着同一的东西，"情"和"性"是异名而同实。性外无情，情外无性；性即是情，情即是性。这个道理，虽然让宋儒大大地误解，但明季以后的学者，都没有不知道孟子是即情言性的。我们可以略举刘蕺山等的见解为例。孟子曰：乃若真情则可以为善矣，何故避性字不言，只为性不可指言也。盖曰：吾就性中之情蕴而言，分明见得是善；今即如此解，尚失孟子本色，况可以情验性乎！何言乎情之善也？孟子言此恻隐心就是

---

① 原刊作《孟子·公都子篇》，但《孟子》无"公都子篇"，此语在《告子篇》。——编者注

仁，何善如之。仁义礼智，皆生而有之。所谓性也，乃所以为善也。指情言性，非因情见性也；即心言性，非离心言善也。后之解者曰：因所发之情，而见所存之性；因所情之善，而见所性之善。岂不毫厘而千里了。(《明儒学案》卷六十二，蕺山学案）孟子明言其情可以为善，宋儒却说情恶；甚至论气质之性，并性亦谓有恶。非孟子之罪人与？（颜元：《四书正误》卷六）孟子曰："乃若其情，则可以为善矣。"又曰："若夫为不善，非才之罪也。继又云："人见其禽兽也，而以为未尝有才焉；是岂人之情也哉？孟子言性而及情，情犹性也。"（惠栋：《周易述易微言》）。

（3）形色亦善说。孟子把性看作人人具有的本能，不特情善，而且连形貌都是天性。《孟子·尽心上》云："形色，天性也。"顾泾阳对此解释得最好："孟子不特道性善，且道形善，所谓形色，天性是也。情之虚明湛寂不待言，形则不免重滞矣；由孟子言之，都是虚明湛寂的。何者？以肉体观，通身皆肉；以道眼观，通身皆道也。象山每与人言尔目自明，尔耳自聪，亦是此意。"（《明儒学案》卷五十八）至戴震在《孟子字义疏证》上说："孟子之所谓性，即口之于味，目之于色，耳之于声，鼻之于臭，四肢于安佚之谓性。"

这也是本诸孟子性善说的。人性本都是好的，虽然流而为恶；而这天植灵根，依然存在，这就是孟子性善的论证。由此论证，即是得下面的结论："人之所不学，而能者，其良能也；所不虑而知者，其良知也，孩提之童无不知爱其亲者。及其长也，无不知敬其兄者。亲亲仁也，敬长义也。"（《孟子·尽心章上》）但是人性皆善，为什么见得有善有恶呢？孟子的答案，认为：

第一，善是由于生命的扩充。《孟子·公孙丑上》说："人皆有忍人之心……无恻隐之心非人也，无羞恶之心非人也，无辞让之心非人也，无是非之心非人也。恻隐之心，仁之端也；羞恶之心，义之端也；辞让之心，礼之端也；是非之心，智之端也。人之有是四端也，犹其有四体也。"人生原来是善的，然这"善"如果不扩充它，生机便受了浊气间隔，就不得不谓之"恶"了。所以《孟子·公孙丑上》又谓："凡有四端于我者，知皆扩而充之矣。若火之始然，泉之始达。苟能充之，足以保四海；苟不充之，不足以事父母。"人性本来是好的，只有极端发挥它的本性，即所谓"能尽人之性"，自有一天，能成为完全的人物了。反之，如果不能扩充下去，便是生机遮蔽不通，结果便走不通，这就是恶。《孟子·尽心章上》谓:"尽其心者,知其性也。"谢上蔡《孟子·语录》释云:"问:孟子言尽其心者知其性,如何是尽其心?曰:昔有人问明道先生,如何斯可谓恕心?先生曰:"扩充得去,则为恕心。如何是扩充得去的气象?曰:天地变化草木蕃。扩充不去将如何?曰:天地闭,贤人隐。此可以见尽不尽矣。""善"是能扩充得去的;但那不能扩充得去的,只有在不断活动当中,才有一毫倚着。有一毫扩充不去,便是"恶"了。所以学问之道,只要扩充得去。《孟子·告子上》云:"学问之道无他,求其放心而已矣。"这句话的根本意思,就是要求扩充,《击壤集》注:"孟子云:求放心。邵子云:心要放。放之则弥六合,徒卷而不能放,焉能与天地合德?"如果能够就四端——仁义礼智而扩充之,便活泼地生命流行,即是不断的善性之实现了。

第二,"恶"是由于生命的间断。关于恶的来源,有以下四种说法:①习染说。王阳明《传习录》云,"人初生时,善原是同的。但刚者习于善则为刚善,习于恶则为刚恶;柔者习于善则为了柔善,习于恶则为柔恶。便日相远了。"②过不及说。黄梨洲《孟子师说》云,"刚柔皆善,有过不及则流为恶;是则人心无所为恶,止有过不及而已。"③反覆说。《象山语录》云,"有善必有恶,其如反覆手。然善却是本然,恶却是反之方有。"《明儒学案》卷三魏庄渠云,"只因气质反了这善,便生出恶。善之本体,不能自如;若能反转那恶,依旧是善。"④智愚说。戴震《孟子字义疏证》云,"人虽有智有愚,大致相近,而智愚之甚远者盖鲜。智愚者远近等差殊科,而非相反。善恶则相反之名,非相近之名,知人之成性,其不齐在智愚,亦可知任其愚而不学不思,乃流为恶。愚非恶也,人无有不善明矣"。

由上解释"恶"的问题,其说都是本于孟子,都说得通,只可惜忘掉了一个很重要的观念,就是孟子所谓善,是有绵延不息的意思。生命之流就是善,不善由于不动,由于不能扩充。

三

人性论史的过渡期,由战国到汉唐,差不多一千多年,在中国哲学史上没有什么成就,故关于人性方面,也杂而不纯,而追源论祖,却不能不溯到最极端的荀卿的"性恶论"了。他驳孟子的性善说,认为"人之性恶,其善者伪也"。又说:"孟子曰人之学者其性善,曰是不然;是不及知人之性,而不察乎人之性伪之分者也。凡性者天之就也,不可学,不可事;礼义者圣人之所生也,人之所学而能,所事而成者也。不可学,不可事,而在人者谓之性;可学而能,可事而成者谓之伪。是性伪之分也。"

"孟子曰人之性善,曰是不然。凡古今天下之所谓善者,正理平治也;所谓恶者,偏险悖乱也。故善恶之分也已。今诚以人之性固正理平治邪?则有(又)恶用圣王,恶用礼义矣哉?"

由此,荀子驳孟子的性善论有两点:①孟子说学以成天性之善;荀子说学是学圣人做出来的礼义。②孟子说人性本善,失性而为恶;荀子谓恶乃本然,善是离了质朴的性才有。这个分别很重要。因为人性皆善,所以主张民主,看重自由;因为人性皆恶,所以主张君主,倾向专制,其流弊就成为法家的思想了。如韩非子不重仁义而重强权,这位中国的马基雅维利,就是荀卿的高足。他受的是性恶说的影响,并且引了许多历史上的事实来证明人性是顶坏的。"父母之于子也,犹用计算之心,而况无父之泽乎。"(《六反篇》)这真是性恶说之极端的了!自此以后,一直到了唐代,中国的人生哲学都是受荀子的影响,如吕不韦辑智略士作的《吕氏春秋》总算是兼合阴阳儒墨名法了,而在《仲夏纪·大乐篇》却说:"始生者天也,人无事焉。天使人有欲,人弗得不求;天使人有恶,人弗得不辟。欲与恶所受于天也,人不得兴焉。"这把欲与恶认为本有的东西,就是性恶的一个好例。自汉至唐,中间一千年的人性论,可以三派代表之。

### (一)汉代阴阳家的性说

这时以阴阳五行灾异之说最为有力,人性论也受其影响。例如:

董仲舒的《春秋繁露》。王充《论衡》批评他云:"董仲舒览孔孟之书,作情性之说。曰天之大经,一阴一阳;人之大经,一情一性。性生于阳,情生于阴;阴气鄙,阳气仁。曰性善者,是见其阳也;谓恶者,谓见其阴也。董仲舒之言,谓孟子见其阳,荀卿见其阴也。……"至董仲舒之说,据《春秋繁露》有如下一段:"身之有性情也,若天之有阴阳也;言人之质而无其情,犹言天之阳而无阴也。……性如茧如卵,卵待覆而为雏,茧待缫而为丝,性待教而为善。……天生民性。有善质而未能善,于是为之王以善也,此天意也。民受未能善之性于天,而退受成性之教于王,王承天意,以成民之性为仁者也。"董氏又说:"性比于禾,善比于米;米出禾中,而禾未可全为米也。善出性中,而性未可全为善也。今谓性已善,不是无教而任其自然。……且名者性之实;实者性之质;无教之时,何遽能善。民之号取之瞑也,使性而已善,则何故以瞑为号。"董氏分明是从性阳情阴说,而倾向于性不善说了。

班固的《白虎通义》云:"性者阳之施,情者阴之化也。人禀阴阳气而生,故人怀五性六情。情者静也,情者生也,此人所禀六气以生者也;故《钩命诀》曰:情生于阴,欲以时念也;性生于阳,以理也。阳气者仁,阴气者贪;情有利欲,性有也。"照班固说来,"性"与"情"相为表里,而性善情恶。所谓"情"是什么呢?依荀子所下"情"的定义:"性之喜怒好恶哀乐谓之情。"那么情恶不就是性恶么?许慎《说文解字》:"情,人之阴气有欲者。"情恶又即是欲恶了。

刘向在《说苑》《新序》均未论性,唯荀悦在《申鉴·杂言篇》引刘氏的话:"性情相应,性不独善,情不独恶。"而王充《论衡·本性篇》又引刘氏的话:"性生而然者也。在于身而不发;情接于物而然者也,出形于外。形外则谓之阳,不发则谓之阴。"这里主张"情阳性阴"之说,似与《白虎通义》"情阴性阳"之说相反,然以阴阳论性都是一样的。

扬雄的《法言·修身篇》:"人之性也善恶混,修其善则为善人,修其恶则为恶人;气也者,所适于善恶之马也欤!"这还是"告子"性恶说的继承者,而"气也者所适于善恶之马"一语,仍是阴阳家"阴气""阳气"的说法。

王充的《论衡》在驳董仲舒说中有云:"天人情性,俱出于阴阳。其出于阴阳,有湿有泊;玉生于石,有纯有驳。情性于阴阳,安能纯善,仲舒之言,未能得实。"在王氏自己,便主张:"人性有善有恶,犹人才有高有下也。高不可下,下不可高,谓性无善恶,是谓人才无高下也。"(《本性论》)所以他最佩服世硕公孙尼子之说。认为:"自孟子以下至刘子政,鸿儒博士,闻见多矣;然而论情性者毫无定是,唯世硕公孙尼子之徒,颇得其正,由是言之,事易知,道难论也。"

### (二) 魏晋玄学家的性说——魏晋时代

老庄学说盛行,道家思想弥漫天下,稍倾向于无性说。

王弼的《老子注》。王弼以自然为性说:注《老子》"道法自然"句(二十五章)云:"道不违自然,乃得其性。"又注"为者败之,执者失之"(二十九章)句云:"万物以自然为性,故可因而不可为也,可通而不可执也。物有常性而道为之，故必败也；物有往来而执之，故必失也矣。"

嵇康的《难张辽叔自然好学论》。嵇康认为人性好安恶危，好逸恶劳；不去扰他，不去逼他，自然能顺其性。他说："夫民之性好安而恶危，好逸而恶劳，故不扰则其愿得，不逼则其志从。……六经以抑引为主，人性以从欲为欢；抑引则违其愿，从欲则得自然。然则自然之得，不由抑引六经；全性之本，不须犯情之礼律。"那么，人性是从欲而得自然的。抑引六经则犯性，导诸礼律则犯情，都不是全性的办法。这种见地，和荀子所说"其为善者伪"相近。

鲍敬言的自然性说。《抱朴子》在《诘鲍篇》引鲍敬言的话："夫混茫以无名为贵，群生以得意为欢。故……促辔衔镳，非马之性；荷轭运重，非牛之乐。……以饰无用。捕飞禽以供华玩，穿本完之鼻，绊天放之脚，盖非万物并生之意。……夫死而得生，欣喜无量，则不如向无死也；让爵辞禄，以钓虚名，则不如本无让也。天下逆乱焉，而忠义显矣；六亲不和焉，而孝慈彰矣！"（《抱朴子·外篇》卷四）这种顺性为贵的自然性说，完全是从无名主义中演绎出来的。故礼乐制度，是性恶的根源；法乎自然，才是全性完朴的彻底办法。结果他便极倾向于"古之世，无君无臣。穿井而饮，耕田而食；日出而作，日入而息。泛然不素，恢尔自得；不竞不营，无荣无辱"的无政府境界了。

### （三）南北朝隋唐佛家的性说——佛家性说

以般若宗为代表，即所谓"性宗"。然而般若宗派别繁多，就中以释道安之性空宗为宗旨所归。僧睿毗摩罗诘《经义疏序》云："自慧风东扇，法言流咏以来，虽日讲肄，……六宗偏而不即；性宗之宗，以今验之，最得其实。"性空宗即是本无宗，唐代华严宗（贤首宗）、天台宗，谈玄说性，要亦不离性空本无的宗旨。

这一派以宇宙万物为没有自性的。若有自性，就不应变异，然现见一切物都在那里变异；可见这些无常的东西，都是没有自性的。且若物有自性，就应该自己如此，绝不属于众因缘；而现见一切物都从因缘有所生起，可见这从因缘生的，没有一个东西，可说是自己如此。因为都无自性，所以自性本无，这就是无所有不可得的无。然这"无"也不是离因缘自然有性，而因缘本也是无所有不可得的；所以因缘不有，也不复更无。

非有非无,这才是一切事物没有自性的真谛。一切物因无常所以无。由无所以物物全真。现前的一切事物,就是本来寂静,自性涅槃的"无";无生无灭,无所从来,也没有去处。如是一切都无所有,毕竟不生;即是生时,倏忽灭尽,总没有生性可得。生和灭是对峙的;万物无生,安得有灭?故这个茫茫宇宙是不生不灭。成也何曾成,坏也何曾坏?而眼见的生生灭灭,有有无无,都只是痴人妄自计度;明眼人观之,物性本来如此,动也不一动(物性空故不动,非以各性住为不动);没有一个东西不是空寂,没有一个东西不是凝然常住。所以说"性即是空,空即是性"。

除了佛家之外,在孔家中,对人性的见解,也还是倾向于性恶;或有性善性不善的论潮,而对"醇乎醇"的孟子性善说挑战。例如:韩昌黎的《原性篇》:"性之品有上中下三:上焉者,善焉而已矣;中焉者,可导而上下也;下焉者,恶焉而已矣。"皇甫持正的《孟子荀子言性篇》:"孟子荀子皆一偏之论,孟子合经而多益。"(陈澧驳他,既然孟荀皆一偏,何以孟子独能合经呢?)杜牧之的《三子言性辨》:"荀子之人性恶,比之二子(谓孟子、扬雄),苟得多矣。"

总而言之,这一千多年来是中国哲学史上的黑暗时代,无论汉代阴阳家的性说、魏晋玄学家的性说、南北朝隋唐佛家的性说,均与中国传统的人性思想不合,都没有走上哲学文化的正路。末了虽有昌黎韩子提倡三品说,仍不过周人世硕公孙尼子之流,不足为孔家性善说的代表,所以这过渡期间,可以说是中国人性论史的"黑暗时代"。

四

人性论史的发展期,是从宋代开始的。中国哲学在中古黑暗时代之后,开辟出闳大幽渺的生命宇宙观,这一点我不能不说是宋儒的最大贡献了。虽然有些人以为宋儒是受佛家影响的。但那只是反对的影响。从宋儒理学兴起之后,思想界起了一大革命;把从前支配于佛家观念之下的真空观完全推翻,极力肯定宇宙生命的存在。即在人性论上,也放一异彩,这可说是中国的文艺复兴时期,也可以说就是人性论史发展期之第一时期。

然而一溯宋儒人性论的来源,也不是突然产生的,而是从旧的思想体系里面孕育出来的。因此,在宋代理学尚未奠定基础之前,宋初学者对于人性的见解,还有很多继续过渡期的说法。例如:司马光的《疑孟》云:"孟子云'人无有不善',此孟子之言失也。丹朱、商均,日所见者尧舜也，不能移其恶。岂人之性无不善乎？"王安石的《原性》云："孟子以恻隐之心人皆有之，因以谓人之性无不仁。如其说，必也怨毒忿戾之心，人皆无之；然后可以言人之性无不善，而人果无之乎？"苏子由的《孟子解》云："有恻隐之心而已乎？盖亦有忍人之心矣。有羞恶之心而已乎？盖亦有无耻之心矣。有辞让之心而已乎？盖亦有争夺之心矣。有是非之心而已乎？盖亦有蔽惑之心矣。今孟子则别之曰，此四者性也，彼四者非性也；以告于人，而欲其信之，难矣！"

但是他们都把孟子的意思误解了。陈澧说得好："孟子所谓性善，谓人人之性皆有善也，非谓人人之性皆纯乎善也。……盖圣人之性纯乎善；常人之性皆有善；恶人之性仍有善，而不纯乎恶。所谓性善者如此。后人疑孟子者，未明孟子之说耳。"司马光自己也说："盗跖、庄蹻，讳闻其恶，有羞恶也。"（《潜虚宜之初》）又云："桀纣亦知禹汤之为圣也，盗跖亦知颜闵之为贤也。人之性莫不好善而恶恶，慕是而羞非。"（《致知在格物论》）又云："凡人为不善，能欺天下之人，不能欺其心；虽忍而行之，于其心不能无蒂芥。"（《中和论》）这就完全是孟子无有不善的论证，也可以说就是宋儒性善说的开端了。

现在试将人性论史的发展期，分作三段级说明。

### （一）宇宙观的性善说

宋代正统哲学家对人性问题是主张性善的。他们都是以天理讲性，以理为善，这种见地，可以说是宇宙论的人性观，而以性为有超善恶的倾向。

周濂溪的《太极图说》云："五性感动而善恶分。"《通书》又云："诚无为，几善恶。"他的意思是以性静为善，动是兼善恶；而性的本质，则为超善恶的。

程明道的《遗书》卷一云："人生气禀，理有善恶，然不是性中元有此两物相对而生也。有自幼而善，有自幼而恶，是气禀然有也。善固性也，然恶亦不可不谓之性也。"盖生之谓性，人生而静以上不容说；才说性时，便已不是性也。这种讲法，分明认性的本体，没有善恶可言；而其所谓气禀，又和张横渠气质之性同一论调。可见他们在宇宙观上，虽然是纯粹一元论的，而他们的人生观，却不免是二元论的。

张横渠的《正蒙·诚明篇》云："形而后有气质之性，善反之则天地之性存焉；故气质之性，君子有弗性者焉。"他把性分为天地之性和气质之性，前者属理而后者属气，而性则有超越的意味；谓性无所谓善恶，气质偏有恶。"故气质之性，君子有弗性。"这种说法实在是受佛学影响而自创立的学说。程伊川、朱晦庵本之，都主张有气质之"性"和本然之"性"两种。前者是情，有善也兼有恶；后者为性，是善的而且是超善恶的。我们一看下面所引的话，便可以分别得很明白。

程伊川的《遗书》卷十八云："在天为命，在义为理，在人为性，在于身为心，其实一也。心本善，发于思虑，则有善有不善。若既发则可谓之情，不可谓之心。"又云："孟子言人性善是也，虽荀扬亦不知性也。孟子所以独出诸儒者，以能明性也。性无不善，而有不善者，才也。性即是理，理则自尧舜至于涂人一也。才禀于气，气有清浊，禀其清者为贤，禀其浊者为愚。"

朱晦庵的《语类》卷四云："气质之说，起自张程，极有功于圣门，有补于后学；前此未曾说到，故张程之说立，诸子之说泯矣。"又云："问：人物皆禀天地之理以为性，皆受天地之气以为形；……若在物言之，不知是所禀之理便有不全耶？亦是缘气禀之昏蔽，故如此耶？曰：唯其所受之气只有许多，故其理亦只有许多。如犬马，他这形气如此，故只会得如此事。又问：物物具一太极，则是理无不全也。曰：谓之全亦可，谓之偏亦可。以理言之，则无不全气，以气言之，则不能无偏。"（《语类》）"自一气而言之，则人物皆受是而生；自精粗而言，则人得其气之正且通者，物得其气之偏且塞者。唯人得其正，故是理通而无所塞；物得其偏，故是理塞而无所知。……物之间有知者，不过只通得一路，如乌之知孝，獭之知祭，尤能守御，牛但能耕而已。"（同上）

我们把宋儒学说归纳起来，可以得出二元论的结果，性说也是如此。一言以蔽之，他们都认为，理是善的，气是恶的。这实在是顶大的谬误。颜习斋《存性篇》曾驳道："若谓气恶则理亦恶，若一谓理善则气亦善。盖气即理之气，理即气之理；乌得谓理纯一善，而气偏有恶哉！"理是客观的法则，是未发；气是所表现为具体的客观事物，是已发，无理则气不立，无气则理不存。两者同是一物的两面，是一而二，二而一的。这种批判是很对的。

总之，宋儒的性善说实和孟子的性善说有着很大的不同。

第一，孟子说："形色天性也。"张横渠云："气质之性，君子有弗性者矣。"宋儒把性分为本然之性和气质之性,而孟子则以为形色也属于性。

第二,孟子云:"为不善非才之罪也。"程子云:"性无不善,而有不善者才也。"孟子以为不善非才之罪;而宋儒以为性总是善的,其不善者都是后天的影响,是才之罪。

第三,宋儒批评孟子:朱子谓孟子道性善,"性字重,善字轻,非对言也"。又谓孟子"终是未备,所以不能杜绝荀扬之口"。而朱子的高徒陈北溪竟云:"孟子不说到气禀,所以荀子便以性为恶了。"实际说来,宋儒在宇宙观实有很大的贡献,而他们的人生哲学,一方面继承孟子性善的主张;另一方面把性提到超性的阶段,认为性等于理。这种见解,不容讳言,是受了佛老的影响。因此,到了南宋,即生反动。陆象山出来,一方面把人性论从宋儒宇宙论的神秘外衣里剥出来,另一方面就人生以论人性。我们可以说,陆象山的人性论,是从宋代宇宙观的性说到明代人生观的性说的过渡。

陆象山《语录》云:"见到孟子性善处,方是见得尽。有善必有恶,真如反覆手;然善却是本然,恶却是反了方有。"他又告学者道:"汝耳自聪目自明,事父母自能孝,事兄自能弟。本无少缺,不必他求。"(《语录》)他的弟子杨慈湖更继承其师的说法,而且更为明白,更为透彻。《先圣太训》第十云:"人性有善而无恶,恶非清明性中本有之物。"当时大江以南,都是慈湖的子弟,也就可见他的影响。此后就是我们认为人性论发展的第二阶段。

## (二)人生观的性善说

人性论发展的第二阶段,应以明代为代表。王阳明可以说是中国启明运动的第一人,关于性论,也是即心言性,继承陆杨性恶说的主张,发扬而光大之。他说"至善只是此心"(《传习录》),"恶人之心失其本体"(同上)。又云:"至善哉性也。性元无一毫之恶,故曰至善。"(同上)"至善者,心之本体,本体上才过当些子,便是恶了。不是有一个善,却又有一个恶来相对也。"(同上)

他主张"致良知"的学说,即由于他根本相信人是好的这个观念申引出来的。故他说:"人初生时,善原是同的。但刚者习于善则为刚善,习于恶则为刚恶;柔者习于善则为柔善,习于恶则为柔恶。便日相远了。"(同上)这种说法,和孟子性善说最相近。但阳明也不彻底,他把心分为道心（性）和人心（情），而变为性善情恶说的论者，和宋儒的说法差不多。不过，一是从宇宙观以论性，一是从人生观以论性，看法不同罢了。

依阳明的意思，道心就是天理，人心就是人欲。《传习录》卷三云："率性之谓道。便是道心；但着些人的意思在，便是人心。"这样把"心"分成道心和人心两种，于是阳明又陷入二元论的窠臼了！

心 { 道心＝理（超善恶）——无善无恶——周海门派
　　人心＝气——有善有恶——许敬庵派

由于心的二元论的缘故，后来王阳明弟子，各偏一方面，便形成上述两派。我们看《明儒学案》卷三十六周海门与许敬庵之争。海门主张性无善无恶，而敬庵却以性无善无恶不可为宗，因作《九谛》驳他。海门因作《九解》答辩，以为："善且无，恶便从何容？恶既无，善不必再立。"这种讲法很失王阳明性说的本旨。

迨王学末流，学者束书不观，高谈性命；至时人目为野狐禅。于是王学又引起反动。东林学派反对海门性无善无恶的说法，力主性善，以为心性是绝对的善。而蕺山学派，却主情善说，以为性即是情，情即是性。这两派对于当日的思想界影响很大。兹略为分述如次。

东林学派的主张，俱见于《明儒学案》卷五十八至六十一《东林学案》，可供参考。现在将这派最重要的人物的"性善主义"，摘录一二。

顾泾阳。他驳性无善无恶说道："近世喜言无善无恶，就而即其旨，则曰：所谓无善，非真无善也，只是不著于善耳。予窃以为经言：无方无体，是恐著了方体也……，言不识不知，是恐著了识知也，何者？吾之心，原自超出方体……识知之外也。至于善即是心之本色，说恁著不著；如明是目之本色，还说得个不著于明否？……又如孝子还可莫著于孝否？忠臣还可莫著于忠否？昔阳明遭宁藩之变，日夕念其亲不置。门人间曰：得无著相？阳明曰：此相如何不著！斯言足以破之矣。"又道："以为心之本体原是无善无恶，合下便成一个空见。"因是，顾泾阳力主性善；不但情善，而且情善、形善。故对孟子性说推崇备至。他说："语本体只是性善两字。"又说："孟子不特道情善，且道形善，所谓形色天性也。"

高景逸。他同顾泾阳一样，以性善言性。而且更昌明善即生生之易说。他谓："元特为善之长耳。元而亨，亨而利，利而贞，贞而复元，继之者皆此善也。"复谓:"善即生生之易也。有善而后有性,学者不明善,故不知性。"又谓:"孟子道性善,而言必称尧舜者何也?性无象,善无象;称尧舜者,象性善也。"

孙淇澳。他提出"舍善无性,舍明善无以率性"的说法;认为宋儒言气质之性恶,害人不浅!他谓:"孟子谆谆性善,为当时三说乱吾性也;又谆谆性无不善,恐后世气质之说。杂吾性也。"复谓:"无为吾所不为,无欲吾所不欲,此所谓性善也。吾人只有这些子,可以自靠。"又谓:"伊川论性,谓恶亦性中所有,其害不浅!"且谓:"孔子所谓性相近,相近便同善中,亦不可一律而齐。"

自有这"性善学派"出来提倡,"无善无恶"说便匿迹销声。而蕺山学派(即证人学派)也反对那误解无善无恶的说法,因主张性善,且进而言情善。这都是受东林学派的影响,《明儒学派》卷六十二《蕺山学案》云:孟子曰,乃若其情,即可以为善矣。何言乎情之善也?孟子言这恻隐心就是仁,何善如之。仁义礼智皆生而有之,乃所以为善也。指情言性,非因情见性也。即心言性,非离心言善也。又云:古人言情者曰,利贞者情性也。六爻发挥旁通情也。乃若其情,无情者不得尽其辞;如得其情,皆指情蕴情实而言,即情即性也。并未尝以已发为情与性对也。乃若其情者,恻隐羞恶辞让是非之心是也。孟子言这恻隐之心就是仁。非因恻隐之发,而见所存之仁也。

这种情善的说法,已开清代社会观性说之端。我们对于宋明两代性说与清代社会观的性说,可以先为比较;俾下面谈到清儒见解时,更容易了解。大抵宋儒基于其宇宙观的见地,以理言性,而以性为天地之性;明儒基于其人生观的见地,即心言性,而以性为气质之性;清儒基于其社会观之见地,以情论性,而以性为人生之性。由是我人可得一宋明清儒对"性"之理解图。(如图1所示)

图1 宋明清儒对"性"的理解

戴东原《绪言》卷中云："宋儒之异于前人者，以善为性之本量。如水之本清，而其后受污而浊，乃气禀使然，是以务于理气截之分明。以理为性之本，为无不善；以气之流行则有善有不善，视理俨若一物。显遵孟子性理之言，究之以才说性时，便是人生以后。此理已坠气质之中，孟子安得概之曰善哉。"

故宋儒以人生以前的先天的宇宙观论性是善的；清儒适与其相反，以人生以后的后天的社会观论性是善的；而明儒则就人生之中，而以主观的人生观论性是善的。

### （三）社会观的性善说

我们在前面谈到王学末流，只注重内心的修养，忽视对客观事物的体验；其流弊至于个人为重社会为轻，引起外族的侵入。这种颓废的思想，自然而然地引起反动；东林学派和蕺山学派对此已大加抨击，力矫颓风。思想体系，已有由人生观而转入社会观的倾向。迄于清初，乃完成崭新的思想体系，性说也因之而转变：以朴学家的精神，解释性即是情，情善即性善的说法。这阶段可以说是中国的科学运动时期，同时也就是人性论史发展期的第三阶段。

清代社会观的性说，可以分三派。

第一，天地之性"人"为贵，故说人性善，以李光地的《中庸四记》、焦循的《孟子正义》、程瑶田的《论学小记》为代表。

李光地。他首先分别人性和物性。认为人性是得天地之中气，故善；物性则得其偏，故恶。《中庸四记》（榕村丛书本）云："周子曰，得其秀而最灵，唯人受天地之中气，……物则偏焉而已。……圣门言性皆以人性而言也欤？曰：然。人之性虽拘而可移者也；物之性拘而难变者也。……虽言性之，犹必曰，人之性，物之性。甚且曰，犬之性犹牛之性，牛之性犹人之必欤？别之也。是故孔子之言相近，子思之言天命，孟子之言性善，皆在以人者而为言也。"

焦循。《孟子正义》里面论性的话精粹的地方很多，而中心概念就是人性中心主义的性善论。里面说："孟子明辨人物之性不同。人之性善，物之性不善，盖浑人物而言，则性有善有不善，专以人言，则人无不善……故不曰，性无有不善，而曰，人无有不善。唯告子云，人性之无分于善不善。性上明标以人。故孟子必辨之曰，人性之善也，犹水之就下也。性上亦必明标以人。人性之异乎物，已无待言，……禽兽知声不能知音，……非不知声，不知好清而恶浊也，唯人知之，故人之欲异于禽兽之欲，即人之性异于禽兽之性。……叶绍翁《四朝见闻录》云：'刘黼……自为论云，唯人受天地之中以生，故谓之性，岂物之所得而拟哉？凡混人物而为一者，必非识性者也。孟子道性善，亦第谓人而已。假如或兼人物而言，则犬之性犹牛之性，牛之性犹人之性。当如告子之言。'李氏光地《榕村藏稿自记》云：'孟子所谓性善者，人性也。故既言人性异于犬牛，又云犬马与我不同类。又言违禽兽不远。可见所谓性善者，唯指人为说。人性所以善，以其阴阳之交五行之秀气，孔子所谓天地之性为贵也。'"（《告子上》注）"人之有男女，犹禽兽之有牝牡也。其先男女无别，有圣人出，示之以嫁娶之礼，而民知人伦矣；示之所耕耨之法，而民知自食其力矣；以此禽兽，禽兽不知也。禽兽不知，则禽兽之性不善；人知之，则人之性善矣。圣人何以知人性之善也？以己之性推之也。己之性既能觉于善，则人之性亦能觉于善，第无有开之者耳。使己之性不善，则不能觉；己能觉，则己之性善。己与人同此性，则人之性亦善，故知人性之善也。"（《滕文公上》注）

这种学说，是本于李光地而发扬孔子"天地之性人为贵"的说法的。

程瑶田的《论学小记》云："有天地然后有天地之性，有人然后有人之性，有物然后有物之性。有天地人物，则必有其质、有其形、有其气矣；有质、有形、有气，斯有其性，是性从其质其形其气而有者也。……唯物之性断乎不能如人之性善。……何也？其质形气物也，非人也。……人之所以异于物者，异于其质形气而已矣。……后世惑于释氏之说，遂欲超乎质形气以言性，而不知唯质形气之成于人者，始无不善之性也。"（《述性一》）"无气质则无人，无人则无心，性具于心，无心安得有性之善？故溯人性于未生之前，此天地之性乃天道也。……是故性善，断然以气质言，主实有者而言之，是姜则性热，是水则性柔，是人之气质则性善。"

程瑶田以为人性应该是指气质而言，绝不是人性未生之前的天地之性；而人性和物性之别，是由于质形气的不同。

这种论调，和孟子"形色天性"说相同。

第二，有人则有"情"，故说人性善，以黄梨洲的《孟子师说》、颜习斋的《存性》、戴震的《孟子字义疏证》、阮元的《性命古训》、程瑶田的《论学小记》为代表。

黄梨洲。《明儒学案》卷四十一案语云:"气质即是情才。孟子云,乃若其情则可以为善矣;若夫为不善,非才之罪也。由情才之善而见性善,不可言因性善而后情才善也;若气质不善,便是情才不善;情才不善,则荀子性恶不可谓非矣。"此外,黄氏又在《孟子师说》卷三,引了许多学者的话,来阐明孟子性善之旨。他认为:"苟非性善,绝学无传久矣。"

颜习斋。他认为性即是气质之性,善即是气质之善。他著《存性》篇,分两卷,上卷驳宋儒气质之说,下卷作七图,以明自己学说。他说:"气质即二气四德所结聚者,乌得谓之恶?……孟子一生苦心,见人即言性善,言性善必取才情故迹,一一指示而直指曰:形色天性也,唯圣人然后可以践形;明乎人不能作圣,皆负此形也!人至圣人,乃充满此形色,此形非他,气质之谓也.凡孟子言才情之善,即所以言气质之善也;归恶于才气质,是孟子所深恶,是孟子所力辩也。……非气质无以为性,非气质无以见性也;今乃以本来之气质而恶之,其势不并本来之性而恶之,不已也。"(卷一)不唯有生之初,不可谓气质有恶;即习染凶极之余,亦不可谓气质有恶也。(卷二)他以为孟子讲性善,即是谓气质的善。所以说:"理即气之理也,清浊厚薄纯驳偏全万有不齐皆善也,其恶者引蔽习染耳。"这种说法影响很大。从兹以后,有清一代学者,几乎没有一个不是主张情才气质是善的。

惠栋的《周易述易微言》云:"孟子言性而及情,情犹性也。故文言曰,利贞者,情性也。"这种以情为性的说法,可以说是受了颜习斋的影响。

戴东原的《孟子字义疏证》云:"孟子之所谓性,即口之于味,目之于色,耳之于声,鼻之于臭,四肢于安佚之为性;所谓人无有不善,即能知其限而不逾之为善,即血气心知能的于无失之为善。

"人之性善,故才亦美;其往往不美,未有非陷溺其心使然。故曰,天之降才尔殊,才可以始美而终于不美,由才失其才也;不可谓性始善而终于不善;性以本始言,才以体质言也。体质戕坏究非体质之罪,又安可咎其本始哉?倘如宋儒言性即理,言人生以后,此理已坠入在形气之中,不全是性之本体矣。以孟子言性于陷溺桔亡之后,人见其不善,犹曰"非才之罪"者;宋儒于天之降才,即罪才也。

"孟子言今人乍见孺子将入井，皆有怵惕恻隐之心。然则所谓恻隐、所谓仁者，非心知之外别如有物焉，藏于心也。已知怀生而畏死，故怵惕于孺子之危，恻隐于孺子之死；使无怀生畏死之心，又焉有怵惕恻隐之心？推之羞恶辞让是非，亦然。使饮食男女，与夫感于物而动者，脱然无之，以归于静，归于一；又焉有羞恶，有辞让，有是非？……古圣贤所谓仁义礼智，不求于所谓欲之外，不离乎血气心知；而后儒以为别如有物凑泊附着以为性，由杂乎老庄释氏之言。终昧于六经孔孟之言故也。"

戴东原之意，认为性基于耳目口鼻四肢之欲，人之所以善，是由于人"知其限而不逾"的缘故。至于才，因人性善，故才亦美。性是本始的，才是体质的。体质戕坏非才之罪，也非本始之罪。因此，"所谓仁义礼智，不求于所谓欲之外，不离乎血气心知"的。这些都是与生俱来，是仁之端，是性善之基。

阮元。他对于人性的见解，认为才性虽有智愚之别，但都是善的。欲也不是所谓善恶之恶，它是与生俱来，属于血气心知，也是善的。《性命古训》云："性中虽有秉彝，而才性必有智愚之别，然愚也非性也；智者善，愚者亦善也。古人每言才性，即孟子所谓"非才之罪"也。欲不是善恶之恶，天既生人以血气心知，则不能无欲。唯佛氏始于绝欲，若天下人皆如佛绝欲，则举世无生人。禽兽繁失，此孟子所以说味、色、声、臭，安佚为性也。"

程瑶田的《论学小记》云："性不可见，于情见之。情于何见？见于心之起念耳。……性从人之气质而定，念从人之气质而有；若有两念，便可分性有善恶。今只有一念，善者必居其先，……今为盗贼者未有不迫于饥寒者也，其初只有谋生一念耳。……是其初念未尝不善，而转而之乎恶耳。"（《述性》）

"心统性情。情者感物以统其性者也；无为而无不为，自然而出，发若机括，有善而已矣。"（《述情》）

"性浑然具之于心，有善而无恶；情则沛然流于所性，亦有善而无恶……竟岂独有恶哉？……盖情之发于性也，直达之而已！意之主张于情者，有所经营不能直达，唯诚其意：则好善之情，如好好色；恶恶之情，如恶恶臭。情本直达，意更主张之，而使之直达。故曰，情无不善。情之有不善者，不诚其意之故也。"（《述情二》）

程瑶田一方面主张性是气质之善，即孟子所谓"形色天性"；另一方面主张性见于情，情本诸心而起于念；念是善的，故性也是善的。所谓情是沛然流于所性，有善无恶。故其情之流是不间断的，元是生生不息的善，而最初一念——意——则是可间断的，可转化为恶的。

第三，有情则自然"扩而充之"，故说人性善，以王船山的《读四书大全说》、焦循的《孟子正义》、陈澧的《东塾读书记》为代表。

王船山。《读四书大全说》卷八云："孟子之言性善，除孟子胸中自然了得如此，更不可寻影响推测；故曰，尽其心者，知其性也。知其性方解性善，岂从言语证佐得者哉！孟子将此形形色色都恁看得玲珑在，凡不善者皆非固不善也；其为不善者，则只是物交相引，不相值而不审于出耳。唯然，故好勇好货好色，即是天德王道之见端。"《周易外传》卷五云："道者，善之所从出也；唯其有善，是以成之为性焉。……性则因乎成矣，成则因乎继矣；不成未有性，不继不成性，……天无所不继，故善不穷；人有所不继，则恶兴焉。尚书引义卷三云：性者生理也，日生则日成也；夫天命者，岂但初生之顷命之哉！……故天日命于人，而人日受命于天。故曰：性者，生也。日生而日成之也。"

由上，我们可以看出船山对于人性的说法，他认为：尽心可以知性；性是善的，不善者只是物欲所蔽。"故好勇好货好色，即是天德王道之端。"性是什么？性即生理，日日在新生成长中；它是生命之流，继续不断的。人所以有恶，因为不继——即间断的缘故。因此，他不但注重生，而更注重继；欲使善端能够发展，唯有自然扩充一法。这种见解，很有生之认识论的根据，我们不要忽略。他对于性善，还有最好的几句说话："扩充则情皆中节，不能扩充只为不知。知者，知扩而知充也：扩充之中，便有全部不忍人之政在内。"（《读四书大全说》卷八）

焦循的《孟子正义·告子上》注："人性所以有仁义者，正以其能变通，异乎物之性也。以己之心通乎人之心，则仁也；知其不宜而变之乎宜，则义也。仁义由于能变通，人能变通故性善；物不能变通，故性不善。"焦循认为人性之所以善，是由于能变通；而物性之所以不善，则因其不能变通。这里所谓"变通"是含有日生日成之意，其所以能够日生日成者，则因为人生能扩充的缘故。

陈澧。他认为人性是善的，圣人的性是纯善，常人的性是有善，恶人的性仍可以有善；而发展性的最主要手段，在"扩充"。《东塾读书记》卷三云："孟子曰，'乃若其情，则可以为善矣，乃所谓善也'。此因有性不善之说而解其惑,谓彼性虽不善而仍有善。何以见之?以其情可以有善,可知性仍有善,是乃我所谓性善也。如象之性诚恶矣,乃若见舜而忸怩,则其情可以有善,可见象之性仍有善,是乃孟子所谓性善也。"

圣人这性纯乎善,常人之性皆有善,恶人这性仍有善,而不纯乎恶。所谓性善者如此,所谓人无有不善者如此。

孟子道性善,又说扩充。性善者人之所以异乎禽兽也;扩充者,人皆可以为尧舜也。人能充无欲害人之心,而仁不可胜用也;人能充无穿窬之心,而义不可胜用也;人能充无受尔汝之实,无所往而不为义也。此三言充,即扩充之充也;充实,谓善,亦即扩充之充也。此外扩充之义,触处皆是:亲亲敬长,达之天下,扩充也;推恩保四海,扩充也;义义、养气、尽心、知性、知天,扩充也;博学详说,增益不能,皆扩充也。取譬言之,则山径之蹊间,介然用之而成路也;原泉混混,不舍尽昼夜也。若乡原自以为是,则不扩充者也。苟失其养,无物不消;不扩充,则梏亡之也。枉尺直寻,梏亡之端;垄断墙间,梏亡之极也。

因为不能扩充,所以把生命拘囚起来;因而阻碍本性的善,使其不能活动自如,因而有恶。然而这种不扩充,乃由于他们一时不自知罢了;才自知便接续了,便扩充了,便复归善了。

五

最后,清代学者社会观的性善说,实为孙中山先生所著《孙文学说》所本。《孙文学说》有如下的一段话:

> 夫进化者,自然之道也。而物竞天择,适者生存,不适者淘汰。此物种进化之原则也。……而作者则以为进化之时期有三:其一为物质进化之时期,其二为物种进化之时期,其三则为人类进化之时期。

把物种进化之时期,来和人类进化之时期比较,则物种进化以竞争为原则,人类进化却以互助为原则。原文如下:

> 由生元之始生而至于成人,则为第二期之进化。物质由微而显,由简而繁,本物竞天择之原则经几许优胜劣败新陈代谢,千百万年而人类乃成。人类初生之时,亦与禽兽无异;再经几许万年之进化,而

始长成人性，而人类之进化，于是乎起源。此期之进化原则，则与物种之进化原则不同：物种以竞争为原则，人类则以互助为原则。社会国家者互助之体也，道德仁义者互助之用也。人类顺此原则则昌，不顺此原则则亡；此原则行之于人类，当已数十万年。然而人类今日犹未能尽守此原则者，则以人类本从物种而来，其入于第三期之进化为时尚浅；而一切物种遗传之性，尚未能悉行化除也。然而人类自入文明之后，则天性之所趋，已莫之为而为，莫之致而致，向于互助之法则，以求达人类进化之目的矣。人类进化之目的为何，即孔子所谓"大道之行也，天下为公"；耶稣所谓"尔旨得成，在地若天"。此人类所希望化现在之痛苦世界，而为极乐之天堂者是也。

在这里，以进化论的眼光论性，实为中国传统的性善论的嫡传。最可注意的，是以于人性分析，有极新颖的见解，为从来人性论者所未曾注意到的。如以"生元论"即生命论，说明人类的起源，即说明人性的起源，此其一。又以人性的长成，说明人类进化的起源；而人性乃从成人经几许万年之进化而成，此其二。又以互助论为人类进化之原则，且认为是人类有史以来行之数十万年的历史法则，此其三。又以人类互助与物种竞争相对立；互助既为人类之本性，故人性是善的，此其四。又以大同为人类天性之所趋，换言之，即为人类进化的目的，此其五。综上五点，可见，孙中山先生论性，不但继承我国古圣先贤的递相传习的性善的遗教，而且在此人性论的基础上，建立三民主义的人生观，建立伟大的政治理想——大同。拿他来和马基雅维利——墨索里尼——从性恶论出发的暴力政治——法西斯比较一下，真理所在，真有如泰山之不可动摇了。

民国三十一年（1942）七月于坪石，国立中山大学文学院

# 中国文化之特质[①]

## 一、文化的真意义

在未讲之先,要先认清文化的真意义是什么?依我的意思,文化的真意义定必须有生命性的、现代性的,如果一种文化失去了这两个条件,那么这种文化一定是僵化的。Gimmel 在 1915 年所著《生命观》一书,里面有这样的话,"生命产生文化,文化为生命之必然产物。'生'就是历史的社会的中心。"又 Croce 在《历史叙述的理论与历史》一书中,开头便说:"一切真的历史就是'现代'的历史。"那么一切真的文化,也应该就是现代的生命的文化了。

## 二、中国文化僵化吗

中国文化是否僵化呢?换句话说,中国文化是还有生命性和现代性吗?如果是,中国文化便是活的不是死的了。却是依外国几位有名的学者研究的结果,认为中国文化是已经死了的,乃僵化的文化。例如斯宾格勒(Spengler)在《西欧的没落》第二卷中,分世界文化为八种:①埃及;②巴比伦;③印度;④中国;⑤希腊罗马;⑥阿拉伯;⑦墨西哥;⑧西欧。他认为以上各种文化都已过去,西欧的文化亦趋于没落,他把文化以植物比喻,植物的命运是由开花结实以至枯死,文化亦有童年、壮年和老年,以至死亡的现象。这八种不相联系的独立的文化,其命运均至一千年便告没落;没有例外,因此中国文化,由他看来,是已经没有什么前途了。还有英国汤因比(Toynbee)所著《历史研究》一书(1934—1937),共十三章,已出六册,他认为人类创造文化共六千年。此六千年中,创出二十一个文化单位,计:①希腊;②巴比伦;③埃及;④苏马连(Sumiric);⑤米诺(Minoau);⑥印度(India);⑦赫梯(Hittite);⑧中

---

① 本篇原为《中国文化之命运》第一章,广东文化事业公司 1946 年版;收录于《朱谦之文集》第七卷,福建教育出版社 2002 年版。

国；⑨耶教正宗；⑩希腊耶教；⑪伊兰；⑫叙利亚（Syria）；⑬阿剌伯；⑭印度教（Hindu）；⑮远东之日本高丽；⑯西欧；⑰远东兼亚洲南部；⑱安达（Andean）；⑲马耶（Maya）；⑳俞加达（Yucatic）；㉑墨西哥（Mexico）。在这二十一个单位中，现存的文化只有七个，六个均已西化了。专就中国文化言，中国文化和埃及同为僵化的文化，所以在他看来，中国文化已经是死的而不是活的了。但事实果然如此吗？我可以说，中国文化至今还是活泼有生气，至今还具有生命性的、现代性的。这只要注意到中国文化在这次神圣的伟大的抗战过程中所有的贡献，便可知道。中国民族愈战愈强，中国文化愈在抗战洪流里面愈为蓬勃的发展，中国五千年的文化命运，使中国虽经许多荆棘和困难而永不磨灭，永久存在，而对于这种永远绵延、永远存在的中国文化的新认识，就是这次讲题研讨的主要所在。

### 三、中国文化的新研究法

但是我们要明了我们中国文化的特质和其在世界所处的地位，必须应用一种新研究法，这就是历史的比较的方法。中国文化的特质如何？其发展如何？中国文化异于世界文化者何在？这都不是一两句话所可解决，而必须应用比较文化史的方法和材料去研究它、论述它。前述斯宾格勒和陶因贝虽均曾从事此种工作，但因对中国文化缺乏根本理解，所以得不到圆满的解答。

### 四、文化的根本类型

依我在《文化哲学》和《文化社会学》二书对文化分类的结果，以为文化的根本类型，在知识生活上表现为四种不同类型，即宗教、哲学、科学、艺术。在社会生活上表现为四种不同类型，即政治、法律、经济、教育。这八种文化类型，一方面为本质的存在，另一方面又为历史的存在。社会生活的四类型，对知识生活的四类型，又有依存的关系，现因时间的关系，不能详述，不过可注意的就是知识生活上的四类型，如艺术除外，则其余三类型实和有名的知识社会学者马克斯·舍勒（Max Scheler）所谓"知识之三型式"相类，这就是解脱的知识（宗教）、本质知识（哲学）和实用的知识（科学）。

### 五、文化的地理分布

上述三种知识文化，分布于世界人口最多之三个区域，这就是中国、印度和西欧。每一民族影响世界人口的四分之一，固然世界史的文化本位不止此数，依我"文化类型学"中所分，即有二十四个文化单位。但虽有这么多的文化单位，而就其文化的体系言，不属于宗教型，即属于哲学型或科学型；或就文化的传播言，不是为印度文化所传播，即为中国文化或西洋文化所传播。所以综合起来，仍只有中、印、欧三个文化单位，而此三个文化单位分而述之：

从文化的类型上来说，印度文化为宗教文化，中国文化为哲学文化，西洋文化为科学文化。印度的文化史为一部宗教文化的发展史，中国文化史为一部哲学文化的发展史，西洋文化史为一部科学文化的发展史。

从文化的结构上来说，印度文化中也有哲学和科学，然皆以宗教文化为中心，而形成为"宗教的哲学"和"宗教的科学"；中国文化中也有宗教和科学，然皆以哲学文化为中心，而形成为"哲学的宗教"和"哲学的科学"；西洋文化中也有宗教和哲学，然皆以科学为中心，而形成为"科学的宗教"和"科学的哲学"。

从文化的接触上来说，印度文化史上之"科学时代"，实受西洋科学文化的影响；中国文化史上之"宗教时代"，实受印度宗教文化的影响；而其"科学时代"，实受西洋科学文化的影响。就西洋文化言，西洋文化史上之"宗教时代"，实受印度宗教文化的影响，而其"哲学时代"，实受中国哲学文化的影响。

#### （一）宗教的文化区域——印度

现在先就印度文化言，印度文化史上几千年来宗教的形式无不一具，可算是宗教一切种类形式之完全典型。固然印度也有哲学，但那是"宗教的哲学"，印度各宗派所用方法——瑜伽的方法——是宗教的方法；各宗派讨论的问题——修行解脱，有我无我，宇宙缘起——均为宗教的问题。所以印度可以说是宗教国，不是哲学国，印度宗教文化的起源，从前以为是雅利安民族，现根据二十余年的发掘结果，知道印度在雅利安民族以前即有很高的文化，这就是达罗毗荼（Dravidlian）文化。此族身体甚短，皮肤黝黑，属于尼格罗系统，初居印度北部，后为雅利安人所迫，迁徙印度南部。四姓阶段中之首陀罗，实则此族人。印度语阶级称为"瓦那"（Varna），本有颜色之意，乃雅利安人所以自别于原住黑人者，实则此先在之达罗毗荼文化。根据1922年在Mohenjo-Daro等地发掘所得成绩，与1925年写成的报告书（共700页），知道此族支化，实以浴场为中心之宗教文化，和后来佛教文化很有关系：印度先有达罗毗荼人之拜物教为起点，才有继承它的吠陀时代的多神教和婆罗门教时代的一神教。印度宗教文化的发展，可从吠陀时代算起，分为三个时期。

吠陀文化（婆罗门文化）：可以基于吠陀的组织教义的正统派，即婆罗门教为代表，其余只认吠陀的教义而非直接者，如数论派、正理派、瑜伽派、胜论派等属之。

反吠陀文化（佛教）：为婆罗门教之否定，佛初五百年宏传四谛（苦、集、灭、道），是小乘法，即为反对婆罗门。印度佛教可分为两个：自佛陀至纪元2世纪龙树出世止为小乘教，自龙树后为大乘教，小乘在前，大乘在后，小乘用巴利（Pali）文，大乘用梵文。

新吠陀（吠檀多派）：迨后吠檀多派兴起，又为否定之否定，这时婆陀罗衍、商羯罗阿阇梨等辈出，重光教义，才有现今之新印度教。

由上可见，印度文化史是一部宗教文化的发展史，印度无论任何宗派，均主张解脱的知识。不过解脱有深浅二义，浅者如小乘涅槃经所举自饿投渊、赴火、牛狗等六外道，深者如般若之空观："无所有不可得。"可算宗教知识文化之第一义（所罗门传道书亦具此意味），然而印度宗教文化之最大贡献，则在其影响于印度以外之世界传播：在中国所受影响为中国佛教——华严，天台禅宗之创立，尚不算什么；在西洋则影响于"原始基督教"，及其文化的价值是很大的，我们将于下面加以论述。

**（二）科学的文化区域——西欧**

次就西欧文化来说，西洋为科学文化区域，是代表实用的知识或征服自然的知识。现在的问题，乃是这种科学文化有没有宗教文化的存在？我们的答复是肯定的。然而西欧的宗教，只是"科学的宗教"，用斯宾格勒（Spengler）的话来说，即"浮士德宗教"。浮士德文化的灵魂的根本特性，是在于他们最坚决的无限的意向与无限的要求和梦想，在行为上即表现为权力意志的新教义，这可以说就是西洋"科学的宗教"的特质；至于基督教，其来源实自很远的东方，不足以代表西欧的宗教文化，黑格尔

(Hegel)在《宗教哲学》中,曾指出欧洲人的宗教,属于超越的部分,来自很远的东方,特别是叙利亚。叔本华(Schopenhauer)在《意志与观念的世界》中则简直认为是来自印度。关于这问题,前人讨论已多,德国哈斯(Hans Haag)所著《佛教与基督教之相互关系问题书目》(1922)所举著者人名已五百数十人,最初原始基督教史之研究,可分为3个期:① Gibbon 的《罗马帝国衰亡史》中注意原始基督教与犹太教的关系。② Momseen 所著《罗马史》,则注意其与希腊教的关系。③1893 年 A. Lillie 所著《原始基督教所受佛教之影响》,则更注意及于印度佛教对于"原始基督教之影响"。许多学者都主张福音书元本所谓"诗的福音书",实受佛教传说的影响,这是很可能的,如:①从传播上观察,Essenes 与 Eherapeate 均有印度宗教的痕迹;②从教义上观察,如轮回说、厌世说、禁欲说,世界主义对战争的态度等均与佛教有关;③从宗教仪式上观察,两教僧侣重童贞,剃发及用蜡烛、香、念珠等亦属相同。

又从方法论上观察,证据很多,如:

从文献学上看,佛教在希腊弥兰陀王(King Milinda)时,已受佛教影响,有现存巴利文之弥兰陀王问经与晋译那先比丘经为证,希腊人为一切宗教的介绍人是可信的。

从民俗学上看,柯祖基(Kautsky)在《基督教之基础》中曾举许多例证,证明路加所载基督降生故事之佛教影响。

从考古学上看,则阿育王(Asoka)之传播佛教,除希腊殖民地叟那,即大发国,也有新发现之纪念碑可证。

因为原始基督教受佛教影响,所以罗马史家塔西陀(Tacitus)在所著《编年史》中说"他们之逮捕基督教徒是藉口他们是患过痛恨人类之罪",这一点也可见世界宗教之文化传播乃是历史的事实,是不容讳言的!由上可见西洋的宗教文化乃受印度宗教文化之影响无疑了。

还有西洋的哲学,原来也只是科学的哲学,所谓"实证论""经验论""机械论""唯物论""自然主义"等,均为"科学的哲学",然而西洋文化史上之 18 世纪"哲学时代",是从哪里来的?我依在《中国思想对于欧洲文化影响》一书所得结论,是从中国来的。由于十六七世纪耶稣会来华传教,引起了所谓"礼仪问题"的论争,从 1645 年起,一直到 1742 年止,论争期长达一百年,参加者据 Cordter《中国学者书目》所列有 262 种,未发表者多至数百种,耶稣会士赞成孔教,而反对宋儒理学,其代表著作如利玛窦的《天主实义》、龙华民的《灵魂道体说》、孙璋《性理真诠》等,此反理学运动在欧洲发生很大影响,使当时无论迎拒中国哲学的人,均以此为讨论问题,一方面有人认中国哲学为唯物论,无神论加以攻击;另一方面即有人认中国哲学为唯物论,无神论而加以欢迎;又一方有人认中国哲学之理性论为异端外道,一方即有人拥护此理性说而对于中国哲学曲加解释。前者的影响,可以法国麦尔伯兰基(Malebranche,属于笛卡尔中派)之攻击中国哲学为例;后者的影响,可以德国莱布尼茨(Leibniz)、沃尔夫(Wolff)之拥护中国哲学为例。前者攻击其影响为百科丛书派这无神论的、唯物论的哲学;后者之拥护却造成德国观念论的古典哲学。前者之影响为法国政治革命,后者之影响为德国精神革命,其详细情形,请参看拙著,此不详述。要之,西欧的哲学时代,实写中国哲学文化所传播,则无可讳言。所以归结来说,西洋文化乃是科学文化,而所谓"宗教文化"(基督教文化)和"哲学文化"(18世纪理性时代),均为外来文化所传播,严格论之,西洋文化应以19世纪文化为代表,此种文化注意应用,造成灿烂的物质文明,现在已有征服全世界的倾向。

**(三)哲学的文化区域——中国**

由上,知道印度代表宗教文化,西洋代表科学文化,就很容易明白中国是代表哲学文化了。中国从祖先所传递累积的文化,是最崇高最切实的以"人"为本位的文化,所以是本质的知识。若以印度解脱的知识和中国本质的知识相较,在印度为不净观:①观身不净;②观受是苦;③观身无常;④观法无我。在中国则为净观,注重生命之现实方面,如易经咸卦;"观身所感,而天地万物之情可见",则观受是乐;恒卦"观其所恒,而天地万物之情可见",则观身是常;萃卦"观其所聚,而天地万物之情可见",则观法有我;大壮卦"正大而天地万物之情可见",即观身是净,不净观以宇宙人生为幻梦,对人生抱消极态度,净观尊重生命,对人生抱肯定态度。

中国既是代表哲学文化,那么,有没有宗教文化呢?有的。这种宗教的文化是以哲学为中心,为"哲学的宗教",此即中国古代的泛神论。周易"神也者,妙万物而为言";"神无方而易无体",论语"祭如在,祭神如神在",中庸"至诚如神",都是泛神论的明证,也可以说就是以"人"

为本位的宗教,罗素论中国文化特点,有一件即以孔子的伦理思想代宗教,至于宗教的宗教,却是从印度来的,是印度文化所传播。

还有,中国有没有科学的文化呢?我也可以肯定地答复这个问题,然而中国的科学文化,则是"哲学的科学",中国虽有四大发明,而为哲学文化所限,不能有大发展,如对自然现象所云:"譬如北辰,居其所而众星拱之。"这便不是纯粹科学的问题,点金术虽曾经发达,但炼丹事业在中国有如文人之焚香弹琴,为一种消遣,当然不是科学方法。就认识的对象说,如金木水火土五行,乃至阴阳,均不是具体的事物而属于抽象的意味。可见对象也非科学,由于"哲学的科学"的极限性,所以中国不能成功真正科学,真正"科学的科学",乃从西洋文化传播而来。

### (四) 哲学为中国文化特质

然而中国五千年来所创立的特殊的文化,就是哲学,哲学实为中国文化的基础,这种哲学既不是以"神"为本位的"宗教的哲学"(印度型),也不是以"物"为本位的"科学的哲学"(西洋型),而是以"人"为本位的"哲学的哲学",即是"生命论"的哲学,即是本质的知识。这种本质的知识的特征,各时代对其的认识不同:在宋儒说它是"理",明儒说他是"心",清儒说它是"仁",理是天理,也是理性,是宇宙论的"生命观",这种说法影响18世纪欧洲哲学时代。心是道心,是人生论的"生命观",这种说法影响日本德川明治维新的哲学时代。"仁"是人与人之关系,是社会论的"生命观",影响戊戌维新为谭嗣同的"仁学",影响辛亥革命为孙中山先生的"博爱"。

但以现在的观点,这种中国文化的特质,应该用活言语来表示,即以"情"字,也就是"爱"字,中国文化为"哲学",中国哲学为"唯情哲学"或"爱的哲学",何以见得?我们研究中国文化特质,最先应该注意《周易》一书,其中千言万语,都只是一个"情"字。

《周易》所认识的宇宙本体,就是到处皆有的"情",一切山川草木皆"情"的化身,由"真情之流"流出的,所以说"天地感而万物化生,圣人感人心而天下和平,观其所感而天地万物之情可见矣"(易咸卦);"天地之道恒久而不已,观其所恒而天地万物之情可见矣"(易恒卦);"萃聚以正也,观其所聚而天地万物之情可见矣"(易萃卦);"大者壮也,正大而天地万物之情可见矣"(易大壮卦);本体就是存在于宇宙万物之间的"真情之流",所谓"逝者如斯夫,不舍昼夜",这个永远绵延永远创新的真情本体,就是中国文化的真对象。《易经》一书,即模拟这个对象,以求宇宙万物及其发展变化之公例,《易经》的几个基本部门卦、象、爻、辞、彖,都是要讲明这个"真情之流"的变化法则,所以说:

　　卦——设卦以尽"情"伪,始作八卦,以通神明之德,以类万物之"情"。彖——爻彖以"情"言。

　　爻——六爻发挥旁通"情"也。

　　辞——圣人之"情"见乎辞。

　　象——圣人有以见天下之"赜",而拟诸其形容,象其物宜,是故谓之象——京房周易章句云:赜,情也。

　　这一套中国的形而上学,在人生哲学上,便成功为"爱的哲学"。天地万物是这点"情",人生也赋有这一点"情",这就是"仁"字,所以给人生下一定义:"仁者,人也"(《中庸》),"仁也者,人也"(《孟子》)。人生即是"仁",懂得这个"仁",才懂得这个"人",所以杀身成仁即杀身成人。但仁字的意义是什么?简单的答案,"仁"字即是"爱"。《易经》:"安土敦乎仁故能爱。"《论语》,"樊迟问仁?子曰:爱人";又曰:"泛爱众而亲仁。"周子《通书》:"爱曰仁。"韩愈《原道》:"博爱之谓仁。"可见"仁"字即是"爱",人生之真意义即是"爱",修身、齐家、治国、平天下都只是爱,从最切身的个人的爱做起,而推及人类的爱,是后便到达《礼运》大同的理想,所谓:"大道之行,天下为公,选贤与能,讲信修睦,故人不独亲其亲,不独子其子。老有所终,壮有所用矜寡孤疾皆有所养。货恶其弃于地,不必藏于己,力恶其不出于身也,不必为人,是人奸谋闭而不兴,盗窃乱贼不作。故外户而不闭,是谓大同。"这大同世界,"四海之内皆兄弟也。"所谓四海同胞主义,乃人类爱的理想境界,也可说就是中国文化的精华,所以就此种文化的特质来看,中国文化至今仍然活跃存在,而且实为此次大战后世界所向的目标。

　　对现阶段的中国文化来说,孙中山先生的政治哲学——三民主义,其所根据的宇宙观及人生观,即以此中国哲学文化为背景,孙中山先生的宇宙观可以所写笔墨最多的"博爱"二字为代表,其人生观可以孙中山学说中所说的"互助"二字为代表。孙中山先生指出"人类之进化原则与物种之进化原则不同,物种以竞争为原则,人类则以互助为原则","互助"即"爱",这完全充分表现出中国哲学文化的精神。

## 六、中国文化之现代世界使命

最后我们对于人类社会进步的理想,有依赖中国文化充分地发挥真人生的精神,才有实现的希望;而在此次世界大战之后,也只有依照孙中山先生的互助学说,才能联合全世界爱好和平的国家去战胜黩武主义侵略者,才能获得永远的胜利,这就是中国文化特质之现代意义,同时也可以说明真的文化是有生命性和现代性的。

# 庄子的政治哲学

> 虚玄长而晋室乱，非老庄之罪也。
>
> ——《中说·周公篇》

## 一、政治哲学的根本观念

庄子的政治理想，乃本于他人生哲学的根本观念而来。他的人生哲学，归本于"无为"两个字。《大宗师》云："芒然彷徨乎尘垢之外，逍遥乎无为之业。"（芒然同茫然，无系之貌，彷徨犹翱翔。《达生》篇文句同。）《知北游》云："是故至人无为，大圣不作，观于天地之谓也。"可见无为是自然的本体，也是人生的归宿，所以应用到政治方面，也自然要主张"无为"的政治了。这种无为政治的理想，实发生于老子时代。老子说：

> 以辅万物之自然而不敢为。（六十四章）
> 为者败之，执者失之。（二十九章）
> 为无为，则无不治。（三章）
> 为学日益，为道日损，损之又损，以至于无为，无为而无不为。（四十八章）

《天下》篇老聃云："无为也而笑巧。"郭象注："巧者有为，以伤神器之自成；故无为者，因其自生，任其自成，万物各得自为。蜘蛛犹能结网，则人人自有所能矣，无贵于工倕也。"成玄英疏云："率性而动，淳朴

---

① 本篇原为《庄子哲学》第九章。该书稿作于1949年，作者生前未出版；现稿由江中柱博士根据作者手稿整理。收录于《朱谦之文集》第三卷，福建教育出版社2002年版。

无为，嗤彼俗人，机心巧伪也。"任凭你费了多大气力，总跳不出自然的大圈套，并且自然就是绝对的真、绝对的善、绝对的美，再加人工便毁坏自然了。所以一切有为都是痛苦的根本、罪恶的源泉；一切文化文明乃至有为的政治，也都是罪恶的结果。所以要"绝圣弃智""绝仁弃义""绝巧弃利"（十九章），把文明制度都一扫而空，使人们复归到自然无为的状态，这就是老子的目的了。《庄子·应帝王》篇更设一个譬喻，来证明有为的害处：

南海之帝为倏，北海之帝为忽，中央之帝为浑沌。倏与忽时相与遇于浑沌之地，浑沌待之甚善。倏与忽谋报浑沌之德，曰："人皆有七窍以视听食息，此独无有，尝试凿之。"日凿一窍，七日而浑沌死。

郭象注云"为者败之"，因有为的害处如此，所以不得不主张那返于自然状态的政治，其实这种自然状态的政治，实即反映原始公社的自然统治时代。《老子》有一段文字，把这理想中的天下写得顶好：

小国寡民，使有什佰之器而不用，使民重死而不远徙，虽有舟舆无所乘之；虽有甲兵，无所陈之，使民复结绳而用之。甘其食，美其服，安其居，乐其俗。领国相望，鸡犬之声相闻，民至老死，不相往来。（八十章）

这在《列子·黄帝》篇，就变成很具体的华胥国了：

华胥氏之国，在弇州之西，台州之北，不知斯（离）齐国几千万里，盖非舟车足力之所及，神游而已。其国无师长，自然而已；其民无嗜欲，自然而已。不知乐生，不知恶死，故无夭殇；不知亲己，不知疏物，故无爱憎；不知背逆，不知向顺，故无利害。都无所爱惜，都无所畏忌。入水不溺，入火不热。斫挞无伤痛，指擿无痟痒。乘空若履实，寝虚如处床。云雾不硋其视，雷霆不乱其听，美恶不滑其心，山谷不踬其步，神行而已。

这几段中国式的乌托邦（Utopia），正是代表一种新政治思想：原始公社的自然社会。在这自然社会里面，各个人虽群居共处，而毫无有为政治的拘束，人人不治天下而天下治。《庄子·应帝王》篇有一段：

> 天根游于殷阳，至蓼水之上，适遭无名人而问焉，曰："请问为天下。"无名人曰："去！汝鄙人也，何问之不豫也！予方将与造物者为人，厌则又乘夫莽眇之鸟，以出六极之外，而游无何有之乡，以处圹埌之野。汝又何帠以治天下感予之心为？"又复问，无名人曰："汝游心于淡，合气于漠，顺物自然而无容私焉，而天下治矣。"

又《庄子·逍遥游》篇许由对尧说"予无所用天下为"：

> 尧让天下于许由，曰："日月出矣，而爝火不息，其于光也，不亦难乎！时雨降矣，而犹浸灌，其于泽也，不亦劳乎！夫子立而天下治，而我犹尸之，吾自视缺然。请致天下。"许由曰："子治天下，天下既已治也，而我犹代子，吾将为名乎？名者，实之宾也；吾将为宾乎？鹪鹩巢于深林，不过一枝；偃鼠饮河，不过满腹。归休乎君，予无所用天下为！庖人虽不治庖，尸祝不越樽俎而代之矣！"

《庄子·应帝王》篇狂接舆对肩吾说，治天下犹如就海中凿河、使蚊虫背负山一样不能成功：

> 肩吾见狂接舆。狂接舆曰："日中始何以语女？"肩吾曰："告我君人者以己出经式义度，人孰敢不听而化诸！"狂接舆曰："是欺德也。其于治天下也，犹涉海凿河，而使蚊负山也。夫圣人之治也，治外乎？正而后行，确乎能其事者而已矣。且鸟高飞以避矰弋之害，鼷鼠深穴乎神丘之下，以避熏凿之患，而曾二虫之无知？"

这都是很明显地反对有为的政治。但因此便谓庄子是抱无政府主义，那又不然。庄子虽主无治而实有君，不但《人间世》篇"臣之事君，义也，无适而非君也，无所逃于天地之间"暗示有君，即《庄子·应帝王》篇首蒲衣子所言"有虞氏……泰氏"也是无治而有君的境界。但这个"其卧徐徐，其觉于于"，浑浑沌沌像没有知识似的人，叫他做君好，叫他做牛做马也好（原文"一以己为马，一以己为牛"）。这是庄子很幽默地解决了君的问题，也是他的无为政治的认识。

> 蒲衣子曰："而乃今知之乎？有虞氏不及泰氏。有虞氏，其犹藏仁以要人，亦得人矣，而未始出于非人。泰氏，其卧徐徐，其觉于于。一以己为马，一以己为牛。其知情信，其德甚真，而未始入于非人。"

无为政治不是没有政治，乃是最彻底的放任政治。《老子》"治大国若烹小鲜"（六十章），《庄子·应帝王》篇假设老子说"明王之治"乃立足于神妙不可测的地位而行其所无事。

> 阳子居见老聃，曰："有人于此，向疾强梁，物彻疏明，学道不倦。如是者，可比明王乎？"老聃曰："是于圣人也，胥易技系，劳形怵心者也。且也虎豹之文来田，猨狙之便执，犛之狗来藉。如是者，可比明王乎？"阳子居蹴然曰："敢问明王之治。"老聃曰："明王之治，功盖天下而似不自己，化贷万物而民弗恃，有莫举名，使物自喜；立乎不测，而游于无有者也。"

这种强调无为之治，虽和近代无政府主义之绝对废弃政府法律者不同，但亦无疑乎如近人所云"无为之政治哲学，遂成为失望之有心人对于暴君苛政最微妙而最严重之抗议"。（萧公权著《中国政治思想史》第一册）其价值也正在于此。

## 二、内圣外王之道

庄子无为的政治哲学，传为后来左、右、中三派。右派特别注重内圣外王之道，左派则特别注重无治主义。案《汉书·艺文志》："道家者流，盖出于史官，历记成败存亡祸福古今之道，然后知秉要执本，清虚以自守，卑弱以自持，此君人南面之术也。合于尧之克攘（言其信恭能让也），《易》之嗛嗛，一谦而四益（嗛与谦同。四益谓天道亏盈而谦，地道变盈而流谦，鬼神害盈而福谦，人道恶盈而好谦也），此其所长也。及放者为之，则欲绝去礼学，兼弃仁义。曰独任清虚，可以为治。"在这里"放者"即指庄学左派之无治主义而言。"秉要执本"为君人南面之术（王先谦谓"君人"，当为"人君"之误，《穀梁传·序》疏、《尔雅·序》引此，皆不误），则与庄学右派相近。此段本站在儒家立场上说话，实则此左、右两派政治思想，无不从庄子引申而来。庄子有君无治本为一种矛盾现象，所以流为左、右两派，一方面有如《天道》《天地》《天运》等篇之主张"君道"，另一方面又有如《骈拇》《马蹄》《在宥》《让王》《盗跖》等篇之主张"无治"。这种在同一书中之矛盾，使人最难索解（如萧公权著《中国政治思想史》第一册，郭沫若著《十批判书》，均无法自圆其说），今知其全系学派不同之故，便很容易明白了。

先就庄子右派来说，《天下》篇"圣有所生，王有所成，皆原于一……是故内圣外王之道，暗而不明，郁而不发"，这就是右派政治哲学的根据。《庄子·天道》篇分"道"为三种，而归结于"静而圣，动而王"：

> 天道运而无所积，故万物成；帝道运而无所积，故天下归；圣道运而无所积，故海内服。明于天，通于圣，六通四辟于帝王之德者，其自为也，昧然无不静者矣。圣人之静也，非曰静也善，故静也；万物无足以铙心者，故静也。水静则明烛须眉，平中准，大匠取法焉。水静犹明，而况精神！圣人之心静乎！天地之鉴也，万物之镜也。夫虚静恬淡寂漠无为者，天地之平而道德之至也，故帝王圣人休焉。休则虚，虚则实，实则伦矣。虚则静，静则动，动则得矣。静则无为，无为也则任事者责矣。无为则俞俞。俞俞者忧患不能处，年寿长矣。夫虚静恬淡寂寞无为者，万物之本也。明此以南乡，尧之为君也；明此以北面，舜之为臣也。以此处上，帝王天子之德也；以此处下，玄圣素王之道也。以此退居而闲游江海，山林之士服；以此进为而抚世，则功大名显而天下一也。静而圣，动而王，无为也而尊，朴素而天下莫能与之争美。

在这里"帝王"与"玄圣"对称，所谓"静而圣，动而王"即言退则静而为玄圣，进则动而为帝王。"帝王"又称"天子"，"玄圣"又称"素王"，其实"玄圣""素王"虽有在乡、在野、在外之不同，而没有本质的差异。但无论"帝王"也好，"玄圣"也好，都应该以天道为根据。

尤其是帝王之德,须同于天地之无为。《知北游》篇"至人无为,大圣不作,观于天地之谓也",此为庄学中派之说,《庄子·天道》篇更为发挥道:

> 夫帝王之德,以天地为宗,以道德为主,以无为为常。无为也,则用天下而有余;有为也,则为天下用而不足。故古之人贵夫无为也。上无为也,下亦无为也,是下与上同德。下与上同德则不臣。下有为也,上亦有为也,是上与下同道。上与下同道则不主。上必无为而用下,下必有为为天下用,此不易之道也。故古之王天下者,知虽落天地,不自虑也;辩虽雕万物,不自说也;能虽穷海内,不自为也。天不产而万物化,地不长而万物育,帝王无为而天下功。故曰:莫神于天,莫富于地,莫大于帝王。故曰:帝王之德配天地。此乘天地,驰万物,而用人群之道也。

这里最重要的是主张君道与臣道的关系。上必无为、下必有为这一段,郭象注很精彩,使我们知道"主上无为于亲事,而有为于用臣。臣能亲事,主能用臣;斧能刻木,而工能用斧,各当其能,则天理自然,非有为也"。这也就是"秉要执本"的君人南面之术。所以接着说:

> 本在于上,末在于下;要在于主,详在于臣。三军五兵之运,德之末也;赏罚利害,五刑之辟,教之末也;礼法度数,刑名比详,治之末也;钟鼓之音,羽旄之容,乐之末也;哭泣衰绖,隆杀之服,哀之末也。此五末者,须精神之运,心术之动,然后从之者也。末学者,古人有之,而非所以先也。君先而臣从,父先而子从,兄先而弟从,长先而少从,男先而女从,夫先而妇从。夫尊卑先后,天地之行也,故圣人取象焉。天尊地卑,神明之位也;春夏先,秋冬后,四时之序也;万物化作,萌区有状,盛衰之杀,变化之流也。夫天地至神矣,而有尊卑先后之序,而况人道乎!宗庙尚亲,朝延尚尊,乡党尚齿,行事尚贤,大道之序也。语道而非其序者,非其道也。语道而非其道者,安取道哉!是故古之明大道者,先明天而道德次之,道德已明而仁义次之,仁义已明而分守次之,分守已明而形名次之,形名已明而因任次之,因任已明而原省次之,原省已明而是非次之,是非已

明而赏罚次之，赏罚已明而愚知处宜，贵贱履位，仁贤不肖袭情。必分其能，必由其名。以此事上，以此畜下，以此治物，以此修身，知谋不用，必归其天。此之谓大平，治之至也。

在这里讲明本末尊卑先后的次序，而"秉要执本"，以道德"无为"为先，所以说：

五变而形名可举，九变而赏罚可言也。骤而语形名，不知其本也；骤而语赏罚，不知其始也。倒道而言，忤道而说者，人之所治也，安能治人！骤而语形名赏罚，此有知治之具，非知治之道；可用于天下，不足以用天下，此之谓辩士，一曲之人也。礼法数度、形名比详，古人有之。此下之所以事上，非上之所以畜下也。

因为右派为儒家化的庄学，所以并不反对仁义，乃至礼法形名，不过以为这些皆为末学。"此下之所以事上，非上之所以畜下也。"而最好的政治，乃在使臣下各尽所能，而人君垂拱无为而治。《庄子·天地》篇把这个君臣之义更加确定化了，认为"人卒虽众，其主君也。君原于德而成于天"，故曰：

天地虽大，其化均也；万物虽多，其治一也；人卒虽众，其主君也。君原于德而成于天。故曰：玄古之君天下，无为也，天德而已矣。以道观言而天下之君正，以道观分而君臣之义明，以道观能而天下之官治，以道泛观而万物之应备。故通于天地者，德也；行于万物者，道也；上治人者，事也；能有所艺者，技也。技兼于事，事兼于义，义兼于德，德兼于道，道兼于天。故曰：古之畜天下者，无欲而天下足，无为而万物化，渊静而百姓定。《记》曰："通于一而万事毕，无心得而鬼神服。"

在这里君德即是天德，人君之主万民，好似天地之主万物，这都只是自然而然，自然而然即是"天运"。所以《庄子·天运篇》说：

"天其运乎？地其处乎？日月其争于所乎？孰主张是？孰维纲是？

孰居无事推而行是？意者其有机缄而不得已邪？意者其运转而不能自止邪？云者为雨乎？雨者为云乎？孰隆施是？孰居无事淫乐而劝是？风起北方，一西一东，有上彷徨，孰嘘吸是？孰居无事而披拂是？敢问何故？"巫咸袑曰："来，吾语女。天有六极五常，帝王顺之则治，逆之则凶。九洛之事，治成德备，临照下土，天下戴之，此谓上皇。"

但由这派看来，无为并不是"独任清虚，可以为治"，所以《庄子·徐无鬼》篇假托牧马童子对黄帝说为天下与牧马同，"亦去其罪马者而已矣"：

黄帝将见大隗乎具茨之山，方明为御，昌寓骖乘，张若、謵朋前马，昆阍、滑稽后车。至于襄城之野，七圣皆迷，无所问途。适遇牧马童子，问途焉，曰："若知具茨之山乎？"曰："然。""若知大隗之所存乎？"曰："然。"黄帝曰："异哉小童！非徒知具茨之山，又知大隗之所存。请问为天下。"小童曰："夫为天下者，亦若此而已矣，又奚事焉！予少而自游于六合之内，予适有瞀病，有长者教予曰：'若乘日之车而游于襄城之野。'今予病少痊，予又且复游于六合之外。夫为天下亦若此而已。予又奚事焉！"黄帝曰："夫为天下者，则诚非吾子之事，虽然，请问为天下。"小童辞。黄帝又问，小童曰："夫为天下者，亦奚以异乎牧马者哉！亦去其害马者而已矣！"黄帝再拜稽首，称天师而退。

这不就是形法之说？又假托《庄子·徐无鬼》对魏武侯说"为义偃兵，造兵之本"：

武侯曰："欲见先生久矣！吾欲爱民而为义偃兵，其可乎？"徐无鬼曰："不可。爱民，害民之始也；为义偃兵，造兵之本也。君自此为之，则殆不成。凡成美，恶器也。君虽为仁义，几且伪哉！形固造形，成固有伐，变固外战。君亦必无盛鹤列于丽谯之间，无徒骥于锱坛之宫，无藏逆于得，无以巧胜人，无以谋胜人，无以战胜人。夫杀人之士民，兼人之土地，以养吾私与吾神者，其战不知孰善？胜之恶乎在？君若勿乎矣！修胸中之诚，以应天地之情而勿撄。夫民死已脱矣，君将恶乎用夫偃兵哉！"

这不就是攻战之说？然而形名赏罚攻战，都是为治之具，而为治之道，却要归本于"无为"，此之谓太平。天地无为而化，帝王也无为而治，这有什么效验呢？据《天地》篇一则假托谆芒之言圣治，"行言自为而天下化，手挠顾指，四方之民莫不俱至"，

> 谆芒将东之大壑，适遇苑风于东海之滨。苑风曰："子将奚之？"曰："将之大壑。"曰："奚为焉？"曰："夫大壑之为物也，注焉而不满，酌焉而不竭。吾将游焉！"苑风曰："夫子无意于横目之民乎？愿闻圣治。"谆芒曰："圣治乎？官施而不失其宜，拔举而不失其能，毕见其情事而行其所为，行言自为而天下化。手挠顾指，四方之民莫不俱至，此之谓圣治。"

二则假托季彻之言圣治，"摇荡民心，使之成教易俗……若性之自为，而民不知其所由然"：

> 将闾葂见季彻曰："鲁君谓葂也曰：'请受教。'辞不获命。既已告矣，未知中否。请尝荐之。吾谓鲁君曰：'必服恭俭，拔出公忠之属而无阿私，民孰敢不辑！'"季彻局局然笑曰："若夫子之言，于帝王之德，犹螳螂之怒臂以当车轶，则必不胜任矣！且若是，则其自为处危，其观台多物，将往投迹者众。"将闾葂觑觑然惊曰："葂也汒若于夫子之所言矣！虽然，愿先生之言其风也。"季彻曰："大圣之治天下也，摇荡民心，使之成教易俗，举灭其贼心而皆进其独志。若性之自为，而民不知其所由然。若然者，岂兄尧、舜之教民，溟涬然弟之哉？欲同乎德而心居矣！"

三则假托赤张满稽之言至德之世，"不尚贤，不使能，上如标枝（言树梢之枝，无心而在上也），民如野鹿"：

> 门无鬼与赤张满稽观于武王之师，赤张满稽曰："不及有虞氏乎！故离此患也。"门无鬼曰："天下均治而有虞氏治之邪？其乱而后治之

与?"赤张满稽曰:"天下均治之为愿,而何计以有虞氏为!有虞氏之药疡也,秃而施髢,病而求医。孝子操药以修慈父,其色燋然,圣人羞之。至德之世,不尚贤,不使能,上如标枝,民如野鹿。端正而不知以为义,相爱而不知以为仁,实而不知以为忠,当而不知以为信,蠢动而相使不以为赐。是故行而无迹,事而无传。"

到了上如树梢之枝,无心而自然相忘,也就可以说完全实现了理想的无为政治了。

### 三、无治主义

庄子政治哲学的派别,一方面变为右派之"内圣外王之道",另一方面却变成左派的无治思想。这无治主义很近于无政府主义,但显然与Kropotkin的无政府共产主义不同,而为带着复古色彩的原始公社之无政府主义。这一派确然反对政治社会的现状,而为顶激烈的革命家,他们很大胆地提出反政治、反政府、反战争的口号,如《庄子·马蹄》篇就是好例:

马,蹄可以践霜雪,毛可以御风寒,龁草饮水,翘足而陆,此马之真性也。虽有义台路寝,无所用之。及至伯乐,曰:"我善治马。"烧之,剔之,刻之,雒之。连之以羁馽,编之以皂栈,马之死者十二三矣!饥之,渴之,驰之,骤之,整之,齐之,前有橛饰之患,而后有鞭筴之威,而马之死者已过半矣!陶者曰:"我善治埴。圆者中规,方者中矩。"匠人曰:"我善治木。曲者中钩,直者应绳。"夫埴木之性,岂欲中规矩钩绳哉!然且世世称之曰:"伯乐善治马,而陶匠善治埴木。"此亦治天下者之过也。

吾意善治天下者不然。彼民有常性,织而衣,耕而食,是谓同德。一而不党,命曰天放。故至德之世,其行填填,其视颠颠。当是时也,山无蹊隧,泽无舟梁。万物群生,连属其乡。禽兽成群,草木遂长。是故禽兽可系羁而游,鸟鹊之巢可攀援而窥。

夫至德之世,同与禽兽居,族与万物并。恶乎知君子小人哉!同乎无知,其德不离;同乎无欲,是谓素朴。素朴而民性得矣。及至圣人,蹩躠为仁,踶跂为义,而天下始疑矣。澶漫为乐,摘辟为礼,而天下始分矣。故纯朴不残，孰为牺尊！白玉不毁，孰为珪璋！道德不废，安取仁义！性情不离，安用礼乐！五色不乱，孰为文采！五声不乱，孰应六律！夫残朴以为器，工匠之罪也；毁道德以为仁义，圣人之过也。

夫马陆居则食草饮水，喜则交颈相靡，怒则分背相踢。马知已此矣！夫加之以衡扼，齐之以月题，而马知介倪、闉扼、鸷曼、诡衔、窃辔。故马之知而能至盗者，伯乐之罪也。夫赫胥氏之时，民居不知所为，行不知所之，含哺而熙，鼓腹而游。民能已此矣！及至圣人，屈折礼乐以匡天下之形，县跂仁义以慰天下之心，而民乃始踶跂好知，争归于利，不可止也。此亦圣人之过也。

由这一段可见"无治主义"的旨趣，只有这种"无治主义"才不会失掉人的本性自然性。而后世之所以使人失掉本性自然性的，有两个东西，一个是"仁义圣智"，一个是"政法赏罚"；而最可痛恨的，就是那些圣人，不但不足以治天下，且以乱天下。所以庄子左派主张破坏一切，而想像他至德无为的绝对自由平等的理想社会。《庄子·胠箧》篇最可以代表这种思想：

将为胠箧探囊发匮之盗而为守备，则必摄缄縢，固扃鐍，此世俗之所谓知也。然而巨盗至，则负匮揭箧担囊而趋，唯恐缄縢扃鐍之不固也。然则乡之所谓知者，不乃为大盗积者也？

故尝试论之：世俗之所谓知者，有不为大盗积者乎？所谓圣者，有不为大盗守者乎？何以知其然邪？昔者齐国邻邑相望，鸡狗之音相闻，罔罟之所布，耒耨之所刺，方二千余里。阖四竟之内，所以立宗庙社稷，治邑屋州闾乡曲者，曷尝不法圣人哉？然而田成子一旦杀齐君而盗其国，所盗者岂独其国邪？并与其圣知之法而盗之，故田成子有乎盗贼之名，而身处尧舜之安。小国不敢非，大国不敢诛，十二世有齐国，则是不乃窃齐国并与其圣知之法以守其盗贼之身乎？

尝试论之：世俗之所谓至知者，有不为大盗积者乎？所谓至圣者，有不为大盗守者乎？何以知其然邪？昔者龙逢斩，比干剖，苌弘胣，子胥靡。故四子之贤而身不免乎戮。故跖之徒问于跖曰："盗亦有道乎？"跖曰："何适而无有道邪？夫妄意室中之藏，圣也；入先，勇也；出后，义也；知可否，知也；分均，仁也。五者不备而能成大盗者，天下未之有也。"由是观之，善人不得圣人之道不立，跖不得圣人之道不行。天下之善人少而不善人多，则圣人之利天下也少而害天下也多。故曰：唇竭则齿寒，鲁酒薄而邯郸围，圣人生而大盗起。掊击圣人，纵舍盗贼，而天下始治矣。

夫川竭而谷虚，丘夷而渊实。圣人已死，则大盗不起，天下平而无故矣。圣人不死，大盗不止，虽重圣人而治天下，则是重利盗跖也。为之斗斛以量之，则并与斗斛而窃之；为之权衡以称之，则并与权衡而窃之；为之符玺以信之，则并与符玺而窃之；为之仁义以矫之，则并与仁义而窃之。何以知其然邪？彼窃钩者诛，窃国者为诸侯，诸侯之门而仁义存焉，则是非窃仁义圣知邪？故逐于大盗，揭诸侯，窃仁义并斗斛权衡符玺之利者，虽有轩冕之赏弗能劝，斧钺之威弗能禁。此重利盗跖而使不可禁者，是乃圣人之过也。

故曰："鱼不可脱于渊，国之利器不可以示人。"彼圣人者，天下之利器也，非所以明天下也。故绝圣弃知，大盗乃止；擿玉毁珠，小盗不起；焚符破玺，而民朴鄙；掊斗折衡，而民不争；殚残天下之圣法，而民始可与论议；擢乱六律，铄绝竽瑟，塞瞽旷之耳，而天下始人含其聪矣；灭文章，散五采，胶离朱之目，而天下始人含其明矣。毁绝钩绳而弃规矩，攦工倕之指，而天下始人有其巧矣。故曰：大巧若拙。削曾、史之行，钳杨、墨之口，攘弃仁义，而天下之德始玄同矣。彼人含其明，则天下不铄矣；人含其聪，则天下不累矣；人含其知，则天下不惑矣；人含其德，则天下不僻矣。彼曾、史、杨、墨、师旷、工倕、离朱，皆外立其德而以爚乱天下者也，法之所无用也。

子独不知至德之世乎？昔者容成氏、大庭氏、伯皇氏、中央氏、栗陆氏、骊畜氏、轩辕氏、赫胥氏、尊卢氏、祝融氏、伏牺氏、神农氏，当是时也，民结绳而用之。甘其食，美其服，乐其俗，安其居，邻国相望，鸡狗之音相闻，民至老死而不相往来。若此之时，则至治已。今遂至使民延颈举踵，曰"某所有贤者"，赢粮而趣之，则内弃其亲而外去其主之事，足迹接乎诸侯之境，车轨结乎千里之外。则是上好知之过也！

上诚好知而无道，则天下大乱矣！何以知其然邪？夫弓弩毕弋机变之知多，则鸟乱于上矣；钩饵罔罟罾笱之知多，则鱼乱于水矣；削格罗落置罘之知多，则兽乱于泽矣；知诈渐毒、颉滑坚白、解垢同异之变多，则俗惑于辩矣。故天下每每大乱，罪在于好知。故天下皆知求其所不知而莫知求其所已知者，皆知非其所不善而莫知非其所已善者，是以大乱。故上悖日月之明，下烁山川之精，中堕四时之施，惴耎之虫，肖翘之物，莫不失其性。甚矣，夫好知之乱天下也！自三代以下者是已！舍夫种种之民而悦夫役役之佞；释夫恬淡无为而悦夫啍啍之意，啍啍已乱天下矣！

这是很激烈的无政府主义宣言了，但和近代科学的无政府主义，却有本质上的不同。现代无政府主义是将社会的种种罪恶都归到政府、资本家身上，而庄学左派则更进一步，把罪恶归于有知识以来，认为政府尚是有知识以来的产物，还是有为的结果。我们所能做的，却要从根本上取消这个有为，而复归于绝对无为的境界。所以这一派可以说是最彻底的虚无主义者。他们屡屡说"绝圣弃智，而天下大治"；他们最痛恨的就是三代以下的人为政治，认为这些政治都是反自然的，都是由于好弄知识的结果，应该完全抛弃它。试以《庄子·在宥》篇为例：

闻在宥天下，不闻治天下也。在之也者，恐天下之淫其性也；宥之也者，恐天下之迁其德也。天下不淫其性，不迁其德，有治天下者哉？昔尧之治天下也，使天下欣欣焉人乐其性，是不恬也；桀之治天下也，使天下瘁瘁焉人苦其性，是不愉也。夫不恬不愉，非德也；非德也而可长久者，天下无之。

人大喜邪，毗于阳；大怒邪，毗于阴。阴阳并毗，四时不至，寒暑之和不成，其反伤人之形乎！使人喜怒失位，居处无常，思虑不自得，中道不成章。于是乎天下始乔诘卓鸷，而后有盗跖、曾、史之行。故举天下以赏其善者不足，举天下以罚其恶者不给。故天下之大不足以赏罚。自三代以下者，匈匈焉终以赏罚为事，彼何暇安其性命之情哉！

而且说明邪，是淫于色也；说聪邪，是淫于声也；说仁邪，是乱于德也；说义邪，是悖于理也；说礼邪，是相于技也；说乐邪，是相于淫也；说圣邪，是相于艺也；说知邪，是相于疵也。天下将安其性命之情，之八者，存可也，亡可也。天下将不安其性命之情，之八

者，乃始脔卷犭囊而乱天下也。而天下乃始尊之惜之。甚矣，天下之惑也！岂直过也而去之邪！乃齐戒以言之，跪坐以进之，鼓歌以儛之。吾若是何哉！

故君子不得已而临莅天下，莫若无为。无为也，而后安其性命之情。故贵以身于为天下，则可以托天下；爱以身于为天下，则可以寄天下。故君子苟能无解其五藏，无擢其聪明，尸居而龙见，渊默而雷声，神动而天随，从容无为而万物炊累焉。吾又何暇治天下哉！

因此得到一个结论，就是：

吾未知圣知之不为桁杨椄槢也，仁义之不为桎梏凿枘也，焉知曾、史之不为桀、跖嚆矢也！故曰：绝圣弃知，而天下大治。

人性本来完善，但自有圣智以来，就有许多人造的道德法律，设立了国家政府的种种组织，但这些法律道德，这些政治组织，哪一个不是有为的结果？哪一个不是和人的本性、自然性反背的，所以"天下脊脊大乱，罪在撄人心"。故又托老聃的话，来道破矫揉造作的大毛病。崔瞿问于老聃曰："不治天下，安藏人心？"老聃曰："汝慎，无撄人心。人心排下而进上，上下囚杀，淖约柔乎刚强，廉刿雕琢，其热焦火，其寒凝冰。其疾俛仰之间，而再抚四海之外。其居也，渊而静；其动也，悬而天。偾骄而不可系者，其唯人心乎？"

但是怎样才可以顺其自然，而不伤害人的本性、自然性呢？这一派的答案，只有一个，就是不要管它。故说：

闻在宥天下，不闻治天下也。在之也者，恐天下之淫其性也；宥之也者，恐天下之迁其德也。天下不淫其性，不迁其德，有治天下者哉！

"在宥"就是任人民绝对的自由，但是怎样才能使人民绝对的自由呢？唯一的方法，就是"无为"——他们心目中的无政府主义。

这无政府社会的理想境界即是所谓"至德之世"。至德之世即是他们的乌托邦、他们的共产社会。《庄子·马蹄》篇云：

故至德之世。其行填填，其视颠颠。当是时也，山无蹊隧，泽无舟梁。万物群生，连属其乡。禽兽成群，草木遂长。是故禽兽可系羁而游，鸟鹊之巢可攀援而窥。夫至德之世，同与禽兽居，族与万物并，恶乎知君子小人哉？……夫赫胥氏之时，民居不知所为，行不知所之，含哺而熙，鼓腹而游。民能以此矣。

又《庄子·胠箧》篇云：

子独不知至德之世乎？……当是时也，民结绳而用之，甘其食，美其服，乐其俗，安其居，邻国相望，鸡狗之音相闻，民至老死而不相往来。若此之时，则至治已。

"至治"即是"无治"，即是带着原始公社时代色彩的无政府主义社会。由此可见，庄子左派的理想世界和《老子》八十章所说的一模一样。在庄子本身和右派当中，也有这种思想倾向（《庄子·天地篇》），不过只有这一派讲得更痛快、更彻底、更动人罢了。

还有这一派对待统治者的压迫，采取一种消极抵抗方法，却又和托尔斯泰式"无抵抗主义"的本质不同。《庄子·让王》篇历举尧以天下让许由一节、舜让天下三节、越人三世杀君一节、韩魏相争侵地一节、颜阖一节、曾子一节、舜让天下于北人无择一节：

尧以天下让许由，许由不受。……舜让天下于子州支伯，子州支伯曰："予适有幽忧之病，方且治之，未暇治天下也。"故天下大器也，而不以易生。此有道者之所以异乎俗者也。舜以天下让善卷，善卷曰："余立于宇宙之中，冬日衣皮毛，夏日衣葛絺。春耕种，形足以劳动；秋收敛，身足以休食。日出而作，日入而息，逍遥于天地之间，而心意自得。吾何以天下为哉！悲夫，子之不知余也。"遂不受。于是去而入深山，莫知其处。舜以天下让其友石户之农。石户之农曰："卷卷乎，后之为人，葆力之士也。"以舜之德为未至也。于是夫负妻戴，携子以入于海，终身不反也。………

越人三世弑其君，王子搜患之，逃乎丹穴，而越国无君。求王子搜不得，从之丹穴。王子搜不肯出，越人熏之以艾。乘以王舆。王子搜援绥登车，仰天而呼曰："君乎，君乎，独不可以舍我乎！"……

韩魏相与争侵地，子华子见照僖侯……子华子曰："甚善。自是观之，两臂重于天下也，身亦重于两臂。韩之轻于天下亦远矣。今之所争者，其轻于韩又远。君固愁身伤生以忧戚不得也。"……子华子可谓知轻重矣！

鲁君闻颜阖得道之人也，使人以币先焉。颜阖守陋间，苴布之衣，而自饭牛。鲁君之使者至，颜阖自对之。使者曰："此颜阖之家与？"颜阖对曰："此阖之家也。"使者致币。颜阖对曰："恐听者谬而遗使者罪，不若审之。"使者还，反审之，复来求之，则不得已！故若颜阖者，真恶富贵也。……

曾子居卫，缊袍无表，颜色肿哙，手足胼胝，三日不举火，十年不制衣。正冠而缨绝，捉衿而肘见，纳屦而踵决。曳纵而歌《商颂》，声满天地，若出金石。天子不得臣，诸侯不得友。……

舜以天下让其友北人无择，北人无择曰："异哉，后之为人也，居于畎亩之中，而游尧之门。不若是而已，又欲以其辱行漫我。吾羞见之。"因自投清泠之渊。……

除上述例子外，《庄子·让王》的其他节的故事，也可作为消极革命的例证，同时也就是作为最彻底的主张人民自由思想的宣言。

# 中国文学与音乐之关系[1]

## 一、文学的定义

在叙述中国文学之先,我们为便利起见,把中国最古的文学定义,先拿来详细研究一番。中国最古的文学定义,见于《尚书》的二十四字:

> 诗言志,歌永言,声依永,律和声,八音克谐,无相夺伦,神人以和。

这一段郑玄《诗谱序》认作"诗"的起源,是很对的。我们试看乐律家如韩邦奇、刘濂、何塘等的解释,更觉这一个定义,实在再恰当了。按:①韩邦奇说:"《书》曰:诗言志,歌永言,声依永,律和声,八音克谐,无相夺伦。乐本起于诗,诗本生于心,而心本感于物,苟八音无诗,八音何用哉?"(《苑洛志乐》卷八)②刘濂说:"《书》曰:诗言志,歌永言,声依永,律和声,八音克谐,无相夺伦,神人以和,此万世诗乐之宗也。夫人性本静也,喜怒哀乐之心感,而呻吟讴叹之事兴,凡诗篇歌曲,莫不陈其情而敷其事,故曰诗言志也。歌生于言,永生于歌,引长其音而使之悠飏回翔,累然而成节奏,故曰歌永言也。乐声被歌非人歌效乐,当歌之时,必和之以钟磬琴瑟之声,故曰声依永也。乐声以清浊顺序不相侵犯为美,必定之以律管而后协焉,故曰律和声也。律吕既定,由是度之金石弦管诸音,且如作黄钟调则众音以次皆从黄钟,作太簇调则众音以次皆从太簇,人声乐声莫不安顺和好,故曰:八音克谐,无相夺伦也。……夫始于诗言志,终于八音克谐,古乐之全,大略可见矣。"(《乐经元义》)③何塘说:"古乐之不传也久矣,然其始终本末则略见之数言,而律吕声音则犹存于俗乐之制作,顾观者不加察耳。夔作曲乐,舜命之

---

[1] 本篇原为《中国音乐文学史》第二章,商务印书馆1935年版;收录于《朱谦之文集》第二卷,福建教育出版社2002年版。

曰：诗言志，歌永言，声依永，律和声，八音克谐，无相夺伦，神人以和，乐之始终本末略见于此。自《明良之歌》以至三百篇之作，今尚可考，莫非各陈其情，是之谓诗言志；俗乐之词曲，各陈其情，乃其遗法也。诗既成矣，其吟咏之间，必悠扬宛转，有清浊高下之节，然后可听，是之谓歌永言；今俗乐之唱词曲，乃其遗法也。当歌之时，欲和之以乐器之声，其乐声清浊高下必与歌声之清浊高下相应，是之谓声依永；俗乐唱词曲之时，或吹竹弹丝与之相应，乃其遗法也。至此则乐已小成矣。若并奏众音，清浊高下难得齐一，故须用律以齐之，如作黄钟宫调，则众音之声皆用黄钟为节，作太簇商调，则从音之声皆用太簇为节，然后清浊高下自齐一而不乱，乃其遗法也。八音克谐，无相夺伦，至此则乐乃大成矣，神人以和则其用也。夫乐之始于诗言志，终于律和声，始乃言其本，终则言其末也，古乐之始终本末，亦略可见矣。"（《乐律管见》）由这些解释，可见中国从古以来的诗，音乐的含有性是很大的，差不多中国文学的定义，就成了中国音乐的定义，因此中国的文学的特征，就是所谓"音乐文学"。

读《尚书》一段，我们已知道中国文学是以"音乐文学"为正宗了，但这音乐文学的定义，在文学批评史上我们还可寻出许多根据，最重要的是《礼记》《檀弓》《乐记》和《毛诗序》的几段妙文，简直把"诗歌""音乐""舞蹈"三者合为一体，真是道着中国文学的美质了。《檀弓》说的是：

人喜则斯陶，陶斯咏，咏斯犹，犹斯舞矣。（《檀弓》下，按《淮南子·本经训》云："凡人之性，心和欲得则乐，乐斯动，动斯蹈，蹈斯歌，歌斯舞，舞则禽兽跳矣。"与此同）

《乐记》说的是：

凡音者生人心者也，情动于中故形于声，声成文谓之音。……故歌之为言也，长言之也，说之故言之，言之不足故长言之，长言不足故嗟叹之，嗟叹之不足，故不知手之舞之足之蹈之也。……诗言其志也，歌永其声也，舞动其容也，三者本于心然后乐器从之。（陈旸著《乐书》卷十五曰：乐者天地之和也，溢于心而以歌声之，充乎体而以舞容之,永歌之不足则不知手之舞之,则歌亦乐之端,舞为乐之成。《书》谓琴瑟以永其歌也,《语》谓乐则韶舞其舞也,始歌终舞,共乐之序欤。)

《毛诗序》情文声音一节,更说得妙绝:

诗者志之所之也,发言为诗,情动于中而形于言,言之不足故嗟叹之,嗟叹之不足故永歌之,永歌之不足,不知手之舞之足之蹈之也。情发于声,声成文,谓之音。(陈旸著《乐书》卷六十一云:诗者志之所之,情动于中而形于言,则诗言志也。言之不足故嗟叹之,嗟叹之不足,故永歌之,则歌永其声也。永歌之不足,故不知手之舞之足之蹈之,则舞动其容也。盖诗为乐之章,必待歌之抗坠端折,然后其声足以合奏。歌为乐之首,必待舞之周旋诎信,然后其容足以中节。歌登于堂而合奏。舞降于庭而中节,则至矣尽矣,不可以有加矣。又云:盖声出于情而有宫商角徵羽之别,音生于声而有金石丝竹匏土革木之什,故情不发无以见其声,则声所以达情也。声不成文,无以见其音。则音所以著声者也。)

我们再看中国著名的注疏家文学批评家们都隐隐然以诗歌与音乐合为一谈,都是把论"声"论"歌"的话来论诗的。如荀况说,"诗者中声之所止也"(荀子著《劝学篇》);杨倞说,"诗谓乐章,所以节声音,至乎中而止"(荀子著《劝学》中声之所止一);郑玄说,"诗,弦歌讽谕之声也"(《北堂书钞》引郑氏《六艺论诗谱序》大庭轩辕疏引作诗者弦歌讽谕之声);孔颖达说:"诗者歌咏欢乐也"(《礼记·孔子闲居》诗亦至焉疏),又说"诗是乐歌"(《礼记·学记》不能安诗疏)、"诗是乐章"(左氏著《襄四年传》注文王之三疏);杨士勋说,"诗者乐章也"(《榖梁序》就太师而正雅颂疏);郝经说,"古之为诗也,歌诵弦舞断章为赋而已"(朱子著《诗集传序》);许宗鲁说,"诗者宫徵之所谐,管弦之所被也"(吴才老著《毛诗叶韵补音序》)。乃至最著名的文学批评家,如刘勰的《文心雕龙》,也明明白白说"诗为乐心,声为乐礼""乐辞曰诗,诗声曰歌"(《乐府篇》)的话,就其中说得最透彻的,自不能不举到郑樵、章潢,他们所主倡的音乐的批评是最能提醒我们的。

郑樵说："夫乐之本在诗，诗之本在声，……而声之本在兴，鸟兽草木乃发兴之本。"（《六经奥论》卷三论诗声）又曰："诗为声也，不为文也，……凡律其辞则谓之诗声，其诗则谓之歌，作诗未有不歌者也，诗者乐章也。"（《通志》卷四十九《乐略正声序论》）又曰："诗在于声不在于义，犹今都邑有新声，苍陌竞歌之，岂为其辞义之美哉？直为其声新耳。"（同上）又曰："诗三百篇皆可歌可诵可舞可弦，大师世守其业以教国子，自成童至既冠皆往习焉，诵之则习其文，歌之则识其声，舞之则见其容，弦之则寓其意，……后之弦歌与舞者皆废，直诵其文而已，且不能言其义，故论者多失诗之意。"（《六经奥论》卷三）

章潢说："乐可易言乎？诵之歌之弦之舞之，皆足以成节奏，而要之声诗其本乎！仲尼闻韶，闻此者也；季札观乐，观此者也。……尝考之古之达乐有三，曰风，曰雅，曰颂，而金石丝竹匏土革木，皆主此以成乐均者也，信乎乐非外乎声诗也。虞帝命夔典乐教胄，不过曰：汝闻音律出纳五官，而《周官大司乐》所掌歌奏，征诸《虞谟商颂》，较若画一，然则乐以诗为本，诗以乐为用，自古迄今，其义未有改矣。"又说："自诗官不采言，乐官不被律，而声诗之学称贱业焉。故杜氏有曰：汉制氏世业，但能幻铿锵鼓舞，而不能言其义，言知声诗而不知义也。齐鲁毛韩诸家，以序说相雄长，以义理相授受，而经生学者始不识诗，言知义而不知声诗也。夫德为乐心，声为乐体，义为乐精，得诗则声有所依，得声则诗有所被，知声诗而不知义，尚可备登歌充庭舞；彼知义而不知诗者，穷极物情，工则工矣，而丝簧弗协，将焉用之？甚矣声诗不可不讲也！"（《图书编·乐以声歌为主议》）

由上便知中国文学与音乐的密切关系，所谓诗歌即音乐，所谓诗经即乐经。可惜这个最古的文学定义，在郑渔仲时代，已很少有人懂得，到了现在，讲中国文学的更越发糊涂了，越发走向反音乐的路上去了。现在讲中国文学史的，不管是新旧派，对音乐文学都没有多大理会，他们都是和郑樵等的说法刚好相反，以为文学只是文章，是为文不为声的。尤其是旧派，他们所下的文学定义是：彩绣之美，是文本意，属辞义同彩绣，亦命曰文。（谢无量著《中国大文学史》）

他们的"文"字的解释，是根据《说文》说的"文错画也，象交文"，《广雅·释诂》说的"文饰也"，和《释名·释言语》说"文者合集众采，以成锦绣，会集众字以成词谊，如文绣也"。因此顾名思义谓：

"非偶词俪语,不足为之。"这自然太把文学看成"图式化"了。其实这种"图式化"的文学,是文学的第二义,而《尚书·舜典》所说,才是中国文学的第一义,似那《文选》派的"偶语俪句",这些只算僵了的诗,既然不可谱入管弦,也还能够叫作"文学"吗?反一面说,所谓白话的文学家,似乎也很懂得文学的起源是关于乐曲。(胡适著《白话文学史》,第452页)如"唐人作歌诗,晚唐五代两宋人作词,元明人作曲,因为都有那'好妓好歌喉'的引诱,故自然走到白话的路上去"(第218页),那么中国三千年的文学史,应该就是一部音乐的文学史了。但是他们一转眼之间,又主张"废曲用白",要把文学和音乐脱离关系而独立发展,他们的根本错误,在于没有认清文学的起源是音乐的,而文学作品的本质属性,尤其就是音乐的;他们没有认清中国文学的定义,没有认清纯文学和散文的不同,结果是太把文学散文化了。其实散文决不是真正表现情志的文学,更不是文学的极点,如他们极力提倡散文诗,以为散文诗才是完全脱离音乐拘束的自由诗,其实自由诗虽反对定形的音节,但绝不是什么散文体的,如法国象征派诗人所提倡的自由诗,才是真正的音乐文学哩!

二、中国文学的分类

我们认为,如果要建立中国的"音乐文学",先不可不纯禀客观地把中国文学的本义和特质研究一下才好。中国文本分两大类:①文;②史。史乃是实用的,记事、达意、说理,如《二十四史》《资治通鉴》《碑文》《墓志》之类,但绝不是文学,章学诚言《六经诸子》都是史(六经中只有《诗经》算得文学作品),可见表现纯理的学说文,如义解(经学)论撰(子家)也不算得文学。然则"文"是什么?我以为"文"只是"情感的表现",文学所以能表现作者人格,完全由于情感的魔力。史是什么?"史"只是"理智的表现",据事直书,凡可写录成册子的都是。史又称为"笔",《礼记·曲礼篇》说:"史载笔。"孔子修《春秋》也说:"笔则笔,削则削。"可见文笔之分,其源流很远,不是起于晋宋时代,不过到了晋宋,文笔的区分,才经批评家如萧绎(《金楼子》的作者)等,特别把他提出来罢了。当时的说法,大概有两种意义。

第一种"文"是情感的,"笔"是叙述的。——《金楼子·立言篇》论文笔之辨,有"至如不便为诗如阎纂,善为章奏如伯松,若是之流,泛谓之笔；吟咏风谣流连哀思者谓之文。"又说："笔退则谓成篇，进则不云取义，神其巧惠笔端而已，至如文者，唯须绮縠纷披，宫徵靡曼，唇吻遒会，情灵摇荡。"据上便知官牒史册一类的应用文，本不能当作文学。

第二种"文"是音节谐和的，"笔"是不讲音节的。《文心雕龙·总术篇》说，"今之常言，有文有笔，以为无韵者笔也，有韵者文也"；《南史·范晔传》，"手笔差易，文不拘韵故也。"这个韵就是指音节而言，文所以能够独立，完全因为音节上的关系。

"文笔"或称"诗笔"。《杜甫集》寄《贾司马严使君诗》，"贾笔论孤愤，严诗赋几篇"；赵璘《因话录》，"韩文公与孟东野友善，韩文公文至高，孟长于五言，时号孟诗韩笔"。可见晋宋时文笔分别，到唐代仍存。宋代郑樵在《诗辩妄·读诗法》说得更好，"夫文章之札有二，有史传之文，有歌咏之文，史传之文以实录为主"，可见凡一切平铺直叙不带情感的描写，从来都只算得史传之文，史传之文哪里算得活文学？（章学诚著《文史通义》外篇云："文之不为义解传记论撰诸品者，古人始称之为文；其有义解，传记，论撰诸体，古人称书不称文也。"）活文学应该都是有情感和音节的，凡无情感音节者，都只得谓之"史"或"笔"，不能叫作"歌咏之文"。并且情感和音节是二而一一而二的东西，作者所暗示的怀感愈专，便音乐的含有性愈大。因为文学是直接触动情感，所以在情感极高的文学中，绝没有知识概念存于其中，所有的只是"真情之流"一泻而出。然而这不可思议的魔力所产生的作品，却正是表情最自然最美的声音，和声音同声音连合而成最美的言语，所以一字一句一叹一唱，都有自然的和谐，这就是有韵为文的道理了。有韵就矢口讴吟，自成乐韵之妙，虽村夫农妇，吟咏性情，既不知这是哪一律的声音，哪一调的歌曲，他们只要把自己的喜怒哀怨发泄出来，便都是很美的音乐文学，所以刘勰说："声发则文生矣。"（《文心雕龙·原道篇》）这句话实在把中国文学的美质，完全说尽了。

但是文学的区分，虽在中国文学史上关系极大，而文笔区分的真义，却仍旧被旧批评家完全弄糟了。阮元的《学海堂文笔对》罗列了许多考证的材料，使我们知道中国文学本有"文""笔"之分，即是"美术文"和"应用文"之分，这个贡献可算很不小。他又在《文言说》道："韵即声音，声音即文也。"依照他的话，也许在清代早就有"音乐的文学"发生了，但他一转语间，又以排偶为文，说什么：

凡偶皆文也，于物两色相偶而交错之，乃得名曰文，文即象其形也。然则千古之文，莫大乎孔子之言《易》，孔子以用韵比偶之法，错综其言而自名曰文，何后人之必反孔子之道，而自命曰文，即尊之曰古也。

文学既只是纯粹美丽的形式，便"妃黄俪白"，何所不至，其末流遂至如刘申叔一流，竟谓"俪文律诗，为诸夏所独有，今与外域文学竞长，唯资此体"（《中古文学史》第1页），说来可笑亦复可怜，怪不得白话文学家老实不客气，有"文当废骈，诗当废律"的主张了。我以为这实在是白话文学的长处，其实讲到中国文体，当然以韵文为文学正宗，韵文有要是音节，却又极力反对定形的音节（如骈文、律诗、律赋），而要各人依自家性情风格情调，与一时一时的情绪，而发与之相应的音节。韵文以外的文体，如果他的叙述结构是情感的，便都是有音节的，不过他的音节是"不歌而诵"的，是没有音乐的关系的，这自然不如"音乐文学"更有"逼人性"了。再说散文，在艺术上因为不能脱离知的形式的束缚，所以对于情感的表现，没有多大的直接关系；固然散文中有许多是有节拍的（参见唐钺著《散文节拍牺测》一文，《国故新探》第73～80页），当我们诵读时，也诚然可以使人恍然如身历其境，"但当我们的神为散文的节拍所移时，总觉有一种东西将我们吊住。散文的戏剧和小说，都是例外的散文。创这种体裁的人，便是那些不能用韵文做戏剧和不能做诗的人。且譬如窃位之主，基业既固，便是换了一个朝代，而我们也就认为合法"。这是西门司（Symons）论散文与韵文的话，我们很愿意介绍来做中国文体的批评标准，在这一点上，我们又看出"音乐文学"胜出散文体表现的特点来了。

三、中国文学的起源

本来无论哪一国的文学史，韵文的起源就是文学的起源，如古代希腊，在《荷马史诗》（Homer）未产生之前，各种歌词如林纳司（Linus）一歌，就是农人采摘葡萄时所常唱的。还有祭神诗（Daeaus），此种诗全是在祭祀时颂祷于亚波罗神及诸神祇之用。《哀悼诗》（Threnos）则用以吊挽死者，声音凄厉；常由以唱这歌为业的人，环绕灵床，高声而歌，与妇人啜泣的声音相应和。至于《婚礼诗》（Humonaeos）则在庆祝结婚时，由两队少年男女手执火炬合唱，男随箫声而歌，女则应琴弦而舞（参见王希和著《荷马》第5页）。到了荷马时代，诵史诗的，还要配以 Lyra（天琴），挽歌便和以 Anloo，可见希腊古代音乐文学的发达是很早的了。我们再看英国，那篇空前伟大的史诗《比乌夫》（Beowuff），就是那些所称为诗考仆（Scop）和游荡歌者（Gleemen）所常唱的。德国文学在未发展前，也有所谓行人吟乐人，穿行街衢，来唱他的《洛特王歌》《安伦司特歌》。回头来看我们中国文学的起源，也何尝不是如此。中国文学最初是一种混合艺术，包括诗歌、音乐、舞蹈三种要素，成为混合的表现。现在我们打开《礼记》和《左传》各书来看，便可见中国古代诗歌和音乐跳舞发生连带关系的痕迹：

《诗·郑风·子衿毛传》曰：古者教以诗乐，诵之，歌之，弦之，舞之。（马端辰曰：《毛诗》本《墨子》舞诗三百言之。汪中《述学》云：古之为教也，诗乐同物，诵之，歌之，弦之，舞之。）

《礼记·文王世子》曰：春诵，夏弦。（郑康成曰：诵谓歌乐也，弦谓以丝播诗。陈旸《乐书》卷三云：乐语有六，诵居一焉；乐音有八，弦居一焉；诵则诗诵人声也，弦则琴瑟乐声也。）

《礼记·乐记》曰：不学操缦，不能安弦；不学博依，不能安诗。（李塨《圣经学规纂》曰：操缦《孔疏》：调弦也；博依，节歌也；博通《虞书》，抟推之抟，抟按为节，以依于乐句也。）

《左传》襄公十年云：使诸大夫舞，曰：歌诗必类，齐高厚之诗不类。（杜预注：谓歌诗各从义类，俞樾《茶香室经说》卷十四，据《楚辞·九歌·东君篇》："展诗兮会舞，应律兮合节"谓："古者舞与歌必相类，自有一定之义例，故命大夫必以类。"）

又如孔颖达《正义》说："五帝以还，诗乐相将，故有诗则有乐。"可见古代诗歌与音乐的关系，是很有证据的了。但我们接着要问，这种混合的艺术，究竟起于哪个时代呢？郑玄《诗谱序》说得好：

诗之兴，也谅不于上皇之世？大庭轩辕逮于高辛，其时有亡，载籍亦莫云焉。《虞书》曰：诗言志，歌永言，声依永，律和声，然则诗之道，放于此乎！

孔颖达《毛诗正义》更发挥得极透彻：

> 上皇之世，举代淳朴，因渔而食，与物无殊，居上者设言而莫违，在下者群居而不乱；夫有礼义之教，刑罚之威，为善则莫知其善，为恶则莫知其恶，其心既无所感，其志有何可言，故知尔时无诗。……大庭轩辕疑其有诗者，大庭以过，渐有乐器，乐器之音，逐人为群，则是为诗之渐，故疑有之也。……大庭有鼓籥之器，黄帝有《云门》之乐，至周尚有《云门》，明其音声和集，既能和乐，必不空弦，弦之所歌，即是诗也。

像这样对乐器的起源，讲诗歌的起源，实在很有见解，虽然郑笺孔疏很多是不足道的，不过在这一点，也很亏他提醒我们。不过歌曲的源流虽则很远，而在大庭轩辕以来究竟有无乐器？所谓大庭（神农氏）轩辕是神还是人？这还是一个问题。据《史记补三皇本纪孝经钩命诀》世本《楚辞注》元结《补乐歌》所说，那伏羲时代早已有乐歌了，但这些古代的神话传说，哪里可靠？《孝经钩命诀》本是伪书不要说了，就是所谓《驾辩之曲》（《楚辞》云伏羲《驾辩》，《吴都赋》所谓超延露而《驾辩》者，刘渊林云：伏羲造琴制此曲）和《网罟之歌》（《路史》注《辩乐论》云：昔伏羲因时兴利，教民佃渔，天下为之，时则有《网罟之歌》）也都是文人想其所当然，自然不足信了。其他如黄帝之乐称《云门》《咸池》（《礼记·乐记》《周礼·春官》《庄子·天运》《韩非子·十过》《汉书·律历志》），少暤之乐称《大渊》（《帝王世纪》《通典》《通志·路史》），颛顼之乐称《承云》（《乐玮》《吕氏春秋·古乐篇》《魏书·乐志》，颛顼杨《承云之舞》），帝喾之乐称《六英》（《周礼·春官》《列子·周穆王篇》《吕氏春秋·古乐篇》《白虎通·礼乐篇》），这些古乐或许有些是初民口唱的史曲，而音调节奏既已失传，便也无从说起。明韩邦奇的《苑洛志乐》（卷七）竟凭信为真，将《云门》《咸池》各为谱调，这就未免太好奇了！但是古代在没有文字以前，难道就没有给我们中国古代诗史做一些好材料的吗？有的，不过不是那有伪托嫌疑的歌辞，而是后人追记的作品。追记是确有这种诗歌，其初口口相传，或为歌咏自然的颂歌，或为咏英雄事迹的史曲，或挽歌。经过一个时期，这种口喝的歌辞，才开始有人把它追录起来，所以比较可靠；若伪托则全然为文人狡狯之作，完全是假的。所以现在所传"伏羲十言之教""神农之教"和黄帝时代的书籍，大概都不可信，都属"伪记"，只有下面几条，较可认为真的，不过有的可惜已经失传了。

（1）葛天氏《八阕》与陶唐氏之舞。《吕氏春秋·仲夏纪·古乐篇》曰："昔葛天氏之乐，三人操牛尾投足以歌《八阕》：一曰载民，二曰玄鸟，三曰遂草木，四曰奋五谷，五曰敬天常，六曰达帝功，七曰依地德，八曰总万物之极。昔陶唐氏之始阴，多滞伏而湛积，水道壅塞，不行其原，民气郁淤而滞者，筋骨瑟缩不达，故作为舞以宣导之。"

（2）伊耆氏《蜡辞》。《礼记·郊特牲》曰："伊耆氏始为蜡，蜡也者索也。岁十二月合聚万物而索飨之也……曰：'土反其宅，水归其壑，昆虫毋作，草木归其泽。'"

（3）《断竹歌》。汉赵煜《吴越春秋》曰："越王欲谋复吴，范蠡进善射有陈音，音楚人也，越王请音而问曰：孤闻子善射，道何所生？音曰：臣闻弩生于弓，弓生于弹，弹起于古之孝子。不忍见其父母为禽兽所生，故作弹以守之。歌曰：'断竹续竹，飞土逐宍。'"

把这几条列的内容分析研究一下，什么葛天氏陶唐氏[①]、伊耆氏，这些后人想象的谥号，且不管它，但就歌辞来看，实在伪托的成分都很少。虽然两个在战国以后，才追记出来（《吕氏春秋》《礼记》）一个在二千余年后的汉朝才把它记录出来（《吴越春秋》），但我们犹确信他是属于"追记"。因为那种背景，的确是上古的现象，决不是后世所有的。因为初民艺术，最有大影响的就是跳舞。他们的举行，最重要的是在战后讲和的时候，其他如果蔬成熟，收获，猎收丰多；儿童成丁，新年，病愈，丧毕等也随时举行。并且他们跳舞时，一面唱歌一面做出种种相当的姿势，所以《吕氏春秋》载"三人操牛尾，投足以歌《八阕》"。那种足蹈牛尾做舞蹈节拍的神情和姿态，确是初民的风味。并且所歌的舞曲，如《载民》《逐草木》《奋五谷》之类，总是为自己的好命运咏叹起来，这正是初民相当的歌词，不过这《八阕》的歌辞和音节，现在可惜已失传了。并且据现代

---

① 旧版作"阴康"，查史籍未见"阴康"，疑误。——编者注

学者的研究，初民艺术差不多都有一种实际的目的，如装饰和舞蹈是两性的媒介，诗歌、舞蹈与音乐是激起奋斗精神的作用。大约那时候舞蹈是最重要的，所以"陶唐氏之舞"的记载很可相信，舞人的快乐是从筋骨活动上发生，所以"作为舞以宣导之"，这很可想见初民艺术之有实际上的目的的说法了。复次，伊耆氏的《蜡辞》，也可见初民用来祀神祈年的一种宗教式舞蹈，大概行于每年十二月间，祀于那万物水土草木禽兽有功于农事的神前，所云"土反其宅"云云，这通是祝辞。这种宗教式舞蹈，据蔡子民先生在《美术的起源》中说：大约各地都是有的，但见诸记载的，现在还只有澳人他们供奉的魔鬼，叫作"Mindi"，常有人在供奉他的地方举行舞蹈；大概在中国最重农事，所以特别供奉那有功农事的神。总之，舞蹈的起源到了这时才组入宗教仪式，而这种宗教式舞蹈，以后在中国势力极大，试看《礼记·杂记》下，便知在举行舞蹈时举国皆狂的情形了。复次《断竹歌》，据刘彦和《文心雕龙·通变篇》，定它为皇帝时代的产品，这个年代有没有疑问，且不消说。但据近人白启明先生一篇《古代歌谣〈弹歌〉的研究》（参见《歌谣周刊·纪念增刊号》）说，弹歌的背景，尚是榛狉浑噩，葬之中野，厚衣以薪，无衣衾棺椁的样子。他的话实在也很有所发明，他引孟子的话说，"盖上世尝有不葬其亲者，其亲死则举而委之于壑，他日过之，狐狸食之，蝇蚋咕嘬之……盖归返蘽梩而掩之。……"（《孟子·滕文公》上）来证明弃尸旷野为禽兽所食，是实在的情形，不这一不忍而于掩尸，一不忍而出于守尸耳。并且他又说，守尸的事情，据文学上的"弔"字，也可以证明它是靠得住。这个"弔"字是会意字，《说文》"弔从人从弓"，盖古代作弔时节，并不像现在用挽联，用诗文，或用许多食品，乃是手执弹弓，帮助孝子守其父母的遗尸，这类举动，正与弹歌的内容，绝相吻合，可见守尸是真有其事，《断竹歌》也是很可靠的了。不过我们还要注意这《断竹歌》和舞蹈也是有关系的，因为初民的舞蹈，在葬式时盛行起来，他们在惜别与挽词中，很容易表同情，所以这八个字的《弹歌》，大概就是中国初民最行得广的挽词了。因为是最行得广的挽词，所以口碑流传，直到汉代，把它追记下来。——总而言之，初民时代的诗，我所认有文学史上价值的，只有这三篇舞曲，而这三篇舞曲，的确是上古的背景，不过还不能确定年代罢了。此外如不能认为古代的背景的就如尧时的《击壤歌》（《帝王世纪引》）、舜时的《卿云歌》（《尚书大传引》）、《南风歌》（《尸子》卷上引），都只能割爱，因为这些都是有儒者"托古改制"的嫌疑,所以不算信史,也不能做我们音乐文学史上的材料了。

我既证明了《八阕》《蜡辞》和《断竹歌》是初民社会的产物,并且可以说就是《诗经》的滥觞了。在这几篇以后,舞蹈的流风,见于《墨子》上所载,还有可考的,如《非乐篇》上说:

> 汤之官刑有之曰:其桓舞于宫,是谓巫风,其刑君子出纬二卫,(毕云:此纬字假音,《说文》云纬织横丝也。)小人否(似云小人则无刑),似二伯黄径(此文有脱误,不可读,或云伯黄二字或伊尹之讹),乃言曰,鸣呼舞佯佯,黄言孔章(黄疑当作其),上帝弗常,九有以亡(九有即九域)。上帝不顺,降之百殃,其家必怀丧……。于《武观》曰:启乃淫溢康乐……万舞翼翼,章闻于大(惠云当作天),天用弗式。(孙云:万舞之盛,显闻于天,天弗用之。)

墨子引这些话的意思,当然可以不管,但由此很可见初民时代的艺术,已这样发达。在这"桓舞于宫""舞佯佯""万舞翼翼"中,不知埋没了许多的舞曲,但从此以后,舞的情态却确实记在《礼记·乐记》里:

> 其治民劳者,其舞行缀远;其治民逸者,其舞行缀短。故观其舞知其德。

"行缀"是舞蹈者行列的数目,人数少就相去很远,人数多就距离也短了。民乐安逸舞的人就多,民众劳苦时,就舞的人也就少了。所以舞在当时确是平民的一种娱乐,一种平民的艺术,而这平民的艺术,又实实在在是合诗歌音乐舞蹈为一。所以当时的诗歌,按《礼记·乐记》记载,差不多都是:

> 发以声音而文以琴瑟,动以干戚,饰以羽旄,从以箫鼓。

就是到了孔子手里,取当时爱好诵习而有谱可歌的旧诗,定为今本三百篇的《诗经》以教弟子,也是"诗""歌""舞"同时并教的。所以在《墨子·非儒》中,说孔子之罪状,是"弦歌鼓舞以聚徒,务趋翔之节以观众"，因为孔子所教的诗乐，是可诵可歌可弦可舞的，所以墨子在其《公孟篇》对公孟子批驳儒家的话，也是说："以不丧之间，诵诗三百，弦诗三百，歌诗三百，舞诗三百，若用子之言，则君子何自以听治，庶人何日以从事？"这里所谓三百，当然是指孔子删定诗乐而言。可见诗三百篇不但可歌可诵，并且都是舞蹈时唱的一种歌曲了。好比陈诗《宛丘》一首：

> 坎其击鼓，宛丘之下，无冬无夏，值其鹭羽。坎其击缶，宛丘之道，无冬无夏，值共鹭翿。

又《东门之枌》一首：

> 东门之枌，宛丘之栩，子仲之子，婆娑其下。

又郑诗《萚兮》一首：

> 萚兮！萚兮！风其吹汝，叔兮伯兮！倡！予和汝。
> 萚兮！萚兮！风其漂汝，叔兮伯兮！倡！予要汝。

这三首诗很可表现出当初原始人的风味。大概原始人以唱歌跳舞做合欢的媒介，在一定时日，男女相聚，这几首诗所表现的，正是男女一面在唱一面在舞的风俗。郑玄《诗谱》求而不得，说什么"是古代之巫，实以歌舞为职以乐神人者也"，分明是女子和男子会舞之时，也要扯到乐神人的事上去，这且不管他，不过三百篇可据舞诗来解说，也大无可疑了。并且我们看看《关雎·诗序》的话：

> 诗者志之所之也，在心为志，发言为诗。情动于中而形于言，言之不足故嗟叹之，嗟叹之不足，故永歌之，永歌之不足，不知手之舞之足之蹈之也。

由这一段可见诗是抒写情感的了。至于像"言之不足故嗟叹之，嗟叹之不足，故永歌之"这样曲折咏歌之辞，自很便于歌唱。至于说到"永歌之不足,则不知手之舞之足之蹈之",这分明是舞蹈所独具,《楚辞》所谓"展诗兮会舞",大概就是这诗人时代的情形了。所以在孔门弟子方面,《礼记·乐记》里很分明说他们对于诗乐的态度是:

> 诗言其志也,歌咏其声也,舞动其容也,三者本于心,然后乐器从之。(陈旸:《乐书》卷十五云:乐者天地之和也,溢乎心而以歌声之,充乎体而以舞容之,咏歌之不足则不知手之舞之,则歌为乐之端,舞为乐之成,《书》谓琴瑟以咏其歌也,《语》谓乐则韶舞其舞也,始歌终舞,其乐之序欤。)

这种"诗歌""音乐""舞蹈"合一的主义,实在是中国文学的特别美质,实在是中国文学上的三位一体。

### 四、中国文学的进化观念

17世纪的批评家,始把进化观念应用于文学变迁的历史,可是那时已有巴斯喝(Pascal)指出科学和艺术的不同;科学得到知识愈多,就愈进步,艺术的变迁却不能归纳到任何进化的原理。近来Spingarn在《新批评》也有相似的误解,他们以为文学没有古今界的,是要打破文学上的进化观念的。固然我们欣赏文学,本不应该有古今观念,以自绝于最弘富的文学宝库,却是当我们试从文艺变迁历史研究的结果,则古来文艺的进化,正是明白的事实,没有法子否认。讲到中国文学进化观念的意义,尤格外重要,三百篇的诗人不会唱出乐府诗,乐府诗人不会唱出宋词元曲,可见一个时代是有一个时代的文学,即一个时代是有一个时代的乐歌。于是我们对于文学史的见解,又不得不用历史进化的观念去发现他了。

不过讲起中国文学的进化观念,我们不能不先对于抱同样见解的胡适之先生下一个严格的批评,因为他的《文学进化观念与戏剧改良》(《文存》卷一)是在所有文学史家里最有文学进化观念的,但同时和我们的文学进化观念,又是最冲突的。依我们意思,中国文学的进化,与音乐的进化路径相同,而最近未来的文学,便是建设一种最好听的抒情的歌唱的"音乐文学"。若依胡先生的见解,则中国文学的进化,是与反音乐的进化路径相同。他说:"中国戏剧一千年来力求脱离乐曲一方面的种种束缚,但因守旧性太大,未能完全达到自由与自然的地位。"(同上)所以他便

中国文学与音乐之关系

主张"废曲用白",完全建设一种最实用的语体的通俗的"白话文学"。明白说吧,我们的文学进化观念,是以韵文为主,而胡先生的文学进化,则以散文为主,拿他的话来说明散文或小说的演进,是很可以的。因为论起散文的文体,无论是记事,是说理,是小说,实在都有语体化的倾向,所以在这一点,我们亦与胡先生所说"有《尚书》之文,有先秦诸子之文,有司马迁班固之文,有韩柳欧苏之文,有《语录》之文,有施耐庵曹雪芹之文,此文之进化"同意,并且这也不算胡先生独断的话,远在葛洪的《抱朴子》,早已有更彻底的文学进化的观念了。他这样说过:

> 且夫《尚书》者,政事之集也,然未若近代之优文,诏策军书,奏议之清富赡丽也,《毛诗》者,华采之辞也,然不及《上林》《羽猎》《二京》《三都》之汪濊博富也。……若夫俱论宫室,而奚斯路寝之颂何如王生之赋灵光乎?同说游猎,而《叔略》《卢铃》之诗,何如相如之言上林乎?并美祭祀,而《清庙》《云汉》之辞,何如郭氏《南郊》之艳乎?等称征伐,而《出军》《六月》之作,何如陈琳《武军》之壮乎?则举条可以觉焉。近者夏侯湛、潘安仁并作《补亡诗》——《白华》《由庚》《南陔》《华黍》之属,诸硕儒高才之赏文者,咸以古诗三百未有足于偶二贤之所作也。(《钧世篇》)

然而他终究是一个注重散文忽视文艺的人(《尚博篇》有"或贵爱诗赋浅近之细文,忽薄深美富博之子书"句),所以对于两千余年的诗乐,竟不能欣赏,可见散文的进化论者,对于诗的进化,终究是太隔膜了。其实讲起来,一时代有一时代的散文体,然一时代亦有一时代的诗体,如《补亡诗》一类,大抵剽窃前言,句摹字拟,哪里比得上三百篇?三百篇一变而为《楚辞》,《楚辞》一变而为乐府,在葛洪时代,那模拟的赋体已远不如乐府能代表时代,可惜这位散文的进化论者,他没有知道罢了。

再讲到"白话文学",本来就是"平民文学"。而"平民文学"与"贵族文学"的分别,即在前者是可协之音律,老妪能听,有井水处能唱;后者不能协音律,不能歌,歌亦不能听。前者与音乐有关系,后者与音乐无关系,只有这音乐方面的不同罢了。如胡先生自己说的"老百姓自然要说白话,却用不着白话的散文,他爱哼支把曲子,爱唱支把山歌,但告示有人读给他听,乡约有人讲给他听,家信可以托人写,状子可以托人做,所以散文简直和他没多大关系"。(《白话文学史》第 35～36 页) 知道散文和一般平民没有多大的直接关系，那么所谓平民文学，一定就是音乐文学，怎能说白话文学是可以脱离音乐而独立发展呢？换一方面说，音乐文学之所以成为平民文学，即因其有真挚的情感。没有情感所以才有诘屈聱牙的诰勅诏令，反之，有情感的村夫农妇、痴男怨女，便自然信意所之信口所唱都和音乐一般。沈休文也说："天机启则律吕自调，六情滞则音律顿舛。"这里天机，当即我所谓情感，情感充实便不讲音律而自然协于音律，就是"音乐文学"了。情感不充实，尽管你"妃黄俪白"好看煞人，但总不能形之歌咏。你不信请打开郭茂倩《乐府诗集》的《郊庙歌辞》一看，除了武后的《郊祀歌》还勉强可读外，其余许多揄扬圣德仿佛太平的死文字，真如郑樵《乐略》所说："既无伟绩之可陈，又无题命之可纪，故其诗不可得而采。"既都不便歌唱，也自算不得平民文学了。

这个分别很紧要，实在就中国两千年来文学变迁进化的历史看起来，就是这样情形。好比《诗经》总算是中国最古的"平民文学"了，我也不用再引经据典，已大家共认为"多出于里巷歌谣之作，所谓男女相与咏歌，各言其情也"(《诗传序》)，并且咨嗟咏叹之余，也自然合于音乐，所以郑樵《通志》和程大昌《诗经》都说《诗经》是可以歌唱了。其次是《楚辞》，如《九歌》《卜居》《渔父》已有人承认为平民文学了，就是《离骚》《九章》也都是用那时候的白话作的，所以我敢大胆主张《楚辞》是平民文学。依旧说，隋有僧道骞尚能用楚声楚辞，音韵清切；唐初犹有其传，可见《楚辞》在唐初犹有知道唱法者。我们看楚汉革命的人物，如刘邦、项羽都是从民间来的，都是好楚声的。由项羽的《垓下歌》、刘邦的《大风歌》，可见楚声这种音乐的特长，是能激动浑沦的革命精神之实现了。到了汉代，以乐府为代表文学，乐府就是后世所谓教坊，是一个俗乐的机关，民歌的保存所。那时采诗夜诵，有赵代秦楚之讴，可见都是合诸新乐而歌的平民文学了。唐代不论在梨园所奏的大曲，或在酒席上所唱的小令，那歌辞都是绝句，绝句就是唐代的乐章，也就是唐代的平民文学了。你看王灼《碧鸡漫志》载："开元中，王昌龄、高适、王之涣诣旗亭饮，梨园伶官亦招妓燕饮，三人私曰：吾辈擅诗名，未第甲乙，试观诸伶讴诗分优劣，……以此知唐伶以当时名士诗句入歌曲，盖常事也。"又如白乐天每一诗篇出，长安歌妓都争先学习，这就可见唐代诗句的唱法，虽不大可考，然而诗之能唱和在民间传播之广，却是一种事实了。不但诗,词也可以唱的,姜白石的词以歌曲名,并按乐谱注明唱法,不过这种唱法,没有人能懂得罢了。柳永的《乐章集》在当时差不多有井水处便有人歌唱他的曲子,可见词不但是"音乐文学",而且是道地的"平民文学"哩!词一变而为曲,如"小令""散套",实则都是词的变形。元人所编杂剧都是北曲,至元明之交而有南曲,于是梁伯龙魏良辅始创昆腔,当时名"水磨腔",王元美诗:"吴闾白面冶游儿,争唱梁郎雪艳词。"可见昆曲盛行时的情形了。这时北曲也一变金元之旧,而成昆腔之北曲,直至今日还有许多从事研究昆曲的人。不过现在昆曲唱法,即渐渐失传,结果遂不能成为通俗文学,所以在道咸以前所认为"平民文学"的,由现在的眼光看起来,只得谓之"贵族文学"了。

　　由上所述,可见一个时代有一个时代的平民文学,即一个时代有一个时代的"音乐文学",所以文学史和音乐史是同时合一并进的,如一个时代的音乐进化了,便文学也跟着进化,另发展一种新文学,而前代的旧文学就不能普遍,只好供好古家所赏玩,便成为贵族文学了。所以四言诗在《诗经》时代是"平民文学",是可以歌唱的,到了汉代不便歌唱,所以韦孟的《讽谏诗》就成了"贵族文学"了。《楚辞》在屈原宋玉时代都是可歌唱的"平民文学",一变而为《上林》《羽猎》《二京》《三都》的词赋,既已不便歌唱,只得叫它"贵族文学"了。乐府也是这样,唐代以前的《横吹歌辞》《鼓吹歌辞》《相和歌辞》《清商歌辞》都是可歌唱的"平民文学",唐代以后是不可歌唱的"贵族文学",吴莱论《乐府主声》说:"太白有乐府又必摹仿古人已成之辞,要之或其声之有似者,少陵则不闻有乐府矣。"可见乐府到此亦不能不变了。唐人唱诗,然唐人并不讲什么诗法,所以成为可歌可唱的平民文学,但到了宋代就成了"贵族文学"了。李东阳《怀麓堂诗话》说得好:"唐人不言诗法,诗法多出宋而宋人于诗无所得。所谓法者不过一字一句对偶琢雕之功,而天真兴致,则未可与道,其高者失之捕风捉影,而卑者坐于黏皮带骨,至于江西诗派极点。"其实讲起来,"诗"到了宋代已成"遗形物"了。所谓"西昆体"闹出来的许多笑话,且不消说,即"西昆派"反动时代的作者,如苏东坡、欧阳修和王安石及江西诗派的黄庭坚和陈师道,也都不如他们的"词"能够代表时代。江西诗派也不用说了,即就反江西诗派——四灵诗派及严沧浪,他们破碎尖酸,和江西诗派的黏皮带骨,恰是一对。严沧浪自是一个文艺批评家,但他也不过要模仿盛唐,和模仿贾(岛)姚(合)

的有什么分别？总而言之，诗到宋代已完全成为模仿的"贵族文学"了，已经字字"哑"起来了（朱熹评江西诗派之吕本中欲字字响，而暮年诗多哑，这话很对）。宋诗尚且如此，元明清的诗更不足道。至于"词"呢？原来在宋代是可歌唱的"平民文学"，到了元时已不快于北耳，于是一变而为曲，而从前的词到此已渐渐不能唱了。所以万树《词律自叙》对明清词家有颇多攻击的话，《啸余谱》更是反对，很叹息地道：

> 诗余乃剧本之先声，昔日入伶工之歌板，如耆卿标明于分调，诚斋垂法于择腔，尧章自注隔指之声，群特致辨煞尾之字，当时或随宫造格，创制于前，或遵词填音，因仍于后。……兹虽旧拍不复可考，而声响犹有可推，乃今泛泛之流，别有超超之论，谓词以琢辞见妙，炼句称工，……于是篇牍汗牛，枣梨充栋，至今日而词风愈盛，词学愈衰矣。

词到了明清时代，名存而音亡，也只算得"贵族文学"了。词变而北曲，而南曲，而昆曲，在当时都是"平民文学"。清魏倎书序《集成曲谱》云："溯自有明嘉靖从逮国朝道光，三百余年间，主南北歌场之坛坫者，厥唯昆曲。"如清初的许多昆曲创作，就是引东卖浆者流，都能哼它几声，其为通俗文学不待言了。到了光宣之间，知道昆曲之唱法的渐渐少起来，如俞曲园自撰新曲，模仿弹词，叫伶人阿掌强以弹词宫谱歌它。又光绪壬寅六月万寿节，张之洞在鄂宴外宾，盛张古乐，有弹琴昆曲等项；其昆曲曲词是他自撰，要度曲的强以旧谱工尺唱它，到此则昆曲亦告结束，完全变成"贵族文学"了。吴梅《词余讲义》说得是：

> 自文人不善讴歌，而词之合律者渐少，俗工不谙谱法，而曲之见弃者遂多。

曲即不便歌唱，所以胡适之先生在《文学进化观念与戏剧改良》才主张"废曲用白"，风气一变，而有"白话诗"发生。现在倾向是应该以"白话诗"叫作"平民文学"了，须知白话诗人的好处，即在其有情感，有当时的活情感，所以一表现出来，都是当时的活文学活言语，如果把这情感译为几千年前的文言，便不是当时的"真情之流"了。但白话诗虽能直接触动感情，假使不能够歌唱，还不能算是表情最自然最美的声音。现代的诗人，很可惜他们都不是以音乐家兼文学家的，自己作歌，别人制谱，虽也有几篇可歌唱的，但总不能有多大的成就。今后的希望，是文人能够讴歌，并且要平民都能从心坎里唱出最好听最微妙的"音乐文学"来。那时"白话文学"才算完全建立了，那时"白话文学"在中国文学史上，才算有一个最进化最光荣的地位。

上面所述的"平民文学"或"音乐文学"的进化观，都是根据事实，没有一句是独断的话。就是从中国文学批评史上讲，我这种文学的进化观念，都是很早就有人说过的，如元周德清《中原音韵序》说："乐府为诗余流派，匪属淫哇；而传奇实为乐府滥觞，总关风雅。"这话把文学进化的线索说得比我透彻多呢！

  王世贞说："三百篇而后有骚赋；骚赋人乐府而后有古乐府；古乐府不入俗，而后以唐绝句为乐府；绝句少宛转而后有词；词不快北耳而后有北曲；北曲不谐南耳，而后有南曲。"（《艺苑卮言》）

  王骥德说："古人言：丝不如竹，竹不如肉，以为渐近自然，吾谓诗不如词，词不如曲，故是渐近人情。夫诗之限于律与绝也，即不尽于意，欲为一字之益不可得也；词之限于调也，即不尽于胸，欲为一语之益不可得也；若曲则调可累用，字可衬增。诗与词不得以谐语方言人，而曲则唯吾意之欲至，口之欲宣，纵横出入，无之而无不可也，故吾谓快人情者，要莫过于曲也。"又说："《关雎》《鹿鸣》今歌法尚存，大都以两字抑扬成声，不易入里耳。汉之《朱鹭》《石流》，读尚声聱，声定椎朴。晋之《子夜》《莫愁》，六朝之《玉树金钗》，唐之《霓裳》《水调》，即日趋冶艳，然只是五七诗句，必不能纵横如意。宋词句有长短，声有次第矣，亦尚限篇幅，未畅人情；至金元之南北曲，而极之长套，敛之小令，能令听者色飞，触者肠靡，洋洋洒洒，声蔑以加矣，此岂人事，抑天运之使然哉！"（《曲律》卷四）

  王奕清等说："自古乐亡而乐府兴，后乐府之歌法至唐不传，其所歌者皆绝句也；唐人歌诗之法至宋亦不传，其所歌者皆词也；宋人歌词之法，至元又渐不传，而曲调作焉。"又说："揆歌之所昉，曰：诗言志，歌永言，则三百篇实为滥觞，一变而为乐府，再变而为诗余,浸假而为歌曲矣。当为乐府之时,虽亦名之曰古诗,而三百篇之音不传;当为诗余之时,虽亦号之曰乐府,而古乐府之音不传。自传奇歌曲,盛行于元,学士大夫多习之者,其后日就新巧而必属之专家,近则操觚之士,但填文辞,唯梨园歌师,习传腔板耳。"(《钦定曲谱凡例》)

因为每一时代的音乐文学,总是代表了一时代民间的活言语,所以汉魏的乐府唐不能歌而歌诗,唐的诗宋不能歌而歌词,宋的词元不能歌而歌曲,这种平民文学的进化,真是自然的趋势。不但如此,文学的起源就是乐器的起源,文学进化的大势,也是跟着乐器的进化而进化的。关于音乐进化这一点,我们最好引《宋史·乐声》所载批评家房庶的话来代说明。(这段话见《宋史·乐志·燕乐》后,《文献通考·俗乐部》引之作《两朝史·乐志论》。凌廷堪《燕乐考原》卷一又引之来说明音乐的进化,可见影响是极大的了。)他说:

上古世居质器与声朴,后世稍变为焉,金石,钟磬也,后世易之为方响;丝竹,琴箫也,后世变之为筝笛;匏,笙也,攒之以斗;埙,土也,变而为瓯;革,麻枓也,击而为鼓;木,梲敌也,贯之为板。此八音者于世甚便,而不达者指庙乐镈钟镈磬宫轩为正声,也概谓夷部卤部为淫声,殊不知大辂起于椎轮,龙艘生于落气,其变则然也。古者以俎豆食,后世易以杯盂;古者草席以为安,后世易以榻桉;使圣人复生,不能舍杯盂榻桉而夏俎豆草席之质也。八音之器岂异此哉!……然则世所谓雅乐者,未必如古,而教坊所奏,岂为淫声哉!

这番话很可以打破那些主张"废曲用白"论者的误谬观念,使他们知道不但文学本身有进化,就是音乐也有进化的观念的。近代乐律家如李光地(《古乐经传》卷五《孟子》今之乐由古之乐句下)、江慎修(《律吕新论》卷下,声音自有流变一条)、胡彦升(《乐律表微》卷四《论俗乐》)、张照(《律吕正义》后编卷首疏云:使器必箦桴土鼓,歌必《鹿鸣》《四牡》而后可谓之古乐,则孟子不当曰,今之乐由古之乐矣)、程瑶田、方成培(《香研居词尘序》工尺即律吕乐器无古今说)、徐养源

（《管色考》谓隋唐以后，俗乐胜于雅乐）、凌廷堪（《燕乐考源》卷一引《宋史乐志》案语），都已经告诉我们音乐进化的观念，那么，我们把这一个进化观念和文学进化观念合拢起来，岂不是中国文学的进化，是全靠和音乐合一并进，而促使了"音乐文学"的成功进化吗？总而言之，中国文学的进化，彻始彻终都是和音乐不相离的，所以有一种新音乐发生，即有一种新文学发生，这是明显确实的事实。就单拿戏剧做例："中国戏剧，数百年从未与音乐脱离关系，音乐为中国戏剧之主脑"（宋春舫著《论剧》第263页）；所以我们从文学进化的眼光来看，将来戏剧没有进化罢了，如其还要进化，当然是倾向于歌剧（opera）或诗剧（poetic drama），而胡先生所提倡的白话剧（prose drama），在今日欧美的歌剧盛行之下，恐怕要成为"遗形物"了。

# 中国画之三时期①

中西艺术趣味的不同，在前者为哲学的艺术，后者为科学的艺术。哲学的艺术含着想象与梦的意味，科学的艺术则多系由模仿自然而来；哲学的艺术以表现情绪为主，结果倾于写意一方面，科学的艺术以描写自然为主，结果倾于写实一方面。尤其在绘画中最可看出这种分别：西洋画的表现手法，常看重形似的写实，与画面的色彩与光线；中国画则所取画材，常含着一种象征的意味。所以不谈中国画则已，要谈中国画，即应以文人画为正宗。中国画的真价值，不在于考究形体，东坡诗所云"论画贵形似，见与儿童邻"，倪云林论画所谓"逸笔草草，不求形似聊以自娱"，这种不求形似的画境，正是中国艺术之最高境界，正是中国画所以带有文人性质的特征。于是我们再来考察一下文人画之史的发展，即很明显地可分为三个时期。

第一时期为人物画。以汉代为始，如武帝画鬼神，明帝图佛像，宣帝在麒麟阁画十二功臣的像，可算后来人物画的胚胎。画工著名的如毛延寿，即传其画人物老少美丑无不随心应手。魏晋以后因受佛教影响，传布一种宗教画，当时代表画家，如曹不兴、卫协、荀勖、张墨等均以人物道释著名。曹不兴擅作大规模的人物，能在长五十尺之素缣上画像。卫协有《穆天子瑶池图》《神仙图》等，又画七佛，不施点睛，有恐它飞去之说；荀勖有大列女小列女图；张墨有《维摩诘像》。再说到所称六朝三大画圣，即顾恺之、陆探微、张僧繇。恺之人物画迹最多，如佛像、帝王、将相、宫女，均称绝妙，尤其《女史箴》横卷，至今为人物画之代表。《画史清裁》称"顾恺之画如春蚕叶丝，初见甚平易，且形似时或有失，细视之六法兼备，有不可以言语文字形容者"，又《画继》称"像人之美，张得其肉，陆得其骨，顾得其神，神妙无方，以顾为最"。可见这些中印度的晕染法脱化出来的宗教，人物画是有何等价值了。从张僧繇传至隋代郑法

---

① 本篇原载《更生评论》第一卷第一号，由作者编入《谦之文存二集》（1949年9月）；收录于《朱谦之文集》第二卷，福建教育出版社2002年版。

士,《宣和画谱》称其"冠缨佩带,无不有法,仪矩风度,取象其人",也是传人物画手法的。更有印度僧拔摩作十六罗汉像,也曾给第一期的绘画以很大影响。直到初唐尚有阎立本一家,难兄难弟,其所作宫女,神采如生,至今尚流有帝王真迹。自然最冠绝的要算吴道玄(道子)的人物画了。张孝师曾画《地狱图》,使人战栗,吴道子则作《地狱变相图》,一时显著的画家有画鬼的(伊琳、王韶应)、画骑猎的(曹元廓)、画容貌的(殷闻礼、殷仲容),然而都不及道子"吴带当风"的新手法。他的弟子卢稜伽,长于画佛,杨庭光则画道像真仙与庖丁等。又有谈皎作人物,大髻宽衣,态度妩媚。张萱仕女则曲尽情态。总而言之,我们现在打开《宣和画谱》一看,则唐代以前的名画,均以人物画为中心,而人物画又以宫廷佛像为中心。宋代郭若虚在《图画见闻志》中说"近代方古多不及,而过亦有之,若论道佛人物士女牛马,则近不及古";元夏文彦《图绘宝鉴》卷一亦有"古今优劣"一条,竟谓"佛道人物士女牛马近不及古,山水林石花竹禽鱼,古不及近";可见绘画之第一阶段,实是人物画的阶段了,但是人物画到了吴道子已经是登峰造极。

第二时期是山水画。在唐代以前,山水画不是没有,近人黄宾虹《古画征》至谓"两晋士人,性多洒落,崇尚清虚,于是乎创有山水画之作,以为中国特出之艺事";不过唐代以前的山水画,只能算作人物画的背景。唐代张彦远论画,颇注意于古人山水画作风之趋势,以为"山水之变,始于吴,成于二李";"吴道玄往往于佛寺画壁,纵以怪石崩滩,若可扪酌"。可见山水画的初期,还没有脱离人物而独立。直到王摩诘之山水诀与山水论,而后山水画的学理方法才算成立。王摩诘所谓"凡画山水,意在笔先,丈山尺树,寸马豆人,此形法也"。这种充分表现自我的精神,实即为第二阶段绘画史中浪漫的精神。不过在山水画中,依董其昌《画论》,实有南北二宗。李思训为北宗始祖,创着色山水,金碧青绿,自成一帜,流传而为宋之赵幹、赵伯驹、伯啸,以至马远、夏珪一流;王摩诘为南宗始祖,亦即文人画的正宗。他创始水墨淡彩的山水画,流传而为张璪、荆(浩)、关(同)、董(源)、巨(然)、郭忠恕、米家父子,以至元之四大家。张璪长松石,唐名画录称其"石尖欲落,泉喷如吼,其近也若逼人而寒,其远也若极天之尽"。荆浩善山水,喜画云中山顶,百丈危峰。关同则青出于蓝,画秋山寒林,使人好像身处灞桥风雪之中,批评家所谓"笔愈简而气愈壮,景愈妙而意愈长"者也。至于宋代,山水画更为绘画的主题，而且人才特多，可说是古今的绝响。当时有董源、李成、范宽三家并立，画风影响后来不少，其中以李、董二家最有势力，同是又有郭忠恕与三家齐名。李成一派画树木、雪景，称为古今绝步，他们的画风是"高远""平远""深远"。董源一派则平淡天真，格高无比，传他画法的有僧人巨然等。此外则郭忠恕一家，墨汁泼渍，另有一番境界；米氏一家于水墨浓淡之中，有变幻无穷的妙趣。元代以赵孟頫（子昂）称为大家，其所作人物鞍马多模仿李伯时，山水则多独创。今藏故宫博物院之《鹊华秋色图卷》，藏伦敦博物院之山水画轴，则山色茫茫，云浪浩浩，至今称为上上神品。董巨一派其画风余韵影响于元代之黄（子久）、王（黄鹤山樵）、倪（云林）、吴（镇）四大家，虽批评家有所谓"若子久浑厚云林疏简，虽各极所擅，而施之图，似终逊黄鹤"（《六研斋二笔》）的话，但我的意思终觉如云林之天真幽淡，为不可学也。山水画家到此已算极点，所以由元至明，尚有董其昌绍述南派，而枯笔焦黑，已失却气韵之生动，至于清代王四（王时敏、王鉴、王翚、王原祁）则不过陈陈相因，据其画稿来看，不是临摹董巨，就是模仿大痴模仿叔明或云林，当然不是以代表时代的了。

　　第三时期是花鸟画。本来花鸟画的作者，五代有黄荃、徐熙，墨梅墨竹在宋代文同一流已开其端，元明清时代更有许多人文高士，常常借画中四君子来表现自己清高拔俗的情趣。元代四大家中之吴仲奎即长竹木，称为妙品。到了明代，花鸟画更大盛行，约言之有三大派别。一为边文进、吕纪等妍丽工致的院体派，二为徐渭、林良等的写意派，三为周之冕的勾花点叶体一派。就中尤以林良之花果写生，极其精巧；如他用水黑画凫和芦中野鸭，在烟波浩荡之中，却见得从容娴雅之意；Fenollos 至称之为"有明一代之最大画家"，可见他的价值了。清代除发展了前代勾花点叶体（如沈铨等）和写意一派（如顾卓及闺秀李因等）以外，更特创一种所谓"纯没骨体"。主张不用勾勒的细线，使花鸟画的技术更见精巧，其代表者有王武、恽寿平、蒋廷锡等三家。尤以恽寿平（南田）被称为写生正派。其画笔妙处，可比天仙化人，不食人间烟火。南田以后，花鸟画更占势力，邹小山作画谱，乃至专论花鸟。就中有以江湖奇士而为此画界开一新纪元者，如乾隆时号称扬州八怪之八画家，如金农、罗两峰、郑板桥等。又有石涛、八大山人，其画风磊落不羁，师作山水亦用林木花鸟笔法；最近则吴昌硕、齐白石诸家，融会金石文字的线条，而对花鸟画别开新径；

尤为中国绘画史第三时期之一大特色。总而言之，绘画史第三时期尤以清代花鸟画比其他较有成功的成绩，这是无可讳言的，所以我友潘天寿先生在所著《中国绘画史》上也告诉我们，清代不过花鸟画一科，尚能为近代人所雅赏，得维持艺苑的残垒，而称之为"在吾国绘画的线索上，恰象呈着万绿丛中红一点的彩色"，这句话真恰当不过，然亦可见第一、二时期绘画的特色所在了。

　　上述中国画的三时期，第一时期为人物画。其所取画材，无论为道释、帝王、将相、宫女皆不脱于宗教的与封建的思想；第二时期山水画，文徵明所谓"高人逸士往往喜弄笔墨，作山水以自娱"，其实只是代表极端个人主义的思想；第三时期为花鸟画。明清画迹如山水一类，仿古的太多了；只有花鸟一科，尚存高人逸士。写意之作，实则花鸟翎毛，原以形似见胜。文人画到了第三时代，在中国数千年旧衣钵之中，仍受了西洋画风的影响，就取材的性质而论，亦较为倾向于客观的描写，然而并没有因此丧失了中国画的真精神。再就画家而论，则在第一时期人物画，画家多出于北方，即黄河流域。第二时期山水画，画家多出于中部，即扬子江流域，第三时期花鸟画，画家中有出于南方珠江流域者，如所称"有明一代之最大画家"广东人林良，即为好例，可见就中国画家之地理分布上来说，又可见中国画的三时期，也是有从北部而中部而南部之发展倾向的了。

## 《中国哲学对于欧洲的影响》结论[①]

东西文化接触曾经给世界文明以强大的推动。东西文化各有其自身的发展特点，但是这并不妨碍它们同时通过其自身的社会经济条件和社会内部的各种阶级斗争而接受对方的影响。在十七八世纪，中国哲学文化曾经给予欧洲思想界以一定的影响。

一

18世纪是欧洲封建主义崩溃和资本主义成分产生的时期。为了适应新的生产力发展的需要，在哲学里面逐渐形成那正在上升到统治地位的反宗教、反封建的理性万能的学说，这一时代即所谓理性时代。在我看来，理性时代的思想来源，一是希腊，一是中国。中国哲学文化，特别是孔子哲学的传播，为其外来条件。

孔子学说传入欧洲，以十六七世纪来华的耶稣会士为媒介。耶稣会士来远东传教以传播科学为手段而以进行殖民主义侵略为目的。但是，在中国当时的特殊情况之下，由于资本主义萌芽初期需要科学技术，所以一时朝野的知识分子同他们殷勤结纳，而不甚信他们的宗教。耶稣会因争取在中国传教，对中国的祭孔、祭天之礼加以附会曲解，认为并不与神学违背。这便与天主教中其他宗派发生很严重的"礼仪问题"的争论。耶稣会士为了自己辩护，将中国经典翻译出来寄回本国。关于礼仪问题的争论，从1645年至1742年，经百年之久。当时，耶稣会士以外的宗教家，多注意孔子与神学的不同；而在思想家方面，他们则以不同神学的孔子，作为他们启明运动的旗帜。

初期关于中国的著作，多出于当时葡萄牙、西班牙和意大利等国的传教士。例如，利玛窦译中国《四书》，金尼阁作《基督教远征中国记》，

---

[①] 本篇原为《中国哲学对于欧洲的影响》结论。该书原书名为《中国思想对于欧洲文化之影响》，商务印书馆1940年版；后经增补修订改为今名，福建人民出版社1985年版；收录于《朱谦之文集》第七卷，福建教育出版社2002年版。

鲁德照作《中华帝国史》，卫匡国作《中国新图》《中国上古史》。殷铎泽等合编著《中国之哲人孔子》，更已经涉及中国哲学了。1685年，法国路易十四派遣具有科学知识的耶稣会士来中国，除了课之以传教之外，还课之以作中国研究报告书的义务。他们将考察所得，用书信或论文的形式，编成专书在巴黎发行。其中竺赦德的《中华帝国全志》四卷、1703—1776年《耶稣会士书简集》二十六卷、1776—1841年《北京耶稣会士中国纪要》十六册，被称为关于中国的三大名著，引起欧洲学者研究中国哲学的极大兴趣。至于专就孔子学说的介绍来说，除了利玛窦、金尼阁译《四书》《五经》为拉丁文以外，重要的有郭纳爵译《大学》、殷铎泽译《中庸》。特别是殷铎泽与耶稣会士合编的《中国之哲人孔子》，中文标题为《西文四书解》，附周易六十四卦及其意义、孔子传，插入孔子画像，上书"国学仲尼，天下先师"。由于这本书，欧洲学者竟把中国、孔子、政治道德三个不同名词连在一起了。此外，为了避免当时严厉的检阅制度，竟有几种是用匿名和无名形式发表的。例如，普庐开的《儒教大观》，作于法国大革命前（1784年），以中国为标准提倡新道德与新政治。1788年在伦敦刊行、在巴黎发售的一部伪书《孔子自然法》（巴多明译注），利用孔子的性善说来反驳霍布士的性恶说。还有一部名为《中国间谍》的伪书，则简直利用中国的名义来提倡革命了。

二

孔子及其学派哲学对欧洲的影响，特别重要的是法、德两国。十七八世纪欧洲思想界为反对宗教而主张哲学，故对宗教所认为异端的孔子、异端的理学，热烈地加以欢迎和提倡，但是由于法、德的社会经济背景不同，这两国的思想界对于中国哲学的认识也有所不同。大体来说，同在孔子哲学的影响之下，法国的百科全书派把中国哲学当作唯物论和无神论来接受，德国古典哲学则把它当作辩证法和观念论来接受。

现在先从法国说起。17世纪法国哲学家的思想都是自笛卡尔哲学来的。不过，同在笛卡尔的学派中，一方面有将笛卡尔哲学与正宗的教义相结合的巴斯噶，另一方面却有提倡"无神论的社会"的假设的培尔。巴斯噶反对中国，培尔则赞美中国，培尔指出中国思想为无神论，且较斯宾诺莎更为彻底。就中直接继承笛卡尔哲学的马勒伯朗士虽也攻击中国哲学，却明确认为中国哲学是无神论的唯物论的。他在1703年所写《关于神的存在及其本质：中国哲学者与基督教哲学者的对话》一书中，把中国哲学主张的"理"同基督教主张的"神"严格加以分别。他的结论以为中国哲学是无神论，这当然是给当时法国一般知识分子以很大地影响了。

在18世纪，法国百科全书派轰动一时，这一派将无神论、唯物论、自然主义作为论据，崇拜理性，中国是其来源之一。耶稣会士提倡原始孔教，反对宋儒理学；而百科全书派很多是耶稣会中富有反叛精神的人，却起来拥护此异端之"理"，拥护无神论、唯物论与自然主义。固然百科全书派和中国思想接触，不止由于一个媒介，如孟德斯鸠即取材游客的著作，因而对中国文化便发生不同的看法。但是，如孟德斯鸠在《法意》第二十四卷十九章也以中国人为无神论者，以为无神论在中国有许多好处。

试以百科全书派为代表，来说明当时法国哲学家的孔子观。霍尔巴赫，他虽为德国人，但他一生寄居巴黎，为百科全书派的领袖人物。在1773年所著《社会的体系》一书中，他曾举来华耶稣会士所写的《中华帝国全志》《中国现状新志》和《耶稣会士书简集》等书，劝人阅读。他赞美孔子教将政治与道德结合，认为"在中国，理性对于君主的权力，发生了不可思议的效果，建立于真理之永久基础上的圣人孔子的道德，却能使中国的征服者亦为所征服"。书中援引很多中国的理想政治的例子，结论是"欧洲政府非学中国不可"。

百科全书派的主角狄德罗，他虽不是无条件地赞美中国，但对孔子哲学却有极高的评价。在百科全书代表项目中，有他所写《中国哲学》一项。他讲到中国哲学的简史，从战国前孔子一直到明末，介绍《五经》是中国最初且最神圣的读物，《四书》则为《五经》的注释，对于宋儒的理学叙述较详，但自叹不易决定它究竟是有神论、无神论还是多神论。关于孔子哲学，他举出孔子教的根本概念共有二十四种格言，认为孔教不谈奇迹，不言灵感，纯粹不脱伦理学、政治学的范围。他认为孔子的道德胜似他的形而上学或自然哲学。他还认为，孔子教义以保存天赋的理性为圣人的特质，以补充天赋的理性为贤人的特质；德治主义有两个目的：第一是以理性判别善恶与真伪，第二是修身、齐家、治国、平天下。这种尊重理性的精神，是狄德罗和他的周围排列着的百科全书家所同声钦佩的。

伏尔泰是极端赞扬中国文化的欧洲人之一。中国的哲学、道德、政治、科学经他一说，都变成尽美尽善了。依他的意思，中国文化是《圣经》以前的且为《圣经》以外的文化，它跟基督教绝然不同，不说灵魂不灭，不说来世生活。孔子自己也不以神或预言者自命，他不讲神秘，只谈道德，即不将真理与迷信混同。因此，若有孔子和基督对比，则基督教全然为虚伪的、迷信的。"我们不能像中国人一样，这真是大不幸。"伏尔泰反对欧洲对中国传教，以为中国四千年来即已有了最单纯、最好的宗教，即孔教。伏尔泰赞美孔子的格言"己所不欲，勿施于人"，认为这是基督教所未曾说到的。基督教不过禁人行恶，孔子则劝人行善，如说"以直报怨，以德报德"。因此，孔子实为至圣至贤的哲学家。人类的幸福关系于孔子的一言半句。因为崇拜到了极端，伏尔泰在他自己的礼堂里，装饰孔子的画像，朝夕礼拜。"子不语怪力乱神""有教无类"这类话，尤为他所敬服。他还作一诗赞美，"孔子为真理的解释者"，以此暗讥基督教。在《风俗论》中，伏尔泰说："欧洲的王族同商人在东方所有的发现，只晓得求财富，而哲学家则在那里发现了一个新的道德的与物质的世界。"伏尔泰是"全盘华化论者"。对于中国的印刷术、陶瓷、养蚕、纺织术、建筑、农业技术等，他认为都有凌驾欧洲之势。关于政治方面，他认为"人类智慧不能想出比中国政治还要优良的政治组织"。关于法律方面，他认为中国非轻官厅或御前会议的裁判，虽贱民亦不能处死刑。伏尔泰还在1753年作《中国孤儿》剧本，副题为"五幕孔子的伦理"，宣扬中国道德，以反驳卢梭"文明不是幸福"的中国文化观。

百科全书派显然是将中国理想化了，正如法国大革命时流行的歌曲中，唱着"中国是一块可爱的地方，它一定会使你喜欢"。百科全书派之一的巴夫尔在《一个哲学家的旅行》中说，"若是中国的法律变为各民族的法律，地球上就成为光华灿烂的世界"。至于重农学派的元祖魁奈，号称"欧洲的孔子"，更不消说了。马克思在《资本论》中指出，"魁奈自己以及他的直传弟子，相信他们的封建招牌。……但实际上，重农主义体系倒是资本主义生产的最早的系统的理解"①。重农派以自然法即中国的天理天则代替了上帝的职能，成功使政治经济学成为一门科学。例如，《经济表》可称为伟大的科学发明，但是它所根据的是"法国的尚不发达的经济关系，当时在法国，地产起着主要作用的封建制度还没有消灭，所

---

① 马克思：《资本论》第二卷，人民出版社，1953，第439页。

以他们当了封建主义观点的俘虏"①。马克思所说封建招牌，我认为就包括了孔子。例如，魁奈的弟子大密拉博，即将《经济表》的伟大业绩放在完成孔子的遗业上。魁奈所著《格言》，是借用了《论语》的表现法。他向法国各州各都市所发关于经济事实的《质问》，是模仿采风之官巡行天下以采诗的事情。特别是1767年他在《中国专制政治论》中即为中国的合法的专制辩护，认为在中国无论古典的经书与民法等法制无不尊重自然法，所以理性的训练特别发达。他在这本书中还提及《孝经》，认为"题为《孝经》的第五种经典，是成于孔子之手的小册，孔子以孝行为义务中的义务，居道德的第一位，但孔子在此书中说要是反于正义和礼仪，则虽为子没有服从父亲的义务，虽阁臣也没有服从君主的义务"。魁奈一派崇拜中国到了极点，以至于认为一部《论语》可以打倒希腊的七贤。重农学派尊重中国的结果，致使法王路易十五于1756年仿中国习惯举行亲耕"籍田"的仪式。尽管如此，孔子学说在法国，还不算主流，主流是民主思想的传播。正如波提埃在《东方圣经》中所说，"便是最前进的理论，也没有孟子'民为贵，社稷次之，君为轻'的更为激进"。因此，合法专制在当时即受了批判，而直接间接借助于中国的民主思想，却形成大革命的哲学基础之一。

三

再就德国来看，德国受中国哲学影响和法国不同。这是因为封建主义经济基础，"在法国是一下子被砸碎的，在德国直到如今还没有彻底砸碎"②。这反映在意识形态上，法国表现为唯物论和无神论，德国表现为辩证法和观念论；法国所见的孔子是唯物论者、无神论者，德国所见的孔子是辩证法论者、观念论者。先以德国古典哲学的先导莱布尼茨为例。莱布尼茨是承认中国文化大足贡献西方文化发展的第一个人，他在1666年开始写作时即注意中国。1687年《中国之哲人孔子》出版，他很受感动，与人书说及"今年在巴黎发行中国哲学者之王孔子的著述"。1690年，他在罗马会见由中国返欧的耶稣会士闵明我，八个月的往来，使他深悉中国

---

① 中共中央马克思恩格斯列宁斯大林著作编译局编《马克思恩格斯全集》第3卷，人民出版社，1974，第482页。

② 恩格斯：《费尔巴哈与德国古典哲学的终结》，张仲实译，人民出版社，1949，第41页。

情形。1697年，他用拉丁文出版了一部《中国最近事情》，卷首云，"全人类最伟大的文化和文明，即大陆两极端的二国，欧洲及远东海岸的中国，现在是集合在一起了"。他说，欧洲文化的特长是数学、思辨的科学及军事学，然而一说到实践的哲学，则欧人到底不及中国。"我们从前谁也不曾想到，在这世界上有凌驾我们的民族存在，但是事实上，我们却发现了中国民族了。"然而，给莱布尼茨最大影响的还是《易经》。1703年4月，他从耶稣会士白晋得到邵康节的六十四卦圆图方位图和六十四卦次序图，惊喜之余，认为它们与他在1678年所发明的"二元算术"完全相合。实际上莱布尼茨在此以前，1701年当把二元算术的研究送给巴黎学院时，已不忘附载从《易经》六十四卦来解释这数学。莱布尼茨的二元算术虽以形而上学为其基础，但它包含着辩证法的因素。正如列宁说的，"因此，莱布尼茨通过神学而接近了物质和运动的不可分割的（并且是普遍的、绝对的）联系的原则"①。其最有名的代表作《单子论》，也是在1714年受了中国哲学影响才出版的，这就怪不得他那样狂热地提倡中国学的研究了。

莱布尼茨和法国哲学家马勒伯朗士不同。马勒伯朗士以中国哲学为无神论，认为中国哲学的"理"和基督教的"神"不同。相反地，莱布尼茨则主张儒家主张的"理"和基督教的"神"完全相同。他在给法国摄政累蒙的一长信时，即对此做了详细的论述。

继莱布尼茨之后将孔子一派思想用德语遍布于大学知识界而收很大效果的是沃尔夫。1721年7月他在哈尔大学讲演"中国的实践哲学"，这在德国哲学史上可算一桩大事，同时也对欧洲学者了解孔子哲学起了极大的作用。他在这个讲演中极力赞美儒教，稍带着轻视基督教的倾向，因此便给同大学中虔诚派的正统神学派以攻击的口实。他们提出二十七条难点来反对他，并通过政府命令他在四十八小时内离开国境，否则处以绞刑。这么一来，沃尔夫哲学的内容因被压迫反而成为学界争论的中心了。这个争论达二十年之久，而当时青年人物绝大多数都站在沃尔夫一边。其结果，他的哲学更为有名了。本来沃尔夫主张孔子哲学和基督教并不冲突，这只算莱布尼茨学说的引申，然而当时德国政府和当局竟认为他的演辞近乎无

---

① 中共中央马克思恩格斯列宁斯大林著作编译局编《哲学笔记》，人民出版社，1960，第427页。

神论,把他驱逐,这一放逐倒使孔子哲学格外得到意料不到的成功。沃尔夫旋即被聘为马堡大学教授,并为学生所热烈欢迎。及至腓特烈二世登基,由于新王本是他的信徒,他就被召回哈尔大学,并任以宫中顾问之职。沃尔夫离哈尔不过十余年,他的哲学竟为普鲁士各大学所采用,以至于支配了那个时代。

康德的本师舒尔兹是沃尔夫的高足弟子,而康德初期著作处处表现出他所受他们两人的影响。固然康德开始了哲学革命,"他推翻了前世纪末欧洲各大学所采用的陈旧的莱布尼茨的形而上学体系"①,但是他保存了莱布尼茨的"二元算术"。在我看来,二元算术即辩证法思维,和《易经》有密切的关系,费希特和谢林开始了哲学的改造工作,黑格尔完成了新的体系,他们都间接地受到了中国哲学的影响。尤其是黑格尔,曾读过十三大本《通鉴纲目》,读过耶稣会教士所搜集的古代中国文献,又读过《玉娇梨》等中国小说的译本。但是,他是一个西方主义者,与过去西方哲学家一味崇拜中国哲学不同。例如,他说孔子关于道德著作"就像所罗门的格言那种方式,虽然很好,但不是科学的"。

四

最后应该指出,在18世纪的欧洲,无论在法国发生的政治革命和在德国产生的哲学革命,本质上都是站在资产阶级哲学上,反对封建,反对中世纪宗教;不同之点,只是前者倾向于唯物论,后者倾向于观念论。以关于孔子哲学的认识而论,前者以孔子近于唯物论和无神论,后者以孔子近于观念论和辩证法。孔子评价虽不相同,而无疑同为当时进步思想的来源之一。来华耶稣会士介绍中国哲学原是为自己宗教的教义辩护的,反而给予反宗教论者以一种武器。这当然不是耶稣会士所能预先料到的。尽管孔子是封建思想家,然而也竟能影响到欧洲资产阶级的上升时期。这正如马克思在《路易·波拿巴的雾月十八日》中所说:"人们自己创造自己的历史……并不是在他们自己选定的条件下创造,而是在直接碰到的、既定的、从过去承继下来的条件下创造。一切已死的先辈们的传统,像梦魇一样纠缠着活人的头脑。……恰好在这种革命危机时代,他们战战兢兢地请

---

① 中共中央马克思恩格斯列宁斯大林著作编译局编《马克思恩格斯全集》第一卷,人民出版社,1960,第588页。

出亡灵来给他们以帮助，借用它们的名字、战斗口号和衣服，以便穿着这种久受崇敬的服装，用这种借来的语言，演出世界历史的新场面。"① 所谓东西文化接触是文明世界的强大推动力，以孔子为例，我们可以得到证明。

---

① 中共中央马克思恩格斯列宁斯大林著作编译局编《马克思恩格斯全集》第八卷，人民出版社，1960，第121页。

# 东西两大乐系之交流[①]

世界音乐分为三大乐系，即：①中国乐系；②希腊乐系；③波斯、阿拉伯乐系。这三大乐系中，波斯、阿拉伯乐系与中国、希腊乐系截然不同；却不免受此两大乐系的影响，暂可置之不论。现在只就东西之两大乐系，即中国乐系与希腊乐系拿来比较研究一下。据王光祈《东方民族之音乐》[②] 所列，如图1所示。

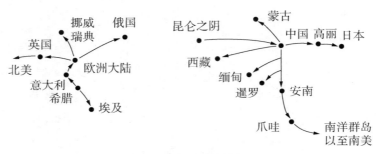

**图1 中国乐系与希腊乐系的比较**

就这两大乐系的流传来说，似乎中国乐系和希腊乐系是绝不相干的。中国乐系形成了东方的音乐系统，希腊乐系形成了西方的音乐系统，东西两大乐系互不接触。但是事实果然如此吗？这当然是值得我们讨论的问题，如果这两大乐系绝不相关，则我在《序论》中所述中国与希腊的文化沟通，皆成废话。实际因中西很早即有文化交通，所以东西两大乐系亦很早互相沟通。如图1所列，则中国乐系除西藏外，并不向西发展；希腊乐系除俄国外，并不向东传播，这不但违背历史，在理论上也是说不通的。

依我的意思，中国乐系与希腊乐系自古即有交通，两大乐系的乐律理

---

① 本篇原题为《希腊与中国音乐之交流》本论一，作于1940年，音乐出版社（北京）1957年版，书名改为《中国古代乐律对于希腊之影响》；收录于《朱谦之文集》第七卷，福建教育出版社，2002年版。

② 王光祈：《东方民族之音乐》上编，音乐出版社，1958，第1～3页。

论,就是最好的例子。不过在未说破以前,须先将此两大乐系的音乐,作一比较研究。

### (一) 古代中国音乐与希腊音乐均为"单音音乐"

世界音乐调式的进化,可以分作三大时期,即:①单音音乐阶段;②复音音乐阶段;③主音音乐阶段。同样我们对于音乐调式之发生的分类,也可以分作三大调式,即:①单音音乐为第一调式,是每一个调子之中,同时只有一个声音,连续进行。②复音音乐为第二调式,即是每一个调子之中,同时有数个异音齐发。③主音音乐为第三周式,即每一个调子之中,同时有数个声音齐发,但其中只有一个声音做主,叫作主音,其余都是副音。这三种调式的说明,可参看王光祈《欧洲音乐进化论》。

中国和希腊的音乐调式,都简单得很,换句话说,他们所应用的都不出"单音音乐"的范围。中国古典音乐停滞在"单音音乐"里面,希腊应该比较进步了,但据王光祈说,"现在欧洲有许多音乐史家,颇疑像希腊这样聪明的人,为什么不晓得复音音乐,于是苦心孤诣,去搜集材料,以证明希腊人亦懂得复音音乐,但是搜集一阵,仍是毫无结果,大约希腊人仅懂单音音乐一项,业已成为定论了"[1]。德国有一位音乐史家吕满(Riemann, 1849—1919),他曾为古代希腊的调式,搜集许多材料,并且译成乐谱,由这些乐谱来看,希腊音乐完全和单音音乐的图式相同。中国音乐则无论朱子的《仪礼经传通解》《诗乐篇》所载《风雅十二诗谱》,或朱载堉的《乡饮酒乐谱》、乾隆的《诗经乐谱》,都是一字一音,为古代单音音乐的最好例证,即至后来的《唐乐笛字谱》《乐府浑成》乃至《集成曲谱》,虽然一字数音,而奏乐之时,总是一个声音连续进行。即有时数种乐器同时并奏,所奏的仍是同一声音。所以中国古典音乐自始就是单音音乐,和希腊之为单音音乐,可谓不谋而合,而中国古典音乐之所以不能发达,当然也是因受单音音乐限制的缘故。

### (二) 古代中国音乐与希腊音乐均从五声增至七声

中国音乐与希腊音乐,在远古时代的调子,均为一种"五音调",所由"五音调"进至"七音调",中国五音调是:

---

[1] 王光祈:《欧洲音乐进化论》,中华书局,1928,第13页。

据史书所载，此种五音调①，传为纪元前二六五〇年左右黄帝时代所创，大概是极古的了。② 这种音调，是规定将一个音级分为五个部分，但是调子是只有五音；然有十二律旋相为宫之法，一律而生五音，十二律恰好生六十音，以五音调和西洋音阶比较，即是：

到了周朝，复在五音调中加上二变，即"变徵""变宫"两音，遂由五音调进而成七音调，即是：

以西洋音阶表之，即是：

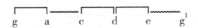

这种由五音阶进至七音阶的情形，希腊音乐和中国完全相同。希腊最初所用的五音调，其组织次序如下：

译为中文谱，即是：

徵 羽 宫 商 角 徵₁

因为调的次序是可以变通的、推移的。故希腊的五音调与中国古代的五音调中以"徵"为基音的"徵调"。这就是说，中国五音调以"宫"为基音，是所谓"主调"，以商、徵、角、羽等为基音，是所谓"变调"，而希腊五音谱的组织，即等于中国五音调的变调，希腊到了纪元前 6 世

---

① 音乐出版社 1957 年版将"徵"写作"征"，疑误。下同。——编者注
② 王光祈：《东方民族之音乐》，音乐出版社，1958，第 2 页。

纪，才出现了一位音乐理论家，叫做毕太哥拉，方才发明七音，于是所谓七音调者应时而生。希腊七音主调共有三种，即 dorisch、phrygisch、lydisch 等，以 dorisch 一调为最通行，且希腊的土产①，其组织次序如下：

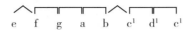

译为中文谱，即是：

角 变徵 徵 羽 变宫 宫 商 角¹

由上可见中国的七音调，与古代希腊的七音调，组织相同，不过中国方面以"宫调"一种为最通行，而希腊方面则以与中国"变宫调"略相似之 dorisch 一种为最重要，有这些不同罢了。但无论如何，中国乐系与希腊乐系在乐调组织上，均从五音调而进至七音调，均为调式音乐，这一点不能不认为中西乐制史上巧合的事实了。

**（三）古代中国与希腊均注重音乐的谐和原理并提倡一种音乐的世界观**

古代中国教育，最注重音乐，如《王制》"春秋教以礼乐"；《文王世子》"春诵夏弦"；《周礼·春官》"以乐德，乐语，乐舞教国子"。朱熹所谓"夔教国子只用乐，大司徒之职，也是用乐"，而且制乐的时候，特别注重中声。《国语》伶州鸠道"古之神瞽考中声而量之以制"，《左传》昭元年秦医和道"先王之乐所以节百事也，故有五节，迟速本末以相及，中声以降，五降之后不容弹矣"，《说苑·修文篇》孔子说"先王之制音也，奏中声，为中节"，《吕春秋·适音篇》也说"黄钟之宫，为清浊之衷"②。这种传统的音乐思想，把谐和的中声看作音乐的根本，和古代希腊的音乐理论家的见解，完全相似。希腊毕太哥拉派建立一种"数学乐理"，认为音乐的和谐，即系丝弦长短，以及颤动多寡的关系，即完全属于数理关系。在富有和谐的数的性质里面，各个音的高低，就由于与各高低音相应之弦长度，其中有一种数字的比例，于是"考中声而量之以制"，即以量

---

① 王光祈：《东西乐制之研究》下编，音乐出版社，1958，第144页。
② 《吕氏春秋》原文是"黄钟之宫，音之本也，清浊之衷也"。——编者注

音为主,而产生所谓"量音派",以与那注重实际演奏,却不注重数理关系的所谓"谐和派"相对立,然无论量音派也好,谐和派也好,他们注重音乐之谐和原理,却和中国的音乐理论基本相同。

毕太哥拉派主张音乐能使人心净化,又以为"世界即是音乐"。为什么?世界的三大基调为平均、秩序、调和;万物因数而成为秩序整然的世界,世界即含有平均、秩序、调和的一切存在的总体,以和"浑沌"相对立。就中世界的调和,在华氏看来,是和音乐的调和为一样东西。音乐的调和是数的关系,这是毕氏学派所发明的,因此他们以为世界是数的关系,同时也就是音乐的关系①,而得到一个结论,即是"世界是个音乐"。"围绕着当作中心的火,回转着十个地球或行星。每一个行星在自身的运动中,弹出特别的音调的赞美歌而加速他的运动。这十个行星运动所出的音调带着音乐的谐和的性质,但是我们虽习知而不闻,好像铁匠不注意自己铁锤的敲击声一样。"② 这一段话拿来和《庄子·天运篇》所云,以"天乐"为宇宙本体,真再相同也没有了。《庄子·天运篇》引有焱氏的话"听之不闻其声,视之不见其形,充满天地,包裹六极,汝欲听之而无接焉"。这时中国最古的音乐的世界观,和毕太哥拉的世界观,虽然一样荒诞,但也一样表示着古代对于音乐之极高的评价。

总之,中国音乐和希腊音乐两相比较之下,有如下三点,即:第一,中国音乐与希腊音乐同为单音音乐;第二,中国音乐与希腊音乐均为从五声进至七声;第三,中国与希腊古代极注重音乐的谐和原理,并提倡一种音乐的世界观,这虽然只是表面的初步看法,却已证明了中国与希腊的两大乐系很相同。由此更进一步,在乐律学史上,注意到这两大乐系之互相影响,而探讨它的史实,这确实是我们音乐史研究者的责任了。

---

① Burnet, *Early Creek Philosophy*, p107.
② 薛格洛夫:《西洋哲学史简编》,王子野译,读书出版社,1947,第17页。

# 孔子与黑格尔哲学[①]

1948年8月27日是孔子生辰纪念日，同时也是西哲黑格尔（Hegel）的生辰纪念日。我们知道西方哲学实到黑格尔而登峰造极，却不知黑格尔哲学，其根本思想，实从孔子哲学转变而来。黑格尔以前如莱布尼茨（Leibniz），如沃尔夫（Wolff），同时如谢林（Schelling），如叔本华（Schopenhauer），都是东方主义者。黑格尔则为从东方主义到西方主义，即从哲学文化到科学文化之一过渡人物。因此他虽否定了东方主义，但实际受东方思想之重大的影响。他曾从耶稣会士的著作集里，报告书里，得到巨量的中国研究资料。他曾读过十三大本的《通鉴纲目》，读过《玉娇梨》小说译本；尤其可注意的是他读中国古代经典的翻译，更备有其他各种译本比较，因此他表面上虽批判中国、批判孔子，认为中国精神的根本缺点，在于缺乏科学。如孔子关于道德著作，"就像所罗门的格言那种方式，虽然很好，但不是科学的"。黑格尔不似谢林，"只可说是一种外来种"（费尔巴哈在1839年著《黑格尔哲学批判》中语）；反之对西方之性向，和东方的轻蔑，正是黑格尔哲学及其学派之显著的特征。但因此我们便认黑格尔和东方思想，尤其是和孔子哲学没有根本的关系，那就未免抹煞历史的事实了。列宁在其名著《唯物论与经验批判论》中，批评波格达诺夫，说及正如黑格尔的绝对理念，以一束中国人的辫发总括了康德唯心论的一切矛盾和菲希特主义的一切弱点（第四章第五节）。姑且不论中国哲学是否唯心论，抑为生命论的问题，专就黑格尔"绝对理念"与中国哲学之关联来说，则无意中可算一个天才的发现。绝对理念确实即孔家哲学中之太极——"生"。依黑格尔论理学之最后部分：理念的范畴，分为生命、认识、绝对理念。生命是直接性的，认识是媒介性的，绝对理念乃生命与认识的合一，亦即生命的复归。所以绝对的理念，即是绝对的生命，黑格尔这种"生"之辩证法，其来源不可不求之于中国，论理学之第一部

---

[①] 本篇原载《广东日报》（1948年8月24日）；收录于《朱谦之文集》第二卷，福建教育出版社2002年版。

以"有""无""生成"之三个范畴,揭穿了存在之谜。依他意思,"有"之范畴是从希腊巴门尼的(Parmenides)出来,"无"之范畴是从东方尤其佛教中出来!"生成"之范畴是从赫拉克里特士(Heraclitus)和东方出来,他引东方俗谚说:"一切所有,都在生中含有灭,反之死亦即新生的开始,这种谚语实际上表示有无之合。"(《大论理学》第一章)但说得最明白的是他高足弟子菲莎(Kunofischer)在《黑格尔哲学解说》(第十四章论)"定在"(一节)引用席勒(Schiller)"孔子之箴言"中所述时间之迁流转变,逝者如斯夫,来做解释,这不是证明了黑格尔论理学的根本概念是受了孔子的影响吗?而且论理学的背后,就具有精神现象学,青年黑格尔是一个"生"之哲学者,不消说了,即在精神现象学时代,我们的哲学家所用的精神的辩证法,经我长久期间研究的结果,实在和中国古经典《大学》之辩证法完全符合。《大学》可见古人,为学次第,其方法的缜密,系统的齐整实不易与之苟同。然而黑格尔《精神现象学》序文,千言万语对于"学"与"知识"之概念作积极的解明,极言真理形态乃是学的体系。此体系之学的概念与《大学》一书,再相似也没有了。尤堪使人惊异的,是《大学》之三纲领八条目竟与《精神现象学》处处相合。如表1所示:

表1　《精神现象学》和《大学》的比较

| 《精神现象学》 | 《大学》 |
| --- | --- |
| 1. 对象意识<br>（1）感觉<br>（2）知觉<br>（3）悟性 | 1. 致知在格物<br>（欲诚其意者先致其知,致知在格物,物格而后知至,知至而后意诚。） |
| 2. 自己意识<br>（1）欲望<br>（2）自己意识之独立性与依存性<br>（3）自己意识底自由性 | 2. 修身<br>（欲齐其家者先修其身,欲修其身者先正其心,欲正其心者先诚其意;意诚而后心正,心正而后身修,身修而后家齐,自天子至于庶人壹是皆以修身为本。） |

续表1

| 《精神现象学》 | 《大学》 |
|---|---|
| 3. 理性意识<br>（1）理性之确实性与真理性<br>（2）精神（民族世界）：伦理、教化、道德<br>（3）宗教 | 3. 明明德于天下<br>（1）明明德（大学之道在明明德。）<br>（2）在亲民（古之欲明明德于天下者先治其国，欲治其国者先齐其家。身修而后家齐，家齐而后国治，国治而后天下平。）<br>（3）在止于至善 |

在"对象意识"中，人物一原，"知觉运动人能之，物亦能之""如知寒暖，识饥饱，好生恶死，趋利避害，人与物者一般"（《朱子语类》）。故黑格尔《精神现象学》列之于第一阶段。孟子曰"人之所以异于禽兽者几希"，人物之所争，只是争其有无"自己意识"，因之《精神现象学》乃以自己意识列之于第二阶段。所谓自己意识的自由性阶段即是心得其正的"正心"阶段，也就是完全自觉的境界。然而"大学之道，在明明德，在亲民，在止于至善"。因之"己欲立而立人，己欲达而达人""民吾同胞，物吾与也"；即已入于"理性意识"之范围。故《精神现象学》进之乃以理性意识列之第三阶段。理性意识之第一小阶段为理性，即《大学》之明明德。第二小阶段为精神，即作为客观精神之民族世界，即《大学》之亲民，又第三小阶段为宗教，即《大学》之止至善，又即《中庸》末章"上天之载，无声无臭至矣"之至善境界。由上可见《精神现象学》和《大学》之道完全吻合，几乎可说即是《大学》之翻本，或订正本，如使不是黑格尔受了孔氏遗书的影响，简直是无法说明的了。原来《大学》有郭爵（Ignatiusds Gorta）译本，1686—1687年柏应理（Couplet）等译本（载《中国哲学家孔子》中），又有1711年卫方济（Noel）译本（载《中华帝国经典》中）。黑格尔所读中国古经典不少，当早见及，《精神现象学》出版于1807年，以时间考之，自是接受孔门哲学《大学》的影响无疑，唯翻遍全书，竟无一语提及，亦从无人道破，真是一大奇事，现在乘此东西两大哲人同日生辰纪念，把这奇事揭穿，不但对于黑格尔研究是一个历史的新发现，即对孔门哲学研究也增加了新的内容，而走向新的进步的途径。

民国三十七年（1948）八月二十四日，广州

# 《比较文化论集》序①

比较文化学（Comparative Culturology）这个名词，在我提出以前，尚未见有一部真正可称有体系的著作。梁漱溟氏的《东西文化及其哲学》（商务印书馆）、唐君毅氏的《东西哲学思想之比较研究集》［民国三十二年（1943）正中书局］都是体大精深，提出自己的假设，由此假设来比较东西文化，指出中国文化的根本精神。另一方面，如加藤玄智氏《东西思想の比较研究》［大正十五年（1926）京文化］、高楠顺次郎氏《东西思潮と日本》［昭和十七年（1942）第一书房］对于东西文化之分段及合流点，虽有一番解释，却是毫无价值可言，不能说是科学的。近于科学的比较方法，可以法人 Masson-Oursel 所著 *Comparative Philosophy* 为例，此书日译者［大岛丰译，昭和十七年（1942）第一书房］名《东西哲学の比较研究》，分两部，第一部提出哲学之实证性及比较方法；第二部分四章：一哲学之比较年代学，二比较论理学，三比较形而上学，四比较心理学，可算新实证主义者对于东西思想比较之代表著作，但对其比较仍只限于哲学之一部门，且就内容而论，也甚少精彩之处。1947 年美国耶鲁大学教授 F. S. C. Nosttrop 所著 *The Meeting of East and West* 一书，以注意各东西哲学系统乃至世界思想潮流之协调与综合，而享盛名。本书分十三章②，注意分析，虽不失为比较研究范围之代表作，但仍嫌过于通俗，非我们理想的比较文化学之真正的对象。

虽然比较文化学迄今尚未成立，但如 1919 年德国斯宾格勒（Spengler）所著《西欧的没落》和 1934—1937 年英国陶因贝（A. J. Toynbee）所著《历史研究》二书，都是鸿篇巨制，可称比较文化学中不可多得之名著。陶因贝氏"实质上是应用文化个案的方法，来研究文明

---

① 本篇原为《比较文化论集》序，作于 1949 年；收录于《朱谦之文集》第七卷，福建教育出版社 2002 年版

② 墨西哥、英、美、德、俄、罗马天主教与希腊科学，以及东西传统文化及现代印度、日本与中国。

之发生、长成、衰老与律动的原因,并根据所获得的原则,来判断当代西方文化的前途"。吾友黄文山氏称之"汤氏对于文化的哲学的洞见,颇与斯宾格勒的一书见解相同,不过汤氏有种独特的天才、广博的学问,能够利用多种语言,采取比较方法,对文化材料作广博的搜究,这点似又超出斯宾格勒的能力以外"(《文化学的建立》,参见《社会科学论丛》新一卷)。实则依我所见,汤因比的《历史研究》前册实最精彩,但其根本观点,虽有科学的基础,却甚平庸,以较斯宾格勒世界之历史哲学的构想,则未免逊色。斯宾格勒氏断定——文化之理想存续期间为一千年,虽近武断,但分别"文化"与"文明,分别历史世界与自然世界,乃至于"为预见而知"之社会学的方法,都不能不说是他思想的伟大之处。至于世界史形态之展开,以应用来比较研究希腊罗马文化、西欧文化与阿拉伯文化,在数观念、自然组织、心理研究、艺术、道德、宗教、政治、经济及哲学各方面,见解之新颖,只要注意所制"关于世界史'同时代的'时期之概观表",纵使瑕疵屡见,如 Kurt Stern-berg、Edemand Megger、Karl Joll、Eduard Schwarty 等所批评,然以"比较文化学"而论,至今中西著作,尚无出其右。《西欧的没落》一书出版后,曾引起世人一种普遍的同情和热烈欢迎,第一版1918到1922年已销售五万三千部以上,第二版第一次即印五万部,即使此书不算"比较文化学"的完成,也不能不算是科学的"比较文化学"的鼻祖。

几年来我很想应用历史哲学和文化哲学研究的成果,来从事"比较文化学"的著作,曾拟定目录分七章:①世界史上的文化区域;②文化区域之形态学;③比较宗教;④比较哲学;⑤比较科学;⑥比较艺术;⑦世界文化主流之协调与综合。我的根本方法,可说和斯宾格勒世界形态学的方法有一些相同,而根本主张和 Nosttrop 从事文化系统思想之大综合者,亦相接近,但观点不同。大概说来,依我在《文化哲学》(商务印书馆)和《文化社会学》(中国社会学社广东分社)二书对文化类型的分析,认为文化的根本类型,在知识生活上表现为四种,即宗教、哲学、科学、艺术。这四种类型,一方面为本质的存在,另一方面又为历史的存在,就中除艺术为世界文化之协调与综合外,其余三种知识文化实即分存在世界人口最多之三个区域,这就是印度、中国和西欧,可列简表,如表1所示。

表 1　印度、中国和西欧的知识分布

|  | 第一时期：宗教阶段 | 第二时期：哲学阶段 | 第三时期：科学阶段 |
| --- | --- | --- | --- |
| 印度宗教 | 宗教的宗教 | 哲学的宗教 | 科学的宗教 |
| 中国哲学 | 宗教的哲学 | 哲学的哲学 | 科学的哲学 |
| 西欧科学 | 宗教的科学 | 哲学的科学 | 科学的科学 |

以上详细的研究，即我所拟著的《比较文化学》。依此《比较文化学》，可以看出，世界文化的体系，不属于宗教型就属于哲学型或科学型。或就文化的传播而言，不是为印度文化所传播，就是为中国文化或西洋文化所传播，所以世界史上的文化区域，虽有二十四个单位，归纳起来，仍然只有中、印、欧三个文化单位，而这三个文化单位的特点：

从文化的类型上说，印度文化为宗教文化，中国文化为哲学文化，西欧文化为科学文化。印度文化史为一部宗教文化发展史，中国文化史为一部哲学文化发展史，西欧文化史为一部科学文化发展史。

从文化的结构上说，印度文化中也有哲学和科学，然皆以宗教为中心，而形成"宗教的哲学"和"宗教的科学"。中国文化中也有宗教和科学，然皆以哲学文化为中心，而形成了"哲学的宗教"或"哲学的科学"。西欧文化也有宗教和哲学，然皆以科学为中心，而形成了"科学的宗教"和"科学的哲学"。

从文化的接触上说，印度文化史上之"科学时代"，实受西欧科学文化的影响。中国文化史上之"宗教时代"，实受印度宗教文化的影响，而其"科学时代"，实受西欧科学文化的影响。就西欧文化言，西欧文化史上之"宗教时代"，实受印度宗教文化的影响，而其"哲学时代"，实受中国哲学文化的影响。

这几年来，我的著作属于这方面最重要的只有《中国思想对于欧洲之影响》（商务印书馆）一书，次重要的有《扶桑国考证》（商务印书馆），前者讨论中国哲学文化对于 18 世纪欧洲哲学时代的影响，后者讨论哥伦布前一千年中国僧人发现美洲说。其余零星著作未经发表者，不免有散失的危险，因此在几经考虑之后，决定先行发表《比较文化论集》，以为将来撰述《比较文化学》做准备。《论集》所收文章六篇，其中《世界史上之文化区域》曾载《时代中国》第八卷第三、四期。《中国人性论史》曾载《民族文化》第二卷第五、六期,《中国文化之本质、体系及其发展》乃《中国文化之命运》之改题,有中山大学训导丛书本,广东文化事业公司本两种。《中国文化之地理三周期》曾载《现代史学》第五卷第三期,原名《中国文化新时代》。又《印度佛教对原始基督教之影响》载《珠海学报》第二期。唯《希腊与中国音乐之交流》曾编入《中大文科研究所集刊》第二期,但因付印后坪石失陷,无法出版。由上六篇虽单独成篇,不足代表《比较文化学》之全体,但合拢起来,却包含一种完整体系的文化形态学在内,如能与前著《文化哲学》《文化社会学》参照阅读,更可以略窥见一种根据严密之论据所形成的比较文化学之体系。然而将此严密的比较文化学体系形成一种科学,则不能不待今后更大的努力。如果环境稍为安定,在最近的将来,我愿竭力贡献一部完整客观的《比较文化学》,以求与 Spengler、Toynbee 之著作并驾齐驱。

  1949 年 1 月 29 日(旧历元旦)朱谦之序于国立中山大学

# 印度佛教对于原始基督教之影响[①]

　　La gnose veut retrouver dans l'Evangile et dans l'Ancien Testament La Vérification des idées philosophiques de l' époque; le pessimisme, qui se manifeste dans la gnose le duaiisme entre l'esprit et la matière, semble inspire par des influences bouddhiques probalblement Venues des indes, avec lesquelles Alexandrie était alors eu constantes relations commerciales.
　　在新约与旧约中证明了时代哲学思想的知识；物质与精神二元论的悲观主义表现于认识中者，似受来自印度佛教的影响，因亚力山大城经常与印度有商业的来往。
　　Jacques Pirenne, *Les Crands courants de l'histoire universelle.* T. Ⅰ. Ed. de la Bracounieie. Paris 1945. pp. 381～382。（阎宗临译）

一

　　原始基督教史的研究，显然可以分三个时期：第一，以吉本（E. Gibbon）所著《罗马帝国衰亡史》为代表，此书最有价值的地方，即在叙述原始基督教与犹太教之关系两章。第二，以蒙森（Theodor Mommson）所著《罗马史》为代表，此书才开始注意原始基督教与希腊的关系。第三，以里利（Arthur Lillie）所著《原始基督教所受佛教的影响》为代表。从此才知道原始基督教义，皆直接或间接得自印度，而我在《文化哲学》中很重要的结论，也得到充实地证明了。
　　《文化哲学》曾从文化类型的分析，认为印度是宗教文化的代表，中国是哲学文化的代表，西洋是科学文化的代表，而这三种文化实互相影响。专就西洋文化来说，西洋文化史之第一时期——宗教时期，是受印度文化的影响，西洋文化史之第二时期——哲学时期，即18世纪：理性时代，是受中国文化的影响。关于后者，我已著成专书——《中国思想对于

---

　　① 本篇原载《珠海学报》第二期（1949年）；收录于《朱谦之文集》第七卷，福建教育出版社2002年版。

# 印度佛教对于原始基督教之影响

欧洲文化之影响》（商务印书馆）——关于后者，就是我现在所提出的论题，要从客观的历史事实，来证明这个结论。

所谓西洋的科学文化，实孕育自希腊的母胎，而西洋人的宗教，却是直接或间接从世界大宗教发生地的印度来的。为要证明这点，最好是引黑格尔（Hegel）的一段话。他在《宗教哲学》中推崇基督教，谓为登峰造极；但他也曾对他的学生说："欧洲人的宗教——属于超越的部分，来自一个很远的渊源，从东方特别从叙利亚（Syria）；但是属于此地的目前的科学与艺术——凡使一切生活满足，使生活优美的——我们皆直接间接得自希腊。"（贺麟译著《黑格尔》，第7页）这是不错的，不过黑格尔虽证明了欧洲人的宗教出自东方，却还没有胆量来证明是出于他所认为停滞在"自然精神性"的原始阶段的印度，所以在理论上，还有让我们加以特别讲明的余地。

印度佛教和基督教的关系问题，似乎讨论的人已经很多了。1922年哈斯（Hans Haas）所著《佛教与基督教之相互关系问题书目》其中虽掺杂以基督教以前东西交通之间接史料，但单就其所搜集的文献来看，只著者的人名，已达五百数十人之多。还有矢吹庆辉氏所著《西洋人の观だる印度》，供给本文很多有力的资料。所以今日来讨论这个问题，并不是什么创见，只不过是我从文化哲学的观点，旧话重提罢了。

这个问题的提出，最初应该感谢的是叔本华（Schopenhauer）所著《意志与观念的世界》。他说："所有基督教中的真实东西，均可断定为和婆罗门教、佛教一样，这好似从遥远的热带原野所吹来的花香，在新约全书中，竟可看出印度圣智的痕迹。"又"《新约》书中之基督教的不灭性，实相当于印度的精神，这大概是从印度来的"。次之，在勒农（Renan）的《耶稣传》里面，也注意到敬虔派（Essenes）禁肉食、饮酒、女色，颇与婆罗门的行为相似，是否受了佛教的影响？因为在巴比伦，早已传布佛教，尤其Boudasp（即Bodhisattva菩萨），是很有名的智者，同时为拜星教（Sabism）的创立者，在耶稣时代，佛教的感化，早已到达巴勒士登（Palestine）了。又赛得尔（Rudolf Seydel）从1872年至1897年所著的几本书，很热心地讨论佛教对基督教的影响，认为现存福音书元本的所谓诗的福音书，实受佛教传说的影响。因此在传说之中，有很多竟和佛家相类似的部分。又里利1877年著《基督教国中之佛教》亦曾断言两教之历史的关系。又1887年顷，Dean Mansel、Hilgenfeld、Bohlen等人，均主张基

· 243 ·

督教以前，佛教传播于巴勒士登；其所经的路程，佛教怎样在巴勒士登发生影响，Lillie 前著书之第七、第八两章，有详细的叙述。Lillie 关于这个问题，还有 1893 年《原始基督教所堂佛教之影响》、1900 年《佛陀与佛教》、1909 年《印度之原始基督教》等著作。前世纪末宗教学的创立者牟勒（Max Müller）虽缺乏历史的根据，却已看出基督教所受印度思想的影响。还有达特（Dutt），认为佛教的那兰陀时代，这时基督教仅能免于北方蛮族的侵入，所以各种制度均受佛教的影响。印度为授者，西洋的宗教则不过受者罢了。

## 二

从传布上观察。原始基督教和佛教的关系，只要注意于在犹太的敬虔派（Essenes）和在亚历山大城的德尔巴多派（Thera-pente），这两派和印度思想发生如何接触，因之由这两派，原始基督教和佛教发生了怎样的关系，这在今日仍为不断争论的问题。因而在新约全书里面，似看不出轮回与遁世修行的思想，但在四福音书及经外圣书的"Logia"，与佛教经典实有许多相类似的说话和说话的方式。佛陀和基督的生活，两相比较，亦有许多相似的地方。当然最值我们注意的，就是路德提倡新教以前的基督教宗派了。依海涅（Heinrich Heine）在《德国宗教及哲学历史》第一章中所述，则在路德提倡新教以前，罗马天主教中有两大宗派，即摩尼教（Manicheans）和格诺西斯派（Gnostics）；两派的思考方法浸透在基督教诸民族的全生活里，教义虽有不同，而均出自东方，尤其是印度。这就是说："一方摩尼教徒从古代波斯的宗教获得这教理，这教理中阿尔莫兹 Ormuzed——光——是和阿里曼 Ahrimand——暗——敌对着的。它方……达格诺西斯的世界观，是古印度的东西，具有神的化身的，禁欲精神的自我内省的教理。这教理产生了禁欲的冥想的僧侣生活，这僧侣生活其实是基督教的观念之纯粹的精华。"（第 29～30 页，C. G. Leland 英译 *The Works of Heinrich Heine* Vol. V. P. 7～8，Germany till the time of Luther）这是一点不错的，格诺西斯派如神智（Gnosis）世界创造者（Demi-urgus）等思想，实和印度思想相类似，巴得塞尼（Bardesanes，西历 155—233）是一位后期格诺西斯派的学者，曾著一本关于印度宗教的书，很明白地探究印度思想中之先天灵魂、业论等问题。西历 120—130 年间，在亚历山大城的 Carpocrates、Basilides，也曾提倡轮回说，这都是很明白受印度思想的影响。至于摩尼教的始祖摩尼（Mānī），相传曾游历印度，摩尼教可以说是印度佛教与基督教的混合物传入东方至7世纪顷，竟与佛教同化，这摩尼教在欧洲称为Bogomils、Albigenses，传布的时候，间接即佛教思想的传播。由上事实，不是证明了原始基督教确曾受了印度佛教很大的影响吗？

三

从教义上观察。轮回与隐遁的思想，实为印度佛教的思想，同时也成了原始基督教的思想。轮回与转生之说，其原始的形式，虽在世界各野蛮人中可以看出，但将这种思想体系化的，却只有印度。古代民族如埃及、叙利亚、巴比伦、小亚细亚、希腊、意大利，均未见有此思想发生。又关于隐遁生活，古代民族中，也只有印度认为这是一种重要的宗教行为。在基督教寺院中从事禁欲生活的犹太人以及欧洲人，从前均无此种习惯；只有埃及人的隐遁生活，是否为本地的产物，抑为外来思想的影响，这在Moncrieff与Preuschen间，发生了相反的意见，似乎很难决定。但是从埃及的古代宗教来看，却看不出隐遁或禁欲及冥想的宗教生活，其后受希腊文化影响的时代，才发现这种仪式；很明白地，这乃是受印度发生的东方宗教的余波。彼塔哥拉斯（Pythagoras）与柏拉图（Plato）的轮回思想，是希腊所自创，抑为印度产物，至今尚无定说，但有许多学者，是主张从印度发生的。

印度的轮回、隐遁思想，以波斯、巴比伦及埃及为媒介，而传入欧洲，形成了原始基督教义。原始基督教反对现世幸福即禁欲思想，还有主张"人类坠落""上帝恩典"这些谦卑的教义，也正是印度宗教文化的特征，而不能算是西洋文化的特征。白璧德（Iroing Babbitt）《论欧亚两洲文化》，说得最为清楚：

> 耶稣与其门徒诀别，告之曰即以我之安赐尔，又曰凡劳苦负重者就我，我赐尔安。释迦成佛所言宗教虔修，成功之情形与此正同。（《白璧德与人文主义》）

> 耶稣使徒约翰之"道"，见于其所撰之《约翰福音》，耶稣解决此"道"之问题之方，厥为主张（或言明或默认）上帝之理知实隶属于上帝之意志之下。耶教之所以不失为亚洲之宗教者，正以此也。

（同上）

彼拉多曰："真理何欤？"彼拉多之为此问，适见其为欧洲之人而已。（即欲以理智解决一切）耶稣于他处答之曰："我即途也，真理也，生命也。"（见《约翰福音》第十四章第六节）耶稣此答则亚洲人之态度也。（同上）

由上所述，可见基督教文化实不足以代表西洋文化，反之正足以代表西洋文化史之第一时期，即宗教时期所受印度文化的影响，为决无可疑的了。

四

从宗教的仪式上观察，原始基督教也有许多受印度佛教影响的。姊崎正治和爱德曼（Edmunde）合著《佛教及基督的福音》里，曾将佛教的开创者佛陀和基督对比，认为两圣人在修道中所受的诱惑，现身所显露的金光，水上步行，甚至于些少食物可以饱满众人等奇迹，佛陀和基督两传记，很多共通的事迹，这不能说没有什么关系。而且就基督教会来说，也和佛教寺院一样，应用蜡烛、香、念珠、钟等。又两教僧侣们，均须遵守童贞、剃须等习惯，这难道都是偶然相合，而没有直接的历史关系？要是有历史的关系的话，当然佛教在前，基督教在后，而基督教乃受佛教影响，是无可疑的了。

五

由上从传布上、教义上、宗教仪式上各方面观察的结果，很明了原始基督教和佛教的关系。现在试从历史方法论上着眼，应用文献、民俗、考古各方面的史料，再为补充研究一下。

第一，从文献史料上观察。因为印度人历史的观念甚为缺乏，所以印度的文献史料，皆充满神话寓言，而对于东西交通史迹，国王年代先后，均不注意。例如纪元前326年（周显王四十三年）希腊马其顿亚历山大王的东征，为印度人与希腊人文化交通之始，而印度文献中，竟无一言记载，寓言诗歌之中，亦绝无一字提及。但话虽如此，在亚历山大王东征的纪念地，即纪元前第三世纪（秦始皇初年）希腊人梯俄朵都斯（Diodotus）所建的大夏国（Bactria 即今之 Amu Draya 流域），却留下很重

印度佛教对于原始基督教之影响

要的文献史料，证明了印度佛教西传的史迹。原来此大夏国，在尤梯代莫斯（Euthydemus）时代，尝征入印度，据印度人的记载，此印度的希腊王朝，共经82年，历八个君主，其中有弥兰王（Milinda，Menander 杂宝藏经称为难陀王），即位凡 30 年（140—110，B. C.）。弥兰王曾从高僧那先（Nagasena 杂宝藏经称为那伽斯那），问难佛教的教义；现存巴梨文之"Milinda-Panha"（弥兰王问经）与东晋（317—419）失译之《那先比丘经》即为明证。此书于 1889 年经 T. W. Rhys Davids 英译为 *The Questions of King Milinda* 一书，由此文献可见希腊思想和印度思想之互相接触，而其结果，弥兰王乃改信佛教，这是一段佛教的光荣史迹。晋译原文如下：

太子名弥兰，弥兰少小好喜经，学异道，悉知异道经法，难异道人无有能胜者。弥兰王父王寿终，弥兰即立为国王。王问左右边臣言，国中道人及人民，谁能与我共难经道者。……王即乘车，与五百骑共往，到寺中，王与野恕罗相见。……时那先者，诸沙门师。常与诸沙门共出入，诸沙门皆使说经。那先时皆知诸经要，难能说十二部经。

那先问王，言名车何所为车者，轴为车耶？王言轴不为车。那先言辋为车耶？王言辋不为车。那先言辐为车耶？王言辐不为车。那先言毂为车耶？王言辋不为车。那先言

辕为车耶？王言辕不为车。那先言轭为车耶？王言轭不为车。那先言舆为车耶？王言舆不为车。那先言杠为车耶？王言杠不为车。那先言盖为车耶？王言盖不为车。那先言合聚是诸材木著一面宁为车耶？王言合聚是诸材木著一面不为车也。那先言假令不合聚是诸材木宁为车耶？王言不合聚是诸材木不为车。那先言音声为车耶？王言音声不为车。那先言何所为车者。王便默言不语。那先言佛经说之如合聚是诸材木用为车，因得车人亦如是。合聚头面耳鼻口颈项肩臂骨肉手足肝腑心脾肾肠胃颜色声响喘息苦乐善恶，合聚名为人，王言善哉善哉。

依 Gunningham 所著《古代印度地理》一书所说（参见 Davids 英译本序言，第 XI 页）这弥兰王之名，至今尚传布于佛教各国。可见此书虽不足为印度佛教对于原始基督教影响之直接证据，然而因此而印度佛教很早即

· 247 ·

传入希腊,"希腊人实为一切宗教的介绍人"(坂口昂著《希腊文明之潮流》,第 196 页),我们试研究一下东方印度的各种思想之盛行于希腊罗马,和犹太本国从亚历山大王侵入以至耶稣出现三世纪间,这时怎样为希腊罗马势力所支配(同上,第 198~199 页),于是由希腊人之东方宗教的憧憬(Kautsky《基督教之基础》第三章,第 207~208 页曾述及许多希腊人曾专为研究那里所流行的各种哲学和宗教学说而东游印度的),流风传入犹太之巴勒士登,于是而原始的基督教便出现了。

六

从民俗学史料上观察。这一点 Frazer 所著《旧约圣经的民俗学》早已提及,以无原书,无从征引。现在只须注意考茨基(Kautsky)所著《基督教之基础》及其所引普夫来得勒(Pfleiderer)的考证,便很容易明白了。

照路加所载基督降生的故事,也有些佛教的色彩。普夫来得勒曾指出,福音书的作者,断不能凭空把这段故事捏做出来,虽然它是一段绝无历史根据的故事,他必然是取之于"那些为他所知道的"传说中,也许就是取之于为一切西方的亚洲民族所共知的古代传说中。因为我们在东方的印度救主释迦牟尼(生于纪元前五世纪)的幼时的故事中,也看见同样的传说,其记号有时极相酷似的传说。他也是为处女王后摩耶(Maya)的神奇的产儿,她的白璧无瑕的身体,也是因为一道天光而得孕。当他出世的时候,也有许多天神出现,并且唱着下边的赞美诗:"一个奇异的英雄,一个无可比较的英雄,已经出世了。万国欢腾,尔充满仁慈,今日尔把尔的慈爱散播于全个宇宙的一切事物之上。让欢欣和愉快渗入于一切生物之间,会到它们可以安宁,可以自主,可以快乐。"释迦牟尼的母亲,后来也把他带到神殿去,以顺从他们的法律的习惯;他在那里为那个因得预觉而由希马拉雅山降临的老隐士(仙人)阿西他(Asita)所见;阿西他预断这个孩子就是佛,一切罪恶的救主,自由、光明和永生的指导者。……最后这个王子的知识、体魄和美观怎么样日臻完备的记载,又正如路加第二章第四十节和五十二节所说小孩耶稣的话,刚刚一样。

此外还有种种提及日渐长成的释迦的幼年的智慧的例证。据说,

印度佛教对于原始基督教之影响

这个孩子有一次曾在宴会中失踪，他的父亲找了很久，才看见他站在一班神圣人物当中，忘形于虔心的冥想中，并且规劝他的惊讶的父亲去寻求较高尚的东西。（汉译本《基督教之其基础》中引普夫来得勒《原始基督教》及《基督教的起源》二书）

Pfleiderer 据此传说史料，指出基督教取自印度佛教的元素。Kautsky 引此以证明东方印度的各种见解，实为最有影响于原始基督教的教义和各种传说的一种势力，这大概也可以说是一种定论了。

七

从考古学史料上观察。最重要的就是纪元前 3 世纪，以宣扬佛法著名的阿育王（Asoka）的碑铭了。阿育王为旃陀罗笈多（Chandragupta）之孙，孔雀王朝（Maurya Dynasty）第三世（一译阿输迦王，以前佛典又译作无忧王，《法显佛国记》作阿育王），他即位于纪元前 272 或 273 年，卒于纪元前 232 年（秦始皇十五年），在位时保护佛教，尝召集佛教大会于华氏城（玄奘西域记作波吒厘子城）结集佛典。并派遣僧人至叙利亚、埃及、马期顿、锡兰、西藏、伊庇鲁斯（Epirus）、比奴阿（Binua）乃至印度全土，传布佛教。其布教范围，包括亚、非、欧三大陆。此事中国文献如《大唐西域记》，第十世纪时克什弥尔国诗人 Kshemendra 所著 *Bodhisatwavadena Kalpalata* 中，均略有记载，而以此时代所遗留之法敕碑及纪念碑的建造等遗迹，为最值得我们注意。最近十余年间欧洲学者从 Orissa、Mysone、五河地方（Punjab）、孟买海岸（Bomby Coast）及其他地方发现许多在摩崖，石柱所刻的法敕、纪念碑文，其价值之高，在碑文史上，可与 Malta 的碑文、Rosetta 石及 Behistun 石等价值相比；即就石柱头的雕刻物言，亦为印度美术史上现存最古遗物，甚可珍贵。尤其是这碑文第十三洲中，发现刻有邻邦诸国名、王名等，给我们研究印度佛教西传史以很好的资料。其原文及地名考释如下：

摩崖训十三〔据萨钵尸迦刻石〕
……善见王愿尽人离障制心。平等自乐。王以法胜为最胜，故王于诸邻国，凡六百逾缮那之地，如叙那王安提乐阔，及此国西四王徒罗梅耶、安提喀尼、马迦、阿历山大，及南方鞠哂、盤哂、他墨婴尼及其王国内；并臾那、廉波那、那钵喀之那比提及钵迦，比提尼迦，安达罗，补哩帝等处，王均说法事。彼等信从无违。彼处王固未尝遣使，而彼等已闻王勤说法，于是遵法遵法。王因此普胜而有喜乐，此胜盖因法胜故乐也。虽小果犹可乐。善见王甚至太果，希之他世为此刊石。[参照泥勒教授梵文原本《阿输迦王石刻》，民国二十二年(1931) 云南教育厅编译处邓永龄译。矢吹庆辉著《西洋人の观れる印度》]

安提乐阔（Antiyoko 即 Antiochos Theos）领有叙利亚及西亚细亚之 Yavana，即希腊王，在位纪元前261—纪元前246年。

徒罗梅耶（Turamaya 即 Ptolemaios Philadelphos）埃及王，在位纪元前285—247年。安提喀尼（Antikina 即 Antigonus Gonatas）马期顿（Macedonia）王，在位纪元前278（或277）—纪元前239年。

马迦（Maka 即 Magas）施勒尼（Cyrene）王，纪元前258年卒。

亚历山大（Alikasudara 即 Alexander）伊庇鲁斯（Epirus）王，在位纪元前272—纪元前258年。

五王之名外，尚有如鞠咀（Cola）、嫛咀（pāndya）、他墨嫛尼（Tambapanni）等诸王之地，及臾那（Yavana）、廉波那（Kamboja）、那比提（Nabhapamti）、钵迦（Pulinda）、比提尼迦（Pitinika）、安达罗（Andhra）、补哩那（Pulinda）等诸名。就中臾那一名，在南方所传佛教文献，所记派遣传道师事迹的诸国名中，作 Yonakoloka（臾那世界），即 Yona（Yovana 为爱奥尼亚 Ionia 之转名）。此臾那世界，前人以为即史那世界，即是支那，为当时印度佛教传入中国之一证。但据今人将"善见律毗婆娑"（Samanta Pāsàdikā）的汉译本与巴利原本对照研究，知道臾那世界，不是中国，而为希腊人殖民地的大夏（Bactria）。又传道于信度河边阿波兰多迦的臾那人法护（昙无德 Yonaka Dhammarakhitta），也已证明是为希腊人。即此派遣僧人中，很明白地是有希腊人的传道师的存在。由上考证，不是证明了在纪元前第三世纪，印度佛教已经传播四方，而间接给原始基督教以很大的影响吗？

还有在孟斐斯（Memphis）地方，发现的印度数字，证明了此处曾为印度人的殖民地。托雷密（Ptolemy）的墓石上面，雕刻着车轮、塔、三叉戟的记号。荷拉斯（Horus）的神像，在莲华上面，表现着印度的样式。

凡此种种，均可见印度文化很早即已传播四方。而在纪元前538年，犹太人曾为巴比伦的俘虏，这也是很著名的事实。埃利俄特（Charles Eliot）在所著《印度教与佛教》中对于西洋与印度之文化交通，曾有很详细的叙述。依他意思，若使印度文化可以影响巴比伦，则自亦可以影响犹太。而且当波斯王薛西斯（Xerxes）与希腊战争的时候，其军队中即有印度人，印度与基督教诞生地的直接间接的文化交通，这不但是考古学上的事实，而且简直就是历史学上铁一般的事实了。

八

总结起来，由上所述文献、民俗、考古，各方面的史料，使我们越发相信印度佛教对于原始基督教的影响。从前罗马史家塔西佗（Tacitus）在所著《编年史》（Annals）第十五卷第四十四章曾述及当时罗马人的见解，他们之逮捕基督教徒，"是借口他们犯过痛恨人类之罪"。（见 Everymans Library 274 英译本，第 486～487 页 "A number of Christians were convicted, not indeed, upon clear evidence of their having set the city on fire, but rather on account of their sullen hatred of the whole human race."），这痛恨人类的罪名，无疑乎就是原始基督教徒所受印度佛教影响的最大的证据了。

民国二十九年（1940）三月作于云南澄江
民国三十七年（1948）十二月十四日录正于广东石牌

# 哥伦布前一千年中国僧人发现美洲之证据[①]

在我推翻了扶桑即桦太说以后,我们便可以更进一步来积极证明扶桑即墨西哥说。歧尼(De Guignes)虽首先提出正面建议,文宁(Vining)氏更加以充分的说明,但在某方面看来,仍嫌证据不足。所以希勒格反面的批评,不得不认其有极大的意义。因为这么一来,使各方面新奇的材料,都可以搜集起来了,但是真理因愈辩而愈加明白,我们的新的建设,实在就是综合文宁氏与希勒格的两不相同的史料系统,而建立综合的学说的。这种综合的学说,其结论虽乃承认扶桑即墨西哥说,可是这种新的认定和旧的认定有很大的不同,即这新的认定乃从否定之否定得来。但我们现在怎样重新根据文献学的、民俗学的、考古学的各种史料来证明纪元五世纪中国僧人发现美洲说呢?我在这里,提出三大证据,即:第一,证人;第二,证地;第三,证事。试依次说明之。

## 一、以人为证

《梁书·扶桑传》"宋大明二年(纪元458年)罽宾国尝有比丘五人,游行至其国,流通佛法经像"。罽宾国名,见《前汉书》卷九十六上,即唐玄奘《西域记》之迦湿弥罗,今之克什弥尔(Kashmir),发音为Ki-P'in(参见张星烺著《中国交通史料汇篇》第六册《古代中国与印度之交通》,第34~35页;羽溪了谛著《西域之佛教》第七章《迦湿弥罗国》),在北印度地方,所以罽宾国比丘之航行墨西哥,也可以说是印度人的贡献。1920年,印度人派梭兰卡(Panduranga S. S. Pissurlancar)曾发表一篇论文,名《关于古代印度人发现亚美利加之研究》,法国伯希和〔Pelliot 于1921年《通报》(Toung Pao)加以批评。我们知道罽宾国在唐时实归中

---

[①] 本篇原为《哥伦布前一千年中国僧人发现美洲说》之第六至十一部分。该书原作《扶桑国考》,商务印书馆(香港)1941年版,后经修订和充实发表于《现代史学》杂志第四卷第四期和第五卷第二期,并由国立中山大学研究院文科研究所出版发行单行(1945年);现稿由黄夏年先生根据上述几种版本合校而成,并以注释的方式将作者晚年所作的增补补入;收录于《朱谦之文集》第七卷,福建教育出版社2002年版。

哥伦布前一千年中国僧人发现美洲之证据

国版图见《旧唐书》卷一百九十八，《新唐书》卷二百二十一册]，因此歧尼所提出文史学院的报告，竟谓寻究中国古史，曾发现纪元后5世纪时，已有中国僧人至扶桑，将罽宾国比丘认作中国僧人，是没有多大错误的。然而无论中国僧人也好，印度僧人也好，总之这一大发现，实为亚洲人的贡献。我们现在的问题乃在这几位无名的哥伦布，究竟是怎样的人物，是有怎样本领，用怎样方法，居然能够到达了从未发现的新大陆呢？在未解释这个问题以前，须先注意一下罽宾国与中国的交通情形。据《前汉书》所载（卷九十六上）：

> 罽宾国治循鲜城，去长安万二千二百里，不属都护，户口胜兵多，大国也。……自武帝始通，罽宾自以绝远，汉兵不能至。……其王……。数剽杀汉使。……成帝时，复遣使献谢罪，汉欲遣使者报送其使。杜钦说大将军王凤曰，前罽宾王阴未赴本国所立，后卒畔逆。夫德莫大于有子民，罪莫大于执杀使者，所以不报恩，不惧诛者，自知绝远，兵不至也。有求有卑辞，无欲则骄嫚，终不可怀复。凡中国所以为通厚蛮夷，慊快其求者，为攘比而为寇。今县度之阨，非罽宾所能越也，其乡慕不足以安西域，虽不附不能危城郭。前亲逆节，恶暴西域，故绝不通。今悔过来，而无亲属贵人奉献者，皆行贾贱人，欲通货市买，以献为名，故烦使者，送至县度，恐失实见欺，凡遣使送客者，欲为防护寇害也。起皮山南，更不属汉之国四五，斥候士百余人，五分夜击刁斗自守，尚时为所侵盗。驴畜负粮，须诸国禀食，得以自赡。国或贫小不能食，或桀黠不肯给，拥强汉之节，馁山谷之间。乞丐无所得，离一二旬则人畜弃捐旷野而不返。又历大头痛小头痛之山、赤土身热之阪，令人身热无色，头痛呕吐，驴畜尽然。又有三池，盘石阪道。狭者尺六七寸，长者经三十里。临峥嵘不测之渊，行者骑步相持，绳索相引，二千余里，乃至县度，畜队未半坑谷，尽靡碎。人坠势不能相收视。险阻危害不可胜言。圣王分九州，制五服，务盛内，不求外，今遣使者承至尊之命，送蛮夷之贾，劳吏士之众，涉危难之路，罢弊所恃以事无用，非久长行也。使者业已受节，可至皮山而还。于是凤白，从钦言。罽宾实利赏赐贾市，其使数年而一至云。

· 253 ·

这一段可见汉时中国与罽宾国交通的困难。然而无论如何"险阻危害,不可胜言",罽宾国的僧人,居然自汉而后接踵而来,不可胜数。这不是奇迹,实只是罽宾国僧人"发奋忘食,履险如夷,轻万死以涉葱河,重一言而之奈苑"(唐释彦宗著《大唐大慈恩寺三藏法师传序》中语)的宗教精神所表现。不信我们请看《高僧传》所载罽宾国高僧东来中国传播佛教的史实。

①僧迦跋澄 此云众现,罽宾人。毅然有渊懿之量,寻名师,备习三藏,博览众典,特善数经。暗诵阿毗昙毗婆沙,贯其妙旨,常浪志游方。观风弘化。符坚建元十七年(西381)来入关中,先是大乘元典未广,禅教之学甚盛,既至长安咸称法匠焉……关中僧众则而象之,后不知所终。(《高僧传初集》卷一)

②僧迦提婆 此言众天,或云提和,音讹故也。本姓瞿昙氏,罽宾人。入道修学。远求明师,学道三藏,尤善阿毗昙心,洞其纤旨。……符氏建元中(西365—385)来入长安,宣流佛法……至隆安元年(西397)来游京师,晋朝王公,及风流名士,莫不造席致敬……提婆重译中阿含等,罽宾沙门僧迦罗义执梵本,提婆翻为晋言。……后不知所终。(同上)

③昙摩耶舍 此云法明,罽宾人。……孤行山泽,不避虎兕,独处思念,动移消日,常于树下,每自克责,于是累日不寝不食,专精苦到,以悔先罪。乃梦见博义天王语之曰沙门当观方弘化,旷济为怀,何守小节,独善而已。……觉自思维,欲游方授道,既而逾历名邦,履践郡国,以晋隆安中(西397—401),初达广州。耶舍善诵毗婆沙律,徒众八十五人。至义熙中(西405—418)来入长安,后南游江陵,大弘禅法,其有昧静之宾,披臻而至者三百余人。至宋元嘉中,辞还西域,不知所终。(同上)

④弗若多罗 此云功德华,罽宾人也。备通三藏,而专精十诵律部,为外国宗师。以伪奉弘始中(西399—416)振锡入关。秦主姚兴待以上宾之礼。延请多罗诵出十诵梵本,罗什译为晋文,三分获二,多罗遘疾,奄然弃世。(《高僧传初集》卷二)

⑤佛陀耶舍 此云觉名,罽宾人。年十三常随师远行,于旷野逢虎,师欲走避,耶舍曰:此虎已饱,避不侵人,俄而虎去,前去果见

余殡。耶舍善解毗婆沙，以弘始十二年，译出四分律，凡四十四卷，并出长阿含等，后辞还外国，至罽宾得虚空藏经一卷。寄贾客，传与凉州诸僧，后不知所终。（同上）

⑥卑摩罗叉  此云无垢眼，罽宾人。沉静有志力，出家履道，苦节成务。先在龟兹。弘阐律藏，四方学者竞往师之。及龟兹陷落，又欲使毗尼胜品复洽东国，于是杖锡流沙，冒险东渡，以伪秦弘始八年（纪元406）达自关中，律藏大弘，叉之力也。（同上）

⑦佛驮什  此云觉封，罽宾人。专精律品，兼达禅要，以宋景平元年（西纪元423）七月，届于扬州，译五分律，仍于大部抄出戒心及羯磨文等并行于世，什后不知所终。（《高僧传初集》卷三）

⑧昙摩密多  此云法秀，罽宾人也。罽宾多出圣达，屡值明师，博贯群经，特深禅法。以宋元嘉年元年（纪元424）辗转至蜀，自西徂东，望风成化。以元嘉十九年（纪元442）七月六日卒于上寺。（同上）

⑨求那跋摩  此言功德铠，本刹利种，累世为王，在罽宾国。……年三十罽宾王薨……众咸请还俗，以绍国位，再三固请，不纳，乃辞师违众，林栖谷饮，孤行山野，遁迹人世。……以圣化宜广，不惮游方，以元嘉八年正月，达于建业，开讲法华及十地，法席之日，轩盖盈衢，观瞩往还，肩随踵接。……（同上）

以上所列，均为纪元4世纪至5世纪间东来中国传教的罽宾国高僧，在其5世纪以后，如释佛陀多罗、释佛陀波利等（见《高僧传三集》卷二），尚不知其数，以与题无关，不录。总而言之，在纪元5世纪及其前后，罽宾国僧人之立志远方传教，实系事实，如上文所引。我们已可看出几要点，就是：第一，这些僧人，皆是宗教天才，均受有极严格的宗教训练与冒险的精神。第二，这些僧人均皆立誓远方传教，与16世纪耶稣会士在洛耀拉（S. Ignatius Loyola）领导之下所谓"地不分遐迩，人不论文蛮，万里长征，片时无缓"那种传教的精神，是一致的。第三，这些僧人，均为大游历家，其好游四方的嗜欲，决不在回教徒之下，罽宾国的僧人有不少无名的依宾拔都他（Ibn-Batuta），只可惜没有人去注意他们罢了。而且从地理上来观察，罽宾国至中国的路程，和从中国至扶桑国的路程，在大游历家看来，都相差不多。罽宾至中国约万二千二百里，中国距扶桑国有二万余里。这些僧人可以从罽宾国到中国，也就可以从中国到北美洲了。再从时间上看来，据《梁书》所记宋大明二年，罽宾国实有比丘五人，游行至扶桑，大明二年即纪元458年，正是上列各僧人来中国的时候，那么由中国起程，航行至墨西哥，也是很可能的。再次从事实上来观察，这些僧人据《高僧传》所载，许多是"不知所终"，虽然他们回国去的，史有明文，而他们不是回国去，究竟到了什么地方，这应当不得不令人发生很大的疑问了。综合以上各点，我们不是很容易证明了《梁书》所载，罽宾国僧人一节，完全是适合于历史事实的吗？

二、以地为证

案：《梁书·东夷传》所记与扶桑国有关的各国，有倭国、文身国、大汉国等，其原文如下：

> 倭国……倭者自云太伯之后，俗皆文身，去带方万二千余里，大抵在会稽之东，相去绝远。
>
> 文身国在倭国东北七千余里，人体有文如兽，其额上有三文，文直者贵，文小者贱。土俗欢乐，物丰而贱，行客不赍粮，有屋宇，无城郭。其王所居，饰以金银珍丽，绕屋为堑，广一丈，实以水银，雨则流于水银之上，市用珍宝。犯轻罪者则鞭杖，犯死罪则置猛兽食之，有枉则猛兽避而不食，经宿则赦之。
>
> 大汉国在文身国东五千余里，无兵戈，不攻战，风俗并与文身国同，而言语异。

在"扶桑国"条后，记有女国一段：

> 慧深说云扶桑东千余里有女国，容貌端正，色甚洁白，身体有毛，发长委地。至二三月，竞入水则妊娠，六七月产子。女人胸前无乳，项后有毛生根，白毛中有汁以乳子。一百日能行，三四年则成人矣。见人惊避，偏畏丈夫。食咸草以禽兽。咸草叶似苈蒿而气香味咸。（《通考》缺"食咸草如禽兽"数字，"苈蒿"作"邪蒿"）

在这里，倭国即今日本，《唐书·日本传》："咸亨元年，遣使贺平高丽，后稍习夏音，恶倭名，更号日本。使者自言国近日所出以为名。"《元史·日本传》："日本国在东海之东，古称倭奴国，或云恶其旧名，故改名日本，以其国近日所出也。"《文献通考》卷三百二十五"李淳风叙言"云"倭国一名日本，在中国直东"；《三才国会》云"日本国即倭国"。由此可见，日本国即《后汉书》《梁书》《隋书》所载之倭奴国。倭国可无待考证，现在的问题乃在文身国、大汉国与慧深所说的女国的地理位置，知道这些关系，便扶桑国的地理，也就容易解决了。

先说文身国，歧尼氏根据从前荷兰人的旅行游记，以为文身国在北海道地方。据云："荷兰人于其地（北海道）见有矿地，其色如银，其土如粉，投水即溶。此即中国人所谓水银也。"（此引《中国史乘中未详诸国考证》，第45页）但据布勒格的《文身国考证》，则此种类似水银的土，实在千岛群岛中的得抚岛（Ouroup），岛在日本东北，格林威治（Greenwich）线北纬45度39分至46度10分及东经149度34分至150度22分之间，东印度公司的维力船长曾名其岛为公司岛（Companyslana），法人曾据其地称之为联盟岛（Alliance），以此确定文身国的所在，似较歧尼氏较为精确的了。不过我们要注意的，就是此种文身的风俗，在原始民族，各地多有，而在日本海方面，倭国亦不出此例。《后汉书·东夷列传》："倭在韩东南中，依山岛为居，凡百余国……使译通于汉者三十许国。……男子皆黥面文身，以其文左右大小别尊卑之差。"《魏志·东夷传》："倭人依山岛为国邑，旧百余国……男子无大小皆黥面文身，自古以来其使诣中国皆自称大夫夏后少康之子，封于会稽，断发文身，以避蛟龙之害。今倭水人好沉没捕鱼蛤，文身亦以厌大鱼水禽，后稍以为饰。诸国文身各异，或左、或右、或大、或小，尊卑有差。"《晋书·东夷传》也有同样记载，可见文身国不过为日本海各国文身国风俗之一种，或即倭人旧百余国中的一国，很难决定它的位置。歧尼氏泛指为北海道地方，这本没有错，希勒格氏却要更进一步，指实为千岛群岛中的得抚岛。不知得抚岛周国不过八十里，岛内山岳重叠，地极险阻。因为平地极少，住民不解农业，在东印度公司维力司船长发现此岛时，实无居民，在纪元5世纪，是否为无人岛，更不可知。安能断定其即为"土俗欢乐，物丰而贱，行客不赍粮"的文身国呢？而且根据大正十五年（1926）出版的栗原寅次郎的《大日本地理精说》所分，千岛群岛之得抚岛，本可属于得抚岛北海道地方。（第十章"北海道地方"第七节"千岛群岛"，见第254～375页）

那么何必强为区分呢？总之，在北海道地方的虾夷土人，至今尚存在文身风俗，此系事实，如上书所述：

> 虾夷人固有的风俗习惯，因近年与内地人交际之频繁，而渐次消失，衣食住一切均与内地人同化，无何等差别。只有少数住在深山僻野的虾夷人，有时尚保守其固有的生活状况。虾夷人不问男女，均有黥面文身的习惯，尤其女子，幼时即刺墨于唇上，渐及口之周围，至为人妻时，则全部口边，均施以花纹。但虽如此，虾夷人文身及衣食住等固有特色，近年渐次减少，甚或全部消灭，与内地人无异。（第十章第三节，第310～311页）

那么我们根据事实，假定文身国为北海道及千岛群岛中之某一岛，为旧虾夷人所居地，当然是很可能的说法了。

次之为大汉国，在文身国东五千余里，歧尼与希勒格氏，均决定其为今之堪察加（Kamthatka）地方，堪察加人为平和不事攻战的种族，此其特性。又戈利亚客种（Koriaques）的语言，亦与北海道及千岛群岛原住的虾夷语有别。因此这种假定，当然比文宁以阿拉斯加（Alaska）地方当大汉国者或更易于解释。唯大汉之义仍不能明，希勒格以为大汉意即大川。（《大汉国考证》，见《中国史乘中未详诸国考证》卷五，第65～66页）"戈利亚客人唯名堪察加为大地"云，此说实似是而非。因大汉实指人，而非指地，此其一。中国人名堪察加人为"流鬼"，不名大汉，此其二。又白鸟库吉（《塞外史地论文译丛》第一辑，第123～124页，见《大秦传中的中国思想》）认"慧深所述的大汉国亦与《山海经》《淮南子》等所载大人国，含义相同，《淮南子》等书所载的大人国，用以表示'居住此国的神仙'，体格极为长大的"。殊不知慧深所述大汉国的风俗与文身国同，绝不带神话色彩，亦无神仙的意味。白鸟氏未免误会了。唯"大汉"二字，确有"人大"与"好汉"之含义。今案大汉国依《梁书·东夷传》所载"风俗并与文身国同而言语异"，那么以文身国的风俗生活状况推之，当系阿留地安（Alutian）群岛之埃斯基摩（Eskimo）种族的土地。以与北海道及千岛群岛之距离计之，亦极恰合。由此往东两万余里，也正是美洲之西——墨西哥地方。《梁书》所称为"扶桑国"也。埃斯基摩人虽然是一群野蛮人，但因保持其原始的道德律，在己群内，实为和平不事攻战的民族。R. Lydekker 在《现代人种志》（*Living Races of Mankind*，第 666 页）中述美洲之埃斯基摩"他们和平生活，可算是仁爱和慈善的民族"，因为对于"我族"（we-group）与"他族"（others-group）的分别很明，他们为夸张其我族中心主义，故常自称为"因奴伊"（Innuit），意即为"人"（men）。这自称己族为人的习惯，原始民族如卡立勃人（Carib）、拉伯人（Lapps），又如奇奥哇族（Kiowa）之称为"Kiowa"，皆好为例，而埃斯基摩人为尤甚。亚洲的埃斯基摩人自称为"Yuit"，格林兰的埃斯基摩人自称为"真正的人"。阿留地安群岛的埃斯基摩人以"大汉"自称，当亦不出此例。"Innuit"即"人大""好汉"之意，即是自认己族为真正身大力强的"大人""好汉"，这就是大汉国一名所由来。为要证明这大汉国和阿留地安的埃斯基摩人的关系，最好是参考克鲁泡特金（Peter Kropotkin）1902 年所著《互助论》第三章"野蛮人互助"，其中"埃斯基摩人和阿留地安人"一节（《万有文库》本第一册，第 110～115 页），而更为了然。

文身国土俗观乐，大汉国风俗与文身国同，当亦土俗观乐无疑，今据《互助论》（第三章，第 111～112 页）"埃斯基摩人的生活，乃以共产主义为基础……当一个人变为富裕，他就招请他的氏族里的人开大宴会，在大吃之后，就把他的财产，分给他们。达文（Dale）在犹空（yukon）河畔，看见一个阿留地安人的家族，用这个方法，分配十把铳，十件皮衣，两百串小珠，许多毡，十张狼皮，两百张狐皮，五百张黑貂皮（Zibeline）。此后这个家族，脱了自己的宴会衣，合与别人，而自己换一袭褴褛的皮衣，并对他们的族人说了几句话，以为他们虽比同族中任何还要穷些，但是同族的友谊，已为他们所获得，和此相类之财富的分配，乃是埃斯基摩人的寻常习惯，在一定的季节，把一年所得的一切东西，公开陈列，然后乃作分配"。这真是何等的快乐生活！

文身国有屋子，无城郭。大汉国即今埃斯基摩人的生活，亦同。他们的寻常住所，乃是"长屋"（long house），可容数家居住，用破兽皮分成小间，而留公路在前面。有时"长屋"的形式，乃作十字而中央置有公用的火，德人探险队曾在和一个"长屋"接近的地方，过了一个冬天，他们断言此等居民在长冬内，"始终没有吵闹，并不因使用这块窄狭面积而起争论"，舍合法之讽诗。而用骂詈或恶言，那是认为无状"。

大汉国"无兵戈，不攻战，与今之阿留地安人最为相合，埃斯基摩人生活的特质，即是尊敬团体利益，而阿留地安人，尤有特色"。据《互助论》（第 113～115 页），埃斯基摩人的部落道德之高尚的标准，在一般书籍中常有讲到的。下面是差不多和埃斯基摩人之性质相同的阿留地安人的风尚之记载，而把此等野蛮人的全部道德，做一个更好的说明。此为一个最有名的俄国传教师威尼阿米诺夫（Veniaminoff）在阿留地安人民间住了十年以后所记的，现在我用大部分是他自己的话，在下面做一个摘要：

  坚耐是他们的主要特质，此可以说是很伟大的。他们不但每日早上在冻海中洗澡，而裸体站在海滨吸入冷风，并且在甚至没有充分的食物以做苦工的时候，而有我们想象不到的坚忍能力。遇有长时的饥饿，他们首先注意的，就是小孩。他们把所有的一切粮食给予小孩，而自己去挨饿。他们不愿偷东西，就是最初日俄国移入的人民，也是这样说。他们不是决不行窃，无论哪个阿留地安人都自认有时会偷过一点东西，唯常以细物为限，故他们的行为，是很天真烂漫，……阿留地安人不轻与人订约，但是一旦订约，无论有多大的事情发生，他们都不失信的。（有一个阿留地安人以干鱼送威尼阿米诺夫，威氏因起身匆匆，把鱼放在渔滨忘记带去，此阿留地安人乃把鱼携归，等威氏次年一月回来的时候，再送去。在那一年的十一月和十二月间，阿留地安人的驻扎地内，发生大饥馑，但是此阿留地安人虽没有东西吃，然而决不拿已答允送的礼物来果腹。等到次年一月，威氏回来，他乃硬把这礼物，送到威氏那里去。）他们的道德规则繁而且严。……尤以捏造功劳，以轻蔑的话骂人等，都是看作可羞耻的。

  这就是阿留地安人的道德，拿他们的故事和传说来看，我们可得更进一步的例证。让我现在加说一事，据威尼阿米诺夫在 1840 年所记，他们六万人口，在过去一世纪中，只有一个杀人犯，而在 40 年后，在 1800 个人口中，违反习惯法的事，简直一回是没有。若我们知道骂詈、轻蔑，和出言不逊，在阿留地安人生活中，是绝对没有。那么，这就没有什么稀奇了！甚至他们的小孩子，也决不打架，决不互相乱骂，至多不过说"你的母亲不知缝纫"，或"你的父亲瞎了一只眼睛"而已。

  这是何等的和平过着"无兵戈，不攻战"的生活，今代阿留地安人如此，古代的大汉国，更不消详说而自明了。

未了，应该述及慧深所说的女国，依照扶桑即墨西哥说，则女国在扶桑国东千余里，应该在今墨西哥之东，约当大安的列斯（Great Antlles）群岛所在地。却是这些岛国，因最先被欧洲人发现，所以这区文化在美洲亦最早消灭，我们现在要想决定慧深所说女国的地理位置，实无文献可征；而且女国虽因慧深而传，然慧深未到此国，仅得自传闻，所以神话与史实相混，只好做一种传说。希勒格据之以与《文献通考》及《南史》所载互相考证，其结论，竟谓此种女人"色甚洁白，身体有毛"，似为虾夷种，其所食咸草，即是海带，至于"二三月入水，六七月产子"则涉入动物学的范围；因北海道沿海动物，有耳海狗之属，如腽肭兽（Otaria），一名海狮，亦专以海带为食，希勒格历引各博物学者的观察，竟以此"形如妇人白肥无鳞"的海人鱼，来与慧深所说的长发入水，项后生毛，见人惊避，偏畏丈夫等事考证。（《女国考证》，见《中国史乘中未详诸国考证》，第47～57页）其说甚辩。不过我们应注意的，就是这女国的传说，古代各地皆有，尤其在各岛国关于女人国的故事最多，为东西游历家所津津乐道者。亚芙尼亚王的《海敦纪程》述其过戈台国"有女人国，女子治理一切，而男子则皆身似大犬，丛毛出身"。（《中西交通史料汇篇》第四册，第17页）高僧敦拉奴克劈尼（Plano Carpini）的纪行书也有同样记载，又西班牙克拉维局（de Clavijo）的《奉使东方记》，述及女国（Amazons）云"其地风俗至今尚不许男子居留，每年中，仅一次得其主之允许，可偕其生女，至最近之外，与男子交会，择所悦者同居共饮食，会期过，则复归本国，至家后，若生女则留育子，生男则遣送于其父"。（同上第二册《古代中国与欧洲交通》，第364～365页）艾儒略的《职方外纪》所绘的《舆地全图》，也有在北方的女人国。

这是说的陆上的女国。至如《马可·波罗游记》所记的"男岛""女岛"乃在今之阿拉伯海附近（卷四）。《苏莱曼东游记》所述被一个女人所统治的各岛，乃在今之孟加拉海滨（卷一），《依宾拔都他（Lbu Bututa）游记》所述的女人国，乃在马尔的甫群岛（Maldive Islands）（《中西交通史料汇篇》第三册，第137～138页），若就中国的文献来说，则东西南北皆有女人国，正史所载女人国，如《后汉书》云"北沃组人言，海中有女国，无男人，或传其国有神井，窥之辄生子"。《梁书》卷五十四，记女国乃在扶桑东千里。《北史》卷九十七"女国在葱岭南，其国世以女为王，国内丈夫为以征伐为务。……王居九层之楼，侍女数百

· 261 ·

人,五日一朝,复有小女王共知国政,其俗妇人轻丈夫,而性不妒忌,男女皆以彩色涂面,而一日之中或数度变改之"。《隋书》卷八十三女国文同。并云开皇六年遣使朝贡。《新唐书》卷二百二十一所记有东女与西女,东女原名实为苏伐剌拿瞿咀罗,即《北史》《隋书》所记之女国,西女为西洋之另一女国。所谓"拂菻西,有女国,种皆女子,附拂菻,拂菻君长定遣男子配焉,俗产男不举"。《文献通考》载"西女国在葱岭之西,其俗与东女同,附于拂蒜,贞观八年朝贡始至"。又卷三百二十六"沃组"条云"其俗常以七月取童女沈海,又言有一国亦在海中,纯女无男"。《新唐书》卷二百二十一上"疏勒传"云:"朱俱波南三千里女国也。"《元史·世祖本纪》谓"至元廿四年八月,女人国贡海人,廿六年;闰十月,辛丑,罗斛女人二国道使来贡方物"。又《山海经》卷七"海外西经":"女子国正巫咸北,两女子居,水周之"(郭注:有妇人入浴,出即怀妊矣,如生男子三岁辄死,周犹绕也,一日居一门中。张华著《博物志》卷二,第3页)。《古今图书集成·边裔典》卷四十《女国部汇考》引《梁四公记》云:"西北无虑万里,有女国以蛇为夫,男则为蛇不噬人而穴岁,女为臣妾官长而居宫室。"并云:"以今所知女国有六,北海之东有女国,天女下降为其君,西南夷板盾之西有女国,以贵男为夫,置男为妾媵,多者百人。昆明东南有女国,以猿为夫,南海东南有女国,举国唯以鬼为夫,勃律山之西有女国,方百里山出台虺之水,女子结之而有孕,其女举国无夫,并蛇六矣。"《三才图会》载"女人国在东南海上,水东流,数年一泛,莲开长尺许,桃核长二尺,昔有舶舟飘落其国,群女携以归,无不死者,有一智者夜盗船得去,遂传其事。女人遇南风裸形感风而生。又云有奚部小如者部抵界其国无男,照井而生"。总而言之,女国的传说,东西民族各地皆有,尤以群岛所在地,几于无处无之,则慧深所传西印度群岛附近女国故事,当亦不出此例。张星烺氏《中西交通史料汇篇》第二册第一百四十一节附注说得最好:"女人国为古今东西人之幻想,遍查东西载籍,女人国究何在,无一定地点,大抵随人的幻想而已。"(第365页)知女人国的传说,为神话与史实之混合,便慧深所说,亦不足怪。原始民族以女性为中心,实行母系制及一妻多夫,故多以女子统治,以女为王,因加以附会,事或有之。如《魏志·倭人传》所载,倭人各国皆为女人王卑弥呼所统治，即为好例。希勒格所说①："古时日本或有一国以女子过多，乃以舟载过剩之女，弃之孤岛之中，而成女国，遇有海舟飘泊至岛，自为岛女所欢迎，特争嬲之，以致力竭而死。"此事亦非无可能，至如男女分岛，如《马哥孛罗游记》所述，在情理中，亦不得谓为绝无。但不能因此而附会慧深所述女国，即为北海道之某岛某岛，因其所述，本不过当时的一种传说，即有其地，亦当求之于墨西哥、秘鲁，约当大安的列斯群岛、小安的列斯群岛的附近，希勒格欲以北海道虾夷女子，证实其说，此种考证，可谓绝无根据的。

  然则慧深所说的女人国究竟是在什么地方呢？依我研究的结果，当即今南美洲亚马逊河（R. Amazon）附近之某岛。案亚马逊（Amazon）本为东方女国之称。相传住于大月氏（Scyethia）一带横行着的，有所谓亚马逊女兵国，曾妨碍着希腊人与中国之交通。1885 年 Leon de Rosny 曾发表一篇论文《女国 Le Pays des Amazones》即系指此。至今 Amazonian 一字，有勇敢如男子或女丈夫之意。而美洲之亚马逊河，据字典亦即出于西班牙人所见之女兵国而得名也。关于这一点，William H. Prescott 所著 History of the conquest of Peru②，Issae Taylor 所著 Words and Places③ 两书均透露出一些消息，使我们知道亚马逊河与女人国之关系，尤以亚马逊河地当墨西哥、秘鲁之东，与慧深所云"扶桑东千余里有女国"之说相合。又该河出产各种海舰及重至二百磅的红鱼（Pirarucu）与希勒格对于女人国之说

---

① 希勒格《女人国考证》（《中国史乘未详诸国》卷二十）："日本实名倭，中国人训倭字之义曰从人，从禾，从女，此三者，倭国皆蕃盛。"

② It was a word of romance that was thrown open; for, whatever might be the luck of the adventurer, his reports on his return were tinged with a colouring of romance that stimulated still higher the sensitive fancies of his countrgman, and nourished the chimerical sentiments of an age of chivalry. The listened with attentive ears to tales of Amazons, which seemed to realize the classic legends of antiquity, to stories of Patoyonian giants to flaming pictures or an El Porado, where the sands sparkled with gems, and golden pebbles as large as birds' legs were dragged in nets out of the rivers.

③ We cannot complete the list of Spanish explorers without a mention of the name of Orellana, which according to some maps, is borne by the largest river of the world. There are a few more romantic narratives of adventure than the history of Orellana's Voyage down the Amazons. In the company of Gonzales izarro he left Peru, and having penetrated through the trackless Andes, he came upon the head waters of " great river. The provisions brought by the explorers having at length become exhausted, their shoes and their saddles were boiled and eaten, his passage; and posterity has punished his untruthfulness by enshrining, in a memorial name, the story of the fabled Amazons, and letting the remembrance of the daring explorer fade away.

明，亦甚相合也。又据 Lippincotts "Gazetteer of the World" 中 "Amazon" 字下："Amazons 初名 Orellana，亚马逊河口是西班牙人 Vicent Pinzon 在 1500 年发现，但最初从事探险者为 1541 年 Orellana 的贡献"。又："Amazoc" 为墨西哥之一城市；"Amazones" 为秘鲁之一部分，在厄瓜多尔之东；由上可见墨西哥、秘鲁地方，均有以 Amazon 名者，女人国和扶桑国的关系，也就很容易明白了。

总上所述，知道《梁书·东夷传》所载扶桑国的地理位置，以倭国、文身国、大汉国等有关诸国为例，与今地的距离均能相合。唯女人国的传说，乃古今东西人的幻想，本无一定地点，但据 Yulecordier 在《马哥孛罗游记》中所记"女岛"之注释，知在哥伦布发现美洲第二次航程时，在今小安的列斯群岛中法属马尔的尼加岛（Martinique）会听到此岛有女人国的传说，那么研究结果可断定慧深所说女国的今美洲亚马逊河附近之某岛。尤其即是墨西哥之东西亚马逊河附近之马尔的尼加岛，是为较可信的历史事实无疑了。总结起来，由上地理证明，扶桑国之即为墨西哥，也就更为明白的了。

### 三、以事为证

可分三点来说：其一是民族起源，其二是神话传说，其三是古物遗留。

先就民族起源说，又分三项：①美洲原住民之蒙古利亚同种说；②美洲史前人种之亚洲移殖说；③美洲原始文化起源于中国说。

#### （一）美洲原住民之蒙古利亚同种说

案：亚洲大陆原为人类的发源地，从前学者探求人类的发祥地于欧洲西部，近来学者探求人类最初发祥地于中亚细亚至蒙古一带，如英国牛津大学的 Ball，美国人种学者 Baland Dixon，澳国地理学者 Griffith Taylor，美国的 Pumpelly、E. F. Williams、W. D. Mathew，俄国的沙发诺夫均主张人类发生于中亚细亚；R. L. Andrew、H. F. Oslorn 主张人类发生于蒙古。[①] 但从这些地方分歧移动，东支入中国为蒙古利亚人，西支入巴比伦为高加索人，南支入印度为达罗毗茶即尼革罗人之祖先。而美洲的原住民——印第

---

[①] 《朱谦之文集》第三卷《谦之文存二集》，福建教育出版社 2002 年版。

哥伦布前一千年中国僧人发现美洲之证据

安人和埃斯基摩人——从人类的系统来看，即为蒙古利亚种之向东移植，和中国人是有亲属关系的。原来美洲这个地方，从古生物学上观察，连狭鼻猿类都没有，更不消说有类人猿。从人类学、考古学上观察，美洲至今还没发现如克鲁马昂人（Cro-Magnon）、北京人（Peking man）所遗留的骨骼，古石器时代末以前，美洲是没有人类足迹的，所以美洲的原住民，决不是独立发生，而是由旧世界的亚洲移植而来，为要证明这一点，最好是参看一下克鲁伯的"人类系统树"（见 *Anthropology*，第 48 页），如图 1 所示。

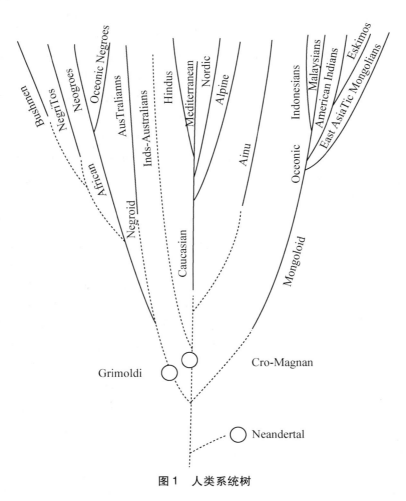

图 1　人类系统树

· 265 ·

美洲印第安人（American Indians）及埃斯基摩人皆属蒙古利亚种（Mongoloid），以发型来分类均属直发种，与高加索种之波状发不同；以须毛、鼻形、颚状来说，均全相同；唯正蒙古利亚种皮肤为黄色的，美洲土人则为黄棪色的罢了。所以从体质人类学上观察，诚如海士、蒙（J. H. Hayes and P. F. Moon）所说："美洲印第安人，在躯体特质上面，和亚洲、非洲人民类似的地方，远过和欧洲、非洲人民的类似处，为了此等及其他理由，一般视之为蒙古人。"（《上古世界史》第四章）民国廿八年（1939）三月十七日上海《申报》载"北平协和医院医士范惠顿力，及国人某君，近在平西三十里周口店山上，掘出头颅一具，与现居美洲之印第安人相似，若此乃人类祖先之头颅，可证人类发明于此"云云。由上可见美洲土人实和我们蒙古利亚同种，若就考古学上观察，就更容易明白了。鸟居龙藏在《南满远古人种考》中，曾经指出新石器时代之满洲所探掘的石器，多与北美一带之阿拉斯加埃斯基摩人的石器相似，尤以半月式及长方式石刀。安特生博士认此为"足可为亚洲民族及其血统相违之美洲民族的特征"。又陈志良氏在《中国人最初移植美洲说》（参见《说文月刊》第一卷第四期）亦经证明"印地安妇女所制的陶器，用黄色、红色、棕色，画成各种几何形式的图案（详见河北第一博物院画刊）极与安特生在我国甘肃等搜集的'彩陶'一式无二"（参见安特生《甘肃考古记》及地质调查所藏彩陶）。又民国廿八年（1939）十月三十一日云南《中央日报》所载海通电"丹麦考古团顷在阿拉斯加西北部，发现了一半古之埃斯基摩人居留地。据参加该团之丹麦考古家拉尔森云：该古老之埃斯基摩人居留地发现于阿拉斯加北部之伊卜塔克附近，现仍遗有房屋二百间，估计约在二千年以上云"。这埃斯基摩人文化最古的遗迹，从地理上说，不是证明了美洲民族最初的居地，系于数千年前自亚洲越白令海峡迁移而来吗？最可注意的，就是这移植美洲的蒙古利亚种，以后因与旧世界隔离，渐渐向南分布，构成墨西哥与秘鲁两种文化。专就现代墨西哥的住民来说，依谢希传所述："民分黄白杂三种，白种皆西班牙意大利人留寓（意人皆宣教而来）。黄种悉系土著，形貌绝类蒙古，男戴高顶宽边毡草笠，女发光黑编辫挽髻，出以大巾蒙首，或披肩项。杂种皆白黑人嫁娶所生（南美洲各国皆有之），土人或累土穴居，或支高梁杆作栅栖止。其称华人曰拔山拿，译犹同乡也。或谓美洲两土未开时，墨地先已立国，亚洲人或乘舟风漂而来，或北渡墨岭峡迁，此者《万国史记》及《西事考略》多言之。"(《墨西哥述略》,第 4～5 页)实际亚洲人移植墨西哥,当不止一次,史前之民族移动给墨西哥原住民以形质的基础,史后之民族移动,则更含文化的意义。墨西哥的阿斯泰克(Aztec)文化虽为期较晚①,然阿斯泰克族文化乃继承托尔泰克族(Toltec)者。托尔泰克文化起于纪元 510 年即在大明元年(纪元 458 年)之后,而终于阿斯泰克文化继起之时,此甚可注意也。然而无论如何,美洲原住民(包括墨西哥土人)实为蒙古利亚同种,实无疑义,不然则墨西哥人称华人为"拔山拿"——同乡之意——者,便无法可证明了。

(二)美洲史前人种之亚洲移殖说

美洲原住民不是独立发生的,那么究竟是从那里来呢?据我们所知,新旧世界的住民,均由亚洲移殖而来,万拉普(A. W. Graban)说欧洲原人都是由亚洲移去的,事实也是如此。例如:巴斯克族人、拉勃族人、芬兰人及瑞士的湖居人,均为史前迁入者。美洲人的印第安人、埃斯基摩人更不出此例,现为明了起见,举现代人类学家、考古学家、历史学家、地理学家的话为证。

1. 人类学家的说法

可以克鲁伯(A. L. Kroeber)为代表,依他意思,美洲的原住民,实属于原始蒙古利亚种,约当旧石器末期,或新石器初期,由亚洲移殖的。其移殖的路径,他假定为:①阿留地安群岛;②坡里内西亚(Polynesia);③白令海峡(Behring Strait),而以白令海峡距离最短,为最可信。其移殖的经过,当不止一次,于一万年前最初移殖后,数千年间,当有无数次的

---

① 阿斯泰克族之入墨西哥谷地,Francisco Claigein 定为1325 年,Jase Acosta 氏定为1322 年,Bernhuratins、de Saha gum 氏移至1322 年,Kads-Ramirey 氏移至1318 年,见 H. Canew 著,吴觉先译《经济通史》卷一第十章《古墨西哥之社会制度与经济组织》,第351～352 页。

民族大迁徙。①

### 2. 考古学家的说法

可以劳斐（Berthold Laufer）为代表。（参见《东方杂志》第三十八卷三十三号，觉明译《科伦布发现美洲与契丹传说之关系》）

西半球有人类为最近之事，美洲至今尚未寻得如西欧所见之古石器时代人类遗迹，旧世界原为人类之摇篮，美洲之印第安人盖属亚洲移民者也。

在西元前两万五千年，亚洲曾自白令海峡或亚鲁逊群岛数次向北美洲移民，至今美洲之印第安人其体骼犹与亚洲北部人民极为相似，由此辈最初移民传至美洲者大率系极粗野之原始文明，此辈盖犹为衣皮之猎人，知磨石斧石镞，犬为唯一之家畜。知制粗陋之陶器、绳索、鱼网、篮，有独木舟，住于椿屋之中。

诸凡亚洲文明上之基本事物，如犁，以牛耕田，各种家畜如牛马、骆驼、驯鹿、羊、山羊、豕鸡之属，以轮为主之车，陶人用之埴轮，弦乐器，烧制之炼瓦，熔冶铸铁之术等，在古代原始之美洲人中，皆未之有，凡此皆足以充分证明在昧蒙的过去时代，美亚两洲之文化，各自分途发展，历时数千年于兹也。虽然，凡此未能即谓美洲常在孤立之境也，研究

---

① 见 A. L. Kracber：Anthropology，第 181 节，第 350～351 页。

[The Route of Entry into the Western Hemisphere] With such background man entered America at Behring Strait, he may have nevigated; more likely, or more often, he crossed on the ice. The water distance is only about sixty miles; the Diomede islands lie near the middle of the gap; and the ice may have extended across precisely continuously, ten thousand years nearer the peak of the last glaciation. Long before, there had been a long bridge from Siberia to Alaska, by which horses, camels, cattle, elephants, deer and many other species extended their range from one continent to another. But this was in geological antiquity, man's entry in geological receney-immediacy, rather; and the divided Configurtation of the continents was probably already established. Horses had become extinct in the New World (When man arrived, the elephant tribe probably also. Llamas, pugurs took the place of old world camels, lions, tigers, the fanna of the Americas, their vegetation, their climate, were nearly as they are today.

The Aleution islands have also been suggested as a migration route, But their chain is long, the gap at the western end one of hundreds of miles of open water, scarcely negotiable except to rather expert navigators. Still weaker would be any supposition of arrival from Palynesia, here the distances between the mearest islands and the mainland run to thousands of miles. Only well-equipped voyagers could survive and there is nothing to prove positively that even late Palaeolithic man had boats. Further, all the Poliynesian evidence points to a late settling of the eastern islands of the Pacific; a few thousand years ago at most, Edelusion therefore indicates the Beering route as the only one to be seriously considered.

结果，反足以证明在有史时代，至少亦在一两千年内，两洲曾有密切的接触，亚洲思潮及其伏流，曾扫荡美洲，特别为美洲北部云。

3. 历史学家的说法

可以威尔斯（H. G. Wells）为代表。（参见《世界史纲》第十二、十三、十四各章）

（1）路线与时代。在冰河时代人类不得自由分布，盖当极北以至中欧，横亘俄罗斯，西伯利亚以至中亚之高原，皆冰天雪地，天气酷寒，最末冰河时代既过，寒冽之北方渐渐温和，然极为迟缓，经过长久时期，此地尚无居民，唯游牧民族由此向东分布，横渡白令海峡。中欧、北欧及亚细亚之天气，至最近时间始适于耕种，此时期约在一万年或一万二千年之间。霖雨时代前后，白令海峡出现，印第安人遂隔阻于北美矣。（第十三章）

（2）文化的遗留。北美有蒙古种民族，当时已与旧世界完全隔绝。彼辈渐渐向南分布，以猎取平原上之野牛为生，后渐自得种黍及南美洲驯服驼鸟法，构成墨西哥与秘鲁两种文化，其性质与苏马文化相类，然不同之处甚多，且苏马连文化亦较早六七千年也。

"美洲居民亦有简陋之象形文字，然其发达不及古埃及之象形文字，于加敦（Yucartan）地方有一种文字，即 Maya 人文字，但仅用以纪日耳。"秘鲁文字未发明时，有结绳法，以各色绳及结绳之形状为别，旧日绳索，至今尚有存者，然多已失传。据谓中国史所载，当中国文字发明以前亦是结绳之方法。（第十四章）

（3）人种的考察。"民族混合之障碍物甚多，其最要者如大西洋各处之高原，及已涸之中亚洲诸海等，曾将大群种族互相隔绝不知若干年。此隔绝之种族，自始即发达其大同大异之点。亚洲东部及美洲人，大多数有此相同之点，即色黄，发黑而直，颧骨较高。"（第十二章）

4. 地理学家的说法

可以泰罗氏（Griffith Taylor）为代表。（参见其所著《人种地理学》，汉译本，第725页）

被置于白令地方（Bering）是第三纪末，从亚细亚到亚美利加的大走廊，是人种移动上的重要地带，尤以亚美利加，不妨视为旧大陆东部的一大半岛。（汉译本，第7页）

人种自亚细亚出发，被地形及植物所统制，一面通过自然的走廊而前进。……向亚美利加移住者，则利用白令海的走廊。而亚美利加方面，最

为特别，最后入境者，还是住在这走廊上，没有驱逐先人亚美利加既占领最好场所的先住者的余地。（第 25 页）

还有奚尔思（John J. Heerens）、张立志合著《远东史》（上册，第 1 页）第二章"亚洲东西二部之人种"一节，也引"地质学家言，数万年前亚洲东北隅与美洲西北角壤地相接，现时亚洲与美洲西北角沿岸之岛屿原为大陆之一部。是以向东北游荡之民族，得由陆路经冈扎得加至阿拉斯加，后渐占领南北美，其向东移行者，亦无须舟楫而可至现时之日本群岛、马来群岛。"历史学家、地理学家、地质学家的说法。[①] 可见美洲民族的起源，出于亚洲，是决无可疑的事实了。[②]

### （三）美洲原始文化起源于中国说

由上已知美洲民族的起源，我们就可更进一步来讨论美洲文化的起源了。关于这一层，虽有许多不同的学说，但仍以亚洲文化传播说，为最占势力。培顿（Jacob Harris Potton）在 "*The history and government of the United States*" 中述到美洲史前民族，认为关于这个问题，有三个答案。第一说依于流行的见解，认为最初的美洲人乃远古以色列族的后裔。第二说依于古代希腊的传说，在西洋有一个岛国，叫作"Atlantis"，柏拉图（Plato）曾经描写其最动人心目的航程的一部。第三说是认美洲原住民在先史时代因气候险恶及暴风所迫不得已由亚洲迁入美洲，白令海峡就是这民族移动上的重要走廊。最明显的证据，就是美洲人和蒙古人极为相似，沿太平洋的一些美洲民族，其特质是和文化的亚洲民族相似，许多学者都

---

[①] 由上文看应有人类学家、考古学家，而无地质学家。旧版如此，疑是作者笔误。——编者注

[②] 作者于 1949 年后补充一段于此后：派克斯（H. B. Parks）《墨西哥》（汉泽本，第 7 页，生活·读书·新知三联书店）中特别指出美洲的印第安人在人种上主要是属于蒙古人种的一支，"他们的身体的与心理的特征与亚洲东部的居民相类似。中国人就表现相类的忍耐和坚韧，相类的爱好自然的与单纯的乐趣的倾向，相类的具有直观艺术的天才，相类的倾向于创立一种半独立的乡村的联合而不是以政治自觉为根据的国家"。这种身理与心理的特征的相类除却所称"拔山拿"还有什么更好的解释呢？还有原沈阳军区后勤卫生部官乃泉同志寄给我《美国军事医学杂志》1961 年 7 月第 7 号，在第 557 页里有一段是从医学和人类学上论证最先发现美洲的是中国人。大意是根据医学家迈尔（Mayer）的报道，于 1953 年曾在委内瑞拉的加拉加斯发现了一种特异的血液情形，叫作"Diego 血液因子"（Diego blood factor），后来人们对于这种情况，做了不少研究。他们发现 Diego 血液因子在白种人或纯种黑人根本不存在，但在蒙古族类的人却常可找到。例如美洲印第安人和亚洲人都可有。因此生物人类学家们从而得出结论，即美洲大陆最先是由中亚人类发源地迁来的蒙古族所居住，经过阿拉斯加而进入南美，云云。——编者注

承认中国传说中的扶桑国,就是指阿斯泰克族(Aztec)的文化,因此所以他们依此理论,相信中国人,就是最初的美洲住民。① 虽然培顿对于这三说,均认为不能成立,却是对于美洲原始文化起源于中国说则不能不特加以注意。

还有如德国的文化传播论派格纳那氏(Graebner)认为美洲文化,系传自东南亚洲,其路线也是由白令海峡,最奇特的,是1916年《科学》杂志八月号所载英国文化传播论派斯密氏(G. Elliot Smith)的新说,他认为美洲文化是从埃及传来,埃及的"日石"文化(Hebolithic Culture),乃是一切文化的源泉,从尼罗河谷地,经亚述入印度、朝鲜、西比利亚,再从太平洋输入美洲,其一路径由阿留安地群岛,一渡太平洋而至秘鲁。兹录其说如下:

> He holds that the distinguishing characteristics of American cultures, such as the miminfying of the dead, the use of irrigation canals and pyramidal structures, come from the ancient civilization of Egypt through a great cultural wave. He believes that this cultural wave passed from the valley of the Nile by way of Assyria into India, Korea, Siberia, the Pacific islands and America. He thinks it started about 900 B. C. He says: Originality is one of the rarest manifestations of human faculty ⋯ From Indonesia the whole eastern Asiatic littoral and all the neighboring islands were stirred by the new ideas; and civilizations bearing the distinctive mark of the culture-complex which I have traced from Egypt sprang up in Cochin

---

① We come now to the third and last theory of the peopling of America. The shipping of Asiatic dwellers was driven time to time by stress of wind and weather as the Alaskan shore. An involuntary migration was thus set up from a remote far as prehistorical period. A glanse at the maps shows the view of the case to be an extremely simple one. Nowhere do the Continents of the Old world and the New come so closely together as in the Alaskan region. That slander arm known as Berling Strait forms the only divison between these mighty areas. Transit from one to the other can have presented no insaperable difficulties even to the most primitive craft. The plansibilty of this view is supported by certain resemblance between the American aborigines and Mongolian peoples. Some American races of the Pacific States have characteristics in common with the nation of civilized Asia. There are Chinese legends of a land of Fuschan (扶桑) which point immistakably to Aztec civilization, in the opinion of many scientists. Upon these and other considerations are based the theory of a Chinese origin for the first inhabitants of America.

China, Korea, Japan and eventually in all the islands of the Pacific and the western coast of America. The proof of the reality of this great migration of culture is provided not merely by the identical geographical distribution of a very extensive series of curiously distinctive, and often utterly bizarre, customs and beliefs, the precise dates and circumstances of the origin of which are known in their parent countries; but the fact that these strange ingredients are compounded in a definite and highly complex manner to form an artificial cultural structure, which no theory of independent evolution can possibly explain, because chance played so large a part in building it up in its original home.

It is idle to deny the completeness of the demonstration which the existence of such a civilization in America supplies of the fact that it was derived from the late new Empire Egyptian civilization, modified by Ethiopian, Mediterranean. West Asiatice, Indian, Indonesian, East Asiatic and Polynesian influences. The all that I claim, then, is that the influence of Egypt was handed on from place to place; that the links which all ethnologists recognize as genuine bonds of union can with equal certainty be joined up into a cultural chain uniting Egypt to America.

但这种文化的传播是从何时开始呢？他说：

It must have begun some time after B. C. 900, because the initial equipment of the great wanderers included practises which were not invented in Egypt until that time.

Elliot Smith 的这种新说，虽然有许多人批评他，但至少给我们一种暗示，就是美洲的文化，乃从旧世界的亚洲输入的，输入的路线和我们所见也相差不远。不过美洲文化是否为埃及日石文化的派生，这当然还是未解决的问题，依我的意思，则以墨西哥为例，认为美洲文化，谓其传自埃及，不如谓其传自中国。斯密氏谓纪元前 9 百年，埃及文化传入美洲之说实在经不起曼斯（Philip Sinsworth Means，见 Science, Oct. 13, 1916）氏的批评。

# 哥伦布前一千年中国僧人发现美洲之证据

The date B. C. 900 is altogether too late for the beginning of the alleged migration of cultures. If this migration took place at all it must have left Egypt much earlier than this, for we have the Tuxtlu Statuette (dated about B. C. 100) to prove that even before the commencement of our era the Maya Calender had already gone through its long preliminary stages and was already in existence in practically its final form. No doubt every one will admit that the period B. C. 900—100 is entirely too short for a great cultural wave to roll from Egypt to America. (*The New Learned History*. Vol. 1. p250)

但在中国方面，在颛顼时代（4915—4993 B. C.）传说似与美洲已有文化交通，《史记》卷一《五帝本纪》："帝颛顼高阳者，黄帝之孙，而昌意之子也，静渊以有谋，疏通而知事，养材以任地，载时以象天，依鬼神以制义，治气以教化，絜诚以祭祀。北至于幽陵，南至于交趾，西至于流沙，东至于蟠木。动静之物，小大之神，日月所照，莫不砥属。"陈汉章氏以为蟠木即古美洲［见民国九年（1920）四月《地学》杂志］，此说虽不免附会，然而中国与美洲之文化交通决不至甚晚，则可断言。而且埃及文化如由太平洋经波里内西亚而至秘鲁须先传入中国，方能传入美洲，中国之文化出自埃及，法人 Huet 与 Guignes 虽均有此说，但 corretius de Pauw 已证明埃及有一种有字母之文字与中国文字不同，它如法国哲学家伏尔泰（Voltaire）亦谓中国人之面貌、语言、风俗、习惯均与埃及不同。尚有英人威尔金生（G. Wilkinson）根据埃及古墓发现中国磁瓶，即云可证中国人出自埃及，然经他人证明其瓶系近代之物，故其说亦不能成立。（参见林惠祥著《中国民族史》上册，第 54 页）知道中国文化非从埃及传来，则美洲文化传自埃及之说，亦可以不攻自破，而美洲文化从亚洲得来，亦确为事实无疑了，不然则墨西哥文化，为数千年还留的废城古迹，即将无说解释了。

次就神话传说，又分三项：①扶桑木的传说；②Quetzalcoatl 神的传说；③龙为雨神的传说。

1. 扶桑木的传说

第 1 个图（如图 2 所示）。此图见 Alexander 所编 *Mythology of all-Races*（PP70～71），此图表示中间地方的树木，由大地女神的身体上长出，系靠着鳄鱼的脊柱,由此从大地创造出来,此树乃为世界大海所环绕,并由啄木鸟(Quetzal,案:此鸟为 Anatemala 的国徽,古代 Maya 人视之为神,唯酋长始戴其羽毛)将它举起,其用为装饰的羽毛表示,生长着植物,其两边有玉蜀黍长在它的根株里。其守护的神,是 Quetzalcoatl 与 Macuilxochitl 两人,均为生力丰富的象征。在这图画里,它是很明白地表示着在这大地的身体上,助长他们向上开花的血液或生命的动力,最可注意的,就是这个树木,就是我们叫作"扶桑木"的。《山海经·大荒东经》:"汤谷上有扶木,一日方至一日方出,皆载于乌(中有三足乌)。"此图大海似即汤谷,大海中有日出其下,啄木鸟即三足乌以象征,这么一来,此图所绘,岂不是与中国扶桑国之传说极相吻合吗?证以此图中之守护神 Quetzalcoatl 有"可尊敬的外来人"之意。又《金楼子·志怪篇》《神异经》等均云"扶桑树,长数千丈,树两根同生,更相依倚,是为扶桑",又"有椹焉,长三尺五寸",与此图皆合,椹即长于树旁之玉蜀黍

图 2　扶桑木的传说①

---

①　由于年代久远,本文图片大多无法获取更清晰的版本,本着尊重作者的原则,不删除,保留原始图片。——编者注

哥伦布前一千年中国僧人发现美洲之证据

（Maize）也，此图原书录目 Codex Borgia，当有所本，可见中国关于扶桑传说，与美洲墨西哥神话，其麦显于文化产物上的结果，实属相同。《山海经》《神异经》等书，虽不如正史之可靠，然 Schlegel 以之证明扶桑之为桦太岛，实不如此处以之证明扶桑传说之与墨西哥神话相合，为更可信也。

2. Quetzalcoatl 神的传说

试分三段说明：① 历史人物的 Quetzalcoatl；② 神话人物的 Quetzalcoatl；③ Quetzalcoatl 与佛教之关系。依照 Alexander 所著的 *Mythology of all Races* 第十一卷第二章中第 66 至 71 页所述，知道新世界最有名、最生动的神话人物，就是 Quetzalcoatl。虽然最初他的名誉无疑和他所应得的尊敬不相称，一直等到白种人来临的时候。依照传说，Quetzalcoatl 曾经做过 Anahuac 的黄金时代的聪明而优良的统治者、立法者艺术的导师，并创出清净的宗教；他因为术士 Tlapallan 的阴谋，被驱出国，去到很富足的东方，他允许回来并再制定他的仁爱的信条；在他死去的周年纪念日的时候，当 Cortez 上陆之时，墨西哥人正在等候著 Quetzalcoatl 回来，依 Sahagun 所说，当最初发现西班牙船时，他们极其注意，并且报告看守者以神的来临，可见历史人物的 Quetzalcoatl 早已神话化了。不但如此，在墨西哥史上实有两位 Quetzalcoatl，一个是这里所说 Teltec 文化之建立者的 Quetzalcoatl，一个乃是 Teltec 最后王之 Topiltzen Quetzalcoatl，实为两人，读 Alexander 本书（第 70～71 页）的说明便知。

Toltec Period is Clouded in Myth. （p106）

就 Toltec 文化来说：

Their principal diety was Quetzalcoatl, and his chief priest bore the same name. The Temple of the Good Was the Greatest Work of Their Hands. (p106)

今案：Toltec 之第一代王，起于纪元 510 年，即在宋大明二年（纪元 458 年）东方僧人游行扶桑国之后，以时考之，相差不过五十二年，此神话传说之 Quetzalcoatl，当即为兴起 Toltec 文化，而扶护助 Toltec 王朝之第一人无疑。至于 Toltec 之最后王 Topiltzen Quetzalcoatl 其灭亡时代，虽不可

· 275 ·

考，而要之不过借用古代大神之名，于考证无关紧要，不过在这里以 historical element 与 nature element 相混，不可不加以区别。神话中之 Quetzalcoatl 为东方之神、日出之神，为告诉人们以 "tree of nourishment and of life" 之神，又为建立墨西哥古文化之神，由上种种，均可证明其与扶桑传说，完全相合，而为古代"可尊敬之外来人"之神话化也。

次专就神话人物的 Quetzalcoatl 来看，此神之名由于 Quetzal，Quetzal 是表明长的，绿色的以羽毛装饰尾部的 Pharomacrus Mocinno，与 Coatl（大蛇 Serpent）两字拼合，即成为"绿色羽毛的蛇"，并且很快地即将 Quetzalcoatl 安置在一群的天上权力之中，而以羽毛装饰的蛇为其象征。依 Sahagun 所说，Quetzalcoatl 是一位风神（Wind god），他为"雨神扫除道路，然后雨神下雨"。啄木鸟的羽毛是绿色的植物的象征，合起来大概这有羽毛的蛇，原始是云雨之神，此天蛇表示虹霓或电光。此蓝宝石的面幕或鸟的面幕，在神的性质上，是真正的天神们的表征，和别的天神一样，他戴着一个蛇的形状，枪矛的投掷者。髭须（这在别的墨西哥神，有时也有）也许就是落下的雨点的象征，也许（或如 Navaho 的几个图像）是植物的花粉或授粉作用。最奇怪的 Quetzalcoatl 不似一般传说所引起我们的想象，他是代表白色的神，反之他的标准形象却是带着一身黑色。这就是说，这黑的颜色与故车中的法衣，都是云雨的象征。（第 68 页）

关于以他为白色的传说，是从他的天上星群的传说而来，因为有时他曾被指为月或日的表征，而更特别的是与早上的明星相同。依照 Quanhtitlan 纪年史，Quetzalcoatl 当从 Tallan 逐出时，殉难于东海之滨，在灰烬中，有带着发光的羽毛之鸟上升（这是战士灵魂向日上升的象征），同时他的心灵变成早上的明星，在他尚未升腾其光辉以前，曾经在地狱作八天的漂泊。（案：此处以 Quetzalcoatl 为日、月、星之象征，与中国扶桑之传说有关。《山海经》卷九《海外东经》"汤谷上有扶桑，十月所浴"，卷十四《大荒东经》"汤谷上有扶木，一日方至，一日方出，皆载于乌""中有三足乌"。许氏《说文解字》"扶桑神木，日所出也"。）Quetzalcoatl 为日、月、星之神，又为东方之神（同上第 69 页，"Normally Quetzalcoatl is a god of the eastern heavens."），其为扶桑国之神灵无疑了。

在许多的故事中，Quetzalcoatl 和 Tezcatlipoca 并举，很可处于敌对地位的。假使我们相信一个故事，在 Mendjets 的详细叙述中，Tezecatlipoca 在球戏（一个竞技直接象征天体的运动）中为 Quetzalcoatl 所打败，把他抛出大地东区，在那里与太阳遭遇而燃烧着了。这个故事［很清楚的关于 Quetzalcoatl 的各种不同的放逐故事，见 Sahagun 所说的 Aunals of Quaulititlan 据 Seler 的解释，好像是早晨的月亮为升起的太阳所迫退居于夜（即黑暗的 Tezcatlipoca）而归于消灭的神话。一个相反的故事，描写 Tezcatlipoca 为太阳负了伤，被 Quetzalcoatl 的棍子打下，变成为虎（Jaguar 亚美利加虎，一种巨大的猫科兽，身有斑点，产于 Texas 至 Paraguay 一带］——夜夜吃人的魔鬼，这时 Quetzalcoatl 变成太阳在那地方，通常 Quetzalcoatl 为东方之神，有时他是被绘为女像柱或天之所在的支持者。

…is interpreted by seler as a myth of the morning moon, driven back by night (the dark Tezcatlipoca) to be consumed by the rising sun. A reverse story represents Tezcatlipoca, the sun, as stricken down by the club of Quetzalcoatl, transformed into a jaguas, the man devouring demon of night while, Quetzalcoatl becomes sun in his place. Normally Quetzalcoatl is a god of the eastern heavens. And sometimes he is pictured as the caryatid or upbearer of the sky of that quarter. (p69)

即因这个缘故，所以他被人设想为生命的主人（Lord of Life），很自然有力的一个意思，联想及于他的使大地回春的风和雨，这乃是生命的呼吸……（中略）这一位神又被人描绘为创造世界的人。有如 Sahagun 在史学院的稿本（Sahagun manuscript in the Academia de la Historia）所说，依照 Seler 的译文：

And thus said our father, our grandfathers, they said that he made, created, and formed us these creatures we are, Topiltsin Quetzalcoatl, and he made the heavens, the sun, the earth.

次述 Quetzalcoatl 与佛教的关系。案：传说中的 Quetzalcoatl 常被描绘为一有白胡须的老人，穿着一身长袍，恰似天神一样，在他的画像和神座上交叉着十字架。白种人因此把这位神估价很高。这也许因为他灿烂的纹章，他戴着长袍的传教士的样子增加了他们的想想，因此而历史人物的 Quetzalcoatl 居然变成基督教者在美洲最早的传教士了。他们在原住民的传说里面找出基督教国的观念标识,与相似的仪式(如大洪水、十字架、洗礼、圣餐、忏悔)。这不是不自然的看法,由于基督教师之外表的有髭的变样的宗教想象,(Audes 山地之人)并且在也不是呆板地将他和使徒 St. Thomas 视为同一,差不多同样的故事,发现于中美 Andean 地方(Audes 山地之人),并且实在广布于南美一带,都采了同样的解释,即此漂泊的圣者,变成超过于想象中的 Marco Polo 与其他夸大的旅行家。当其奇迹的记忆,尚显明存在于这些地方,如古昔的墨西哥,如 Laplata 自然,这是很有趣味的题目。在现在还未消失,因此我们对于 Quetzalcoatl 神话与欧洲观念之相似的联系,或是访问古美洲之最初土人之相似,这可视为较之新大陆的一切故事而更为有趣稀奇的多方面的题目了,然而 Quetzalcoatl 传说,实际上与基督教无关,也是很容易明白的。Quetzalcoatl 并非为欧洲人,更不是基督教的传道者,只就一身带着黑色的人种学的观点来看,已很可以充分明白他不是一般基督所想象的是代表白色的神了。反之,依我们考证的结果,Quetzalcoatl 无疑乎是一个佛教徒,Quetzalcoatl 一字,依古代墨西哥语意,即为"可尊敬的外来人",因此而解释为墨西哥人对于《梁书》所载"游行其国,流通佛法经像"的五人比丘中之名称,当然是最可能的说法了。

3. 龙为雨神的传说

依照斯密氏(G. Elliot Smith)所著《龙的演进》一书,知道龙为雨神的传说,美洲和中国相同,中国以龙为雨神水神,证据很多,《易经》乾卦:"水流湿,火就燥,云从龙,风从虎。""正义"云:"龙是水畜,云是水气,故龙吟则景云出。"《礼运》:"麟凤龟龙谓之四灵,故龙以为畜,故鱼鲔不淰。"鱼鲔从龙亦龙亦水神之一证。《周礼·冬官》:"画缋之事水以龙。"赵氏注:"龙,水中神物,画水不画龙,则无以见变化之神。"《管子·形势篇》:"蛟龙,水虫之神者也,乘于水则神立,失于水则神废,故曰蛟龙得水,而神可立也。"《山海经·大荒东经》:"旱而为应龙之状,乃得大雨。"《大荒北经》:"应龙已杀蚩尤,又杀夸父,乃去南方处之,故南方多雨。"《埤雅·释龙》引《阴阳自然变化论》云:"龙能变水。"王充《论衡·龙虚篇》,"龙之所居,常在水泽之中";又引传云,"山致其高,云雨起焉,水致其深,蛟龙生焉";又《乱龙篇》:"董仲舒申春秋之雩,设土龙以招雨,其意以云龙相致……夫《易》言云从龙者,谓真龙也。岂谓土哉。楚叶公好龙,墙壁盘盂皆画龙,必以象类为真是，则叶公之国常有雨也。"观此一段，可见龙为雨神。同样在古美洲也有雨：神之传说，马耶人（Maya）称之为"Chac"，阿斯泰克人（Aztecs）称之为"Tlaloc"，详图见斯密氏的书第84～85页，为更明了起见，试举原书第86～87页中第13图之一部分，如图3所示。此图录目36th Page of the Dresden Maya codex中，表示象首蛇身的雨神Chac正在作雨的情景。

图3 象首蛇身的雨神Chac正在作雨

斯密氏原书第11图（如图4所示）和第12图（如图5所示）所载雨神，足践蛇头，口吐雨水，颇有"乘云腾蛇游雾"的样子，此不具录。斯密氏谓为此古美洲的雨神传说，实从旧世界而来，是和埃及的"Osiris"，巴比伦的"Ea"，印度的"Varuna""Indra"，中国的"龙"同出一源，而为旧世界文化所传播的。固然斯密氏所述文化传播之说不尽可信，而依照原书第88～89页中所载，巴比伦之"Ea"也与中国之龙不同。但专就古美洲的雨神传说，却和中国"龙"的传说相同，其为中国文化所传播，是大概无疑的了。

图4 雨神

图5 雨神

最奇特的是古美洲的"龙"神和"蛇"发生关系。以中国的传说来比看,王符称世俗画龙之状,马首蛇尾。《酉阳杂俎》:"龙与蛇师为亲家。"王充《龙虚篇》:"世俗画龙之象,马首蛇尾,由此言之马蛇之类也,慎子曰,蜚龙乘云腾蛇游雾。"由龙和蛇的关系,可见古美洲的传说和中国相同,无疑乎是受中国影响。

还有就是"飞龙"之说,参照《龙之演进》一书第94页第3图,事实有名为马贵赫(Jacques Marquette)者,在美洲密苏里河奥尔吞(Alton)与伊里诺斯(Illinois)附近,发现了派亚萨奇石(Piasa Bluffs),印第安人曾经为他们画过两张像,马贵赫描写他们的时候说:

> 他们的体积有小牛那样大;头上有角,与鹿角一般,两眼凶恶红色,虎须般的胡须,面部与人类差不多相同,全身都有梯刺。他们的尾巴很长,把全身都包围着,从头部直围到足部,以下就像鱼尾一样。画中只有红、黑、绿三色。

案:这里所述飞龙的遗迹和《图书集成·博物汇编·食虫典》与第一百二十七卷《龙部汇考》"螭图"略同;螭龙有角而无翼,身段很相似。

《易》乾卦："九五曰飞龙在天。"《通鉴前编外纪》:"太昊时有龙马负图出于河之瑞,因而名官,始以龙纪,号曰龙师,命朱襄为飞龙氏,造书契。"北齐萧悫有《飞龙引》:"河曲衔图出,江上负舟归,欲因作雨去。还逐景云飞。"《淮南子》云:"万物羽毛鳞介皆祖于龙,羽豪生飞龙,飞龙生凤凰,而后鸾鸟生庶鸟,凡羽者以次生焉。"则在中国传说之中,也还有"飞龙"一物,为有羽翼的龙类无疑,若以《图书集成》所见之"螭图"(如图6所示),附以羽翼,当与此图"Flying Dragon"相差不远,此亦中国古传说和美洲相同之一证。

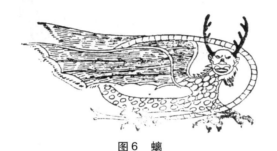

图 6  螭

再次就古物遗留,又分三项:佛像碑;象文雕刻;汉字碑及其他。

(1) 佛像碑。如图7所示。如 Alexender 所编《世界神话》第11册,卷首第1图,即为好例,此大独石碑,叫作"魁赖纳"的"龙"或"大龟"("Dragon" or the "Great Turtle" of Quirigua),是在一群墓石或祭坛之一种石柱,此石柱雕有很精致的凸出的花纹,为已经荒废了的 Maya 城的一种行礼的庭院的遗迹(参看第23图)。也许这不但是 Maya 人的特殊工作,实为美洲原住民的艺术,在这石碑顶上的图画,表示着一种高等因袭的幽灵,或是龙的假面,环绕以各种的装饰;在南北两面(即下面与上面)包含着神物的画像,南面是"神及其装饰的鼻子"的假面(也许就是死神 Ahpnch);北面坐着开着口的龙,他上颚的牙齿,很清楚地刻着,现于此纪念碑的顶面,如25图所指示,好似佛教的神。Maya 的年月,约略相当于纪元后525年,发现在雕刻上的题句,是在"龙"的肩角上面,这纪念碑 W. H. Holmos 曾经为之充分说明,见《艺术与考古学》第四卷第六号,今案:此独石碑可与同书第23图(第160~161页之间)相参看。第23图为一照片,为 Quirigua 之行礼的区域或大广场,表示着旧

图7　佛像碑

Maya 帝国式的一个祭坛，三个用作墓石的石柱，别的纪念碑，也坐落在这个地方，其中即有 Quirigua Dragon 魁赖纳的龙（如本图）。而这魁赖纳的龙，由我研究的结果，以为"龙"乃无稽之动物名，本为中国人幻想中之神物，Maya 人，甚至于美洲之原住民，以此神物，为纪念碑中之图案，实受中国之影响无疑，此其证一。独石碑的顶面，如图25似的，绘着似佛教的神（第35图，见第178～179页之间）因过于精细，不易描出，此图为 Piedras Negras 纪念碑的石柱；此宏壮的浮雕，指示一种神物，以啄木鸟的羽毛为顶饰，图中之传教徒则代表一群所属的被慑服者（信仰者），如底面所指示，其照像藏于 Peabody 的博物院，而要之此图之神，实为似佛教之神，一览可知。此佛教之神，究竟从何而来，参以《梁书》所云："有比丘五人，游行至其国，流通佛法经像，教令出家，风俗遂改。"便知此佛教之神，无疑乎乃受自中国起程之僧人感化的结果，此其证二。以年月考之，在此碑所绘"龙"的肩角上面，发现有 Maya 的年月记载，约当纪元后 525 年，今案：《梁书》所载比丘五人游行至扶桑国（美洲）之年月为宋大明二年，即纪元 458 年，相距只 67 年，比丘五人游扶桑国在先，此独石碑及其他在大广场之各纪念碑均在此后，无疑乎为受亚洲僧人之影响者，此其证之三。合此三证，吾人不能不承认中国正史所

哥伦布前一千年中国僧人发现美洲之证据

载纪元五世纪亚洲僧人发现美洲说，为证据确凿，决无可疑的了。如图 8 所示，又如 Alexender 所编 *Mythology of all Races*（《世界神话》）中第 168～169 页间的第 34 图，为年青的神的雕刻，穿着很精致的衣服，坐在"Quirigua 的龙"的口上。关于"Quirigua 龙"的雕像，已见第 1 图，且已详为考证。此图之照像，藏于 Peabody 博物院，与 25 图 Piedras Negras 之纪念碑的石碑的石柱（见同书，第 178～179 页间），同为表示似佛教神片，不过第 25 图之纪念碑，已经毁破，所刻之神像，虽精致已极，仍有模糊之感，其中一佛徒像，胸前有串珠一副，则甚为明了也，此图所绘年青之神，无论从任何方面观察，均可决定其为佛教之神像无疑，此其一证。又坐在"Quirigua 的龙"的口上，前已考证其为受东方思想之影响者，此又一证也。物证确凿如此，可知在纪元 5 世纪僧人发现美洲说确为事实无疑了。

于上列各图外，在 Alexender 所编《世界神话》第 11 册内，尚有颇多图像，可资证明者。如第二章"Mexico"第 60～61 页间第 7 图之二，为快乐之神的雕像 Xochipilli"花之主人"，顶饰已经失却，但就其全体姿势和神情来看，完全与中国普通之雕像相同。第三章"Mexics"第 106～107 页间第 15 图下所载石刻花纹中间的神像亦无疑地是佛像之化身。又第四章"Yucata"论 Maya 一节，第 126～127 页间第 18 图，所载古庙之照像，其古庙形式，亦与中国普通之庙宇相似。第 28 章第 200～201 页间第 28 图之一，其形状甚似中国之明画，亦甚为可异也，总之，此等图像，虽不必即可证明美洲与中国文化之关系，然而至少亦可为以上各图（即第 9 图、第 1 图、第 23 图、第 24 图）之旁证，故并录之。

（2）象文雕刻。案：斯密氏所著《象与民族学家》中对象文之传播颇有介绍。Elliot Smith 研究古代墨西哥马耶族与 Aztec 族之遗迹，以为美洲雕刻中所见之象文，实为从旧世界移入新世界者。他先考查爪哇的寺院，而自其进门的装饰，发现带着马加拉的"基尔丁卡"（Kutimukha），继则发现在柬埔寨·安戈，卓姆（Angko-Thom）可以看见的骨壶上的雕刻，发现该国各地乡村的土地神"加渥"（Chao）是象面人身。后更在印度、德里、麦梭尔及其他地方，发现了新世界之象神的原型。其结果他主张印度的马加拉（Makara）雕刻，是由爪哇，经太平洋移徙到美洲的了。依 Smith 所说，则古代美洲所雕刻的象文，实为从别的地点移徙而来，不是独立发生的，而举出运林刺斯的柯班（Copen）发现的石雕的象文作为

· 283 ·

图 8　年青的神的雕刻

其证据之一，说是经过太平洋，从印度传来的。

1）柯班的石刻是造于哥伦布发现美洲之前数世纪的，有 A、B、C、D 四组，在隐约之间表现着象之耳、眼、鼻，如图 9 所示。

图 9　柯班石刻

2）是柯班的坚石之一，亦于处处表现着象文。依斯密氏所说，项部的怪物是蛇，伸张于其左面者为两翼。

3）是法克斯的克之石匣，为马耶时代之制作。其雕刻之石，显然表示象鼻，左表示着恶鳄鱼加拉。

4）是在墨西哥发现的石匣，为阿德克族所遗留的。其雕刻之表现着马加拉，自无问题，唯上颚的奇形物，也未必不可以视为象鼻之崩塌者。

5）是在墨西哥发现的瓦器，于两人物之间有象鼻之表现，左边亦刻有三个，如图 10 所示。

6）是在墨西哥的耶克斯希兰发现的石板雕刻。中央为天神，右方为日神，左方为月神，那些神们头上，戴着象鼻或象鳄。

7）是在金、周安、德奥基法于之巨塔的雕刻。上段已表现着马加拉，其左与其下，是将马加拉图案化的，带着蛇身写翼。

斯密氏以为上列新世界之雕刻意匠，是从旧世界，经过太平洋输入的；故其中间，不能没有联络，如爪哇的象神、马加拉象，柬埔寨的安克尔，多姆的象之雕刻，均为墨西哥雕刻之规范。固然柯班的石雕的动物，有人说那动物是鹦鹉，又有人说是蝙蝠，但是由眼、耳、鼻三点看去，显然可知其以鼻为主题。又墨西哥的马耶族的遗迹和阿德克族的绘画也表现着说不清是什么的动物状的神像，但是仔细一看，有长鼻子和牙，具着非

图 10  在墨西哥发现的瓦器

认为象则无法说明的特征。马耶族的雕刻中,也有表现蛇鸟(Serpent-Bird)的,但是斯密氏说,那大约是变化自象的原型的,西村克次在《人类学泛论》中,也极力赞成此说,以为斯密氏所设"中间的证据",虽似缺乏若干,但是马加拉雕刻之自印度传播到美洲,这是无可疑的。(参见第 231～238 页)

但是在这里,我也有一个疑问,斯密氏认为印度的马加拉雕刻是经由爪哇,由太平洋移往到美洲去,这"中间的证据",不免"缺乏若干",依我的意思,如由爪哇,由太平洋移往美洲,则必须经过波里内西亚线(Polynesia),航海路未免过长(参见 Kraeber Anthropology 著 the Route of Entry into the Western Hemisphere),又波里内西亚诸岛在纪元后九百年还没有人类(参见林惠祥著《文化人类学》,第 123 页),均不合文化传播的条件,为补救此中间的证据的缺憾,我仍主张此印度之 Makara 雕刻之传入美洲是由印度、爪哇,经由中国而传入美洲的。依中国古书关于象的纪事,很早就有了,例如:

《书经·禹贡》：扬州厥贡齿革羽毛。传：齿，象牙。

《诗·小雅·采薇》章：象弭鱼服。注：以象骨饰弓弰也。

《诗·鲁颂·泮水》章：憬彼淮夷，来献其琛，元龟象齿，大赂南金。正义：《禹贡》徐州淮夷蠙珠暨鱼，其土不出龟象，僖公伐而克之，以其国宝来献，非淮夷之地出此物也。

《礼记·玉藻》：笏诸侯以象，士竹本象可也。

《礼记·明堂位》：尊用牺象。注：以象骨饰尊。一说尊为象之形也。

《左传》"襄公二十四年"，子产曰：象有齿以焚其身贿也。

又定上曰：吴伐楚，鍼尹固与王同舟，王使执燧象以奔吴师。杜预注：烧火燧，系象尾，便赴吴师。

《战国策》之魏文侯曰：白骨疑象，碔砆类玉，皆似之而非者也。

《韩子·解老篇》：人希见生象也，而得死象之骨，接其图以想其生也，故诸人之所以意想者，皆谓之象也。

《吕氏春秋》：肉之美者，旄象之约焉，玉杂俎约，即鼻也。

以上皆中国古代已有象之证。《太平御览》卷八百九十引《帝王世记》云"舜葬苍梧，下有群象常为之耕"；又云"禹葬会稽祠下群象耕田"。这当然是一种传说，王充《论衡》驳道："象耕鸟耘，且言五帝三王皆有功德，何独于舜禹也，苍梧之地多象，会稽众鸟所居，象自蹈土，鸟自食草，土蹶草尽，若耕耘也。"可见此时中国已有象之移殖。但话虽如此，象实为外国之产物，是从印度、南洋群岛各处，经过中国南部而输入来的。举例如下：

《尔雅》：南方之美者，有梁山之犀象焉。

《说文》：象长鼻牙，南越之大兽，三岁一乳。

《汉书·大宛传》：身毒国其人乘象以战。

《汉书·武帝纪》：元狩二年夏，南越献驯象，应邵曰：教能拜起周章从人意也。

《后汉书·西南夷传》：永元六年永昌郡徼外莫延慕义遣使驿献犀牛大象。

《万岁历》：成帝咸康六年林邑王献象，一知跪拜。《太平御览》卷八百九十引。

《吴录地理经》：九页郡庞县多象，象生山郡内及日南饶之。同上。

《格物总论》：象外国所产，身长丈余，高称之。《格致镜原》卷八十二引。

《北户录》：凡象白者，西天有之，又供御陀国有青象，皆中夏所无。

《桂海虞衡志》：象出交趾山谷，唯雄者有两长牙，佛书云白象，又六六牙，今无有。

《晋书·穆帝本纪》升平元年，扶南天竺旃檀献驯象，诏曰：昔先帝以殊方异兽，或为人患，禁之，今及其未至，可令还本土。

象一名伽那，原为印度产物。所以 Smith 欲证明古代墨西哥的象文，为印度 Makara 雕刻之传播，是完全对的。不过 Smith 还没有注意到，印度的象文，也曾给中国艺术以一些影响。象之传入中国，第一为与佛教之关系，第二为从象队传用于战争。亚历山大王及其后继者曾从由印度赍归的象队而得到多次战斗，中国汉之王莽于昆陵之战也曾使用过许多的猛兽和象队。(参见坂日昂著，王璧如译《希腊文明之潮流》，第 121～122 页)又象文的传播，时间很早，如《礼记·明堂位》："尊为象形"，即为明证。印度出产的象和象牙，因南方各国朝贡的关系，在先秦时代，楚越之间已多出产，而东方的淮夷以象牙为国宝，可见传播得很远很远了。大概汉代以后，印度佛教传入中国，《尔雅翼》"象"字下云："象有进止威仪之象，浮屠取之。"又《山川纪异》云："河南府有象庄，旧传汉时西域僧以象驮经，至洛阳，化为石，今石象犹存。"这都是有关于佛教输入与象的故事。即就佛教本身来说，《魏志·乌凡鲜卑东夷传》注："临儿国浮屠经云：其国王生浮屠太子，母梦白象而孕，及生，从母体出，生而有结坠地，能行七步。"《因果经》："太子年十岁，与兄弟角力，与万眷属，将欲出城，时有一大象，当城门住，诸人皆不敢前，太子以手执象，掷诸城外，还以手接，不令伤损，象又还苏。"由上传说的象，本为佛教的象征神说，至今千佛洞所得佛教画中，有一幅画佛故事的古绢幡，是乔答摩的母亲摩耶夫人梦乔答摩降生之像，佛作一婴儿骑白象在云端状（参见斯坦因著，向达译《西域考古记》，第 154～155 页间第 93 图及第 155～156 页之说明)，这种用中国画法的佛本生故事（第 157 页)，不是证明了印度的美术已经输入中国的吗？知道汉代以后中国与佛教的关系，即知印度的 Makara 艺术，经由中国而入古代美洲是很可能的。而且以地理考之，汉时中国与印度诸国的海上交通很为发达，《汉书·地理志》谓从日南障塞徐闻合浦船行所至的国名，其中黄支国即印度的建志补罗（Kanchipura）（参见向达著《中外交通小史》，第 6～7 页）；以人物考之,从中国动程的罽宾国比丘五人,本为佛教的信徒,而古美洲的象文,也正始于哥伦布发现美洲之前数世纪;以时代考之,亦能相合,因此,我决定推翻斯密氏"由太平洋移往美洲"之旧说,而主张新世界的雕刻意匠,是从印度经由中国而输入美洲,这种新的假说,当然更为圆满多了。

(3) 汉字碑及其他。再从考古学上的发现和证据而论,更有确切的证明,举例如:

1) 南美洲玻利维亚(Bolivia)被发掘出来的原始人遗物,其中有华文字样的雕刻,见民国二十四年(1935)一月十九日上海《中华日报》,原文如下:

> 驻智利日本公使久野真,顷在玻利维亚(Bolivia)发现被掘之原始人类遗品数件,其中有人形石像,并雕刻类似华文之文字,即拍成照像寄与外务省。闻外务省再拍照数张寄赠中国学术界,并赠送东京东方文化学院寄日本学术界,日本学界虽加以研究,但不能获得解决,只能认明其为华字系统字样。但何时代何国之文字,尚未能解释。华字系统的字样,有埃及之象形文字、西夏、女真、契丹等文字,但其字样中有不属于此等文字之任何种类者,致未能研究其详细。日本考古学者鸟居博士,认为系汉人曾于二千年前漂流于南美洲,后在该地作集团生活,此种文字,即其遗品云。

2) 索诺拉(Sonora)发现两万年前的古城,其居民则来自亚洲。见民国二十四年(1935)一月二十六日上海各报,其文云:

> 美国亚利桑那(Arizona)诺茄来士,人种学家海伊斯,顷在索诺拉(Sonora)地方,发现二万年前的古城,其地居民,当系来自亚洲或埃及之蒙古人云。

3) 墨西哥农人于耕田时,发现几只石匣,中间盛着许多泥塑的古佛,它的面貌和服饰和中国中古时代的装束,丝毫无异。还有古钱一串,钱上所刻的为中国文字,串钱的麻绳,还没有腐烂,组织法和形状也和中国的一般无二。又墨西哥首都博物院,所陈列该国境内新出土之汉文古碑古砖古钱古装雕刻甚多。

4）再在南美厄瓜多尔（Ecuador）国境内，有人掘得汉朝王莽时所造的货币，至今还陈列在厄瓜多尔国博物院中，很珍贵地藏着。

5）又在秘鲁（Peru）境内，掘得一块破烂石碑，字迹模糊，唯文中"太岁"二字还很清楚，所以称为"太岁碑"，现陈列在秘鲁公园内。

6）1930年美人在加拿大大西洋海岸掘得石柱，上有中国篆文。（以上参见《说文月刊》第一卷第四期，陈志良氏搜集材料）

7）在墨西哥和中美一带发现中国古物中，有古镜背刻"沙境"二字，梁启超曾据所见，疑为西班牙人侵入美洲以前之物。（《新大陆游记》原本）

8）据奥国音乐学者Hornbostel（现为柏林大学教授）亲往南美考察，发现中国律管制度，早已流传该洲。最近在秘鲁掘得一银笛，其笛孔距离远近，恰与中国笛孔计算之法相同。（参见王光祈著《东方民族之音东》，第7页）

9）墨西哥曾发现"大齐田人之墓"，《胡汝霖游记》疑其与田横有关。田横与五百壮士自杀之事，或系失实，实则渡美去也。案：如此说则中国发现美洲，当在纪元5世纪前。又案：慧深传扶桑国事，乃在南齐东昏侯永元年（纪元499年），虽齐书未载，而实在齐时，宋大明二年（纪元458年）既有人到扶桑，则继之者当为南齐之人，此"大齐田人"疑即指南齐之农人而言，与田横无关，可证胡氏之误。

由上种种古物证据，可见中国人之发现美洲，早在哥伦布之前，确无疑义。

# 中大二十年[①]

已经是 70 岁的老年人了，回忆一生，以三分之一的壮年时间，消磨在广东中山大学，广东成了我的第二故乡。从 1932 年到 1952 年，整整 20 年，除了 1949 年 10 月广东解放以后，和 1942 年休假一年在广西以外，其余所有时间都在中山大学服务。

1931 年，中大校长许崇清聘我为社会学系教授，因那年已应上海暨南大学之约未去。翌年邹鲁任校长，始正式应聘，到广州时是 1932 年初秋时候了。文学院院长吴康是北大旧同学，在北大时他是"新潮"派，后留学法国，此时约我为史学系主任，那时史学系学生人数不多，教授有萧鸣籁、陈廷璠、陈安仁几位。中文系主任古直，提倡复古，提倡读经，我想提倡学术，别开新面。因而在史学系的行政机构之外，更与本系同学高年级生谭国谟、戴裔煊、陈国治等提议设立史学研究会，史学系各年级生均为会员。这史学研究会在我任职的期间，成为我和本系师生联络感情和提倡学术的重要支柱，每年除了欢送历届毕业同学和欢迎新同学之外，更以文化考察团名义，往各处修学旅行。近如参观广州附近名胜古迹，远至北京、西安。"史学实习"的课目，很受同学们欢迎。而更重要的是我和本系青年朋友们合力倡导的"现代史学运动"，并创办了学术刊物《现代史学》。《现代史学》的刊评是我写的，标明宗旨有三：第一，从历史哲学上认识历史的现代性；第二，从史学方法论上认识现代史学方法的重要性；第三，注重现代史与社会史、经济史、科学史的研究。初登时印刷费由我个人负担，我那时生活简单，又值民智书局出版了《历史哲学大纲》，有了稿费，因此第一期很快就面世了。第四期以后便得到史学系各教授的捐助，第三卷以后由史学研究会名义，请求学校补助，居然成功。直至 1941 年才完全归学校办理，作为中大学校刊物之一。

---

[①] 本篇为作者 1969 年手稿；收录于《朱谦之文集》第一卷，福建教育出版社 2002 年版。

《现代史学》和史学研究会的设立，也算是我在中大所做的大事，也是我不问政治专门学术的生活的开始。那时我正在壮年，下定决心，要对南方文化有所贡献，因而集中精力，不做校外活动，不兼课，为中大努力也就是为自己努力。我寄希望于成就这些青年史学家。当时为《现代史学》撰稿的，除历史系的教员以外，青年学生中后来成名的有：

戴裔煊（中山大学教授）

董家遵（中山大学教授）

朱杰勤（暨南大学历史系主任）

陈啸江（约1942年离中山大学，后在美国哥伦比亚大学任讲师）

王兴瑞（前广雅中学校长，闻现在湛江师范学校任教）

江应樑（云南大学教授）

丘陶常（暨南大学教授）

梁钊韬（中山大学教授）

彭泽益（经济研究所）

《现代史学》只谈史学不谈政治，有中国科学院历史所新编《解放前史学杂志论文索引》所载各期论文题目，可供参考。以上青年史学者，后来或任教授或系主任，或中学校长。

抗战期间，中大播迁各地，屡易校长，从邹鲁——萧冠英（代）——许崇清——张云——金曾澄——王星拱，派别分歧，各有其政治背景，学校组织上极不安定。我以外省人身处其间，因为不谈政治，专门学术，超脱之外，保存了我的职位。鉴于谈政治必不安于位，我是不愿担任重要职位的，尽管如此，仍不得不于1941年当文学院院长。是年中山大学由云南迁坪石，在云南澄江，代校长萧冠英强迫全校教员集体入国民党，萧冠英即因此被进步师生赶走，中大校长换成了许崇清。文学院院长谢扶雅也因学生反对去职，许崇清拟任我为文学院院长，因辞获免；继任张云又以此相强，因张是天文学家，我乃以旧藏清初天文学家杨光先所著《不得已》一书与之，以明被迫不得已之意。现在想起来，中大当局为什么一定要我为此职务呢？原因是我当时中间偏左，适合于那时候学院风潮之后的需要。文学院当时很明显地无论教员、学生都有或左或右的倾向，左的如英文系主任洪琛，右的如训导主任陈安仁，我既然中间偏左，又超然于党派活动之外，故可暂用一时。1942年金曾澄任校长，我就奉令休假进修去了。我一向推广兼容的自由主义学风，对校内外的党派活动不闻不问。

1945年3月，中大播迁畲江，那时我是研究院专任教授兼文科研究所主任；到梅县后与文学院合作，兼历史系职务，是年8月中旬，日寇宣布无条件投降，我于10月返广州，这时又一度兼任文学院长、哲学系主任。梅县的几个月生活给我的印象极深，是我一生思想大转变的所在地。我在抗战以前的思想，总不免是唯心论的、观念论的，抗战期间所写《太平天国革命文化史》虽已开始应用唯物史观来解释革命文化背景，但不彻底。只有从梅县回广州后，由于抗战的现实，我才渐渐踏上了无产阶级的第一步，也敢于和新任的校长王星拱作思想斗争了。1946年，我首先在文学院提倡新时代社会背景产生出来的"新读书运动"。3月19日和法学院合请沈雁冰讲演，掀起新民主运动浪潮。4月中旬延请剧宣七队举行歌咏大会，目的在提倡新歌曲；但是这具有全校性的活动，很为那时训导处所不满，何况更带有他们所认为的危险思想，其结果是10月间王星拱自宁返穗，即给我一封信，撤销了我的文学院院长职务，说是职务太忙了，应该劳役平均，实际内幕是思想"左倾"问题。我也乐得摆脱了许多职务，专心学术研究，然仍任哲学系主任之职，来从事《黑格尔哲学》的写作，与外界断绝关系。

中大二十年，时间不算太少，详细的情形，从1932年至1945年见《奋斗二十年》；从1945年至1949年见《一个哲学者的自我检讨》，即《五十自述》。这两书的内容，同样在《世界观的转变》一书中有了叙述，可资参考。

1969年5月12日

# 附录① 朱谦之先生遗著及相关材料

一、传记相关类

**（一）朱谦之自传（个人作）**

1.《奋斗二十年》，国立中山大学史学研究会，1册，1946年。

2.《一个哲学者的自我检讨：五十自述》，稿本1册，印本1册，1951年8月。

3. 自传材料手稿，1969年9月23日。

4. 家庭成员材料手稿，3份，1980年。

5. 自传材料剪报，时间不详。

6. 自传材料（个人信息）手稿，时间不详。

7. 朱谦之的师友手稿，时间不详。

**（二）朱谦之传略（他人作）**

1.《朱谦之传略》手稿，戴康生撰，1份，1981年9月29日。（信封注明：《朱谦之传略》底稿，《中国社会科学家辞典》）

2.《朱谦之传略》，戴康生，《中国哲学年鉴》，时间不详。

3.《朱谦之传略》手稿，戴康生整理和执笔，不全。

4.《朱谦之传略》手稿，4份，作者不详，时间不详。

5.《朱谦之辞条》手稿，作者不详，时间不详。

**（三）朱谦之夫妇上款书信**

A. 朱谦之上款

1. 张难先致朱谦之，一通，1950年后。

2. 中华书局编辑部致朱谦之，一通，1963年10月26日。

3. 商务印书馆致朱谦之，一通，时间不详。

---

① 该部分"朱谦之先生遗著及相关材料"由黄心川先生及其公子黄夏年捐赠，周春健整理，中山大学哲学系收藏。

B. 何绛云上款
1. 冯友兰致何绛云，一通，1973 年 11 月 11 日。
2. 黄心川致何绛云，一通，1985 年。
3. 王守华致何绛云，1 页，1987 年 7 月 14 日。

附：黄心川、黄夏年上款书信
1. 王守华致黄夏年，一通，1994 年 6 月 4 日。
2. 吴义雄致黄夏年，一通，2001 年 4 月 26 日。
3. 吴义雄致黄夏年，一通，？年 7 月 18 日。
4. 高崧致黄心川，一通，？年 11 月 21 日。

**（四）朱谦之夫妇诗存**

1.《万岁！毛主席》手稿，朱谦之，1969 年 4 月 29 日。
2.《纪念五四》手稿，朱谦之，1969 年 5 月 4 日。
3.《朱谦之自叙诗》油印本，朱谦之，1 册，1973 年 5 月。
4.《绛云吟草》油印本，何绛云，1 册，时间不详。

## 二、学术著作类

**（一）手稿类**

1.《中国思想对于欧洲文化之影响》，1 册，1940 年 2 月。
2.《中国古代乐律对于希腊之影响》，1 册，（作者跋语：1940 年 5 月 24 日作于云南澄江，1948 年 12 月 24 日录正于广州石牌国立中山大学）。
3.《比较文化论集》（附油印件），1 册，1949 年 1 月 29 日于国立中山大学。
4.《庄子哲学》（一、二、三），3 册，1949 年 6 月 15 日—1949 年 7 月 6 日。
5.《谦之文存》（二集），1 册，1949 年 9 月 6 日。
6.《实践论：马克思主义辩证认识论底新发展》，1 册，1951 年 4 月 22 日。
7.《中国哲学输入欧洲是辩证法唯物论底重要源泉之一》，1 册，1951 年 5 月 12 日（附：《十八世纪中国哲学输入欧洲是辩证法与唯物论底重要源泉之一》油印本）。
8.《老子哲学》（初稿），1 册，1953 年 10 月 24 日（附油印本 1 册，

1955年4月30日）。

9.《整理古典哲学名著计划草单》，1册，1954年6月18日。

10.《严可均辑本〈桓子新论〉》，1册，1956年12月。

11.《中国哲学史·桓谭》，1册，1956年12月28日。

12.《关于文化遗产问题：批判胡适与梁漱溟》，1册，1956年8月27日（作者自注："不要"）。

13.《朱舜水全集序》，1册，1959年3月14日。

14.《中国哲学商兑》（第四册），1册，1959年6月11日。

15.《中国哲学史史料学用书要目》，1册，1959年7月25日。

16.《试论康德的历史哲学》，1册，1960年。

17.《日本哲学史资料目录汇订》，1册，1962年5月5日。

18.《关于歌剧》，1册，1963年12月2日。

19.《歌剧目》，1册，1964年1月30日。

20.《朱舜水与日本文化》（钞本，附"正误表"），1册，1964年1月20日。

21.《老子道德经（敦煌本）》，1册，时间不详。

22.《李贽》（另册），1册，时间不详。

（二）**油印类**

1.《老子新探》油印本，1册，1951年8月。

2.《现代史学概论》中山大学铅印本，2册，1952年前。

3.《康有为、梁启超、谭嗣同、张骞思想》北京大学油印本，2册，1953年。

4.《反封建思想的先驱者李卓吾》油印本，2册，1954年5月4日。

5.《老子韵例》油印本，2册，1955年3月1日。

6.《中国哲学对于欧洲之影响》（前论之部）油印本，2册，1957年12月。

7.《中国哲学对于欧洲之影响》（原始资料集之三）油印本，2册，1957年12月。

8.《日本近代思想家·西周》油印本，2册，1961年5月9日。

9.《日本1837年农民和无产市民联合起义的领导者大盐平八郎的哲学》油印本，1册，1961年9月。

10.《日本近代哲学》油印本，1册，1961年12月。

11.《中国古代哲学对日本的影响》油印本，1册，1962年12月12日。

12.《日本近代思想》（第一册）油印本，1册，1962年2月4日。

13.《日本哲学史大纲》油印本，1册，1962年5年6日。

14.《中江兆民与庄子》油印本，1册，196?年5月9日。

15. 张岱年、朱谦之、周辅成著《王充哲学研究》油印本，1册，时间不详。

### 三、讲义讲演类

**（一）讲义类**

1.《辩证唯物主义》（第一册）手稿，1册，1950年10月16日。

2.《1951年度中山大学哲学系教学计划》，1册，1951年。

3.《辩证唯物论与历史唯物论教学大纲》（上下册）手稿，2册，1951年8月。

4.《社会发展学说史教学大纲》手稿，1册，1951年8月。

5.《中国近代思想史资料集》（二），1953年4月26日。

6.《中国哲学史提纲草稿》，1册，1956年4月23日。

7.《中国哲学史讲授提纲》，1册，1956年。

8.《中国哲学史讲授提纲（宋元明清）》，张岱年稿，朱谦之藏，1册，1957年。

9.《中国哲学史新教学大纲》，1册，1958年。

10.《1958年新编中国哲学史教学大纲》，1册，1958年。

11.《中国哲学史提纲（汉—清）》（第一至七讲）北京师范大学油印本，1册，1958年。

12.《中国哲学史史料学提纲》，1册，1959年8月21日。

13.《日本哲学史大纲》（第一讲至十五讲）手稿，7册，1962年2月16日—1962年10月。

14.《中国哲学史史料学》，1册，1964年。

15.《史料学》讲稿散页，4篇，1964年。

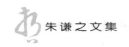

### （二）讲演类

1.《黑格尔哲学》（第七至十四册）中英文手稿，8 册，1947 年 4 月—1949 年 3 月 5 日。

2.《中大学术讲演稿》，4 页，1962 年后。

3.《广东学术讲演集》手稿，油印本，1 册，1963 年 5 月 15 日—1963 年 6 月 6 日。

4.《朱谦之先生学术讲演录》油印本，1 册，1964 年 6 月于辽宁大学。

5.《东北文史研究所讲学录》油印本，1 册，1964 年 6 月。

6.《学术讲演录》散页油印本，3 篇，1964 年 6 月。

7.《关于太平天国革命思想》油印本，1 册，时间不详。

8.《十八世纪中欧之文化接触》（续）油印本，1 册，时间不详。

9.《日本史讲座讲义》油印本，1 册，时间不详。

## 四、学术论文类

### （一）手稿类

1.《印度、巴基斯坦战争与宗教》，1966 年后。

2.《在毛泽东思想的光辉照耀下再评无政府主义》，1969 年 8 月 5 日。

3.《批判解放前我的历史哲学思潮》，1969 年 5 月 22 日。

4.《批判解放前我早期的哲学体系》，附影印本 1 份，1969 年 5 月 31 日。

5.《我所认识的广东当局》，1969 年 5 月 10 日。

### （二）报刊发表类

1.《欧洲文艺复兴与中国文明》，4 册，1946 年（编辑手记：并不是报刊类，好像是中英文著作）。

2.《中国哲学与法国革命》，9 册，载《现代史学丛刊》，1946 年。

3.《关于百家争鸣》，载《哲学研究》，1956 年第 3 期。

4.《鎌田柳泓的哲学思想》，载《光明日报》，1960 年第 5 期。

5.《朱舜水与日本：中外思想交流史话》，载《文汇报》，1961 年 12 月 5 日。

6.《哥伦布前一千年中国僧人发现美洲考》，载《北京大学学报》，1962 年第 4 期。

7.《安藤昌盛：十八世纪日本反封建思想的先驱》,1册（附油印本4册）,载《北京大学学报》,1962年第2期。

8.《关于孔子的大同思想》,载《学术月刊》,1962年第7期。

9.《中国人的智慧：〈易经〉》,载《学术月刊》,1962年第10期。

10.《关于继承哲学遗产的问题》,载《哲学研究》,1965年7月27日。

11.《世界观的转变：七十自述》,载《中国哲学》第三至六辑,1980年8月。

12.《哥伦布前一千年中国僧人发见美洲说》,载《现代史学》第4期,1册。

13.《哥伦布前一千年中国僧人发见美洲说》,载《读书知识》第1卷第45期,1册。

14.《太平天国的文化革命运动》,载《新建设》第2卷第3期。

15.《天德王之谜》,载《现代史学》第5卷第1期。

16.《文化社会学纲要》,载《社会学讯》第8期。

六、所用资料类

1. 梁漱溟著《东西文化及其哲学》,1册,财政部印刷局印刷,民国十年（1921）十月。

2. 陶成章著《教会源流考》,1册,国立中山大学语言历史学研究所出版,民国十七年（1928）五月。

3. 肖𦮼父、任吉梯、刘世铨著《批判朱谦之先生"中国哲学对欧洲的影响"论文集》,1958年（附朱谦之先生亲笔批注）。

4. 路工著《陈继儒纂辑的〈国朝名公诗选〉》（剪报）,1册,1962年10月21日。

5. 刘致中著《关于李卓吾对〈水浒传〉的评点问题》（剪报）,载《光明日报》,1965年3月28日。

6. 胡国城著《谁是第一个到墨西哥的旅行家?》（剪报）,载《北京日报》,1980年1月21。

7. 邱明全、连俊义著《哥伦布,我比你先到》（剪报）,载《福州晚报》,1994年6月18日。

8. 张国义著《朱谦之学术研究》,华东师范大学硕士论文,1999年

5 月。

9. 黄夏年著《怀念朱谦之先生》，载《中华读书报》，2019 年 7 月 31 日。

10. 王守华著《中国学者关于"中国人最早发现美洲说"》，载《文汇报》，1987 年 7 月 21 日。

11.《李石岑讲演集第一辑目次》，1 册，时间不详。

12. 则虞著《皖人书录（四）》，1 册，时间不详。

13. 张岱年著《龚自珍的思想》，1 册，时间不详。

14. 郑圣哲著《程朱学对朝鲜哲学的影响》，1 册，时间不详。

15. 王守华著《关于"中国人最早发现美洲说"》，时间不详。

## 七、著作出版类

### （一）自存类

1.《无元哲学》，上海泰东图书局，民国十一年（1922）十月十六日初版，民国十八年（1929）四月二十日三版。

2.《古学卮言》，上海泰东图书局，民国十一年（1922）四月初版，民国十一年（1922）十一月再版。

3.《太平天国革命文化史》，中华正气出版社，民国十四年（1925）八月初版，民国十八年（1929）六月再版。

4.《谦之文存》，上海泰东图书局，民国十五年（1926）四月初版。

5.《历史哲学》，上海泰东图书局，民国十五（1926）年九月初版，民国十七年（1928）二月再版。

6.《国民革命与世界大同》，上海泰东图书局，民国十六年（1927）九月初版，民国十八年（1929）一月再版。

7.《一个唯情论者的宇宙观及人生观》，上海泰东图书局，民国十七年（1928）三月三日版。

8.《回忆》，上海现代书局，民国十七年（1928）六月版。

9.《到大同的路》，上海泰东图书局，民国十七年（1928）十月版。

10.《历史哲学大纲》，上海民智书局，民国二十二年（1933）四月版。

11.《历史学派经济学》，商务印书馆，民国二十二年（1933）二

附录 朱谦之先生遗著及相关材料

月版。

12.《中国史学之阶段的发展》，国立中山大学史学研究会、广州现代书局，民国二十三年（1934）五月二十五日版。

13.《中国音乐文学史》，商务印书馆，民国二十四年（1935）十月版。

14.《周易哲学》，上海启智书局，民国二十四年（1935）四月版。

15.《黑格尔的历史哲学》，商务印书馆，民国二十五年（1936）四月版。

16.《支那音乐史》，人文阁昭和十五年（1940）十二月十日印制，昭和十五年（1940）十二月十五日发行。

17.《中国思想方法问题》，民族文化出版社，民国三十年（1941）十月版。

18.《孔德的历史哲学》，商务印书馆，民国三十年（1941）九月版。

19.《文化社会学》，中国社会学社广东分社，民国三十七年（1948）十一月版。

20.《老子新探》（中山大学哲学系集体讨论资料），中国社会学社广东分社，1951 年 8 月版。

21.《中国古代乐律对于希腊之影响》，音乐出版社，1957 年 8 月版。

22.《李贽：十六世纪中国反封建思想的先驱者》，湖北人民出版社，1956 年 1 月版。

23.《日本哲学（二）德川时代之部》，商务印书馆，1963 年 2 月版。

24.《日本哲学史》，生活·读书·新知三联书店，1964 年 8 月版。

25.《老子校释》，世界书局，1968 年 11 月再版。

26.《中国史学小史》后改名《现代史学概论》，收录于《朱谦之文集》第 6 卷，福建教育出版社，2002 年 9 月版。

27.《中国哲学对于欧洲哲学的影响》，上海人民出版社，2006 年 5 月版。

**（二）重印类**

1.《日本哲学史》，生活·读书·新知三联书店出版，1964 年 8 月版。

2.《老子校释》，中华书局，1984 年 11 月版，2008 年 1 月北京第 7 次印刷。

3.《中国哲学对于欧洲的影响》，福建人民出版社，1985年6月版。
4.《中国音乐文学史》，北京大学出版社，1989年3月版。
5.《一个唯情论者的宇宙观及人生观》，上海书店出版社，1989年版。
6.《文化哲学》，上海书店出版社，商务印书馆，1990年9月版。
7.《谦之文存》，上海书店出版社，1991年版。
8.《中国景教》，人民出版社，1993年5月第1版，1998年5月第2次印刷。
9.《中国禅学思想史》，上海古籍出版社，1994年5月版。
10.《中国思想对于欧洲之文化之影响》，上海书店出版社，1996年版。
11.《日本哲学史》，人民出版社，2002年6月版。
12.《朱谦之文集》（十卷本），福建教育出版社，2002年9月版。
13.《朱谦之文集》，中山大学出版社，2004年10月版。
14.《朱谦之选集》，吉林人民出版社，2005年5月版。
15.《中国音乐文学史》，上海人民出版社，2006年8月版。
16.《中国哲学对欧洲的影响》，上海人民出版社，2006年5月版。
17.《中国音乐文学史》，上海书店出版社，2006年8月版。
18.《中国哲学史史料学》，中华书局，2012年11月版。
19.《中国景教》，商务印书馆，2014年7月版。
20.《扶桑国考证》，山西人民出版社，2014年12月版。
21.《中国思想对于欧洲文化之影响》，山西人民出版社，2014年12月版。
22.《朱谦之卷》，中国人民大学出版社，2015年5月版。
23.《中国景教》，商务印书馆（20年纪念版），2017年12月版。

八、其他

1. 资产阶级宗教学及宗教哲学资料目录手稿（为世界宗教研究所调查），1册，1966年5月15日。
2.《朱谦之诞辰100周年纪念发言稿》，1999年。
3. "纪念朱谦之先生诞辰120周年学术思想座谈会"会议手册，中国社会科学院世界宗教研究所、中国宗教学会主办，2019年9月17日。
4. 论歌剧；禅宗思想简史手稿，1册，时间不详。

5. 耶稣会资料手稿，1册，时间不详。

6. 18世纪法国百科全书家与中国关系之研究资料（笔记），时间不详。

7. 支那と佛兰西美术工艺（笔记），时间不详。

8. 重印古典哲学著作选题目录草稿，1册，时间不详。

9. 送书名单手稿。